成人教育/网络教育系列规划教材

Tielu yu Gonglu Gongcheng Gaiyusuan
铁路与公路工程概预算

主　编　顾伟红
副主编　郝　伟
主　审　陈进杰

人民交通出版社

内 容 提 要

本书主要介绍铁路、公路工程概预算的原理和方法。全书共分六章,主要内容包括:铁路与公路基本建设概述,工程造价体系及造价文件,铁路工程概预算编制方法,铁路工程工程量清单计价,公路工程概预算编制原理,公路工程工程量清单计价。附录包括铁路综合概算章节表节选、公路工程概预算项目表。

本书针对高等院校土木工程、工程管理、工程造价专业成教本专科学生编写,突出简明实用等成人教材的编写特点,也可为从事铁路工程、公路工程造价管理的人员提供学习参考。

图书在版编目(CIP)数据

铁路与公路工程概预算 / 顾伟红主编. --北京：
人民交通出版社，2014.4
ISBN 978-7-114-11002-3

Ⅰ.①铁… Ⅱ.①顾… Ⅲ.①铁路工程－概算编制②铁路工程－预算编制③道路工程－概算编制④道路工程－预算编制　Ⅳ.①U215.1②U415.13

中国版本图书馆 CIP 数据核字(2013)第 269208 号

成人教育/网络教育系列规划教材

书　　　名：	铁路与公路工程概预算
著　作　者：	顾伟红
责任编辑：	王　霞　温鹏飞
出版发行：	人民交通出版社
地　　　址：	(100011)北京市朝阳区安定门外外馆斜街 3 号
网　　　址：	http://www.ccpress.com.cn
销售电话：	(010)59757973
总 经 销：	人民交通出版社发行部
经　　销：	各地新华书店
印　　刷：	北京鑫正大印刷有限公司
开　　本：	880×1230　1/16
印　　张：	18.75
字　　数：	478 千
版　　次：	2014 年 4 月　第 1 版
印　　次：	2014 年 4 月　第 1 次印刷
书　　号：	ISBN 978-7-114-11002-3
定　　价：	40.00 元

(有印刷、装订质量问题的图书由本社负责调换)

成人教育/网络教育系列规划教材专家委员会

（以姓氏笔画为序）

王恩茂　兰州交通大学土木工程学院
任宝良　西南交通大学土木工程学院
吴力宁　石家庄铁道大学继续教育学院
宋玉香　石家庄铁道大学土木工程学院
张鸿儒　北京交通大学土木建筑工程学院
肖贵平　北京交通大学远程与继续教育学院
彭立敏　中南大学土木建筑学院
曾家刚　西南交通大学成人教育学院
韩　敏　人民交通出版社
雷智仕　兰州交通大学继续教育学院
廖　耘　中南大学继续教育学院

出 版 说 明

随着社会和经济的发展，个人的从业和在职能力要求在不断提高，使个人的终身学习成为必然。个人通过成人教育、网络教育等方式进行在职学习，提升自身的专业知识水平和能力，同时获得学历层次的提升，成为一个有效的途径。

当前，我国成人教育及网络教育的学生多以在职学习为主，学习模式以自学为主、面授为辅，具有其独特的学习特点。在教学中使用的教材也大多是借用普通高等教育相关专业全日制学历教育学生使用的教材，因为二者的生源背景、教学定位、教学模式完全不同，所以带来极大的不适用，教学效果欠佳。总的来说，目前的成人教育及网络教育，尚未建立起成熟的适合该层次学生特点的教材及相关教学服务产品体系，教材建设是一个比较薄弱的环节。因此，建设一套适合其教育定位、特点和教学模式的有特色的高品质教材，非常必要和迫切。

《国家中长期教育改革和发展规划纲要(2010—2020年)》和《国家教育事业发展第十二个五年规划》都指出，要加大投入力度，加快发展继续教育。在国家的总体方针指导下，为推进我国成人教育及网络教育的发展，提高其教育教学质量，人民交通出版社特联合一批高等院校的继续教育学院和相关专业院系，成立"成人教育及网络教育系列规划教材专家委员会"，组织各高等院校长期从事成人教育及网络教育教学的专家和学者，编写出版一批高品质教材。

本套规划教材及教学服务产品包括：纸质教材、多媒体教学课件、题库、辅导用书以及网络教学资源，为成人教育及网络教育提供全方位、立体化的服务，并具有如下特点：

(1)系统性。在以往职业教育中注重以"点"和"实操技能"教育的基础上，在专业知识体系的全面性、系统性上进行提升。

(2)简明性。该层次教育的目的是注重培养应用型人才，与全日制学历教育相比，教材要相应地降低理论深度，以提供基本的知识体系为目的，"简明"、"够用"即可。

(3)实用性。学生以在职学习为主，因此要能帮助其提高自身工作能力和加强理论联系实际解决问题的能力，讲求"实用性"，同时，教材在内容编排上更适合自学。

作为从我国成人教育及网络教育实际情况出发，而编写出版的专门的全国性通用教材，本套教材主要供成人教育及网络教育土建类专业学生学习使用，同时还可供普通高等院校相关专业的师生作为参考书和社会人员进修或自学使用，也可作为自学考试参考用书。

本套教材的编写出版如有不当之处，敬请广大师生不吝指正，以使本套教材日臻完善。

人民交通出版社
成人教育/网络教育系列规划教材专家委员会
2012年年底

前　言

铁路工程和公路工程虽归属不同行业门类，但从造价的角度颇具相似之处——专业性强、投资大、发展迅速，其概预算文件的编制由行业颁布的编制办法指导执行。随着我国高速铁路、高速公路建设的蓬勃发展，对从事该领域造价管理的人才也提出更高要求。

本教材以铁建[2006]113号文公布的《铁路基本建设工程设计概预算编制办法》、原交通部[2007]33号文公布的《公路工程基本建设项目概算预算编制办法》及交通运输部公告2011年第83号《关于公布公路工程基本建设项目概预算编制办法局部修订的公告》为编制依据；铁路清单计价规则按2007年《铁路工程工程量清单计价指南》、公路清单计价按2009年《公路工程标准施工招标文件》为主要依据；采用定额以2010年《铁路工程预算定额》、2007年《公路工程预算定额》、铁路公路最新材料、机械台班行业定额为依据，系统地介绍铁路、公路工程概预算文件的费用组成、编制原理及编制方法，并结合工程实际案例展开生动介绍。教材编写同时结合我国高速铁路、高速公路工程构造的新特点，新施工技术，在对基本知识理论准确精练阐述基础上，辅以形象直观的案例，以加深对理论知识的理解，学以致用。教材在内容设计上方便学生自学、自测，注重对学生实践动手能力的培养。

全书共六章，由顾伟红主编并统稿（编写一至四章）；郝伟任副主编（编写第五、第六章）。由于编者水平所限，书中错漏及不当之处，敬请广大读者和专家批评指正。（作者信箱：gu-weihong@lzjtu.mail.cn）

编者
2013年9月

自 学 指 导

铁路与公路工程概预算课程是土木工程、工程管理、工程造价专业的一门重要的专业课，主要介绍铁路、公路工程概预算编制原理与方法，与交通土建工程结构、交通土建工程施工与组织等课程关系紧密，是为满足对土木工程、工程造价类复合型人才培养而开设的专业课程。课程能为将来从事工程设计、施工、管理的人员提供工程造价管理的基本理论和方法，对提高土木工程技术人才的经营管理能力有重要作用。

通过本课程的学习，学生应掌握铁路、公路基本建设的相关知识，工程造价的基本原理，铁路、公路工程概预算编制办法的基本内容，工程量清单计价的原理，熟悉工程量清单计量规则及清单文件的组成内容与编制。同时初步具备造价文件编制的实践能力，能分析解决实际问题。

针对本门课程特点，提出以下学习建议：

一是注意先前课程知识基础的衔接。概预算和工程构造、施工技术等课程关系紧密，特别是随着我国高速铁路、高速公路建设的发展，对新结构构造、新的施工技术与方法的掌握是学习预算的基础，本书也有所涉及，但学习中学生应参考这方面相关书籍。

二是熟悉造价编制的相关依据性文件。概预算是政策性较强的工作，对编制办法、工程定额、取费文件等资料要求造价人员十分熟悉。这需要学生多翻阅定额资料，浏览相关造价网站了解最新价格信息，及时获取各项取费规定的变化与调整信息。

三是注重理论和实际动手操作相结合的学习方法。教材配有习题及针对实际项目的课程设计训练，学生在学习理论知识的过程中要积极动手实践，掌握编制各类预算文件的基本流程，积累解决实际问题的经验。教材同时列举了大量的工程实例，在学习的过程中，应结合这些实例，努力锻炼培养自己独立编制概预算、工程量清单报价文件的能力。

目 录

第一章 铁路与公路基本建设概述 ………………………………………………… 1
 第一节 铁路与公路工程建设 …………………………………………………… 3
 第二节 铁路与公路工程施工组织设计 ………………………………………… 8
第二章 工程造价体系及造价文件 ………………………………………………… 17
 第一节 工程造价体系及其编制依据 …………………………………………… 19
 第二节 铁路工程定额及其使用方法 …………………………………………… 23
 第三节 公路工程定额及其使用 ………………………………………………… 53
 第四节 铁路、公路工程造价文件的构成 ……………………………………… 65
第三章 铁路工程概预算编制方法 ………………………………………………… 71
 第一节 铁路工程概预算编制层次及范围划分 ………………………………… 73
 第二节 铁路工程概预算费用构成 ……………………………………………… 74
 第三节 单项预算建筑安装工程费的编制 ……………………………………… 76
 第四节 综合预算费用组成 ……………………………………………………… 97
 第五节 铁路工程概预算编制方法及示例 ……………………………………… 109
第四章 铁路工程工程量清单计价 ………………………………………………… 117
 第一节 铁路工程工程量清单概述 ……………………………………………… 119
 第二节 铁路工程工程量清单的编制及应用 …………………………………… 122
 第三节 铁路工程工程量计算规则 ……………………………………………… 130
 第四节 工程量清单计价实例 …………………………………………………… 138
第五章 公路工程概预算编制原理 ………………………………………………… 165
 第一节 公路工程概、预算费用 ………………………………………………… 167
 第二节 建筑安装工程费 ………………………………………………………… 169
 第三节 设备、工具、器具及家具购置费 ……………………………………… 191
 第四节 工程建设其他费用 ……………………………………………………… 195
 第五节 预备费及回收金额 ……………………………………………………… 200
 第六节 公路工程概预算的编制方法 …………………………………………… 202
第六章 公路工程工程量清单计价 ………………………………………………… 231
 第一节 公路工程工程量清单 …………………………………………………… 233
 第二节 公路工程工程量清单计量总则 ………………………………………… 241
 第三节 路基、路面工程工程量清单计量规则 ………………………………… 243

第四节	桥梁、隧道工程工程量清单计量规则	244
第五节	安全及绿化工程工程量清单计量规则	245
第六节	公路工程清单报价编制实例	246

铁路工程概预算课程设计 …………………………………………………………… 264

附录 …………………………………………………………………………………… 266

 附录一 铁路综合概算章节表节选 …………………………………………… 266

 附录二 公路工程概预算项目表(部分内容) ……………………………… 271

第一章 DIYIZHANG
▶▶▶ 铁路与公路基本建设概述

本章导读

在学习铁路、公路工程概预算知识之前,首先要熟悉铁路、公路工程基本建设,本章先介绍铁路、公路基本建设的特点、建设程序,建设项目的组成等内容。概预算工作与施工组织紧密相关,本章也讲述了铁路、公路工程施工组织设计方面的内容,为后续概预算编制知识的介绍奠定工程技术基础。

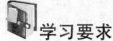
学习要求

1. 熟悉铁路、公路工程基本建设的概念、特点与分类;
2. 掌握建设项目的分类和组成;
3. 掌握铁路基本建设的程序及各阶段造价工作内容;
4. 熟悉铁路、公路工程施工组织设计的编制内容及主要单项工程施工组织设计要点。

学习重点

铁路、公路工程基本建设的特点;铁路基本建设的程序;铁路、公路工程施工组织设计主要单项工程施工组织设计要点。

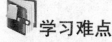
学习难点

建设项目的分类和组成;铁路、公路工程施工组织设计的编制内容。

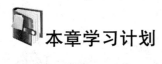 **本章学习计划**

内　容	建议自学时间（学时）	学习建议	学习记录
第一节　铁路与公路工程建设	1.5	掌握铁路、公路工程基本建设的概念、特点与分类；掌握铁路基本建设的程序及各阶段造价工作内容	
第二节　铁路与公路工程施工组织设计	1.5	熟悉铁路、公路工程施工组织设计的编制内容及主要单项工程施工组织设计要点	

第一节 铁路与公路工程建设

一、铁路与公路基本建设

基本建设是国民经济各部门、各单位新增固定资产的一项综合性的经济活动，它通过新建、扩建、改建和重建等投资活动来完成固定资产的建筑、购置和安装。

铁路基本建设是利用积累资金建造、购置铁路固定资产的经济活动。铁路固定资产种类繁多，包括：线路、桥梁、隧道、站场建筑设备、房屋、通信、信号、电力设备，给排水、机务、车辆及信息工程等。

公路基本建设是指有关公路固定资产的建筑、购置和安装及与其有关的征地拆迁、勘测设计、施工和监理等工作，是公路交通运输业为了扩大再生产而进行的增加固定资产的建设工作。具体来讲，即把一定的建筑材料、半成品、设备等通过购置、建造和安装等活动转化为公路固定资产的过程，如建设一条公路、一座大桥等。

铁路与公路工程建设项目专业性强，具有一定的相似性，如建成的项目地理位置均呈条带状分布，建设自然环境条件野外较多，工程结构包含：线路、桥梁、隧道等结构形式。因此，与一般工业与民用建筑工程施工项目相比，具有下列显著的共同特征。

铁路与公路基本建设的特点如下。

(1) 投资大，建设周期长

铁路与公路工程建设是一项庞大的系统工作，涉及面广，因素多，不仅生产周期较长，而且投资巨大。如京沪高速铁路客运专线，设计时速为 300～350km/h，总长约 1318km，总投资约 2209 亿元。贯穿祖国南北的交通大动脉——京珠（北京—珠海）高速公路长达 2310km，工程总投资近千亿元。同时，铁路、公路建设从投资决策、开展设计、工程招投标到竣工运营经历时间长，需对工程投资进行多阶段计价。

(2) 工程线形分布，施工流动性大

铁路、公路工程构筑物呈条带状分布，建设里程从几十公里到上百公里甚至上千公里，往往施工区域若干个省、市，尤其是铁路、公路干线的建设，施工范围较广，工程数量分布也不均匀，如特大桥梁、长大隧道以及高填深挖路段路基土石方工程往往是控制工程工期的关键工程。由于工程线形分布及建设产品的固定性，也决定了工程施工工作的流动性及艰苦性。

(3) 工程种类多，施工协作性高

铁路、公路工程建筑物类型多，标准化难度大，必须个别设计，施工过程由于技术条件、自然条件及工期要求，施工方法也有较大区别。铁路建设的工程类别包括：路基、桥涵、轨道、隧道、站场设备、通信、信号、机务、电力、电气化、给排水、车辆、房屋建筑等十余种，涉及多个专业门类；公路工程包括路基、路面工程、桥涵、隧道工程、安全设施及绿化环境保护工程等。因此，铁路、公路项目管理的难度较大，各专业工程都需要建设、设计、施工、监理等单位密切配合，需要材料供应单位、动力、运输等各部门的通力合作，及地方政府部门和施工沿线相关单位的支持接洽。工程建设需协调各方面关系，按科学的建设程序开展。

因此，铁路、公路工程的概（预）算，也是由许多不同工程类别的单项概（预）算单元或分项工程所组成。

(4)工程建设风险因素多

铁路、公路工程的施工建设多在露天野外作业,建设周期长、工程分布广,其面临的气候、地质、水文条件,和当地社会经济环境差异性大。影响工程建设的风险因素也多,如决策风险、设计风险、施工风险、技术风险、质量风险、投资风险、自然灾害风险以及不可抗力风险等。因此承包单位在工程投标报价中应考虑多类建设风险因素造成的造价费用增长,并在项目实施阶段积极采取措施降低风险损失。

为了便于对铁路工程建设进行管理,将基本建设按照建设项目的性质、阶段、规模、组成等进行必要的分类。

1. 按建设的性质分类

(1)新建。指从无到有"平地起家"开始建设的独立工程。有的建设项目的原有规模很小,经建设后,其新增加的固定资产价值是原有固定资产价值三倍以上的,也作为新建。

(2)扩建。指为扩大原有运输设备生产能力而进行新建的工程,如既有线增建复线工程就属于扩建。

(3)改建。指对原有的设施进行技术改造和更新(包括相应配套的辅助性生产、生活设施建设),如铁路既有线电气化改造、提高运能标准的建设为改建。

(4)恢复。指因自然灾害、战争等原因,使原有铁路固定资产全部或部分报废,又投资建设的项目。在恢复建设过程中,不论是按原有规模恢复,还是在恢复的同时进行扩建,其建设性质都是恢复建设。

2. 按投资规模分类

按建设工程的投资规模可分为大、中、小型项目,划分的标准各行业部门有不同的规定。铁路综合工程单项工程合同额在5000万元(含)以上的称为大型工程,在3000万(含)~5000万元的称为中型工程,在3000万元以下的称为小型工程。

3. 按工程建设的阶段分类

建设工程项目在建设全过程中,分为筹建、施工、投产(部分投产和全部投产)、收尾和竣工等阶段。

(1)筹建项目。指永久性工程尚未正式开工,只进行勘察设计、征地拆迁、场地平整等前期准备工作的建设项目。

(2)施工项目。指正在进行建筑或安装施工活动的铁路项目。

(3)投产项目。指按设计文件规定建成主体工程和相应配套的辅助设施,形成生产能力或工程效益,经初验合格投入生产或交付使用的项目。

投产项目分为全部建成投产或交付使用项目(简称全投项目)和部分建成投产或交付使用项目(简称单投项目)。

①全投项目。指按批准的设计文件所规定的主体工程和相应的配套工程已全部建成,形成设计规定的全部生产能力(不考虑分期达到的输送能力),根据国家有关规定,按国家或部颁验收标准经初验合格,投产或交付使用的建设项目。

②单投项目。指设计文件规定的可独立发挥生产能力(或工程效益)的单项工程已建成,经初验合格投产或交付使用的建设项目。

(4)竣工项目。指整个建设项目按设计文件规定的主体工程和辅助、附属工程全部建成,并已正式验收合格移交生产或使用部门的项目。建设项目的全部竣工是建设项目建设过程全部结束的标志。

二、基本建设项目的构成

凡按一个总体设计并组织施工，完工后具有完整的系统，可以独立地形成生产能力或使用价值的建设工程，称为一个建设项目。

以铁路基本建设项目为例，有铁路新线修建项目、既有线复线或电气化改造项目、线路或单位工程改扩建项目等。新建铁路一般包括路基、桥涵、轨道、隧道及明洞、站场建筑设备、机务设备、车辆设备、给排水、通信、信号、电力、房屋建筑各专业工程，其中前五项工程又称站前工程，其余为站后工程。

建设项目按构成可划分为单项工程、单位工程、分部工程及分项工程。

(1) 单项工程

凡具有独立的设计文件，可独立组织施工，竣工后可以独立发挥生产能力或工程效益的工程，称为一个单项工程，例如修建一条新线，将其划分为若干个区段，每个区段可作为单项工程完成。

(2) 单位工程

凡具有独立设计、施工，但完工后不能独立发挥生产能力或效益的工程。铁路工程如站前工程、站后工程以及一段铁路的任何一段路基，任何一座桥梁、隧道等均可作为一项单位工程。

(3) 分部工程

分部工程是单位工程的组成部分，它是按建筑安装工程的结构、部位或工序对单位工程的进一步划分。如一座桥梁，由上部建筑和下部建筑组成，而桥梁墩台又由基础工程和主体工程等分部工程组成。

(4) 分项工程

分项工程是分部工程的组成部分，一般按不同的施工方法、材料或工种划分。如主体工程由模板、钢筋、混凝土等工程组成。分项工程是整个铁路工程成本、进度控制的基本单位。

三、基本建设的程序

建设程序是指建设项目从规划立项到竣工验收的整个建设过程中各项工作的先后次序，铁路、公路基本建设的程序大体包括立项决策、设计、工程实施和竣工验收四个阶段。

(一) 立项决策阶段

1. 编制项目建议书

根据国民经济发展的长远规划和路网建设规划，进行项目的预可行性研究，编制项目建议书。预可行性研究报告是项目立项的依据，根据国家批准的路网中长期规划，收集相关资料，进行社会、经济和运量调查、现场踏勘，系统研究项目在路网及综合交通运输体系中的作用和对社会经济发展的作用，初步提出建设方案、规模和主要技术标准，对主要工程、外部环境、土地利用、协作条件、项目投资、资金筹措、经济效益等进行初步研究后编制，论证项目建设的必要性和可能性。项目建议书应对拟建项目的目的、要求、主要技术标准、原材料及资金来源筹措、经济效益和社会效益等提出文字说明。项目建议书是进行各项前期准备工作和进行可行性研究的依据。项目建议书按国家规定必须经过报批。

2. 编制可行性研究报告

根据批准的项目建议书，在初测基础上进行可行性研究，编制可行性研究报告。

铁路建设项目可行性研究,应根据批准的项目建议书,从技术、经济上进行全面深入的论证,采用初测资料编制。其内容和深度主要包括:解决线路方案、接轨点方案、建设规模、铁路主要技术标准和主要技术设备的设计原则(改建铁路则应解决改建方案、分期提高通过能力方案、增建二线和第二线线位的方案,以及重大施工过渡方案;铁路枢纽则应有主要站段方案和规模、枢纽内线路方案及其铁路主要技术标准、重大施工过渡方案;铁路特大桥则应有桥址方案,初步拟定桥式方案);进一步落实各设计年度的客货运量,提出主要工程数量、主要设备概数、主要材料概数、征地及拆迁概数、建设工期、投资估算、资金筹措方案、外资使用方案、建设及经营管理体制的建议;深入进行财务评价和国民经济评价;阐明对环境与水土保持的影响和防治的初步方案,以及节约能源的措施。可行性研究的工程数量和投资估算要有较高精度。可行性研究审批后,即作为计划任务书。

公路建设项目可行性研究的任务是:在对拟建工程地区社会、经济发展和公路网状况进行充分地调查研究、评价、预测和必要的勘察工作的基础上,对项目建设的必要性、经济合理性、技术可行性、实施可能性,提出综合性研究论证报告。工程可行性研究,应通过必要的测量(高速公路、一级公路必须做)、地质勘探(大桥、隧道及不良地质地段等),在认真调查研究,拥有必要资料的基础上,对不同建设方案从经济上、技术上进行综合论证,提出推荐建设方案。工程可行性研究报告经审批后作为初步测量及编制初步设计文件的依据。

公路建设项目可行性研究报告的主要内容有:①建设项目依据、历史背景;②建设地区综合运输网的交通运输现状和建设项目在交通运输网中的地位及作用;③原有公路的技术状况及适应程度;④论述建设项目所在地区的经济状况,研究建设项目与经济发展的内在联系,预测交通量、运输量的发展水平;⑤建设项目的地理位置、地形、地质、地震、气候、水文等自然特征;⑥筑路材料来源及运输条件;⑦论证不同建设方案的路线起讫点和主要控制点、建设规模、标准,提出推荐意见;⑧评价建设项目对环境的影响;⑨测算主要工程数量、征地拆迁数量,估算投资,提出资金筹措方式;⑩提出勘测设计、施工计划安排;⑪确定运输成本及有关经济参数,进行经济评价、敏感性分析,收费公路、桥梁、隧道还要做财务分析;⑫评价推荐方案,提出存在问题和有关建议。编制可行性研究报告,应严格执行国家的各项政策、规定和交通运输部颁布的技术标准、规范等。可行性研究报告的文件,应符合《公路建设项目可行性研究报告编制办法》的规定。

按现行规定,大中型和限额以上项目可行性研究报告经批准后,项目可根据实际需要成立项目管理机构,即建设单位。

(二) 编制设计文件阶段

铁路、公路工程基本建设项目一般采用两阶段设计,即初步设计和施工图设计。对于技术简单、方案明确的小型建设项目,也可采用一阶段设计,即一阶段施工图设计。对于技术上复杂、基础资料缺乏和不足的建设项目,或建设项目中的复杂特大桥、互通式立体交叉、隧道、高速公路和一级公路的交通工程及沿线设施中的机电设备工程等,必要时采用三阶段设计,即初步设计、技术设计和施工图设计。按照招投标法的规定,勘察、设计承包单位应经过招投标确定。

1. 初步设计

初步设计应根据批复的可行性研究报告、测设合同及勘测资料进行编制。初步设计的目的是确定设计方案,必须进行多设计方案比选,才能确定最合理的设计方案。选定设计方案时,一般先进行纸上定线,大致确定路线布置方案。然后到现场核对,对路线的走向、控制点、里程和方案的合理性进行实地复查,征求沿线地方政府和建设单位的意见,基本确定路线布置方案。对投资大、地形特殊的路线、复杂特大桥、隧道、立体交叉等大型工程项目,一般应选择两个以上的方案进行同深度、同精度的测设工作,并通过多方面论证比较,提出最合理的设计方案。设计方案确定后,拟定修建原则,计算工程数量和主要材料数量,提出初步施工方案,编制初步设计概算,提供文字说明和有关的图表资料。初步设计文件经审查批复,列入国家基本建设年度计划后,即作为订购主要材料、机具、设备等及联系征用土地、拆迁等事宜,进行施工准备,编制施工图设计文件和控制建设项目投资等的依据。

建设项目初步设计要确定线路走向、主要技术条件、运输能力、工程数量、征地数量、施工组织方案和总概算。要明确修建期限、设计年度与分期加强方案,要对项目的经济效益进行核算落实。铁路建设项目初步设计文件审查批准后,即可组织工程招标投标、编制开工报告等工作。

2. 技术设计

按三阶段设计的项目,应进行技术设计。技术设计应根据初步设计的批复意见、勘测设计合同要求,进一步勘测调查,分析比较,解决初步设计中尚未解决的问题,落实技术方案,计算工程数量,提出修正的施工方案,编制修正设计概算,批准后即作为施工图设计的依据。

3. 施工图设计

两阶段(或三阶段)施工图设计应根据初步设计(或技术设计)的批复意见、勘测设计合同,到现场进行详细勘察测量,确定路中线及各种结构物的具体位置和设计尺寸,确定各项工程数量,提出文字说明和有关图表资料,作出施工组织计划,并编制施工图预算,向建设单位提供完整的施工图设计文件。

铁路工程施工图设计文件一般包括:线路、路基、轨道、桥涵、隧道、站场、机务设备、车辆设备、给水排水、通信、信号、电力、房屋建筑等各专业施工图纸及说明,施工图预算。

公路工程施工图设计文件一般由以下部分组成:总说明书;总体设计(只用于高速公路和一级公路);路线;路基、路面及排水;桥梁涵洞;隧道;路线交叉;交通工程及沿线设施;环境保护;渡口码头及其他工程;筑路材料;施工组织计划;施工图预算;附件。

(三)工程实施阶段

1. 招标与投标阶段

铁路与公路基本建设项目实行招标承包制。按照国家招投标法的规定,凡是符合招标范围标准的铁路、公路建设项目都必须要招投标,包括勘察、设计、施工、监理以及重要物资、设备采购。招标由建设单位根据国家颁布的招标投标法和原铁道部、交通运输部有关规定组织进行,从投标的单位中择优选定承包方。

建设工程招标的方式主要有以下两种:

(1)公开招标。由招标单位通过专业报刊、广播、电视等公开发表招标广告,符合资质等级要求的单位均可报名参加投标,为目前主要的招标方式。

(2)邀请招标。由招标单位向有承包能力的若干企业发出招标通知,被邀请的投标单位一般不少于三家。

按照招标程序,经过评标委员会评标,最后定标推荐中标承包单位。建设单位应与中标单位签订承发包合同,明确双方责任和义务。承发包合同按付款方式不同,可分为总价合同、单价合同及成本加酬金合同。铁路、公路基本建设签订的承发包合同,大多采用单价合同。单价合同是按招标文件提供的工程量清单,由投标单位根据清单项目、企业内部定额测算填报单价最终形成投标价的合同类型。

2. 施工准备

铁路、公路工程施工涉及面广,为了保证施工的顺利进行,建设单位、勘测设计单位、施工单位和建设银行等都应在施工准备阶段充分做好各自的准备工作。

建设单位应根据计划要求的建设进度组建专门的管理机构,办理登记及征地、拆迁等工作,做好施工沿线各有关单位和部门的协调工作,抓紧配套工程项目的落实,提供技术资料、建筑材料、机具设备。

勘测设计单位应按照技术资料供应协议,按时提供各种图纸资料,做好施工图纸的会审及移交工作。

施工单位应首先熟悉图纸并进行现场核对,编制实施性施工组织设计和施工预算,同时组织先遣人员、部分机具、材料进场,进行施工测量、修筑便道及生产、生活用临时设施,组织材料及技术物资的采购、加工、运输、供应、储备,提出开工报告。

工程监理单位应组织监理机构或建立监理组织体系,熟悉施工设计文件和合同文件;组织工程监理人员和设备进入施工现场;根据工程监理制度规定的程序和合同条款,对施工单位的各项施工准备工作进行审批、验收、检查,合格后,使其按合同规定要求如期开工。

3. 工程施工阶段

施工准备工作完成后,施工单位必须按工程承包合同规定的日期开始施工。在建设项目的整个施工过程中,应严格执行有关的施工技术规程,按照设计要求,确保工程质量和进度,安全文明施工,并及时做好工程的中间结算。坚持施工过程组织原则,加强施工管理,大力推广应用新技术、新工艺,尽量缩短工期,降低工程造价,做好施工记录,建立技术档案。

(四)工程竣工验收阶段

建设项目的竣工验收是铁路、公路工程基本建设全过程的最后一个程序,未经验收或验收不合格的,不得交付使用。竣工验收包括对工程的实体质量、工程资料、数量、工期、生产能力、建设规模和使用条件的审查。对建设单位和施工企业编报的固定资产移交清单隐蔽工程说明和竣工决算(竣工验收时,建设单位必须及时编制竣工决算,核定新增固定资产的价值,考核分析投资效果)等进行细致检查。

当全部基本建设工程经过验收合格,完全符合设计要求后,应立即移交给生产部门正式使用。对存在问题要明确责任、确定处理措施和期限。

项目结束后,由建设单位编制项目后评价报告,评价本项目是否达到预期目的和效益。

第二节 铁路与公路工程施工组织设计

一、施工组织设计的概念

施工组织设计,是工程基本建设项目在设计、招投标、施工阶段必须提交的技术文件,它是准备、组织、指导施工和编制施工作业计划的基本依据。它是从工程的全局出发,按照客观的施工规律和当时、当地的具体条件(自然、环境、地质等),统筹考虑施工活动中的人力、资金、材料、机械和施工方法这五个主要因素后,对整个工程的现场布置、施工进度和资源消耗等作出的科学而合理的安排。其目的是使工程建设在一定的时间和空间内实现有组织、有计划、有秩序地进行,以达到工期尽量短、质量上精度高、资金省、施工安全的效果。

施工组织设计可以是对整个基本建设项目起控制作用的总体战略部署,也可以是对某一标段或某一单位工程的具体施工作业起指导作用的战术安排。具体内容随其工程类型的不同而有所侧重,但基本内容主要包括:①工程概况;②施工部署和施工方案;③施工准备工作计划;④施工进度计划;⑤劳动力、主要物资和机械需要计划;⑥施工现场平面布置图;⑦保证质量、安全生产、降低消耗的技术组织措施;⑧主要技术经济指标。

二、铁路、公路施工组织设计的分类

1. 按编制单位分类

根据施工组织设计编制单位的不同,可分为两类,即由设计单位编制的指导性施工组织设计和由施工单位编制的施工组织设计。

(1)指导性施工组织设计

建设单位委托设计单位编制的指导性施工组织设计是设计文件的组成部分之一。它随不同的设计阶段而有不同的编制深度和内容,它是编制投资估算或初步设计总概算以及由施工单位编制实施性施工组织设计的依据。

在大多数情况下,铁路、公路工程按照两个阶段进行设计,即扩大初步设计和施工图设计。在设计复杂或新的工艺过程尚未熟练掌握或对工程有特殊要求时可按三阶段进行设计,即初步设计、技术设计和施工图设计。

当按三阶段设计时,指导性施工组织设计的三个相应阶段是:①施工组织方案设计意见(或施工组织条件设计),它包含在初步设计中;②综合性施工组织设计,它一般包含在技术设计中;③单位工程施工组织设计,它一般包含在施工图设计中。

当按两阶段设计时,指导性施工组织设计的两个相应阶段则为:①综合性施工组织设计,一般包含在扩大初步设计中;②单位工程施工组织设计,一般包含在施工图设计中。

(2)实施性施工组织设计

由施工单位不同级别的组织机构编制出不同性质的施工组织设计,是指导施工、安排施工计划和编制施工预算的依据。实施性施工组织设计编制时要依据设计部门编制的指导性施工组织设计、施工设计图纸、工程数量、现场的调查资料及施工单位的劳动力、机具设备,材料供应情况等,比较详细地安排建设项目或年度建设计划内项目的工期、施工顺序、施工方法以及所需要的劳材机具数量,是用以指导全局施工或单位工程施工的技术文件。

对于个别采取特殊施工工艺或特殊施工条件以及施工难度较大、质量与安全存在较大风险的分部分项工程,还需要以分部分项工程为对象编制相应的作业计划。

2. 按编制对象分类

(1)综合性施工组织设计

综合性施工组织设计又称为施工组织总设计,是以整个建设项目为对象编制的,目的是对整个工程的施工进行通盘考虑,全面规划,用以指导全场性的施工准备和有计划地运用施工力量,开展施工活动。其作用是确定拟建工程的施工期限、施工顺序、主要施工方法、各种技术物资资源的需要量、临时设施的需要量及现场总的布置方案等。综合性施工组织设计包括以下基本内容。

①工程概况。综合性施工组织设计中的工程概况,作为设计的一个总的说明部分,是对拟建项目的建设内容(建设地区、工程性质、建设规模、总投资、总期限及分期分批施工的项目和期限;主要项目工程数量;工程结构类型特征;新技术、新材料应用等)、建设地区特征(自然条件;资源情况;交通运输条件;水、电及其他动力条件;劳动力及地方风土人情等)和施工条件(施工单位的生产能力、技术装备、管理水平;主要器材设备的供应情况等)以及其他有关建设项目的决议或协议、土地征用及拆迁、环境保护及节能等诸方面简单扼要的介绍。

②施工总体方案。综合性施工组织设计中的施工总方案是对整个建设项目的施工全局做出的统筹规划和全局安排。根据建设项目总目标的要求,确定施工总体方案。要注意合理地分期分批建设;严格遵守施工顺序;修一段通一段;连续施工。

③施工总进度计划。综合性施工组织设计中的施工总进度计划是以拟建项目交付使用时间为目标确定的控制性施工进度计划,是控制施工工期及各单位工程施工期限和相互衔接的依据。

④资源总需要量计划。综合性施工组织设计中的施工资源总需要量计划是根据施工总进度计划编制的主要劳动力需要量计划、主要工程材料(构件、成品、半成品)需要量计划以及主要施工机械和施工运输机械等的需要量计划。

⑤临时工程。临时工程是指由于工程施工需要而临时修建的大型临时设施和过渡工程,如运输便道、临时房屋、临时通信、临时给水、临时供电以及便线、便桥、临时渡口码头、桥头岔线等。综合性施工组织设计要结合建设地区条件、工程项目特点及施工期限的要求,对整个建设项目的临时工程做出统筹规划、全面布局。临时工程的修建工作是施工准备工作的基本部分,应在建设工程正式开工之前完成。

⑥施工总平面图。综合性施工组织设计中的施工总平面图是对整个建设项目的拟建工程和临时工程结合现场条件进行的周密规划和布置。

铁路、公路新建项目综合性施工组织设计总平面图包括施工总平面布置示意图及施工进度示意图。

施工总平面布置示意图上一般有下列主要内容:①线路平面缩图及主要村镇、河流位置;②重点桥隧等工程的位置中心里程、长度、孔跨以及重点取土场位置;③车站(或收费站、加油站等服务设施)位置及其中心里程;④施工区段划分;⑤砂、石、渣场位置;⑥临时工程的位置;⑦运输道路位置;⑧其他。

施工进度示意图主要表示在规定的总工期范围内,总的工程进度和各项主要工程的施工顺序及其进度。图上主要内容如下:①线路平纵断面示意图;②主要工程量;③施工区段划分;④工程进度图示;⑤劳动力动态示意图;⑥其他。

(2)单位工程施工组织设计

单位工程施工组织设计是针对某项单位工程(如一段线路、一座桥梁、一座隧道、一栋房屋等)的建设工程而编制。编制单位依据国家的技术政策和建设要求,从工程实施的目标出发,结合客观的施工条件,拟订工程施工方案,确定施工顺序,制订各分部分项工程的施工工艺技术和施工方法,提出质量保证和安全生产的措施,安排施工进度,组织劳动力、机具、材料、构件、半成品和成品的供应,对生产和生活设施做出规划和布置,从而实现优质、按期、低耗的施工目标而编制的技术经济文件。单位工程的施工组织设计编制程序见图1-1。

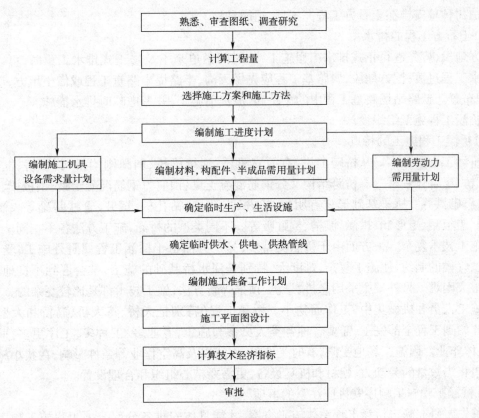

图 1-1 单位工程施工组织设计编制程序

三、铁路、公路主要单项工程施工组织设计要点

1. 路基工程施工组织设计

（1）合理确定工期

路基工程施工的工期,应按照全线指导性施工组织设计及承发包合同规定的工期完成,铁路工程应考虑在铺轨前给路基填土留有一个自然沉落的过程。

（2）精心安排土石方调配

以挖方作为填方,借土还田,也可利用邻近城镇、工矿的弃渣作为填料,对可利用的土源,应做技术经济比较,筛选最优方案。

调配土石方时,应注意土石方的涨余率和压缩率。路堤取土,除计算需要数量外,要综合考虑路基排水、农田灌溉、改地造田,取土与冲刷河岸的关系,排水沟与桥涵进口标高一致等许多因素;路堑弃土,首先要保证边坡的稳定性,要有利于排水,其次要注意不能沿河弃土,阻塞河流、压缩桥孔、冲刷河岸和农田。

（3）计算施工机械用量及有关人员数量

根据施工地点的实际情况,确定净工作日,即施工工期内要扣去法定节假日、预计雨雪天和严寒季节影响的天数。净工作日,特别与选定的施工机械的类型、类别有直接关系。

（4）路基附属工程的施工安排

天沟要在路堑开挖之前施工。线下挡墙,要配合土石方工程的进度平行作业,线上支挡工程视地质条件而定,地质条件好的可安排在土石方工程基本完工后施工,地质条件差的要避开雨季,随挖随砌。属抗滑桩建筑物,要安排在土石方工程之前施工。侧沟安排在土石方工程完成后施工。植树种草安排在土石方工程完工后,适时种植。

(5)土石方工程的排水

填方地段,应先进行正式排水工程施工,如时间紧迫来不及修正式排水工程时,可以考虑做临时排水工程过渡;挖方地段,属路基工程应先做天沟、半路堤半路堑工程或借土填方,应统筹兼顾,合理布置。铁路站场路基工程中的小桥涵,应提前施工,并考虑临时排水措施。

2. 桥涵工程施工组织设计

(1)桥涵工程施工的特点

①桥涵工程类型多。从桥跨上说,有简支梁桥、连续梁桥、斜腿刚构桥、斜拉桥、框架桥、拱桥、悬索桥、组合体系桥等。桥跨结构又分钢筋混凝土梁、预应力钢筋混凝土梁、钢板梁、钢桁梁、系杆拱、石砌拱等。桥梁基础形式有明挖、挖井、挖孔桩、钻孔桩、沉井、管柱基础等。涵渠有明渠、圆涵、盖板涵、矩形涵、拱涵、渡槽、倒虹吸等。不同类型的桥涵,施工方法各不相同。

②施工技术复杂。一方面由于桥涵类型多,另一方面由于桥涵工程属野外施工,受地形、地质、水文、气候的制约,使施工复杂、难度大,特别是深水桥基础的施工,常会遇到不良地质,给施工带来很大困难。另外架梁采用悬拼、悬浇、顶推等新方法,施工技术都是比较复杂的。

③施工人员和机械集中,工作面狭小。桥涵工程(特别是大桥、特大桥、高桥和大型涵渠),从基础开始到工程全部完工,需要各种各类人员参与施工,专业多、工种多、工序更多,而且相互交叉,立体作业。因施工场地受限,有时受峡谷、水流以及高空作业等条件影响,在狭小施工场地上要聚集相当数量的劳动力、建材和机具设备,更需要精心组织和合理设置。

(2)桥涵工程施工顺序安排应注意的事项

①首先要研究确定桥涵工程总体施工方案,才能具体安排各分部分项工程施工顺序。例如钢桁梁桥,先要确定钢桁梁安装方法,是在桥孔中的脚手架上拼装或在桥旁脚手架上拼装再拖拉就位;是在桥位上半悬臂法拼装或悬臂法拼装。只有施工方案确定后,才能具体安排基础、墩台等分部分项工程的施工顺序。

②应结合季节、气候、水文条件安排施工顺序。气候、水文情况对施工顺序安排影响很大,如果处理得好,充分利用有利方面,对工程质量、施工进度、降低成本能起到促进作用。例如,桥梁基础和墩台的施工,应尽量避开冬季和雨季,但严寒地区,可利用冰冻期河流结冻的条件,采用冻结开挖基础,或在冰上搭设脚手架进行拼装等工作,但必须对冻层强度进行检算。某些工作也可能要专门利用涨水期的高水位进行施工,如浮运钢沉井、浮运法架设钢桁梁等。在旱季要先安排水中基础及桥墩的施工。并在洪水到来之前完成或在雨季到来之前将墩台施工至最高水位线上,而且在洪水到来之前应将河道中的脚手架拆除,以减少堵塞或被洪水冲掉。在大风季节应避开某些工作的安排,如浮运沉井、浮运架梁、悬臂拼装钢梁以及其他高空作业。

③要遵守施工程序和操作工艺的客观规律,这种客观规律是结构本身所必需的,是不能随意改变的。例如,灌注钢筋混凝土盖板,由施工工艺决定作业项目之间的先后施工次序:立模板、绑钢筋、灌注混凝土、养护及拆模,不可颠倒;沉井混凝土下沉,必须待沉井混凝土强度达到100%,方能开始下沉。

④要根据施工方法和采用的机械设备确定施工顺序。施工方法的不同,采用的机具设备也不同,从而施工顺序也会有所不同。例如,钻孔桩施工,采用旋转式钻机或冲击式钻机的施工顺序有所区别,前者需设置一套拌制泥浆系统,后者则不需要;前者不需抽渣,后者需要,并且钻进和抽渣间隔进行。

⑤施工顺序的安排要确保施工安全和工程质量。例如桥涵顶进工程,当开挖工作影响现有

铁路运输安全时,首先要进行线路加固工作。如开挖基坑不影响运营安全,则线路加固工作可安排在桥涵顶进前进行。在顶进过程中,如发现框构轴线或高程偏差,则不能继续顶进,应采取纠正措施的施工顺序等。

⑥合理选择工作面。工作面的安排应全面考虑施工期限、劳动力、机械设备、材料供应等条件。当施工工作面较多时,可使工期缩短,但劳动力、机械设备及一些临时设施会增多,甚至会造成劳动力、机械设备、材料供应困难;反之,当工作面减少,工期会延长,可能会窝工。要通盘研究,在保证工期前提下,可以考虑节省模板、围堰等倒用材料和基本不增设机械设备来安排。在多孔桥跨施工时,将桥墩台分成几组安排施工顺序,这样劳动力、机具都比较均衡,模板、脚手架可充分利用。

⑦桥涵工程施工时间和施工顺序的安排应考虑桥涵附近其他建筑物施工的协调配合。例如与路基工程的配合,桥头缺口及涵顶填土应满足铺架工程总进度要求,并使填土有足够的沉落时间。一般桥涵工程施工应在同段路基土石方工程完工前0.5~1.5个月完工。为此,路基填方地段中的中小桥涵及大桥、特大桥的桥台应尽早安排施工。另外还应考虑路基石方工程爆破对桥涵建造物的影响,以及改河、改河的弃方及桥涵基础的大量挖方在回填后有余,且能利用到路堤填方中,合理安排桥涵工程的开竣工时间和施工顺序。又如隧道工程的配合,隧道出入口要有材料场地出渣运输及弃渣场等问题,对隧道洞口的桥涵工程应在隧道开工前完成,以免相互干扰。

3. 隧道工程施工组织设计

隧道工程施工特点如下:

(1)由于隧道是地下建筑物,受地质和水文地质条件的制约,因而,施工环境差、难度大、技术复杂、要求高。

(2)隧道工程是一种多工序、多工程联合的地下作业,工作面狭窄,出渣、进料运输量多,施工干扰大,为加快施工进度,需以横洞、斜井、竖井、平行导坑增加工作面,施工任务复杂而艰巨。因此,必须全面规划,科学地组织施工,编制切实可行的实施性施工组织设计文件。

(3)隧道工程大部分地处深山峻岭之中,场地狭小,要使用多种机械设备,需要相当数量的洞外设施来保证洞内施工,而洞外往往受地形限制,场地布置比较困难。

(4)由于工作环境差,劳动条件的恶劣,常发生坍塌、涌水、瓦斯等诸多不安全因素,因此,要制定出切实可行的安全技术组织措施。

(5)由于地质、水文地质以及围岩压力情况复杂多变,在施工过程中往往需要改变施工方法,同时也要求隧道施工必须不间断连续进行。

4. 铁路铺架工程施工组织设计要点

铺架工程应在路基土石方工程完工后半个月进行。一般正线铺轨和站线铺轨分别进行,正线铺轨时应考虑铺设一股站线和连接的两组道岔,以便铺轨及运料列车的利用,而其他站线则可利用架梁时的间隙铺设。

在正线铺轨前,路基、桥涵、隧道等站前工程必须完成,以保证铺轨架梁工作的顺利进行,避免开始铺轨后,由于上述工程未竣工而使铺架工程停顿,影响铺架工程的工期。

铺轨架梁工程的工期与施工单位的技术水平、设备能力、轨道类型、轨排供应、施工方法、每天工作班数以及架梁孔数、跨度等因素有关。铺轨架梁的工期还应考虑不能利用架梁时间铺设站线股道的工作量。隧道内铺轨工作面窄,又需在照明下工作,一般较洞外要困难,尤其隧道内线路使用刚性道床时,铺轨进度比洞外慢。在深路堑地段铺轨,因工作面小,铺轨进度也受到一定限制。计算铺轨时间时,应考虑这些因素。

铺轨架梁工程应广泛采用机械化施工,只有当机械设备不足或铺轨工期紧迫时,可考虑与人工铺轨同时进行。短距离岔线、专用线或有大量小半径曲线的线路,可采用人工铺轨。每昼夜工作一般按 1~2 班(每班 8h)计算,进度约为 1.0~1.5km/d。

机械铺轨多采用每天两班制。在工期紧迫的情况下可采用三班制工作。每天三班的铺轨进度可达到 3~5km,但由于架梁速度的限制,实际上每天铺轨架梁综合进度约为 1km。机械化铺设普通钢轨主要包括轨节拼装、轨节运输、轨节铺设、铺砟整修等 4 个基本环节。

铁路预制梁架设的方法较多,铁路架桥机架设、跨墩龙门架架梁、双导梁架设机架设、自行式吊机架设、人工架设等。架梁进度一般随地形、桥梁类型、跨度、连续孔数及架梁方法等不同而不同,在安排架梁进度时可参考表 1-1。

架梁进度参考指标　　　　　　　　　　　　　　　　表 1-1

跨度及项目	平均每孔需用时间	跨度及项目	平均每孔需用时间
16m 及以下	3h	32m 以上	6h
20、24m	5h	架梁准备时期	5~8h(包括岔线、加固、整道)

5. 公路路面工程施工组织设计要点

(1)沥青路面

沥青混合料路面施工的主要内容有:沥青混合料的制备、混合料的运输与摊铺以及混合料的摊铺层的压实。为保证沥青混合料路面的施工质量、有效地利用机械化程度,在施工组织方面应作如下考虑:

①沥青混合料拌和基地选择。

为保证路面施工有足够的沥青混合料供应,应设置专门的沥青混合料拌和站。沥青混合料拌和站厂址的选择应考虑如下两方面因素:

一是沥青混合料的施工温度。沥青混合料由拌和站运至施工现场,随运距的增大其温度会逐渐降低,当温度过低时会影响路面摊铺后的质量。沥青混合料的施工温度应不低于《公路沥青路面施工技术规范》(JTG F40—2004)规定值。实践证明:沥青混合料的运输时间不应超过 45~60min(气温在 10℃ 以下,车速在 30~40km/h 以上)。

二是沥青混合料的合理运输距离。从沥青混合料的施工要求可以看出,运距越远,温降也越大。此外从工程成本费用方面来分析,运距越远,工程成本也越高。因此,在工程施工中,如沥青混合料的总运输费用大于沥青混合料拌和场搬迁一次的搬迁费,则拌和站应选新址比较合理。

②沥青混合料拌和设备。

沥青混合料拌和机是修建沥青混合料路面的主体机械,它生产能力的大小是确定其他设备数量的重要依据。目前,各国采用的沥青混凝土拌和机可分为三大类,如表 1-2。

沥青混合料拌和机分类表　　　　　　　　　　　　　表 1-2

分类标准	第一类	第二类	第三类
生产方式	循环作业式	连续作业式	综合作业式
拌和方式	自由拌和	自由拌和及强制拌和	强制拌和
配料称量条件	冷料称量送入烘干筒	冷料称量送入烘干筒	烘干后筛分称量
矿粉送入方式	与砂石料同时送入	直接送拌和机	直接送拌和机

③摊铺机机械化施工。

沥青混合料路面摊铺作业机械化主要由摊铺机、自卸汽车和压路机三者进行联合作业。由于沥青混合料摊铺机可以一次将沥青混合料进行摊铺、捣实和熨平成路面设计断面形状,从而大大缩短了沥青混合料的摊铺时间,并保证了路面面层的质量。

沥青混合料摊铺机的施工过程如下:

a. 自卸汽车由沥青混合料拌和站装料运至施工现场。为防止沥青材料黏结在车厢上,装料前需在车厢内涂抹石油或废润滑油。如运距较远和室温较低时应加保温设备,以保证摊铺和压实温度。

b. 自卸汽车倒车,使汽车后轮支靠在摊铺机前端的推动滚上,此时将汽车变速箱放在空挡位置。

c. 自卸车将部分料卸入摊铺机料斗内并输送至摊铺面,然后摊铺机以适当的速度推汽车前进,此时汽车边前进边卸料,而摊铺机边前进边摊铺。

d. 摊铺机摊铺的料层由振捣器初步捣实。

e. 熨平器对已铺好的料层进行最后的整平。

f. 压路机压实。

摊铺机在摊铺过程中可以沿前进方向连续施工,由于路面宽度问题使得摊铺机不能一次就摊铺完成时,应根据路面宽度和摊铺机宽度在可调范围内进行调整。

(2) 水泥混凝土路面

高等级公路水泥混凝土路面机械化施工,是拌和机械设备、自卸运输车、水泥混凝土摊铺机等主要机械设备组成的机械化施工系统,将砂、石、水泥、水等原料以一定的配比,经拌和机制成水泥混凝土混合料,由自卸车运至铺筑地点,由摊铺机按一定的技术要求摊铺、振捣并初步形成成型路面,然后再辅以适当的人工跟补及拉毛等处理,经切缝、养生最终形成成型路面。

在水泥混凝土路面施工中,由于拌和机械设备远离路面铺筑现场,机械化施工系统运行状况受机械性能、机械操作人员的技术水平、机械的组合配套、材料供应、自然环境等很多种事先不可知因素的相互作用,使机械化施工过程成为较复杂的动态随机过程,对于进一步评价与优化系统,提高系统生产率、降低工程成本具有重要意义。

水泥混凝土路面机械化施工系统理想运行过程是:当拌和机刚好拌制一车水泥混凝土拌和料时,就有一辆自卸车刚好到达拌和机装载位卸料;而摊铺机运行过程中,其前面始终恰好保持1~2车水泥混凝土拌和料,自卸车卸料后即返回装载位。整个系统工作既经济又高效。

水泥混凝土路面机械化铺筑方式有两种,一种是轨道式摊铺机施工,另一种是滑模式摊铺机施工。对两种机械的施工方法不再叙述,参见相关公路施工的书籍。

本章回顾与学习指导

本章主要内容是有关铁路公路基本建设方面的基础知识,包括铁路公路工程的概念、特点;建设项目的分类;基本建设的程序;铁路公路工程施工组织设计的基本内容。第一节从铁路公路基本建设的概念阐述入手,介绍其基本特点及铁路与公路工程建设分类以及建设项目的构成,讲述了铁路与公路工程基本建设程序。铁路与公路工程的基本建设程序主要包括:立项决策阶段、编制设计文件阶段、工程实施阶段和工程竣工验收阶段。第三节阐述了铁路公路施工组织设计的分类、编制内容和主要单项工程施工组织设计要点,包括:路基工程施工组织设计要点、桥涵工程施工组织设计要点、隧道工程施工组织设计要点、铁路铺架工程施工组织设计要点;公路路面工程施工组织设计要点等。本章知识是学习铁路与公路工程概预算的准备和基础。

思 考 题

(1) 简述铁路与公路工程的建设的特点。
(2) 铁路与公路工程建设项目由哪些部分构成?
(3) 简述铁路公路主要单项工程施工组织设计的要点;简述施工组织设计的主要内容。
(4) 简述铁路基本建设的程序。
(5) 简述公路路面工程施工组织设计的要点。

第二章 DIERZHANG
工程造价体系及造价文件

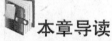
本章导读

本章讲述概预算编制的相关知识,如建设各阶段造价文件体系、概预算的编制依据、定额的组成及使用,铁路、公路工程造价文件的组成。这些内容构成对概预算的整体认识,概预算编制是政策性较强的活动,应对其依据的编制办法和相关取费文件非常熟悉。

学习要求

1. 熟悉工程造价的概念、造价体系构成;
2. 掌握铁路、公路概预算的编制依据;
3. 熟悉铁路、公路定额,掌握预算定额的使用方法;
4. 熟悉铁路、公路工程造价文件的组成。

学习重点

铁路、公路概预算的编制依据;铁路、公路预算定额的使用方法。

学习难点

建设各阶段造价文件的区别与联系;熟悉铁路、公路预算定额说明条款。

本章学习计划

内　　容	建议自学时间（学时）	学习建议	学习记录
第一节　工程造价体系及其编制依据	1.5	熟悉工程造价文件体系的构成；掌握铁路、公路概预算的编制依据	
第二节　铁路工程定额及其使用方法	3	熟悉铁路预算定额说明的主要条款，掌握预算定额的使用方法	
第三节　公路工程定额及其使用	3	熟悉公路预算定额说明的主要条款及使用方法	
第四节　铁路、公路工程造价文件的构成	0.5	熟悉铁路、公路工程造价文件的组成	

第一节 工程造价体系及其编制依据

一、铁路、公路工程造价体系

工程造价是指一个建设项目从立项开始到建成交付使用预期花费或实际花费的全部费用，即该建设项目有计划地进行固定资产再生产及形成相应的铺底流动资金和其他资产的一次性费用总和。按照铁路、公路基本建设程序，造价工作逐渐由粗到细、由不太准确到较准确，到最终反映工程实际投资。建设项目的每一个建设阶段都对应有计价工作，从而形成相应的具有特定用途的造价文件，以下分别介绍。

1. 投资估算

投资估算是指在整个投资决策过程中，依据现有的资料和特定的方法，对拟建项目的投资数额进行的估测计算。

整个项目的投资估算总额，是指从筹建、施工直至建成投产的全部建设费用，其包括的内容视项目的性质和范围而定，通常包括工程费用、工程建设其他费用（建设单位管理费、征地费、勘察设计费、生产准备费等）、预备费（设备、材料价格差、设计变更、施工内容变化所增加的费用及不可预见费）和协作工程投资调节税及贷款利息等。投资估算是可行性研究、设计方案比较、编制概算和进行施工预测的基础。具体而言，其主要作用如下。

(1) 是决定拟建项目是否继续进行研究的依据。

(2) 是审批项目建议书的依据。

(3) 是批准设计任务书、控制设计概算的重要依据。

(4) 是编制投资计划，进行资金筹措及申请贷款的主要依据。

(5) 是编制中长期规划，保持合理比例和投资结构的重要依据。

在编制工程项目可行性研究报告的投资估算时，应当根据可行性研究报告的内容、国家颁布的估算编制办法等，以估算时的价格进行投资估算，并合理地预测估算编制后直至工程竣工期间的工程价格、利率、汇率等动态因素的变化，打足建设资金，不留投资缺口。投资估算精度在不同的估算阶段不同，范围从实际投资造价的 ±10% ~ ±30% 各异。

2. 设计概算

设计概算包括总概算或修正总概算，是初步设计或技术设计文件的重要组成部分。根据设计要求和相应的设计图纸，按照概算定额或预算定额，各项取费标准，建设地区的自然、技术经济条件和设备预算价格等资料，预先计算和确定建设项目从筹建到竣工验收、交付使用的全部建设费用，即项目的总成本。

设计概算是编制预算、进行施工预测和批准投资的基础。设计概算应控制在批准的建设项目可行性研究报告投资估算允许浮动幅度范围内。一经批准，它所确定的工程概算造价便成为控制投资的最高限额，一般不允许突破。初步设计概算静态投资与批复可行性研究报告静态投资的差额，一般不得大于批复可行性研究报告静态投资的 10%。因特殊情况而超出者，须报原可行性研究报告批准单位批准。已批准的初步设计进行设计施工总承包招标的工程，其标底或造价控制值应在批准的总概算范围内。具体而言，设计概算的主要作用如下。

(1) 是确定和控制建设项目、各单项工程及各单位工程投资额的依据。

(2)是编制投资计划的依据。

(3)是进行拨款和贷款的依据。

(4)是实行投资包干和招标承包的依据。

(5)是考核设计方案的经济合理性和控制施工图预算的依据。

(6)是基本建设进行核算和"三算"(设计概算、施工图预算、竣工决算)对比的基础。

3. 施工图预算

施工图预算是指在施工图设计阶段,当工程设计基本完成后,在工程开工前,根据施工图纸、施工组织设计、预算定额、费用标准以及地区人工、材料、机械台班的预算价格和技术经济条件等资料,对项目的施工成本进行的计算。施工图预算是施工图设计文件的重要组成部分。

编制施工图预算时要求有准确的工程数据,如详细的外业调查资料、施工图、设备报价等,要求精度较高。施工图预算是批准投资、审核项目、进行投标报价和进行成本控制的基础,其主要作用如下。

(1)是考核施工图设计进度计划合理性的依据,是落实或调整年度基本建设计划的依据。

(2)在委托承包时,是签订工程承包合同的依据,以及办理财务拨款、工程贷款和工程结算的依据。

(3)是实行招标、投标的重要依据。

(4)是承包商企业实行经济核算的依据。

施工图预算与设计概算都属于设计预算的范畴,二者在费用的组成、编制表格、编制方法等方面基本相同,只是二者的编制定额依据、设计阶段和作用不同,施工图预算是对设计概算的深化和细化。施工图预算应当按已批准的初步设计和概算进行,一般不允许突破。

4. 竣工决算

竣工决算,对业主而言,是指在竣工验收阶段,当建设项目完工后,由业主编制的建设项目从筹建到建成投产或使用的全部实际成本;对承包商而言,是根据施工过程中现场实际情况的记录、设计变更、现场工程更改、预算定额、材料预算价格和各项费用标准等资料,在概算范围内和施工图预算的基础上对项目的实际成本开支进行的核算,用于承包商向业主办理结算工程价款的依据。

竣工决算统计、分析项目的实际开支,为以后的成本测算积累经验和数据,是工程竣工验收、交付使用的重要依据,也是进行建设财务总结,银行对其实行监督的必要手段。特别是对于承包商,是作为其企业内部成本分析、反映经营效果、总结经验、提高经营管理水平的手段。

二、工程概预算编制依据

1. 有关工程概预算的经济法规、政策

有关工程概预算的经济法规、政策包括与建安工程造价相关的国家规定的建筑安装工程营业税税率、城市建设维护税税率、教育费附加费费率;与进口设备价格相关的设备进口关税税率、增值税税率;与工程建设其他费中土地补偿相关的国家对征用各类土地所规定的各项补偿费标准等。

2. 编制办法

铁路、公路基本建设工程各阶段概预算的编制和取费应依据国家颁布的费用编制办法进行。编制办法规定了工程建设项目在编制工程造价中除人工、材料、机械消耗以外的其他费用需要量计算的标准,包括有其他直接费定额、间接费定额、设备工具器具及家具购置费定额、工程建设其他费用中各项指标和定额。

目前铁路投资估算采用原铁道部以铁建设[2008]10号文公布的《铁路基本建设工程投资预估算、估算编制办法》(该办法自2008年2月1日起施行);铁路概算和预算采用原铁道部铁建设[2006]113号文公布的《铁路基本建设工程设计概(预)算编制办法》,该办法自2006年7月1日起施行。公路概算和预算采用原交通部2007年第33号文公布的《公路工程基本建设项目概算预算编制办法》(JTG B06—2007),该办法自2008年1月1日起施行。

3. 工程定额

工程定额是指在正常施工条件下,完成规定计量单位的符合国家技术标准、技术规范(包括设计、施工、验收等技术规范)和计量评定标准的工程量,并反映一定时间施工技术和工艺水平所必需的人工、材料、施工机械台班消耗量的额定标准。在建筑材料、设计、施工及相关规范等没有突破性的变化之前,其消耗量具有相对的稳定性。工程定额包括施工定额、预算定额、概算定额及估算指标等。

(1)施工定额。施工定额是指施工企业在自身的技术水平和管理水平下,为完成一定计量单位的合格产品所需要消耗的人工、机械台班和材料的数量标准。施工定额属于企业定额性质,反映了施工企业施工生产与生产消费之间的数量关系。由于施工定额是以工序为基础编制的,可以作为企业编制施工作业计划、进行施工作业控制的标准,所以施工定额也是一种作业性定额。

施工定额是根据企业自身的技术水平和管理水平编制的。不同施工企业的技术水平、管理水平各不相同,所以不同企业的定额水平各不相同。施工定额的定额水平应该取平均先进水平,即正常施工条件下,企业大部分工人通过努力能够达到的水平。由于施工定额反映了本企业施工生产和生产消费之间的关系,它的作用也仅限于企业内部使用,属于企业的商业机密。在当前国家推行工程量清单合理低价评标的原则下,施工定额对企业的生存发展起到越来越重要的作用。

(2)预算定额。属于计价性定额,是在编制施工图预算时,计算工程造价和计算工程中人工、机械台班、材料需要量使用的一种定额。铁路预算编制办法规定对于"站前"工程编制初步设计概算时也要采用预算定额。

铁路工程预算定额包括路基工程、桥涵工程、隧道工程、轨道工程、通信工程、信号工程、电力工程、电力牵引供电工程、房屋工程、给排水工程、机务车辆机械工程及站场工程共十三个专业分册。于2010年铁建223号文颁布2011年1月起执行。同时颁布的还有《高速铁路路基桥梁隧道无砟轨道工程补充定额》及与预算定额配套使用的《铁路工程概预算工程量计算规则》、《铁路工程概预算工程量计算规则》、《铁路工程混凝土、砂浆配合比用料表》。

公路工程预算定额目前采用原交通部2007年33号文公布的《公路工程预算定额》(JTG/T B06-02—2007)。它是编制施工图预算的依据,也是编制工程概算定额(指标)的基础,适用于公路基本建设新建、改建工程,不适用于独立核算执行产品出厂价格的构件厂生产的构配件。对于公路养护的大、中修工程,可参考使用。定额包括:路基工程、路面工程、隧道工程、桥涵工程、防护工程、交通工程及沿线设施、临时工程、材料采集及加工、材料运输共九章及附录。

(3)概算定额。属于计价性定额,是编制初步设计概算及修正设计概算时,计算和确定工程概算造价、计算人工、机械台班、材料需要量所使用的定额。它的项目划分粗细,与初步设计的深度相适应。它是在预算定额基础上,对预算定额的综合扩大。

铁路工程概算定额按照专业也划分为十二个分册,与预算定额相对应。公路工程概算定额目前采用原交通部2007年33号文公布的《公路工程概算定额》(JTG/T B06-01—2007)。

(4)估算指标。属于计价性定额,是在项目建议书和可行性研究报告阶段编制投资估算、计算投资需要量时使用的一种定额。它非常概略,往往以独立的单项工程或完整的工程项目为计算对象。它的概略程度与项目建议书和可行性研究相适应。

4. 设计图纸资料

设计图纸资料在编制造价时的作用主要表现在两个方面:一是提供计价的主要工程量,这部分工程量一般是从设计图纸中直接摘取;二是根据设计图纸提出合理的施工组织方案,确定造价编制中有关费用的基础数据,计算相应的辅助工程和辅助设施的费用。

5. 基础单价

基础单价是指工程建设中所消耗的劳动力、材料、机械台班以及设备工器具等单位价格的总称。

(1)劳动力的工日单价。是指建筑安装生产工人日工资单价,由生产工人基本工资、辅助工资、特殊地区津贴及地区生活补贴、工资性补贴、职工福利费等组成,具体标准可按照编制办法规定计算。

(2)材料单位价格。习惯称为材料的预算价格,是指材料(包括原材料、构件、成品、半成品、燃料、电等)从其来源地(或交货地点)到达施工工地仓库后的出库价格。目前铁路工程建设材料价格基期(2005年)采用原铁道部2006年129号文公布的《铁路工程建设材料及其价格》,编制期主要材料的价格采用当地调查价。公路预算定额中的基价的材料费单价按北京市2007年价格记取,编制期材料预算价格按实计取。

(3)施工机械台班单价。是指列入概、预算定额的施工机械按照相应的铁路、公路施工机械台班费用定额分析的单价进取。目前铁路施工机械定额采用原铁道部2006年129号文公布的《铁路工程施工机械台班费用定额》,公路施工机械定额采用原交通部2007年33号文公布的《公路工程机械台班费用定额》(JTG/T B06-03—2007)。施工机械台班费用定额规定了机械台班中折旧费、大修理费、经常修理费、安装拆卸费标准,以及人工、燃油动力消耗标准等其他费用标准。

(4)设备费单价。是指各种进口设备、国产标准设备和国产非标准设备从其来源地(或交货地点)到达施工工地仓库后的出库价格。

6. 施工组织计划

施工组织计划是对工程施工的时间、空间、资源所作的全面规划和统筹安排,它包括施工方案的确定、施工进度的安排、施工资源的计划和施工平面的布置等内容。以上这些内容均涉及造价编制中有关费用的计算,如对同一施工任务当采用不同的施工方法,其工程费用会不相同;资源供应计划不同,施工现场的临时生产和生活设施就不会相同,相应的费用也不会相同;施工平面布置中堆场、拌和场的位置不同,则材料运距不同,其运费也不相同……由此可知,施工组织设计是造价编制中不可忽略的重要计价依据之一。

7. 工程量计算规则

工程量计算规则是计量工作的法规,它规定工程量的计算方法和计算范围。铁路、公路工程定额说明对工程量计算规则有相应的说明。采用工程量清单计价方式编制报价文件时,其工程量计算规则铁路工程依据《铁路工程量清单计价指南》(2007版)、公路工程依据《公路工程标准施工招标文件》(2009版)的规定执行。通常在铁路、公路工程设计图纸文件中列有各分部分项工程的工程量,在编制造价文件时,对设计文件中提供的工程量应进行复核,检查是否符合工程量计算规则,否则应按工程量计算规则进行调整。

8. 其他资料

包括有关合同、协议以及用到其他的一些资料,如某种型号钢筋的每米质量,土地平整中土体体积计算时的棱台公式,标准构件的尺寸等,需要从一些工具书或标准图集查阅。

第二节 铁路工程定额及其使用方法

一、铁路工程定额的采用

(1)基本规定。根据不同设计阶段、各类工程(其中路基、桥涵、隧道、轨道及站场简称"前站"工程)的设计深度、铁路工程定额体系的划分,具体定额的采用按以下规定执行。

①初步设计概算:采用预算定额,"站后"工程可采用概算定额。

②施工图预算、投资检算:采用预算定额。

(2)独立建设项目的大型旅客站房的房屋工程及地方铁路中的房屋工程可采用工程所在地的地区统定额(含费用定额)。

(3)对于没有定额的特殊工程及尚未实践的新技术工程,设计单位应在调查分析的基础上补充单价分析,并随着设计文件一并送审。

二、定额表组成

定额是指在一定的生产技术组织条件下,完成单位合格产品所消耗的人、财、物的数量和费用标准。它是经科学方法测定,对行业企业具有指导性并在一定时期内相对稳定的行业技术法规。

现以铁路桥涵工程预算定额表为例,说明其含义。表2-1由名称、工作内容、单位及表格内容组成。QY-1是定额编号,代表桥涵工程预算定额的第一条子目,表格中列出了该子目消耗的基期价格,由人工费、材料费、机械台班使用费构成;人工、各种材料、各种机械消耗的具体数量。如QY-1这条子目表示每完成10m³挖基坑土方,在基坑深≤6m,坑内无水情况下,消耗的工料机基期价格为33.06元,消耗人工0.23工日,零星材料费用0.11元,履带式液压单斗挖掘机≤0.6m³0.05台班,履带式推土机≤75kW0.01台班,所谓基期指材料预算单价定额和机械台班单价定额测定年度的价格水平,现为2005年价格水平。

桥涵预算定额示例 表2-1

第一节 挖基及抽水
一、挖基坑
(一)机械挖土方、淤泥、流沙

工作内容:挖、运至基坑外20cm,包括近坑底标高0.3m以内的土方以人工挖运,坑壁及坑底修整。

单位:10m³

电算代号	预算定额编号	单位	QY-1	QY-2	QY-3	QY-4
	项 目		挖土方基坑深≤6m		机械挖淤泥	机械挖流沙
			无水	有水		
	基价	元	33.06	33.55	48.63	53.67
其中	人工费		5.52	6.00	2.64	3.12
	材料费		0.11	0.12	0.24	0.24
	机械使用费		27.43	27.43	45.75	50.31
	质量	t	—	—	—	—
2	人工	工日	0.23	0.25	0.11	0.13
8999002	其他材料费	元	0.11	0.12	0.24	0.24
9100001	履带式液压单斗挖掘机≤0.6m³	台班	0.050	0.050	0.080	0.090
9100102	履带式推土机≤75kW	台班	0.010	0.010	0.020	0.020

三、定额的使用方法

在使用铁路预算定额时,应仔细阅读定额的总说明和各专业工程的分册说明、章节说明,熟悉相关条款对使用定额的详细规定。套用时,要核对设计文件中的工程项目、工作内容是否与所采用定额的内容一致,不应遗漏,也要防止重复计量。并且注意定额中工程量单位与设计文件中工程数量单位是否一致,否则应换算设计工程量单位。

1. 预算定额的总说明

预算定额的总说明是针对整套定额所共有情况的说明,以 2010 铁路预算定额为例,编制预算时应注意以下条款规定:

(1)《铁路工程预算定额》(2010 年)(简称本定额)是标准轨距铁路工程专业性全国统一定额。

(2)本定额适用于新建和改建铁路工程。

(3)本定额按专业内容分为 13 个分册:

第一册　路基工程
第二册　桥涵工程
第三册　隧道工程
第四册　轨道工程
第五册　通信工程
第六册　信号工程
第七册　电力工程(上、下)
第八册　电力牵引供电工程(上、下)
第九册　房屋工程(上、中、下)
第十册　给水排水工程
第十一册　机务、车辆、机械工程
第十二册　站场工程
第十三册　信息工程

为避免重复,属专业间通用的定额子目,只编列在其中一个分册内,使用时可跨册使用。各册定额工程范围的划分,不涉及专业分工。

(4)本定额按照合理的施工组织和正常的施工条件编制,定额中所采用的施工方法和质量标准,是根据现行的铁路设计规范(指南)、施工规范(指南)、技术安全规程、施工质量验收标准等确定的,本定额主要内容体现了铁路建设"六位一体"和标准化管理的"机械化、工厂化、专业化、信息化"四个支撑手段(以下简称"四个支撑手段")的要求。

(5)使用本定额时,应结合施工条件和专业施工机械配置指导意见,优先采用体现"四个支撑手段"的施工工艺、工法及与之相适应的定额子目,详见各册定额附录:体现工厂化、机械化的定额子目索引。

(6)定额中的工作内容仅列出了主要的施工工序,次要工序虽未列出,亦包括在定额内。

(7)定额中的人工消耗量不分工种、技术等级,其内容包括:基本用工、人工幅度差、辅助用工、工地小搬运用工。

(8)定额中的材料消耗量,均已包括工地搬运及施工操作损耗。其中周转性材料(如模板、支撑、脚手杆、脚手板、挡土板等)的消耗量,均按其正常摊销次数摊入定额内,除另有说明外,使用时不得因实际摊销次数不同而调整。当设计采用的主材与对应定额子目不符时,可抽换。

(9) 定额中混凝土和水泥砂浆的数量(表中圆括号内的数字),仅用于根据混凝土和砂浆配合比计算水泥、砂子、碎石的消耗量,使用时不得重复计算。其水泥消耗量系按中粗砂编制。当设计采用的强度等级、骨料类型、粒径、使用环境等与定额不同时,应按相关技术标准和基本定额配合比用料表调整。

(10) 定额中的施工机械类型、规格型号,系按正常情况综合选定。

(11) 定额中除列出的材料和施工机械外,对于零星的及费用很少的材料和施工机械的费用,综合列入"其他材料费"和"其他机械使用费"中,以"元"为单位表示。

(12) 定额中的"重量",为各项材料的重量之和,不包括水和施工机械消耗的燃料重量。

(13) 定额中凡注有××以内(下)者,均包括××本身,××以外(上)者,则不包括××本身。

(14) 表中未注尺寸单位均为 mm。

2. 路基工程预算定额说明

1) 综合说明

(1) 本定额系对原《铁路路基工程预算定额》(铁建设[2004]47号)的修订,适用于铁路路基工程、改移道路、平交道、改沟及其他土石方工程。

(2) 本定额按照"机械施工与人力施工"分别编制的子目,应优先采用"机械施工"的定额子目,需人工完成的工程量由施工组织设计确定。

(3) 本定额按照"工厂化施工与非工厂化施工"分别编制的子目,应优先采用"工厂化施工"的定额子目,需人工完成的工程量由施工组织设计确定。

(4) 混凝土定额单位为"10m³"的子目系按集中拌制编制,未含混凝土拌制、运输内容,混凝土拌制、运输按《铁路桥涵工程预算定额》相关子目另计。当根据规定采用商品混凝土时,混凝土按当地的市场价格计算,不再计算混凝土拌制与运输的费用。

(5) 本定额中的混凝土构件预制、钢筋制作等子目是按工厂化生产考虑的,未含场外运输,场外运输按相关标准另计。

(6) 除另有说明外,本定额用于封锁线路作业时,人工和机械台班消耗量乘2.0的系数。

2) 分章说明

(1) 土方工程

①土石方挖填工程,除工作内容说明以外,另包括路堑修坡检底、取土坑整修等所需的人工、材料、机械消耗量。

②土石方工程定额单位,挖方为天然密实方,填方为压(夯)实方。当以填方压实体积为工程量,采用以天然密实方为计量单位的定额时,所采用的定额应乘以表2-2的系数。

土 方 换 算 系 数　　　　　表2-2

铁 路 等 级		岩 土 类 别			
		土 方			石 方
		松土	普通土	硬土	
设计速度200km/h及以上铁路	区间	1.258	1.156	1.115	0.941
	站场	1.230	1.130	1.090	0.920
设计速度160km/h及以下Ⅰ级铁路	区间	1.225	1.133	1.092	0.921
	站场	1.198	1.108	1.068	0.900

续上表

铁路等级		岩土类别			
		土方			石方
		松土	普通土	硬土	
Ⅱ级及以下铁路	区间	1.125	1.064	1.023	0.859
	站场	1.100	1.040	1.000	0.840

注：表中系数已包括路堤施工要求两侧加宽的土石方数量。

③土石方运输定额已考虑了道路系数（便道及交通干扰等因素），土石方工程中汽车增运定额仅适用于运距10km及以内的运输，10~30km（含）乘以0.85的系数，超过30km部分按运杂费计算。

④工程量计算规则：

a. 开挖与运输数量以天然密实体积计算，填筑数量以压（夯）实体积计算，光面（预裂）爆破数量按照设计边坡面积计算。

b. 路堑开挖按照设计开挖线计算土石方数量。

c. 路堤填筑按照设计填筑线计算土石方数量，护道土石方、需要预留的沉降数量计入填方数量。

d. 清除表土及原地面压实后回填至原地面标高所需的土、石方数量按设计确定的数量计算，并纳入到路基填方数量内。

【例2-1】 某段设计速度160km/h的Ⅰ级铁路区间路基工程，挖方5000m³，全部利用，挖掘机配合自卸汽车运输2km；填方10000m³，除利用方外的缺口需借土，挖掘机配合自卸汽车运输5km。试分析该工程项目套用的定额。

【解】 挖方5000m³：天然密实断面方

填方10000m³：压实断面方

调配时移挖作填，挖方作为填料压实后数量：5000/1.133 = 4413m³

需外借土方：10000 - 4413 = 5587m³（压实断面方）

套用定额见表2-3。

定额套用表　　　　　　　　表2-3

编号	名称	单位	数量
(1)挖土方			
LY-35	挖掘机装普通土≤2m³	100m³	50
LY-142	≤8t自卸汽车运土运距≤1km	100m³	50
LY-143	≤8t自卸汽车运土增运1km	100m³	50
(2)利用土填方			
LY-430	压路机压实	100m³	44.13
(3)借土填方			
LY-35×1.133	挖掘机装普通土≤2m³	100m³	55.87
LY-142×1.133	≤8t自卸汽车运土运距≤1km	100m³	55.87
LY-143×1.133×4	≤8t自卸汽车运土增运4km	100m³	55.87
LY-430	压路机压实	100m³	55.87

(2)石方工程

①土方工程说明适用于石方工程。

②光面(预裂)爆破定额单位按爆破面积计算,应与其他石方开挖定额叠加使用。

③控制爆破定额适用于既有电气化铁路增建二线需控制爆破的石方开挖工程。其他类似施工条件,可结合设计要求比照执行。

a.按施工条件不同分为 A、B、C 三类,分类见表 2-4。

控制爆破石方施工条件分类　　　　　　　　　表 2-4

A 类	B 类	C 类
线间距≤5m,开挖高度≥8m,开挖厚度≤4m,既有边坡坡度>1:0.5,岩石硬度为次坚石以上	线间距≤10m,开挖厚度≤10m,既有边坡坡度≤1:0.5	不满足 A、B 类条件,但距既有线路堑边坡顶 50m 之内无天然屏障的石方爆破

注:表中开挖高度为路肩至路堑边坡最高点的高度;开挖厚度为爆破体平均开挖厚度。

b.定额中已经考虑了要点封锁线路引起的工效降低因素,使用时不再计列行车干扰施工增加费。

c.爆破覆盖层分为 4 层、2 层、1 层三种,覆盖材料为钢筋网、橡胶炮被、土袋。4 层为钢筋网、土袋各 1 层,橡胶炮被 2 层;2 层为橡胶炮被、土袋各 1 层;1 层为橡胶炮被。

(3)路基加固及附属工程

①当设计采用的土工合成材料和透水软管的规格型号与本定额不同时,可抽换。

②本定额中的各种地基处理未包含桩顶空钻部分,实际发生时应单独计算空钻部分工程数量,按以下原则计列:人工和机械台班消耗量乘 0.5 的系数,扣除成桩材料费。

③旋喷桩、石灰桩、碎石桩、砂桩定额中主要材料用量系按一般情况编制,当设计采用类型规格或用量与定额不同时,可抽换。

④钻孔压浆定额中浆液是按水泥砂浆编制的,当设计采用其他类型浆液时,可抽换。

⑤填筑砂石定额适用于构筑物基底、后背填筑。抛填片石定额适用于人工抛石挤淤工程。

⑥工程量计算规则:

a.全坡面护坡、护墙其挖基数量仅计算原地面(或路基面)线以下部分;骨架护坡挖基需另计入坡面开挖沟槽的数量。

b.铺设土工织物、土工格栅按照设计铺设面积计算,但特殊设计需要回折的,回折部分另行计算并纳入工程数量中。

c.路基边坡斜铺土工网垫按照设计铺设面积计算,定额中已经包括了撒播草籽。

d.石灰桩、碎石桩、水泥搅拌桩、旋喷桩按照设计桩长乘以设计桩截面积计算,如需试桩,按设计文件计入工程数量。

(4)路基支挡结构工程

①挡土墙定额亦适用于护墙。

②挡土墙、护墙、护坡的基坑开挖、支护等,应采用桥涵预算定额相应子目。

③土钉定额中不含挂网和喷射混凝土,需要时应按有关定额另计。

④软土地基垫层定额中石垫层定额亦适用于机械施工抛石挤淤工程。当设计采用砂卵石等混合填料时,可抽换。

⑤工程量计算规则:

a.圬工体积按设计尺寸以实体体积计算,不扣除圬工中钢筋、钢绞线、预埋件和预留压装孔道所占体积。

b. 锚杆挡土墙中锚杆制安以及锚索制安按照所需主材(钢筋或钢绞线)重量计算,附件重量不得计入。其计算长度是指嵌入岩石设计有效长度,按规定应留的外露部分及加工过程中的损耗,均已计入定额。

c. 抗滑桩桩孔开挖,不论哪一深度均执行总孔深定额。桩身混凝土工程量按桩顶至桩底的长度乘以设计桩断面面积计算,不包括护壁混凝土的数量。护壁混凝土按相应定额另计。

(5)其他

①级配碎石(砂砾石)拌制定额的基价是按照碎石进行编制的,如设计采用级配砂砾石,材料应进行抽换。各种粒径的碎石(砂砾石)用量,应按照设计确定的配合比计算。

②路桥过渡段压实定额包括了掺入水泥的工作内容,但不包括掺入的水泥价格,使用时应按照设计用量另计。

③压实定额中已包括洒水或翻晒,洒水定额仅适用于特殊干旱地区或单独洒水的工程。

④承载板、位移桩预制及埋设定额不含日常观测用工。

⑤挖沟定额如发生运输时,可按土方工程中普通土或石方工程中次坚石的有关定额计算。

⑥在斜坡上挖台阶定额,仅供既有线路基帮宽时使用。

⑦"土质路面(拱)、边坡修整"、"石质路堑(渠)底面或边坡修整"定额的工作内容已经包含在土石方有关定额中,使用土石方定额时,不得重复计算,该定额仅供单一工作项目使用。

⑧挖除树根定额,其直径系地面以上20cm处直径。

⑨绿化工程定额计量规格:胸径是指从地面起至树干1.3m高处的直径,冠径是指枝展幅度的水平直径,苗高是指从地面起至梢顶的高度。灌木以冠径/苗高表示。

栽植定额以原土回填为主,如需换土,按"换种植土"定额另计。

⑩香根草、穴植容器苗、植生袋定额中已含养护管理费用。

⑪喷混植生定额中绿化基材当设计配方与本定额不符时可以进行抽换调整。

⑫本定额中一般地区、干旱地区、寒冷地区的划分标准执行建技[2003]7号文发布的《铁路路基边坡绿色防护技术暂行规定》中的有关规定。一般地区是指年平均降水量大于600mm、最冷月月平均气温高于-5℃的地区;干旱地区是指年平均降水量小于等于600mm的地区;寒冷地区是指最冷月月平均气温低于-5℃(含)的地区。

3)定额基价中采用的人工、材料、机械使用费计费标准

①人工费:执行原铁道部《铁路基本建设工程设计概预算编制办法》(铁建设[2006]113号,以下简称113号文)。

②材料费:执行原铁道部《铁路工程建设材料基期价格(2005年度)》(铁建设[2006]129号)。

③机械使用费:执行原铁道部《铁路工程施工机械台班费用定额(2005年度)》(铁建设[2006]129号)。其中柴油3.67元/kg,汽油3.98元/kg。

④水、电单价:执行"113号文",水0.38元/t,电0.55元/kW·h。

3. 桥涵工程预算定额说明

1)综合说明

①本定额系对原《铁路桥涵工程预算定额》(铁建设[2005]15号)的修订,适用于铁路桥梁、涵洞工程。

②本定额按陆上、水上分别编制。水上定额适用于设计采用船舶施工的工程,水上如采用栈桥、栈桥加平台或筑堤等,则混凝土工程采用陆上定额,另列栈桥或筑堤等费用。河滩、水中筑岛

施工采用陆上定额。

水上定额已含材料(成品、半成品)的水上短途运输。

③辅助结构及周转性材料原则上已按摊销计入定额,除另有说明外,不扣除回收料的残值。但每使用一个季度的子目及定额第五章第七节中钢结构制作、木结构制安拆子目,其摊销和使用费应根据施工组织确定的时间计算。

④现浇异形梁模板可按建设项目一次摊销,并扣除模板回收残值。

⑤施工机械种类、规格型号,系按一般情况综合选定。除另有说明外,不得抽换。

⑥除另有说明外,定额中已含脚手架、支架、扒杆等的搭拆及摊销。

⑦构筑物基底、后背填筑砂石等,采用《铁路路基工程预算定额》相应子目。

⑧本定额的混凝土工程除水上子目和定额单位非"$10m^3$"子目外,定额单位为"$10m^3$"的子目其混凝土拌制与浇筑是分开编制的,若施工组织设计按集中搅拌供应混凝土的,应分别套用搅拌站拌制、浇筑、搅拌运输车运输混凝土子目;若施工组织设计按分散搅拌供应混凝土的,应分别套用搅拌机拌制、浇筑子目。当根据规定采用商品混凝土时,混凝土按当地含运费的市场价格计算,不再计算混凝土拌制与运输的费用。

⑨本定额的实体墩、现浇梁子目适用于墩高不大于30m的情况,超过此高度时,扣除混凝土和钢筋子目中汽车起重机的台班数量,另按施工组织设计确定的墩身与现浇梁的班制及工期,每工班(按8h计)计列塔式起重机1个台班。塔式起重机地基加固处理的费用根据设计要求另计。

⑩预应力筋定额中已含孔道压浆数量,但未含两端封锚后涂刷防水涂料的数量,应按相应防水层相应定额另计。

⑪本定额中混凝土构件预制、钢筋制作是按工厂化生产考虑的,未含场外运输,场外运输按相关标准另计。

⑫工程量计算规则:

a. 基坑开挖数量以天然密实体积计算,填筑数量以压实体积计算。

b. 各类砌体的体积,按砌体设计尺寸以实体体积计算。

c. 混凝土的体积,按混凝土设计尺寸以实体体积计算,不扣除混凝土中钢筋(钢丝、钢绞线)、预埋件和预留压浆孔道所占的体积。

d. 钢筋的重量按钢筋设计长度(应含架立钢筋、定位钢筋和搭接钢筋)乘理论单位重量计算。不得将焊接、接头套筒、垫块等材料计入工程数量。

e. 预应力混凝土结构的预应力钢筋(钢丝、钢绞线)的重量按结构内设计长度或两端锚具之间的预应力筋长度计算。不得将张拉等施工所需的预留长度部分和锚具重量计入工程数量。

f. 各种桩基如需试桩,其数量由设计确定,纳入工程数量。

2)分章说明

(1)下部工程

①挖基及抽水:

a. 无水挖基指开挖地下水位以上部分,有水挖基指开挖地下水位以下部分。开挖淤泥、流沙不分有水、无水均采用同一定额。

b. 开挖基坑定额不含坑壁支护,需要时应根据设计确定的支护方式采用相应定额。本定额仅编制了挡土板和钢筋混凝土围圈子目,当设计采用锚杆、喷射混凝土、土钉等支护方式时,可采用路基定额相应子目。

c. 在同一基坑内,不管开挖哪一深度均执行该基坑总深度定额。

d. 基坑开挖定额中弃方运距为20m,如需远运,按路基定额相应子目另计。

e. 挖井基础可采用《铁路路基工程预算定额》的抗滑桩相关子目。

f. 使用基坑开挖定额,一般情况应采用机械开挖子目,当工点零星、工作面狭窄,不适合采用机械开挖时,可采用人工开挖子目。

g. 井点降水定额适用于地下水位较高的地区,井点管安拆子目中已包括井点管、总管及附件的摊销。

h. 采用井点降水后的基坑开挖按无水计。

i. 采用无砂混凝土管井降水时,水泵的抽水费用另计。每座无砂混凝土管井需配置1台水泵,水泵的选型应根据工点的设计涌水量确定。

j. 工程量计算规则:

ⓐ基坑开挖的工程量按基坑设计容积计算。

ⓑ挡土板支护的工程量按所支挡的基坑开挖数量计算。

ⓒ基坑回填数量=基坑开挖数量-基础(承台)圬工数量。

ⓓ基坑深度一般按坑的原地面中心标高、路堑地段按路基成形断面路肩设计标高至坑底的标高计算。

ⓔ井点降水使用费的计算,以50根井点管为一套,不足50根的按一套计。使用天数按施工组织设计确定的日历天数计算,24h为一天。

ⓕ与无砂混凝土管井配套的水泵台班数量,按施工组织设计确定的日历天数计算,24h为一天,每天每台水泵计3个台班。

ⓖ基坑抽水工程量为地下水位以下的湿处开挖数量。已含开挖、基础浇(砌)筑及至混凝土终凝期间的抽水。

ⓗ抽静水定额仅适用于排除水塘、水坑等的积水。工程量按设计抽水量计算。

②围堰及筑岛:

a. 土坝、草袋、塑料编织袋围堰及筑岛定额中已包括20m以内的运输,当运距超过20m时,按增运10m定额另计。

b. 打钢板桩定额系按正常摊销次数编制,当施工组织设计确定不再拔除钢板桩时,按一次摊销计算。

c. 双壁钢围堰在水中下沉定额中,按摊销量计入了定位船至双壁钢围堰上、下兜缆,兜缆数量不得另计。

d. 钢围堰定额系按使用导向船、定位船的施工方法编制,如施工组织设计为其他施工方案,应调整后使用。

e. 定额中的定位船系按一前一后两艘编制,施工组织设计每增减一艘定位船,有关定额中工程驳船(≤400t,三班制)的台班应增减的数量见表2-5。

按施工组织设计增减工程驳船(≤400t,三班制)数量表　　　表2-5

项　目　名　称	单　位	增减数量
双壁钢围堰、钢沉井底节、钢围笼浮运、定位、下水	台班/t	0.17
吊箱围堰浮运、定位、下水	台班/t	0.195
双壁钢围堰在水中下沉	台班/100m³	1.18
双壁钢围堰在覆盖层中下沉	台班/100m³	2.63

续上表

项目名称	单位	增减数量
钢沉井在水中下沉	台班/100m³	1.86
钢沉井在覆盖层中下沉	台班/100m³	4.35
双壁钢围堰内钢护筒安拆及固定架制安拆	台班/t	1.31
双壁钢围堰基底清理	台班/10m²	0.72
钢沉井基底清理(覆盖层)	台班/10m²	1.1
钢沉井基底清理(风化岩)	台班/10m²	2.76

f. 双壁钢围堰下沉定额中未含井壁填充混凝土,需要时按填充混凝土定额另计。

g. 工程量计算规则:

ⓐ土坝、草袋及塑料编织袋围堰的工程量,长度按围堰中心长度,高度按设计的施工水位加0.5m计算,不包括围堰内填心数量,需填心时,按筑岛填心定额另计。

ⓑ钢围堰浮运的工程量按设计确定所需的浮运重量计算。

ⓒ钢围堰拼装的工程量按设计的围堰身重量计算,不包括工作平台的重量。

ⓓ双壁钢围堰在水中下沉的工程量按围堰外缘所包围的断面面积乘以设计施工水位至原河床面中心标高的高度计算。

ⓔ双壁钢围堰在覆盖层下沉的工程量按围堰外缘所包围的断面积乘以河床面中心标高至围堰刃脚基底中心标高的高度计算。

ⓕ钢围堰拆除的工程量按施工组织设计确定的拆除数量计算。

ⓖ双壁钢围堰基底清理的工程量按围堰刃脚外缘所包围的断面面积计算。

ⓗ拼装船组拼拆除的工程量按设计使用次数计算。

ⓘ双壁钢围堰下沉设备制安拆的工程量按设计使用墩数计算。

③定位船、导向船及锚碇设备:

a. 定位船船面设备定额中已含定位船至导向船的拉缆摊销量。

b. 锚碇系统定额中均已含抛锚、起锚、锚绳、锚链安拆及摊销等全部内容。

c. 主锚及边锚定额,分为铁锚及混凝土锚两类,无覆盖层河段可以使用混凝土锚,其他河段采用铁锚。

d. 工程量计算规则:锚碇的工程量按施工组织设计确定的数量计算。

④钻孔桩及挖孔桩:

a. 本定额钻孔地层分类见表2-6。

钻孔地层分类　　表2-6

地层分类	代表性岩土类
土	黏土、粉质黏土、粉土、粉砂、细砂、中砂、黄土,包括土状风化岩层。残积土,有机土(淤泥、泥炭、耕土),含硬杂质(建筑垃圾等)在25%以下的人工填土
砂砾石	粗砂,砾砂,轻微胶结的砂土,石膏、褐煤、软烟煤、软白垩,礓石及粒状风化岩层,细圆(角)砾土,粒径40mm以下的粗圆(角)砾土,含硬杂质(建筑垃圾等)在25%以上的人工填土
软石	岩石单轴饱和抗压强度小于30MPa的各类软质岩。如泥质页岩、砂质页岩、油页岩、灰质页岩、钙质页岩、泥质胶结的砂岩和砾岩、砂页岩互层、泥质板岩、滑石绿泥石片岩、云母片岩、凝灰岩、泥灰岩、泥灰质白云岩,钻孔遇洞率30%及以下或蜂窝状或溶洞内充填物较多的岩溶化石灰岩及大理岩、盐岩、结晶石膏、断层泥、无烟煤、硬烟煤、火山凝灰岩、强风化的岩浆岩及花岗片麻岩、冻土、冻结砂层、金属矿渣、粒径40~100mm含量大于50%的粗圆(角)砾土、卵(碎)石土

续上表

地层分类	代 表 性 岩 土 类
卵石	粒径100~200mm含量大于50%的卵(碎)石土
次坚石	岩石单轴饱和抗压强度30~60MPa的各类硬岩。如长石砂岩、钙质胶结的长石石英砂岩、钙质胶结的砂岩或砾岩、灰岩及轻微硅化灰岩、钻孔遇洞率30%~60%的岩溶化石灰岩、熔结凝灰岩、大理岩、白云岩、橄榄岩、蛇纹岩、板岩、千枚岩、片岩、凝灰质砂岩、集块岩、弱风化的岩浆岩及花岗片麻岩、冻结粗圆(角)砾土、混凝土构件、砌块、粒径200~800mm含量大于50%的漂(块)石土
坚石	岩石单轴饱和抗压强度大于60MPa的各类极硬岩。如花岗岩、闪长岩、花岗闪长岩、正长岩、辉长岩、花岗片麻岩、粗面岩、石英粗面岩、安山岩、辉绿岩、玄武岩、伟晶岩、辉石岩、硅化板岩、千枚岩、流纹岩、角闪岩、碧玉岩、刚玉岩、碧玉质硅化板岩、角页岩、石英岩、燧石岩、硅质灰岩、硅质胶结的砂岩或砾岩、硅化或角页化的凝灰岩、钻孔遇洞率60%以上的岩溶化石灰岩、粒径大于800mm含量大于50%的漂(块)石土、钙质或硅质胶结的卵石土

b. 在滩涂、水田等浅水、淤泥地带钻孔,其工作平台的费用可采用筑岛填心定额计算。

c. 钻孔定额适用于孔深50m以内,若钻孔深度大于50m时,超过部分每增加10m(含不足10m部分),定额中人工和机械台班消耗量以50m为基数按表2-7系数调整。

钻孔深度大于50m时调整系数　　　　　　表2-7

地层分类	系 数	地层分类	系 数
土	1.05	卵石、软石、次坚石、坚石	1.10
砂砾石	1.08		

为方便使用,可按钻孔总深度采用表2-8综合系数调整定额中人工和机械台班消耗量。

按钻孔总深度调整的系数　　　　　　表2-8

地层分类	钻孔深度(m)				
	≤60	≤70	≤80	≤90	≤100
土	1.008	1.022	1.039	1.058	1.080
砂砾石	1.013	1.035	1.063	1.096	1.134
卵石、软石、次坚石、坚石	1.017	1.044	1.080	1.123	1.172

d. 水上钢护筒按一次摊销计,不另计拆除及整修的费用,也不扣除回收料的残值。

e. 双壁钢围堰内清水钻孔定额亦适用于浮运钢沉井及管柱内清水钻孔。

f. 钢筒内钻岩定额,仅适用于管柱内钻岩。

g. 双壁钢围堰内钻孔护筒定额,已含护筒固定架的摊销量。

h. 钢护筒和双壁钢围堰内导向护筒定额中已含护筒的摊销量。

i. 挖孔桩定额按不同桩长及不同岩土分级编制,在同一根桩内不论挖何种地层,均执行总孔深定额。

j. 挖孔桩桩身混凝土定额按普通混凝土编制,当自孔底及孔壁渗入的地下水的上升速度大于6mm/min时,应抽换为水下混凝土。

k. 钻孔用泥浆和钻渣外运定额,原则上适用于当地政府有明文规定的区域内的工程。

l. 工程量计算规则:

ⓐ钻孔桩钻孔深度,陆上以地面标高、水上以河床面标高、筑岛施工以筑岛平面标高、路堑地段以路基设计成形断面路肩标高至桩尖设计标高计算。当采用管柱作为钻孔护筒时,钻孔深度应扣除管柱入土深度。

ⓑ钻孔桩桩身混凝土工程量按设计桩长(桩顶至桩底的长度)加1m乘以设计桩径断面面积

计算，不得将扩孔因素计入工程量。

ⓒ水中钻孔工作平台的工程量，一般钻孔工作平台按承台面尺寸每边各加2.5m计算面积，钢围堰钻孔工作平台按围堰外缘尺寸每边加1m计算面积。

ⓓ钢护筒和钢导向护筒的工程量按设计重量计算，包括加劲肋及连接部件的重量，不包括固定架的重量。

ⓔ钻孔用泥浆和钻渣外运工程量按钻孔体积计算，计算公式为：

$$V=0.25\pi D^2 H \quad (\text{m}^3)$$

式中：D——设计桩径(m)；
H——钻孔深度(m)。

ⓕ声测管的数量按设计钢管重量计算。

ⓖ挖孔桩开挖工程量按护壁外缘包围的断面面积乘以设计孔深计算。

ⓗ挖孔桩桩身混凝土工程量按承台底至桩底的长度乘以设计桩径断面面积计算，不包括护壁混凝土的数量。护壁混凝土按相应定额另计。

⑤钢筋混凝土方桩与管桩：

a. 打桩定额系按打直桩编制，如打斜桩，人工和机械台班数量应分别乘以1.15和1.21的系数。

b. 钢筋混凝土方桩与钢筋（预应力）混凝土管桩定额中已含嵌入承台内的桩长、导桩、送桩的摊销量及凿除桩头的损耗。

c. 工程量计算规则：

ⓐ钢筋混凝土方桩预制与沉入的工程量按承台底至桩尖的长度乘以桩断面面积计算。

ⓑ钢筋（预应力）混凝土管桩的工程量按承台底至桩尖的长度计算。

ⓒ钢管桩制作的工程量按设计重量计算。

ⓓ钢管桩沉入的工程量按承台底至桩尖的长度计算。

⑥管柱：

a. 管柱下沉定额未含射水吸泥管路的数量，需要时按沉井外管路中的射水吸泥管路定额另计。

b. 管柱钻岩定额中已含封端。

c. 管柱内浇筑混凝土。管柱内部分采用管柱内浇筑水下混凝土定额，管柱内钻孔桩部分采用水上钻孔浇筑水下混凝土定额。

d. 工程量计算规则：

ⓐ管柱下沉定额中未含管柱的数量。预制管柱的工程量按承台底至柱底的长度计算。

ⓑ管柱下沉的工程量按设计的入土深度计算。

⑦沉井：

a. 定额中的薄壁轻型沉井，适用于利用泥浆套和空气幕下沉的沉井工程。

b. 浮运钢沉井下沉设备及浮运、定位、下水可采用双壁钢围堰定额。

c. 沉井吸泥下沉定额中未含射水吸泥等所用的各种管路，使用时按沉井内外管路制安拆定额另计。

d. 射水吸泥管路定额适用于管柱、沉井、双壁钢围堰等工程射水吸泥用。

e. 工程量计算规则：

ⓐ沉井陆上下沉的工程量按沉井外缘所包围的断面积乘以原地面或筑岛平面中心标高至沉

井刃脚基底中心标高的高度计算。

ⓑ浮运钢沉井在水中下沉的工程量按钢沉井外缘所包围的断面面积乘以设计施工水位至原河床面中心标高的深度计算。

ⓒ浮运钢沉井在覆盖层下沉的工程量按钢沉井外缘所包围的断面面积乘以河床面至沉井刃脚基底中心标高的高度计算。

ⓓ沉井基底清理的工程量按沉井刃脚外缘所包围的断面面积计算。

⑧墩台：

a. 墩台高度为基础顶面或承台顶面至墩台帽、盖梁顶或0号块底的高度。

b. 墩顶支撑垫石和防震落梁混凝土挡块可采用顶帽混凝土子目。

c. 斜拉桥索塔定额分为下塔柱、斜腿、上塔柱、锚固区及横梁。下塔柱为塔座顶至下斜腿底；斜腿为下塔柱顶至下横梁底；上塔柱为下横梁顶至锚固区底。

d. 索塔定额按水上施工编制，若塔墩在岸边或陆上，则取消定额中的船舶数量，混凝土按陆上浇筑调整。

e. 工程量计算规则：劲性钢骨架的工程量按设计钢结构重量计算，不包括钢筋的重量。

(2) 上部工程

①钢筋混凝土拱桥：拱上墙柱、桥面板及墩上结构定额亦适用于钢管拱。

②石拱桥：拱圈安砌定额中未含拱架，需要时按拱架安拆定额另计。

③钢筋(预应力)混凝土简支梁：

a. 梁体钢筋制安定额未含梁体预埋钢件，其费用以预埋钢件设计数量按相应定额另计。

b. 钢筋(预应力)混凝土梁现浇定额中未含梁下支架及地基处理，需要时应根据设计采用的施工方法按有关定额另计。

c. 钢筋(预应力)混凝土梁架设定额中未含梁和支座的数量及支座的安装，梁和支座的费用应按有关规定或定额另计。

d. 预应力混凝土简支梁后张法纵向预应力筋制安定额是按橡胶棒制孔编制的，当设计采用波纹管制孔时，波纹管的费用按设计数量另计。

e. 门式起重机架梁定额适用于单独铺架且墩台附近场地平坦，场地最小宽度能满足运梁车与吊机同时运行的工程。

f. 桥头线路加固定额仅适用于没有做路桥过渡段设计的架桥机架设成品梁的桥梁。

④预应力混凝土连续箱梁：

a. 梁体钢筋制安定额未含梁体预埋钢件，其费用以预埋钢件设计数量按相应定额另计。

b. 预应力筋制安定额已含波纹管制安。

c. 连续箱梁混凝土浇筑定额中未含墩旁托架、边跨膺架、合龙段吊梁及临时支座等项目，需要时根据施工组织设计另计。

d. 预应力连续箱梁拼接顶推定额中已含顶推用千斤顶、托架、制动架、导向架、顶推锚栓、千斤顶顶座、墩顶临时支座、导梁上拉杆、锚梁、滑板等的摊销量。但未含顶推用的导梁制安拆，顶推用的导梁需按导梁定额另计。

⑤钢梁：

a. 钢梁架设定额中未含钢梁和支座的数量及支座的安装。钢梁的费用按成品价格另计，支座按有关定额另计。

b. 钢桁梁连接拖拉架设法的连接及加固定额中未含枕木垛，需要时根据施工组织设计按有关定额另计。

　　c. 钢桁梁悬臂架设定额中未含施工临时加固杆件。

　　d. 钢桁梁架设定额中的高强度螺栓带帽是按平均 0.5kg/套编制的,当设计采用的高强度螺栓带帽规格与此不符时,可调整。

　　e. 工程量计算规则:钢梁的工程量按设计杆件和节点板的重量计算,不包括附属钢结构、检修设备走行轨和支座、高强度螺栓的重量。

　⑥钢管拱:

　　a. 钢管拱架设定额系按悬臂扣挂的施工工艺编制。

　　b. 钢管拱架设定额中未含钢管拱的数量,钢管拱的费用按成品价格另计。

　　c. 钢管拱架设定额中未含缆索吊装设备,需要时可根据施工组织设计按缆索吊装定额另计。

　　d. 钢管拱系杆安装定额系按高强度钢丝束编制,设计采用的材质与定额不同时可抽换。

　　e. 工程量计算规则:

　　ⓐ钢管拱的工程量按设计重量计算,不包括支座和钢管拱内混凝土的重量。

　　ⓑ系杆的工程量按设计重量计算,不包括锚具、保护层(套)的重量。

　⑦钢斜拉桥:

　　a. 钢桁梁悬臂架设定额中未含钢梁和支座的数量及支座的安装。钢梁的费用按成品价格另计,支座按有关定额另计。

　　b. 斜拉索挂索定额中未含索的数量。斜拉索的费用按成品价格另计。

　　c. 钢桁梁架设定额中的高强度螺栓带帽是按 0.5kg/套编制的,当设计采用的高强度螺栓带帽规格与此不符时,可调整。

　　d. 工程量计算规则:

　　ⓐ斜拉索的工程量按设计斜拉索重量计算,不包括锚具、锚板、锚箱、防腐料、缠包带的重量。

　　ⓑ斜拉索张拉的工程量按设计数量计算,每根索为一根次。

　　ⓒ斜拉索调索的工程量按设计要求计算,每根调整一次算一次。

　　ⓓ斜拉桥钢梁的工程量按设计杆件和节点板的重量计算,包括锚箱重量,不包括附属钢结构、检修设备走行轨和支座、高强度螺栓的重量。

　⑧支座:

　　支座安装定额中未含支座,未含的支座按成品价格另计。

　⑨桥面:

　　a. 桥面结合板预制、安装及湿接缝混凝土定额,仅适用于公路桥面板与钢梁结合的工程。结合板的钢筋可采用预制梁钢筋定额。

　　b. 钢筋混凝土栏杆安装定额中已含套筒,但未含预埋钢件,应按相关子目另计。

　　c. 公路桥面排水管路安装定额,仅适用于公路在上、铁路在下的双层公铁两用桥。

　　d. 铁路桥面金属结构油漆是按《铁路钢桥保护涂装及涂料供货技术条件》(TB/T 1527—2011)涂装体系-1 编制的,当设计采用其他涂装体系时,可按设计要求调整。

　　e. 工程量计算规则:

　　ⓐ公路桥面排水管路的工程量按自公路面至钢梁底的直线长度计算。

　　ⓑ钢筋混凝土栏杆的工程量按设计长度以"双侧米"计算。

　　ⓒ公路桥面栏杆的工程量按设计栏杆长度以"单侧米"计算。

　　ⓓ护轮轨的工程量按设计铺设长度计算,不包括弯轨和梭头的长度。弯轨和梭头按相应定

额另计。

ⓔ梳形板的工程量按设计的铸钢梳形板及与之连接的钢料重量之和计算。

⑩桥上设施：

防震落梁挡块内钢筋及旧钢轨数量按设计钢材重量计算。

(3)涵洞工程

①基础和涵身及出入口定额，适用于各类涵洞。

②钢筋混凝土倒虹吸管管身定额中已含钢筋混凝土圆管的制安和钢筋混凝土套梁的制作。

(4)既有线顶进桥涵工程

①顶进作业的接缝处隔板与钢插销制安定额，适用于顶拉法及中继间法。

②框架身外沿底宽是指框架顺线路方向外侧间的长度。

③现浇框架式桥身采用现浇框架涵定额。

④工程量计算规则：

a.顶进框架式桥涵身重量包括钢筋混凝土桥涵身和钢刃脚的重量。

b.顶进的工程量按设计顶程计算，即为被顶进的结构重心移动的距离。

c.接缝处隔板与钢插销的工程量按桥身外沿周长计算。

(5)其他工程

①吊轨梁、扣轨梁安拆定额，其钢轨质量按50kg/m轨编制，当设计采用的轨型与定额不符时，可抽换。

②枕木垛搭拆在5m以上高空构筑物或平台上时，定额人工消耗量乘以1.5的系数。

③军用梁安拆定额中未含钢梁下搭拆的枕木垛，需要时可按相应定额另计。

④拼装及架设钢梁用的木支架定额中未含枕木垛，需要时可按相应定额另计。如支架下需铺垫木时，每$10m^3$垫木需增加：人工1.4工日，垫木$0.601m^3$。

⑤水中凿除混凝土、钢筋混凝土和拆除石笼、砌石定额，仅适用于水深0.5m以内，超过0.5m需筑围堰及抽水时，按有关定额另计。

⑥拆除钢板梁定额中未含铺拆滑道及搭拆枕木垛，需要时可按上、下滑道及枕木垛定额另计。

⑦玻璃钢电缆槽定额中未含支架，需要时按支架制安定额另计。

⑧满堂支架搭拆定额已考虑了在正常施工期间杆件的使用折旧因素；门式支架万能杆件的使用费，应根据施工组织设计确定的使用时间，按每使用一个季度的子目另计。

⑨限高架定额未含支柱基础，其基坑挖填与基础浇筑的费用应按相关定额另计。

⑩钢件防腐处理定额适用于设计要求做防腐、耐久处理的零小构件（如支座板上下连接螺栓、人行道预埋U形螺栓等），定额仅含需要做防腐处理所增加的工作，不含钢件本身。

⑪工程量计算规则：

a.防水层、防护层（玻璃纤维和聚丙烯网状纤维混凝土除外）和伸缩缝的工程量按设计敷设面积计算。

b.使用满堂式支架搭拆定额时，满堂支架的工程量按以下公式计算：

满堂支架空间体积=梁底至地面的平均高度×[梁的跨度(L_p)−1.2m]×(桥面宽+1.5m)

c.现浇梁支架堆载预压重量按设计梁重乘1.2系数计算。

(6)混凝土拌制、运输、蒸汽养护

①本章定额的单位"$10m^3$"是指构成实体的设计数量，不含损耗及扩孔等因素。与其他章节

中定额单位为"10m³"的非水上混凝土子目配套使用,应根据该子目所对应的设计实体体积,乘以消耗量体积与设计实体体积的换算系数。

②一般情况下,制梁及与制梁场有关的混凝土采用120m³/h的搅拌站拌制子目,否则采用60m³/h的搅拌站拌制子目。

4. 隧道工程预算定额说明

(1) 本定额系对原《铁路隧道工程预算定额》(铁建设[2004]47号)的修订,适用于使用小型机具钻爆法施工的新建和改(扩)建隧道工程。

(2) 本定额按正常条件下,合理工期均衡组织施工编制,未考虑突泥、突水、帷幕注浆等影响。当路基、桥涵等专业定额用于洞内工程时,人工应乘以1.257的系数。

(3) 正洞洞身:

①本定额按隧道正洞洞身断面有效面积≤50m²与≤90m²分别编制。

洞身开挖定额,按围岩开挖、出渣运输分别编制。不分工程部位(即拱部、边墙、仰拱、底板、沟槽、洞室)均使用本定额。

洞身开挖定额石方爆破,按光面爆破编制,定额消耗中已考虑超挖及预留变形因素。

洞身开挖定额已含施工用水抽排,排水量按≤10m³/h编制。当洞内涌水量超过10m³/h时,根据所采取治水措施另行分析计算排水费用。

洞身出渣运输定额,隧道断面有效面积各≤50m²时按有轨、无轨运输模式分别编制,使用时根据实际施工组织设计安排选用。隧道断面有效面积≤90m²部分仅考虑无轨运输方式。

洞身出渣运输定额有轨运输子目,均按洞内坡度≤13‰编制,当洞内坡度>13‰时,电瓶车及充电机台班消耗量应乘以1.5的系数。

明洞暗挖定额,未考虑出渣运输,使用时应采用相应断面出渣定额。明洞明挖及洞门土石方挖运,应采用路基定额相应子目。

②洞身衬砌定额,按模板和混凝土拌制、浇筑及运输分别编制。不分工程部位(即拱部、边墙、仰拱、底板、沟槽、洞室)均使用本定额。

洞身及明洞衬砌定额,混凝土子目按采用高性能混凝土编制,定额消耗中已考虑超挖回填因素;当设计采用的混凝土强度等级与本定额不符或采用特殊混凝土时,可以抽换。

衬砌沟槽模板定额,按双侧沟槽编制,如设计采用单侧沟槽,定额消耗量应乘以0.7的系数。

当设计采用的防水板、止水带、透水管材料规格与防排水定额中采用的规格不符时,可以抽换。

明洞衬砌定额,未考虑混凝土运输,使用时应采用桥涵定额相应子目。

③支护定额,按喷射混凝土、锚杆、钢筋网及格栅钢架、型钢钢架、超前支护分别编制。其中喷射混凝土定额消耗中已计入混凝土的回弹量;喷射合成纤维混凝土定额,合成纤维掺入量按0.9kg/m³计入,当设计采用掺入量与本定额不符或采用其他纤维时,可以抽换。

④正洞内开挖、混凝土运输、通风、管线路等项目,均按正洞全隧长≤1000m、≤2000m、≤3000m、≤4000m综合编制。

当隧长>4000m时:

a. 正洞开挖时,以隧长≤4000m定额为基础,与隧长>4000m增加定额叠加使用。

b. 混凝土运输,以隧长≤4000m定额为基础,与隧长>4000m每增1000m定额叠加使用。

c. 通风、管线路,以隧长≤4000m定额为基础,与隧长>4000m每增1000m定额叠加使用。

(4) 洞门及附属工程:

①本定额适用于各类型隧道洞门及明洞洞门。

②本定额洞门工程混凝土子目按高性能混凝土编制,当设计采用其他类型混凝土时,可以抽换。

③洞门土石方及加固工程,采用路基定额相应子目。

(5)辅助坑道:

①平行导坑定额也适用于横洞、通风洞。

②斜井定额,适用于斜井长≤800m、斜角≤35°、采用有轨运输的斜井工程。

③平行导坑的开挖、出渣运输、通风及管线路定额,按平行导坑单口掘进长度综合编制。已含平行导坑建成后,通过平行导坑进行正洞作业时,平行导坑内轨道及管线路摊销部分。当平导长度>4000m时,以平导长度≤4000m为基础,与平导长度>4000m每增1000m定额叠加使用。

④斜井的开挖、出渣运输、通风及管线路定额,按斜井长≤800m综合编制。已含斜井建成后,通过斜井进行正洞作业时,斜井内轨道及管线路摊销部分。

(6)洞内无砟道床工程采用轨道工程相应定额。

(7)材料运输:

①材料运输定额,适用于支护材料、衬砌工程中除模板和混凝土运输以外的钢筋、钢筋混凝土盖板、防水板、止水带、盲沟、透水管等材料的洞内运输。

②正洞材料运输定额按全隧长综合编制。当隧长>1000m,时,与隧长每增1000m定额叠加使用。平导材料运输按平导长度综合编制。当平导长度>1000m时,与平导长度每增1000m定额叠加使用。斜井材料运输定额按斜井长度综合编制。

(8)套用定额时,隧长及平导长度不足1000m部分,按1000m计。

(9)改(扩)建:

①本定额系按封锁线路施工编制,封锁时间按每工作天给点两次、每次两小时计。如遇其他给点情况及断线改造,人工和机械台班应按表2-9中的系数调整。

按封锁时间的调整系数   表2-9

给点方案	每次封锁时间(h)					断线改造
	1	1.5	2	2.5	3	
每工作天给点两次	1.5	1.3	1	0.78	0.64	0.47
每工作天给点一次	2.5	2	1.75	1.37	1.12	

②洞身开挖与衬砌定额,按拱上、拱下综合编制,使用时不分工程部位均使用本定额;未含出渣、进料、管线路使用及照明用电等内容,使用时按相应定额计算。

③使用本定额,不得再计列行车干扰施工增加费。

(10)监控量测:

①本定额仅编制隧道施工监控量测必测项目定额子目,定额中已含洞内外观察等工作内容。

②净空变化测量定额包括二次衬砌前、后净空变化测量监控全部工作内容。

(11)工程量计算规则:

①本定额所指断面有效面积,系指隧道洞身衬砌后的轨顶面以上净空横断面面积。

②本定额所指隧长,系指隧道进出口(含与隧道相连的明洞)洞门端墙墙面之间的距离,以端墙面与内轨顶面的交线同线路中线的交点计算。双线隧道按下行线长度计算;位于车站上的隧道以正线长度计算。

出渣运输定额所指运距,系指隧道工程依据施工组织设计所划分的正洞独立施工段落中最大独头运输距离,当通过辅助坑道施工正洞时,应根据不同施工方向分别计算运距。

平行导坑定额所指平导长度,系指平行导坑单口掘进长度。

③正洞洞身、平导、斜井的开挖、出渣的工程数量,均按图示不含设计允许超挖、预留变形量的设计开挖断面数量计算,包含沟槽及各种附属洞室的开挖数量。

④正洞洞身、平导、斜井的衬砌混凝土拌制、浇筑及运输的工程数量,均按图示不含设计允许超挖回填、预留变形量的设计衬砌断面数量计算,包含沟槽及各种附属洞室衬砌数量。

⑤防水板、明洞防水层工程数量,按设计敷设面积计算;止水带、盲沟、透水软管工程数量,均按设计长度计算。

⑥拱顶压浆工程数量,设计时可按每延长米 0.25m³ 综合考虑。

⑦喷射混凝土的工程数量,按喷射面积乘以设计厚度计算。喷射面积按设计外轮廓线计算。

⑧锚杆定额工程数量,均以 100m 作为计算单位。砂浆锚杆按每根长 3m、直径 22mm 考虑,中空锚杆、自钻式锚杆按每根长 3m 考虑,当杆径变化时,可调整其钢筋及锚杆体规格。

⑨格栅钢架、型钢钢架工程数量,均按设计钢架及除螺栓、螺母以外的连接钢材重量计算。

⑩洞门砌筑及附属工程,均按设计工程数量计算。

⑪斜井的开挖、衬砌工程数量,均包含井身、井底车场、渣仓、水仓与配电室等的综合开挖衬砌数量。

⑫材料运输,按正洞和辅助坑道分别计算,其材料重量的计算范围仅为定额第二章全部子目,第三章中第四节、第五节全部子目。

⑬监控量测工程数量,地表下沉与底板沉降、拱顶下沉子目按设计测点个数计算,净空变化按设计基线条数计算。

【例2-2】 某隧道洞身工程,某段洞身长33m,其截面及尺寸如图2-1所示,试求其土石方开挖量、混凝土需要量。

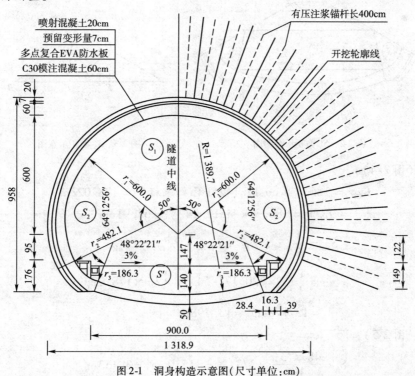

图 2-1 洞身构造示意图(尺寸单位:cm)

【解】 (1)土石方开挖量计算

①开挖面积计算如下(图2-1):

S_1 的计算:

$$S_1 = \frac{100\pi}{360} \times 687^2 = 411870 m^2 = 41.187 m^2$$

S_2 的计算:

$$S_2 = \frac{64.216\pi}{360} \times 569.1^2 = 181500 cm^2 = 18.15 m^2$$

S_3 的计算(图2-2):

$$S_3 = \frac{1}{2} \times (600 - 482.1)^2 \times \sin 100° = 6845 cm^2 = 0.6845 m^2$$

S_4 的计算(图2-3):

$$L_{AD} = 482.1 - 186.3 = 295.8 cm$$
$$L_{OE} = 295.8 \times \sin 24.216° = 121.33 cm$$
$$L_{AE} = 295.8 \times \cos 24.216° = 269.77 cm$$
$$L_{CO} = 2 \times 117.9 \times \sin 50° = 180.63 cm$$

$$S_4 = S_{ABCD} - S_3$$
$$= \frac{1}{2}(180.63 + 269.77 + 269.77 + 180.63) \times 121.33 - 6845 = 4.7802 m^2$$

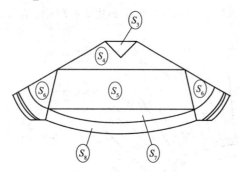
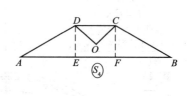

图2-2 S_3 面积示意图　　　　图2-3 S_4 面积示意图

S_5 的计算(图2-4):

$$L_{AE'} = 186.3 \times \cos 17.142°(已知未标) = 178.02 cm$$
$$L_{D'E'} = 186.3 \times \sin 17.142° = 54.91 cm$$

$$S_5 = \frac{1}{2}(2 \times L_{AB} + L_{D'E'} + L_{F'C'}) \times L_{AE'}$$
$$= \frac{1}{2}(2 \times 720.17 + 54.91 \times 2) \times 178.02$$
$$= 137978 cm^2 \approx 13.798 m^2$$

S_6 的计算(图2-5):

$$S_6 = \frac{48.373\pi}{360} \times 273.3^2 = 31530 cm^2 = 3.153 m^2$$

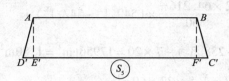

图 2-4 S_5 面积示意图　　　　图 2-5 S_6 面积示意图

S_7 的计算(图 2-6)：

$$S_7 = \frac{34.824\pi}{360} \times 1389.7^2 - \frac{1}{2}\sin34.834°(已知未标) \times 1389.7^2$$
$$= 35473\text{cm}^2 = 3.547\text{m}^2$$

S_8 的计算(图 2-7)：

$$S_8 = \frac{34.824\pi}{360} \times (1439.7^2 - 1389.7^2) = 42992\text{cm}^2 = 4.2992\text{m}^2$$

$$S = S_1 + 2S_2 + S' = S_1 + 2S_2 + S_4 + S_5 + 2S_6 + S_7 + S_8$$
$$= 41.187 + 2 \times 18.15 + 4.7802 + 13.798 + 2 \times 3.153 + 3.5473 + 4.2992$$
$$= 110.22\text{m}^2$$

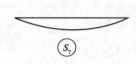
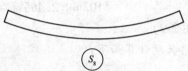

图 2-6 S_7 面积示意图　　　　图 2-7 S_8 面积示意图

②开挖量计算如下：

$$V = S \cdot L = 110.22 \times 33 = 3637\text{m}^3$$

(2) C35 喷射混凝土

$$S_P = \frac{100\pi}{360} \times (687^2 - 667^2) + \frac{2 \times 64.216\pi}{360} \times (569.1^2 - 549.2^2) +$$
$$\frac{2 \times 48.373\pi}{360} \times (273.3^2 - 253.3^2) = 5.76\text{m}^2$$
$$V_P = S_P \cdot L = 5.76 \times 33 = 190\text{m}^3$$

(3) C30 衬砌防水混凝土

$$S_f = \frac{100\pi}{360} \times (660^2 - 600^2) + \frac{2 \times 64.216\pi}{360} \times (542.1^2 - 482.1^2) +$$
$$\frac{2 \times 48.373\pi}{360} \times (246.3^2 - 186.3^2)$$
$$= 6.594 + 6.883 + 2.19 = 15.667\text{m}^2$$
$$V_f = S_f \cdot L = 15.667 \times 33 = 518\text{m}^3$$

(4) C35 仰拱混凝土

$$S_y = \frac{34.824\pi}{360} \times (1439.7^2 - 1389.7^2) = 42992\text{cm}^2 = 4.2992\text{m}^2$$
$$V_y = S_y \cdot L = 4.299 \times 33 = 142\text{m}^3$$

(5) 7cm 超挖回填混凝土

$$S_c = \frac{100\pi}{360} \times (667^2 - 660^2) + \frac{2 \times 64.216\pi}{360} \times (549.1^2 - 542.1^2) +$$
$$\frac{2 \times 48.373\pi}{360} \times (245.3^2 - 238.3^2) - 7 \times 20 = 17956 \text{cm}^2 = 1.80 \text{m}^2$$
$$V_c = S_c \cdot L = 1.8 \times 33 = 60 \text{m}^3$$

(6) 锚杆

① $\phi 25$ 有压锚杆长度计算如下：

锚杆施工面积（图2-8）：

$$\left(\frac{100\pi \times 6.87}{180} + 2 \times \frac{64.216\pi \times 5.691}{180} \right) \times 33 = 816.24 \text{m}^2$$

锚杆施工根数：

$$\frac{816.24}{2.4 \times 2.4} \times 9 = 1276 \text{ 根}$$

锚杆总长：

$$1276 \times 4 = 5102 \text{m}$$

② $\phi 25$ 有压锚杆总质量计算如下：

$$5102 \text{m} \times 2.465 \text{kg/m} = 12581.25 \text{kg}$$

(7) 钢筋网（图2-9）

① $\phi 8$ 钢筋网总长度计算如下：

纵向钢筋长度：

$$\frac{2\pi}{360} \times (100 \times 677 + 2 \times 559.1 \times 64.216 + 2 \times 48.373 \times 263.3)/20 \times 33 = 4751.07 \text{m}$$

横向钢筋长度：

$$\frac{2\pi}{360} \times (100 \times 677 + 2 \times 64.216 \times 559.1 + 2 \times 48.373 \times 263.3) \times 33/20 = 4751.07 \text{m}$$

钢筋总长度：

$$4751.07 \times 2 = 9502.14 \text{m}$$

② $\phi 8$ 钢筋网总质量：

$$9502.14 \times 0.444 \text{kg/m} = 4218.95 \text{kg}$$

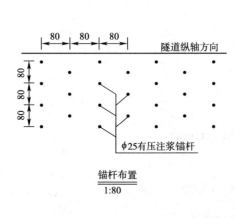

图2-8 隧道纵向锚杆布置图（尺寸单位：cm）

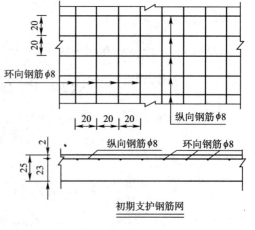

图2-9 隧道纵向钢筋网布置图（尺寸单位：cm）

5. 轨道工程预算定额说明

（1）综合说明

①本定额系对原《铁路轨道工程预算定额》（铁建设[2006]15号）的修订,适用于铁路新建和改(扩)建的轨道工程。

②本定额如没有特殊说明,均考虑100m以内材料水平运输。

③本定额中线路设计长度均为单线线路长度。

④本定额中道口面板、线路及信号标志、线路防护栅栏的预制构件按工厂化集中预制考虑,未含生产场外的运输,场外运输应按相关标准另计。

（2）分章说明

①铺轨：

a. 本章包括无缝线路、机械铺轨、人工铺轨、标准轨轨料、弹性支承块式无砟道床人工铺轨、钢梁桥面人工铺轨、道岔尾部无枕地段铺轨共七节319个子目。

b. 本章机械铺轨、人工铺轨、铺设长钢轨未含钢轨、轨枕、扣配件和接头夹板等轨料,使用时应与相应标准的轨料定额配套使用。

c. 第一章铺轨定额中不包含合拢口锯轨、钢轨钻孔内容,应依据设计数量按定额第六章中钢轨钻孔、锯钢轨子目计算。

d. 新铺线路换铺法铺设长钢轨定额,应与轨节拼装、铺设轨节及长钢轨运输定额配套使用。倒用轨的回收运输费用已含在铺设定额中。

e. 铺设长钢轨定额,不含长轨焊接费用,实际发生时执行工地钢轨焊接相应定额。

f. 钢轨铺设定额如用于1km以上长大隧道内,人工和机械消耗量乘以1.25系数；如用于12‰以上长大坡度地段,定额中机车消耗量乘以2.0系数,人工和机械(除机车以外)消耗量乘以1.25系数。

g. 钢轨运输定额如用于12‰以上长大坡度地段,定额中机车消耗量乘以2.0系数。

h. 无缝线路轨料运输定额单枕法运输轨料为钢轨、轨枕及扣配件,换铺法运输轨料为钢轨及扣配件。

i. 无缝线路轨料运输的增运定额(GY-9、GY-11)系按新建线路上运输编制,如轨料用于营业线铁路运输时,则应按运杂费计算。

j. 场内焊接长钢轨定额包含焊头落锤试验内容及费用,不含型式试验费用,不含焊轨基地建费；本定额系按25m标准轨焊接工艺编制,如用于100m定尺轨焊接,人工和机械消耗量乘以1.8系数。

k. 工地钢轨焊接定额如用于道岔内钢轨焊接时,人工、机械消耗量乘以1.1系数,此定额包含焊头落锤试验内容及费用,不含型式试验费用。

l. 无缝线路接头定额系按场制胶结接头编制,包含接头钢轨数量,如接头钢轨轨型长度不同,可进行抽换。

m. 轨节拼装定额仅适用于机械铺轨。

n. 轨料定额中的钢轨,其工地搬运及操作损耗率,系按0.1%编制,仅适用于正线。当用于站线及新建枢纽编组站时,需采用站线增加钢轨损耗定额分别增列0.1%和0.2%的损耗。

o. 标准轨轨料定额包括因铺设短轨而引起接头增加所需接头夹板和螺栓的数量。

p. 为简化定额内容,对混凝土枕线路不同类型的扣配件按一根轨枕所需的含量整合。即将混凝土轨枕的扣配件整合成一个材料号,单位为组,每根轨枕一组。

详见混凝土枕扣配件组成表2-10。

混凝土枕扣配件组成表　　　　　　　　　　表2-10

混凝土枕扣配件	组成
50kg 钢轨弹条 I 型扣配件	包括 A 型弹条 4 个;平垫圈 4 个;螺旋道钉带螺帽 4 个;轨底衬垫 50kg,3mm×130mm×165mm 塑料 2 个;轨距挡板(中间)50kg,4 个;挡板座 50kg,4 个;绝缘缓冲垫板 50kg,2 个
50kg 钢轨弹条 I 型调高扣配件	包括平垫圈 4 个;螺旋道钉带螺帽 4 个;弹条 I 型调高扣件调高垫板 2 个;绝缘缓冲垫板 50kg,2 个;弹条调高扣件轨距挡板 50kg,4 个;弹条调高扣件挡板座 50kg,4 个;D 型弹条 50kg,4 个
50kg 钢轨弹片 I 型调高扣配件	包括平垫圈 4 个;螺旋道钉带螺帽 4 个;橡胶垫板 2 个;衬垫 2 个;轨距挡板 50kg,4 个;挡板座 50kg,4 个;补强弹片 4 个;中间弹片 4 个
60kg 钢轨弹条 I 型扣配件	包括 B 型弹条 4 个;平垫圈 4 个;螺旋道钉带螺帽 4 个;绝缘缓冲橡胶垫板 2 个;轨距挡板 60kg,4 个;挡板座 60kg,4 个
60kg 钢轨弹条 II 型扣配件	包括平垫圈 4 个;螺旋道钉带螺帽 4 个;绝缘缓冲橡胶垫板 2 个;轨距挡板 60kg,4 个;II 型弹条 4 个
60kg 钢轨弹条 III 型扣配件	包括弹条 III 型扣件 4 个;橡胶垫板 2 个;绝缘轨距块 4 个
60kg 钢轨弹条 I 型调高扣配件	包括 A 型弹条 4 个;平垫圈 4 个;螺旋道钉带螺帽 4 个;绝缘缓冲橡胶垫板 2 个;弹条 I 型调高扣件挡板座 60kg,4 个;弹条 I 型调高扣件轨距挡板 60kg,4 个
60kg 钢轨弹条 I 型扣配件(无砟道床用)	包括 B 型弹条 4 个;轨距挡板 60kg,4 个;挡板座 60kg,4 个
60kg 钢轨弹条 II 型扣配件(无砟道床用)	包括轨距挡板 60kg,4 个;挡板座 60kg,4 个;II 型弹条 4 个

q. 铺设混凝土桥枕轨道,当线路每公里轨枕为 1760 根和 1680 根时,每座桥需分别增加 1 根和 2 根混凝土桥枕,采用"增加混凝土桥枕"的定额。

r. 工程量计算规则(略)。

s. 正线应力放散及锁定定额系按放散锁定 2 次编制。

t. 道岔尾部无枕地段铺轨,系指道岔跟端至根岔枕中心距离已铺长岔枕地段的铺轨。长岔枕铺设的内容均在铺道岔定额中。

(a)铺轨的工程量按设计图示每股道的中心线长度(不含道岔长度)计算,道岔长度是指从基本轨前端至辙叉根端的距离,特殊道岔以设计图纸为准,铺轨工程量不扣除接头轨缝处长度。

(b)道岔尾部无枕地段铺轨,按道岔根端至末根岔枕的中心距离以"km"为单位计算。

(c)长轨压接焊作业线、长轨铺轨机安拆与调试定额,在一个铺轨基地仅按安拆一次计列。

(d)长钢轨焊接按焊接工艺划分,接头设计数量以"1 个接头"、"10 个接头"为单位计算。

(e)应力放散及锁定定额,按放散锁定次数和长度,以"km"和"组·次"为单位计算。

②铺道岔:

a. 本章包括机械铺道岔、人工铺道岔、道岔轨料、其他设施安装共四节 399 个子目。

b. 本章铺道岔定额,未含道岔、岔枕轨料,使用时应与相应标准的轨料定额配套使用。

c. 铺道岔定额中道岔已包含扣件、非金属件(如橡胶垫板)等材料。

d. 铺道岔定额不包括扳道设备。当系非联锁道岔时,尚需与扳道器定额配套使用。扳道器定额包括转辙器闸座枕木及配件。

e. 铺道岔定额不含岔内焊接、转辙器安装、工电联调、应力放散和锁定等工作内容,以上内容应套用其他相应定额另计。

f.铺道岔中岔区临时轨排铺拆、临时道岔铺拆及临时轨道、道岔养护定额,应根据施工组织设计确定的施工过渡方案选用;枕木垛定额在插入法铺设道岔时使用。

　　g.道岔装卸及运输定额适用于施工组织设计的汽车运输方案,运输材料含道岔钢轨件、扣件、岔枕及转辙器等。

　　h.工程量计算规则:

　　(a)铺道岔工程量按设计图示数量计算。

　　(b)铺道岔按道岔类型、岔枕、道床形式划分,以组为单位计算。

③铺道床:

　　a.本章包括粒料道床、沥青水泥砂浆固结道床共两节70个子目。

　　b.轨道调整定额与正线铺面砟定额配套使用。当站线有开通速度要求时,应按设计开通速度套用正线铺砟与轨道调整相应子目。

　　c.本章中粒料道床定额消耗量适用于石质、级配碎石、级配砾石基床和桥梁、隧道地段,当用于土质基床地段时,考虑粒料的压实陷入基床的因素,定额入工、材料、机械消耗量应乘以1.05的系数。

　　d.本册定额道砟按一级道砟编制,如设计采用特级道砟或二级道砟,可对定额中的道砟进行抽换。

　　e.对于开通速度小于45km/h的正线,铺面砟宜采用站线铺面砟定额。

　　f.正线铺面砟、站线铺面砟定额已含沉落整修内容,沉落整修定额仅供单一工程项目使用,二者不得同时使用。线路沉落整修定额中未含补砟数量,补砟数量按设计数量另计。道砟沉落整修定额已含补砟数量。

　　g.强化基床定额,仅适用于铺设沥青道床地段的路基基床表层加固。其中过渡段定额为固结道床与碎石道床之间所设过渡段。

　　h.工程量计算规则:

　　(a)铺粒料道床底砟、线间石砟应按设计断面面积乘以设计长度以1000m³为单位计算。

　　(b)铺粒料道床面砟应按设计断面面积乘以设计长度,并扣除轨枕所占道床体积以1000m³为单位计算。

④轨道加强设备及护轮轨:

　　a.本章包括安装轨道加强设备、安装钢轨伸缩调节器、非桥梁地段铺设护轮轨共三节43个子目。

　　b.铺设护轮轨定额,系按双侧编制,单侧时可折半使用。

　　c.工程量计算规则:

　　(a)安装轨距杆按直径、设计数量以100根为单位计算。

　　(b)安装轨撑垫板、防爬器按轨型设计数量以1000个为单位计算。

　　(c)安装防爬支撑分木枕、混凝土枕按设计数量以1000个为单位计算。

　　(d)安装钢轨伸缩调节器分桥面、桥头引线以对为单位计算。

　　(e)安装护轮轨工程量,按设计长度以100双侧米计算。

⑤线路有关工程:

　　a.本章包括线路防护栅栏、平交道口、车挡及挡车器、线路及信号标志、轨道常备材料共五节175个子目。

　　b.单线道口,采用混凝土、钢筋、道口卧轨定额子目组合使用;股道间道口,采用钢筋混凝土及道口定额子目组合使用。

c. 本章线路及信号标志多数采用反光标志编制,实际使用时如采用非反光标志,可将定额中相应反光材料删除使用。

d. 线路标志中线路基桩无冻害时基础深为0.7m,如遇到冻害地段,应根据冻土层深度另外套用基础深增量定额。

e. 备料定额中轨料为验收后运营部门所使用。

f. 本章中道岔备料定额消耗量适用于备整组道岔,当所备材料为道岔基本轨、辙叉和尖轨(含配套扣配件)时,定额中道岔材料消耗量应乘以0.85系数。

g. 工程量计算规则:

(a)线路及信号标志按设计数量以100个为单位计算。

(b)车挡、挡车器按设计数量以处为单位计算。

(c)平交道口:

ⓐ单线道口面板混凝土按设计数量以$10m^3$为单位计算。

ⓑ单线道口面板钢筋按设计数量以t为单位计算。

ⓒ单线道口面板道口卧轨按道口通行宽度以10m宽为单位计算。

ⓓ股道间道口钢筋混凝土按设计数量以$10m^3$为单位计算。

ⓔ股道间道口栏木按线路间道口面积以$10m^2$为单位计算。道口面积计算公式为:道口面积=道口宽度(道口铺面宽)×道口长度(相邻两股道枕木头之间距离)。

(d)轨道常备材料中铺轨备料按铺轨设计数量以100km为单位计算。

(e)轨道常备材料中铺道岔备料按设计或有关规定计算出的实际备料数量以组为单位计算。

⑥其他工程:

a. 本章包括拆除工程,起落线路及道岔,拨移线路及道岔,更换钢轨道岔抽换轨枕及清筛道床共4节109个子目。

b. 起、落、拨、移线路、道岔定额、清筛道床定额和线路沉落整修定额均未含补充料,实际发生时可按设计确定的数量另计。

c. 抽换轨枕定额未含扣配件材料,使用时应按设计确定的旧料利用率另计补充材料的费用。

d. 道岔纵移横移定额根据移动方向及距离结合增项定额使用,该定额适用于既有线改造工程。该定额未含补充料,实际发生时可按设计确定的数量另计。如该定额用于必须封锁线路作业工程,定额中人工、机械消耗量乘以1.2的系数。

e. 工程量计算规则:

(a)拆除线路按设计数量以km为单位计算。

(b)拆除道岔按设计数量以组为单位计算。

(c)拆除防爬器按设计数量以1000个为单位计算。

(d)拆除轨距杆按设计数量以1000根为单位计算。

(e)拆除道岔转辙器按设计数量以10组为单位计算。

(f)拆除道口分单线、双线按设计数量以10m宽为单位计算。

(g)拆除车挡按设计数量以处为单位计算。

(h)拆除护轮轨按设计数量以100双侧米为单位计算。

(i)钢轨钻孔按设计数量以100孔为单位计算。

(j)锯钢轨按设计数量以 10 个锯口为单位计算。

(k)线路起落道按起落道高度及设计数量以 km 为单位计算。

(l)道岔起落道按起落道高度及设计数量以组为单位计算。

(m)拨移线路按设计数量以 km 为单位计算。

(n)拨移道岔按设计数量以组为单位计算。

(o)更换钢轨分钢轨类型及轨枕类型按设计数量以 km 为单位计算。

(p)道岔替换线路按道岔类型及设计数量以组为单位计算。

(q)抽换轨枕按轨枕类型及设计数量以 100 根为单位计算。

(r)清筛道床按设计数量以 1000m³ 为单位计算。

(s)道岔纵、横移按设计平移距离以组计算。

⑦封锁线路作业工程：

a. 本章包括大型机械清筛道床、拨接线路、换铺法铺设长钢轨、人力更换提速道岔、应力放散及锁定共五节 25 个子目。

b. 本章定额仅适用于营业线,其中清筛道床未含需补充的道砟,换铺长钢轨未含长钢轨、需更换的扣配件,仅含扣配件的操作损耗,更换提速道岔定额未含道岔及岔枕,以上材料按设计确定的材料类型和数量另计。

c. 大型机械清筛道床定额,如在无缝线路地段施工时,应与应力放散、锁定子目配套使用。当用于电气化营业线铁路时,人工和机械台班消耗量乘以 1.08 的调整系数。其中开通速度是指铁路正常运营时线路设计速度。

d. 本章拨接线路定额适用于封锁线路接轨工程,改建工程双线绕行地段施工中增加的多次接轨点拨接工程也可以使用此定额。

e. 人力更换提速道岔定额中未包含道岔预铺平台的搭设和拆除内容,使用时按实际发生情况另计。

f. 本章中未包含的封锁线路施工定额子目,用于封锁线路施工时,其工机消耗量乘以 1.8 系数。

g. 工程量计算规则：

(a)大型机械清筛道床按清筛类型、开通速度及设计数量以 km 为单位计算。

(b)拨接线路按设计数量以处为单位计算。

(c)换铺无缝线路按设计数量以 km 为单位计算。

(d)人力更换提速道岔按道岔类型及设计数量以组为单位计算。

(e)应力放散及锁定定额,按放散锁定次数和长度,以"km"和"组·次"为单位计算。

6. 站场工程预算定额说明

(1)综合说明

①本定额系对原《铁路站场工程预算定额》(铁建设[2007]2 号)的修订,适用于新建及改建铁路站场和机务、车辆、机械工程有关内容(检查坑、轨道衡、机械走行轨基础等)。

②基础开挖未包括地下水位以下施工的排水费,发生时可采用基坑抽水定额另行计算。

③就地浇筑(钢筋)混凝土定额已含除钢筋以外的各类预埋件。

④当设计采用的混凝土和水泥砂浆强度等级与定额不符时,可按部颁配合比用料表抽换。

⑤脚手架费用已含在有关定额中,使用时不得另行增加。

⑥站场装饰和站台雨棚采用《铁路房屋工程预算定额》,站区绿化采用《铁路路基工程预算

定额》。

⑦本定额的混凝土子目未含混凝土拌制、运输,混凝土拌制、运输应采用《铁路桥涵工程预算定额》相关子目另计。当根据规定采用商品混凝土时,按当地含运费的市场价格计算,不再另计混凝土拌制与运输的费用。

⑧本定额中的混凝土预制构件、钢筋制作是按工厂化生产考虑的,未含场外运输,场外运输按相关标准另计。

⑨工程量计算规则:

a. 数量按天然密实体积计算,填筑数量按压实后的体积计算。

b. 混凝土的体积,除另有说明外,按图示尺寸以实体体积计算,不扣除混凝土中钢筋、预埋件和预留压浆孔道所占的体积。采用《铁路桥涵工程预算定额》混凝土拌制子目时,应根据该子目所对应的设计实体体积,乘以消耗量体积与实体体积的换算系数。

c. 预制钢筋混凝土花格围墙,其体积按设计外形面积乘厚度计算,不扣除空花体积。

d. 钢筋的重量按钢筋设计长度(应含架立钢筋、定位钢筋和搭接钢筋)乘理论单位重量计算。不得将焊接料、绑扎料、接头套筒、垫块等材料计入工程数量。

e. 在同一基坑、沟槽内,不论开挖哪一深度均执行该基坑总深度定额。

(2)分章说明

①基础开挖及填筑碾压:

a. 基础开挖和回填夯实有关定额,其土石方工程已含20m以内的运距,当运距超过20m时,超过部分按相应的土石方运输定额另计。

b. 有水与无水的划分,应根据地质勘察资料,以地下常水位为准,地下常水位以上为无水,以下为有水。

c. 在营业铁路上施工,需要对线路进行加固防护时可采用《铁路桥涵工程预算定额》有关子目。

d. 工程量计算规则:

(a)沟槽与基坑壁支护的工程量按开挖的设计数量计算。

(b)基坑抽水工程量按地下常水位以下部分的开挖数量计算。

(c)回填的工程量按设计的开挖数量扣除基础及管径500mm以上管道所占体积后计算。

②砌筑:

a. 防水层定额未含水泥砂浆找平层,需要时可按相关定额另计。

b. 天桥楼梯抹面和天桥防滑坡道抹面已综合了金刚砂防滑条的内容。

c. 防水卷材的接缝、收头、找平层的嵌缝已含在定额内,不得另计。

d. 工程量计算规则:

(a)砌筑的工程量按设计尺寸以实体体积计算,勾缝、抹面的工程量按砌体表面勾缝、抹面的面积计算。

(b)伸缩缝的工程数量,定额单位为"10m"的,按其设计长度计算;定额单位为"$10m^2$"的,按其设计敷设面积计算。

(c)防潮层、防水层的工程量按设计敷设面积计算。

③预制构件安装、金属结构制作安装:

a. 预制构件安装定额中的各种(钢筋)混凝土预制块,除站台铺面的连锁砌块外,均需按预制(钢筋)混凝土构件定额另计。

b. 预制构件安装定额中的其他小型构件,系指单件体积小于 0.1m³ 的构件。

c. 平过道预制钢筋混凝土板安装定额中已含垫层、铁件及护木。

d. 白铁皮水落管定额已考虑了铁皮咬接和搭接,不得另计。

e. 金属结构制作安装定额中的金属结构不含油漆。

f. 涂装定额中的油漆或涂料品种可依据设计要求抽换。

g. 工程量计算规则:

(a)预制构件安装工程量,除另有说明外,按构件实体体积计算。

(b)平过道钢筋混凝土预制板安装的工程量按预制板的顶面积计算。

(c)金属结构制作,按设计图的主材几何尺寸计算,不扣除孔眼、切肢、切边的重量;计算钢板重量时,均按矩形计算,多边形按长边计算。

(d)涂装的工程量按金属构件的成品重量计算。

④道路、硬化面及树(花)池:

a. 定额中的压实厚度,当面层超过 15cm、基层和垫层超过 20cm,按设计要求需进行分层拌和、碾压时,平地机、拖拉机、拌和机及压路机的台班消耗量应加倍计算。

b. 泥结碎石、级配碎石和级配砾石面层定额中未含磨耗层和保护层,设计需要时,可按磨耗层及保护层定额另计。

c. 各类稳定土基层定额中的材料消耗系按一定配合比编制的,当设计配合比与定额标明的配合比不同时,有关材料可按下式进行换算:

$$C_i = [C_d + B_d \times (H - H_0)] \times L_i/L_d \tag{2-1}$$

式中:C_i——按设计配合比换算后的材料数量;

C_d——定额中基本压实厚度的材料数量;

B_d——定额中压实厚度每增减 1cm 的材料数量;

H_0——定额的基本压实厚度;

H——设计的压实厚度;

L_d——定额中标明的材料百分率;

L_i——设计配合比的材料百分率。

【例 2-3】 石灰粉煤灰稳定碎石基层,定额标明的配合比为:石灰:粉煤灰:碎石 = 5:15:80,基本压实厚度为 15cm;设计配合比为:石灰:粉煤灰:碎石 = 4:11:85,设计压实厚度为 16cm。各种材料调整后的数量为多少?

【解】 生石灰:$[1598.70 + 106.60 \times (16 - 15)] \times 4/5 = 1364.24$kg

粉煤灰:$[6.4 + 0.43 \times (16 - 15)] \times 11/15 = 5.009$t

碎 石:$[16.66 + 1.11 \times (16 - 15)] \times 85/80 = 18.88$m³

d. 工程量计算规则:

(a)各类路面、基层、填层的工程量按设计面积计算,不扣除各类井和 1m² 及以下的构筑物所占的面积。

(b)人行道场地铺设工程量按设计面积计算。

⑤拆除:

a. 拆除均不包括挖土方,挖土方按有关定额另计。

b. 拆除后的旧料如需运至指定地点回收利用,应另行计算运杂费和回收价。

c. 拆除工程定额中未考虑地下水因素,若发生则另行计算。

7. 高速铁路补充定额说明

(1) 总说明

①本定额是对现行《铁路工程预算定额》(铁建设[2010]223号)的补充,与现行定额配套使用。除另有规定外,《铁路工程预算定额》(铁建设[2010]223号)的使用说明也适用本定额。

②路基、桥梁工程中混凝土浇筑子目(CFG桩除外),应与《铁路桥涵工程预算定额》(铁建设[2010]223号)中的混凝土拌制、运输子目配套使用。

(2) 路基工程说明

①CFG桩桩身混合料自搅拌站至浇筑点的运输费用应采用混凝土运输子目另计。

②水泥土挤密桩定额、水泥土柱锤冲扩桩定额中材料配比系按水泥:土质量比为15:85编制。

③改良土拌制定额中未含填料及添加剂,其费用应根据设计要求另计。

④冲击碾压定额系按20遍编制,使用时应根据设计采用的处理方案,按每增减1遍子目调整。

⑤填料破碎定额适用于根据规定路基填料最大粒径≤15cm的填筑。

⑥工程量计算规则:

a. 各种桩基的工程量均按设计图示桩顶至桩底的长度计算。施工所需的预留等因素不得另计。

b. 冲击碾压工程量按设计面积计算。

c. 填料破碎工程量按设计图示路堤压实体积计算。

(3) 桥梁工程说明

①混凝土定额中未含混凝土的拌制与运输,应与《铁路桥涵工程预算定额》(铁建设[2010]223号)中的混凝土拌制、运输定额配套使用。

②梁体预制混凝土定额未含蒸汽养护,蒸汽养护采用《铁路桥涵工程预算定额》(铁建设[2010]223号)子目。

③梁体及桥面板钢筋定额中不含预埋钢配件,其费用应按预埋钢配件定额另计。

④移动支架安拆定额按路基上拼装和墩顶吊拼分别编制。路基上拼装适用于整座桥全部采用移动支架建造的情况。墩顶吊拼、桥下提升适用于局部梁跨采用移动支架施工,且梁段预制场设于桥下,梁段运输适用于梁段预制场设于台后。

⑤900t搬梁机分为轮胎式和轮轨式两种,适用于制梁场内搬梁、装车。2×450t搬梁机适用于制梁场边架梁和提梁桥上装车,定额中未含走行轨及地基处理费用,其费用可根据现场情况按设计数量计算。

⑥支座安装定额适用于预制简支箱梁,定额中未含支座本身,其购置费用应按设计采用的品种、规格另计。

⑦钢—混凝土结合梁定额按路基上拼装和墩顶吊拼两种方法编制。

路基上拼装配合拖拉法适用情况:

a. 不可封闭的跨线、跨路施工,且全桥全部为钢—混凝土结合梁。

b. 所架梁跨距台后路基较近。

墩顶吊拼分为直接吊拼和墩顶吊拼配合拖拉法两种工艺。其中直接吊拼适用于可封闭的跨线、跨路施工;墩顶吊拼配合拖拉法适用于不可封闭的跨线、跨路施工。

⑧梁面打磨及修补定额适用于铺设CRTS Ⅱ型板式无砟轨道的梁面。

⑨箱梁引下式排水管道包含箱梁本身的排水管道和经汇水管顺桥墩引下的管道。

⑩桥梁综合接地连(焊)接定额,墩、梁连接子目包含连接钢件,其余子目仅包含焊接等内容。由于接地所需新增的钢筋仍分别采用相应的基础、墩台、梁体钢筋定额。墩、梁连接指梁上接地端子与墩顶接地端子之间的钢结构导电件的制安。

⑪移动模架现浇箱梁钢筋采用现浇箱梁钢筋定额。

⑫工程量计算规则:

a. 箱梁搬、运、架大型机械安拆调试数量按施工组织设计确定的次数计算。

b. 搬梁机场内搬梁数量,不按其搬运次数,而是按设计预制梁孔数计算。

c. 轮轨式移梁台车场内移梁数量按设计移梁孔次数计算。从制梁台座起算,每一孔梁从一个台座移至另一个台座,每移动一次即为"1孔次"。

d. 箱梁架设应区分隧道口首末孔和其他孔,按设计架设孔数计算,变跨数量按设计不同梁跨变化次数计算。

e. 移动支架安拆数量按设计支架重量乘以安拆次数计算,移动模架安拆数量按设计模架(不含模板)的重量乘以安拆次数计算。

f. 移动支架(模架)纵向移位数量,按施工组织设计确定的该移动支架(模架)施工的首孔中心点至末孔中心点的距离计算。

g. 梁面打磨及修补数量按设计图示防撞墙以内的梁面面积计算。

h. 钢—混凝土结合梁拖拉法施工工程量按质量与长度的乘积计算。

i. 梁端伸缩缝应区分材质和有砟轨道、无砟轨道,按设计伸缩缝长度计算。

j. 防震落梁设施按设计钢件重量计算。

k. 箱梁排水管道应区分有砟轨道、无砟轨道和排水方式,按设计梁长计算。

l. 梁内、墩身和基础中,由于接地而额外增加的钢筋数量应计入相应部位的钢筋工程数量。设计采用的不锈钢接地端子及尾部压入的30cm钢筋作为整体考虑,其费用按设计数量乘以成品价格另计。

(4)隧道工程说明

①本定额正洞部分适用于新建铁路断面有效面积(轨顶面以上净空横断面面积)大于$90m^2$的隧道工程。

②洞身开挖、出渣工程:

a. 开挖工程不区分工程部位均使用本定额,含工作面钻爆全部工序。

b. 出渣定额按基本运距500m和每增运距500m叠加使用。当采用无轨斜井作为辅助出渣通道时,斜井内增运部分采用由斜井无轨出渣定额。

c. 正洞洞身通风、管线路,采用《铁路隧道工程预算定额》"$\leq 90m^2$"定额相关的子目,并乘以1.08的调整系数。

③洞身衬砌工程:

a. 衬砌工程按模板和混凝土拌制、浇筑及运输分别编制,其中混凝土拌制、浇筑工程区分拱墙、底板与仰拱、仰拱填充与沟槽身等不同部位分别套用本定额相应子目。

b. 隧道衬砌定额消耗中已综合考虑超挖回填因素。

c. 当设计采用的混凝土强度等级与本定额不符或采用特殊混凝土时,可以抽换。

④无轨斜井工程:

a. 无轨斜井开挖、出渣定额,适用于采用汽车运输的斜井、斜坡道工程。

b. 无轨斜井开挖、出渣、通风、管线路定额均系指斜井建井期间的定额消耗，不适用于通过无轨斜井施工的正洞洞身工程。

　　c. 无轨斜井衬砌按采用组合钢模板、集中拌制、浇筑、运输综合编制，不区分衬砌部位，也不考虑超挖回填因素。

　　⑤拆除中隔壁定额，系指采用中隔壁法、交叉中隔壁法、双侧壁导坑法等施工方法开挖时，对临时支护体的凿除和拆除，其中拆除网喷混凝土定额包含了拆除钢筋网、锚杆和连接钢筋的工作内容。

　　⑥拆除中隔壁定额中未包含拆除体的运输，其洞内运输费用按拆除物的重量采用《铁路隧道工程预算定额》正洞内材料运输定额计算。

　　⑦综合接地焊接定额，按不同围岩采用接地方式综合编制，定额中仅包含焊接、测试等工作内容所需人工、机械台班，未包含接地主体材料和接地端子。

　　⑧工程量计算规则：

　　a. 洞身、辅助坑道的开挖、出渣工程数量，均按设计图示不含设计允许超挖、预留变形量等的断面数量计算，包含所有附属洞室数量。

　　b. 出渣运距，正洞系指施工组织设计安排独头掘进工作面距洞口或者斜井底的最大距离，无轨斜井系指斜井实际长度。

　　c. 衬砌混凝土工程数量，均按设计图示不含设计允许超挖回填、预留变形量等的断面数量计算，包含洞身及所有工作洞室衬砌数量。混凝土运输运距与出渣运距计算方法一致。

　　d. 拆除中隔壁喷射混凝土工程数量，均按设计喷射混凝土体积计算，不扣除钢筋网、锚体杆等体积。

　　e. 钢结构临时支撑按倒用二次计算，整修费用不再另计。

　　f. 综合接地焊接工程数量，以设计引下接地的数量按"处"计算，由于接地而额外增加的钢构件数量计入洞内钢筋、锚杆等相应的工程数量。接地端子的费用按其设计数量乘以成品价格另计。

　　(5) 轨道工程说明

　　①本定额含 CRTS Ⅰ 型板式、CRTS Ⅱ 型板式、CRTS Ⅰ 型双块式、CRTS Ⅱ 型双块式 4 种结构形式，共 130 个子目。

　　②本定额中高性能混凝土按碳化环境 60 年编制。

　　③底座道床板混凝土、钢筋定额子目适用于各种形式无砟轨道底座、道床板。道岔下及过渡段钢筋混凝土套用此定额时，定额中人工及机械消耗量乘以 2.0 的系数。摩擦板、端刺、端梁施工套用此定额时，定额中人工及机械消耗量乘以 1.5 的系数。

　　④现浇凸台定额可用于 Ⅰ 型轨道板的凸形挡台部分及双块式轨枕底座下的凸台部分。

　　⑤板缝间混凝土钢筋、侧向挡块混凝土钢筋、剪力筋制安、齿槽预埋钢筋、轨道板砂浆封边、轨道板纵向连接、后浇带钢板连接安装定额适用于 CRTS Ⅱ 型轨道板。

　　⑥CRTS Ⅰ 型预应力轨道板预制系双向预应力板。

　　⑦CRTS Ⅰ 型、CRTS Ⅱ 型轨道板预制定额系按标准板编制，如用于曲线板、补偿板及特殊板（如道岔板），预制模板按 1 个项目摊销，并扣除模板回收残值。

　　⑧CRTS Ⅱ 型轨道板预制定额如用于道岔板预制工程，定额中人工及机械消耗量乘以 1.15 的系数。

　　⑨CRTS Ⅱ 型轨道板打磨系按国产设备及材料编制。

⑩混凝土面层凿毛、冲洗、吹干定额适用于部分无砟轨道设计要求凿毛的工程。

⑪凸形挡台环氧树脂定额适用于CRTS I型无砟轨道工程。

⑫底座伸缩缝制作定额适用于预留道床变形缝工程。

⑬道砟胶结定额适用于过渡段设计确定道砟胶结的工程。

⑭钢轨铺设定额如用于1km以上长大隧道内,人工和机械消耗量乘以1.25系数;如用于12‰以上长大坡度地段,定额中机车消耗量乘以2.0系数,人工和机械(除机车以外)消耗量乘以1.25系数。

⑮钢轨运输定额如用于12‰以上长大坡度地段,定额中机车消耗量乘以2.0系数。

⑯500m长钢轨运输定额系按在不通行营业火车的线路上运输编制,如在营业线铁路运输时,则应按运杂费计算。

⑰施工测量定额包括底座施工、凸台施工、道床板施工、铺板(枕)施工、铺轨施工中的全部测量工作内容。不包含CPⅠ、CPⅡ、CPⅢ网测设、复测以及精调测量内容。CPⅠ、CPⅡ网测设费用包含在设计费中,CPⅠ、CPⅡ网复测、CPⅢ网测设及复测费用按"客运专线CPⅢ测设收费有关事项的通知"计算,精调测量费用按精调定额计算。

⑱铺设无砟轨道道岔定额不包括岔内外焊接、应力放散及锁定和岔下混凝土浇筑、两次转辙器安装调试及工电联调、钢筋绑扎等内容,未包含的内容应采用其他相应定额另计。

⑲道岔装卸及运输定额适用于施工组织设计确定为汽车运输的情况。

⑳工程量计算规则:

a.铺轨工程量按设计图示每股道的中心线长度(不含道岔长度)以km计算。铺轨工程量不扣除接头轨缝处长度。道岔长度是指从基本轨前端至辙叉根端的距离。特殊道岔以设计图纸为准。

b.轨料运输按设计图示铺轨长度以km计算。

c.铺土工布、PE膜(两布一膜)按PE膜设计图示铺设面积以m^2计算。

d.混凝土道床按设计图示体积以m^3计算。

e.钢筋的重量按钢筋设计长度(应含架立钢筋、定位钢筋和搭接钢筋)乘理论单位重量计算。不得将焊接料、绑扎料、接头套筒、垫块等材料计入工程数量。

f.预制轨道板内的钢筋计算工程数量时,不含套管用低碳冷拔钢丝数量。

g.底座钢筋绝缘处理的数量按设计绝缘卡子个数计算。

h.制板、制枕的数量按设计数量另计入1%的损耗。

i.底座伸缩缝单位为处,是指事先预留的伸缩缝,单线每处。

j.备料按设计数量计列。

第三节 公路工程定额及其使用

一、公路工程定额

1.定额说明

现行的《公路工程概算定额》(JTG/T B06-01—2007)(以下简称《概算定额》)中共有总说明二十三条,七个章说明和若干节说明;《公路工程预算定额》(JTG/T B06-02—2007)(以下简称

《概算定额》)中共有总说明二十二条,九个章说明和若干节说明。

(1)定额的总说明

《概算定额》和《预算定额》中的总说明阐述了定额的编制原则、指导思想、编制依据、适用范围以及定额的作用。同时说明了编制定额时已经考虑和没有考虑的因素,使用方法及有关规定等。因此,在使用定额时必须先透彻理解总说明,才能正确而又熟练地运用定额。

(2)章说明、节说明

《概算定额》共包括七章:路基工程、路面工程、隧道工程、涵洞工程、桥梁工程、交通工程及沿线设施、临时工程;《预算定额》共包括九章:路基工程、路面工程、隧道工程、桥涵工程、防护工程、交通工程及沿线设施、临时工程、材料采集及加工、材料运输。

《概算定额》和《预算定额》的每个章、节前面都有章说明和节说明,对本章、节工程项目的统一规定、综合内容、允许抽换的规定及工程量计算规则做了总体说明。为了正确地运用定额,要求概预算专业人员和技术人员在使用每章、节的定额之前,必须全面理解和牢记各章、节说明。

2. 定额表

定额表是各类定额最基本的组成部分,是定额指标数量的具体表示。《概算定额》和《预算定额》的定额表格式基本相同,一般由定额表名称、定额表号、工程内容、计量单位、顺序号、项目、项目单位、代号、工程细目、栏号、定额值、基价和小注等内容组成,见表2-11。

定 额 表 的 组 成　　　　表2-11

1-3-1　袋装砂井处理软土地基

工程内容:带门架:(1)轨道铺、拆;(2)装砂袋;(3)定位;(4)打钢管;(5)下砂袋;(6)拔钢管;(7)门架、桩机移位。
不带门架:(1)装砂袋;(2)定位;(3)打钢管;(4)下砂袋;(5)拔钢管;(6)起重机、桩机移位。

单位:1000m 砂井

顺序号	项　目	单位	代号	袋装砂井机	
				带门架	不带门架
				1	2
1	人工	工日	1	11.3	6.6
2	枕木	m^3	103	0.033	—
3	钢轨	t	185	0.040	—
4	铁件	kg	651	4.5	1087
5	塑料编织袋	m	812	1087	4.56
6	中(粗)砂	m^3	899	4.56	7.5
7	其他材料费	元	996	7.5	1.55
8	15t以内履带式起重机	台班	1432	—	1.69
9	袋装砂井机	台班	1626	—	
10	袋装砂井机(门架式)	台班	1624	2.11	
11	基价	元	1999	3215	3178

注:本定额按砂井直径7cm编制,如砂井直径不同时,可按砂井截面积的比例关系调整中(粗)砂的用量,其他消耗量不作调整。

(1)定额表名称。位于定额表的最上端,是工程的项目名称。如表2-11的定额表名称为"袋装砂井处理软土地基"。

(2)定额编号。位于定额表名称之前,是定额表在定额中的排列编号。如表2-11的定额编号为"1-3-1",表示第一章路基工程的第三节软基处理工程的第1表。

(3)工程内容。位于定额表的左上方,主要说明本定额表所包括的操作内容。查定额时,必须将实际发生的项目操作内容与表中内容进行比较,若不一致时,应进行抽换或采取其他调整措施。

(4)计量单位。位于定额表的右上方,即定额概念中所指的"单位合格产品"的数量标准。如表2-11的计量单位为"1000m砂井"。

(5)顺序号。位于定额表的最左侧,表示工、料、机及费用的顺序号,起简化说明的作用。

(6)项目。即本定额表的工程所需用人工、材料、机具、费用的名称和规格。在每个定额表中,人工的表现形式为"工日";材料只列出主要材料消耗量,次要、零星材料以"其他材料费"按单位"元"表示;机械也只列出主要施工机械台班数量,非主要施工机械以"小型机具使用费"按单位"元"表示。

(7)项目单位。它是与定额计量单位不同的概念,表示该工程内容中所需人工、材料、机械的计量单位。定额表中人工消耗以工日为单位,机械消耗以台班为单位,各种材料消耗均采用国际单位。

(8)代号。当采用电算方法编制工程造价文件时,可引用表中代号作为对人工、材料、机械名称的识别符号。

(9)工程细目。表示本定额表所包括的工程项目,如表2-11中共包括带门架袋装砂井机和不带门架袋装砂井机两个细目。

(10)栏号。指工程细目编号,见表2-11,定额中"带门架"栏号为1,"不带门架"栏号为2。

(11)定额值。即定额表中人工、材料、机械的消耗量数值。预算定额表中部分定额值是带有括号的,括号内的数值一般是指所需半成品的数量。如《预算定额》中表4-7-7"预制立交箱涵"中,"C25水泥混凝土"所对应的定额值$10.10m^3$,表示预制$10m^3$立交箱涵,需消耗C25水泥混凝土$10.10m^3$,这是半成品的数量,其费用不可直接计列,而是在水泥混凝土的各个组成材料中计算。

(12)基价。亦称定额基价,是指该工程细目中人工费、材料费、机械使用费的合计值。其中人工费、材料费是按北京市2007年人工、材料预算价格计算的(详见《预算定额》附录四),机械使用费是按2007年原交通部公布的《公路工程机械台班费用定额》(JTG/T B06-03—2007)计算的。

(13)注。有些定额表列有"注",位于定额表的下方,是该项定额的补充说明或规定。使用定额时,必须仔细阅读小注,以免发生错误。

3. 附录

《预算定额》后列有四项附录:"路面材料计算基础数据"、"基本定额"、"材料的周转及摊销"和"定额基价人工、材料单位质量、单价表"。附录二"基本定额"又包括"桥涵模板工作"、"砂浆及混凝土材料消耗"、"脚手架、踏步、井字架工料消耗"以及"基本定额材料规格与质量"四个方面的内容。

附录是编制定额的基础数据,也是编制补充定额的依据,同时还是定额抽换的依据。

4. 运用定额的方法

所谓运用定额,就是平时所说的"查定额",即根据编制概预算的具体条件和目的,套取所需定额的过程。为了正确运用定额,必须熟练地查定额,并且掌握中央及地方交通主管部门有关定额运用方面的文件和规定。

(1)定额编号

编制公路工程概预算文件时,在计算表格中要列出所引用的定额编号。目前常见的定额编号编写方式有[页号-表号-栏号]和[表号-栏号]两种,一般按[表号-栏号]方式来编写。例如《预算定额》中表4-5-1的第5栏(干砌块石基础)的定额编号可用[4-5-1-5]来表示;当采用电算法编制概预算文件时,常用8位数进行编码,即章占1位,节占2位,表占2位,栏占3位,则上述定额编号可表示为40501005,即《预算定额》第4章第5节第1个表第5栏。

如果定额需要调整,必须在定额编号后加以说明,例如定额[4-6-11-2]中需调整水泥混凝土强度,编号应为[4-6-11-2改];又如编号[1-1-13-2+4×8]表示将表[1-1-13-4]乘以8后加到[1-1-13-2]中,即利用8m³以内拖式铲运机铲运普通土500m的预算定额。

定额编号在概预算文件中十分重要。一方面是保证复核、审查人员利用编号快速核对所用定额的准确性;另一方面,将繁多的工程细目以编号形式建立一一对应的模式,便于计算机处理及修编定额人员的统计工作;另外,在概预算文件的08表中,"定额代号"一栏必须填上对应的定额细目代号。因此,无论手工计算,还是计算机处理,都必须保证定额编号的准确性。

(2)定额单位与工程数量

定额单位与工程量计算的正确与否直接影响概预算造价。由于设计习惯、规范要求或设计人员对概预算的编制办法不了解,在设计图上或工程量清单中统计的工程量的单位和内容往往与所套定额的单位和内容并不完全一致,这就需要造价人员根据定额的需要进行分解、换算或调整,以达到两者相符的目的。

①当设计图纸上的工程量单位与定额不一致时,应按照定额单位对设计图纸的工程量单位进行换算或调整,以便可以正确套用定额。

②当设计图纸上或工程量清单中的某个工程量包含多项工作内容,而无法只用一个定额子目表示时,应根据不同工作内容将工程量进行分解,分别套用不同定额。

③有些在设计图中不能体现出来的工程项目,应根据具体的施工方案、施工组织措施和工艺流程增加相应的工程量,并根据工作内容套用相应定额。

(3)定额的直接套用

如果设计图的要求、工作内容及确定的工程项目与相应定额的内容完全符合,可直接套用定额。但应正确理解定额的总说明、章节说明、定额表中的小注、工程量单位等,以免在使用中发生错误。

【例2-4】 某道路工程利用不带门架的袋装砂井机处理软土地基,共计用2.5km砂井,确定该工程的工料机消耗量。

【解】 (1)该工作内容属于软基处理工程,根据《预算定额》目录可知,该定额在第1章第3节表1,因不带门架,选取的定额编号为[1-3-1-2]。

(2)由定额表[1-3-1-2]可查得每1000m砂井的定额消耗量,故该工程2.5km砂井工料机消耗量为:人工:$6.6 \times 2.5 = 16.5$(工日)

塑料编织袋:$1087 \times 2.5 = 2717.5$m

中(粗)砂:$4.56 \times 2.5 = 11.4$m³

其他材料费:$7.5 \times 2.5 = 18.75$元

15t以内履带式起重机:$1.55 \times 2.5 = 3.88$台班

袋装砂井机:$1.69 \times 2.5 = 4.22$台班

(4)复杂定额的套用

复杂定额是指定额的工程内容与设计图纸不符,为了相统一,可根据工作内容用其他相关的定额来补充;或者多个定额组合时,各定额的工作内容互相重叠而需增减定额工料机的消耗量。

套用复杂定额时应仔细分析研究,避免少算或重复计算。

【例2-5】 利用《预算定额》确定4t自卸汽车配合斗容积0.5m³的挖掘机联合作业1000m³普通土所消耗的人工、机械数量(运距1.5km)。

【解】 (1)查《预算定额》路基工程的土石方工程,表[1-1-11-5](6t以内自卸汽车运土、石方1km),因实际运距为1.5km,需增加0.5km,还应套用增运距定额[1-1-11-6]。

工程内容:①等待装、运、卸;②空回。

(2)由于定额表[1-1-11-5]中缺少挖土工序,还需补充挖土定额,查表[1-1-9-2](0.6m³以内履带式单斗挖掘机挖装普通土)。

工程内容:安设挖掘机,开辟工作面,挖土,装车,移位,清理工作面。

(3)分析两项定额的工作内容,合并相加后符合联合作业的工作流程,定额单位1000m³,工程数量为1000m³,则消耗的人工、机械数量为:

人工:4.5/1000m³ × 1000m³ = 4.5 工日

推土机:0.72/1000m³ × 1000m³ = 0.72 台班

挖掘机:3.37/1000m³ × 1000m³ = 3.37 台班

自卸汽车:[13.65 + 2.02 × (1.5 − 1)/0.5]/1000m³ × 1000m³ = 15.67 台班

【例2-6】 某路基工程需要挖石方(软石)1000m³,采用机动翻斗车运输,运距70m,试确定该工程的定额消耗量。

【解】 (1)查《预算定额》[1-1-8-2]机动翻斗车运石方定额,从工作内容和附注中可知,该定额不含人工挖土、开炸石方及装、卸车的工料消耗,因此,还应补充人工开炸石方和装卸车的定额。

(2)查表[1-1-14-1]人工开炸石方,从工作内容和附注可知,当采用机动翻斗车运输时,其开炸、装车所需的工料消耗按第一个20m开炸运定额减去50个工日计算,故应调整定额。

(3)1000m³软石开挖、装车及运输的定额如下:

人工:270.5 − 50 = 220.5 工日

钢钎:18.0kg;硝铵炸药:132.5kg;导火线:338m;

普通雷管:268个;煤:0.171t;其他材料费:12.5元;

1t以内机动翻斗车:51.32台班。

(5)定额抽换

定额是按正常合理的施工组织和施工条件编制的,定额中所采用的施工方法和工程质量标准,主要是根据国家现行公路工程施工技术及验收规范、质量评定标准及安全操作规程取定的。因此,使用时不得因具体工程的施工组织、操作方法和材料消耗与定额规定不同而随意变更定额。

但是在某些情况下,可按定额规定进行相应的定额抽换。

例如:设计中采用的砂浆、水泥强度等级或混凝土的强度等级与定额表中规定的强度等级不相符时,可按《预算定额》附录二"基本定额"中的"砂浆、混凝土配合比表"进行换算,以替换定额表中相应的材料消耗定额值;但砂浆、混凝土配合比表的水泥用量,已综合考虑了用不同品种水泥的因素,实际施工中不论采用何种水泥,均不得调整定额用量。

某些周转及摊销材料达不到规定的周转次数时,可根据具体情况进行换算;水泥、石灰、稳定土类基层的配合比可根据实际情况进行换算。

(6)查定额的具体步骤

①确定所用定额的种类:

公路工程定额按建设程序的不同阶段,已形成一套完整的定额系统,如《概算定额》、《预算定额》《施工定额》等。在查用定额时,应根据编制概预算的不同阶段及要求,确定所用定额的种类。

②查找所需定额表:

根据《公路工程基本建设项目概算预算编制办法》中的"概、预算项目表",依次按部分、项、目、节的顺序确定所查定额的项目名称,再在定额目录中找到其所在页次,并查找所需定额表。此时,一定要核查定额的工作内容、作业方式是否与施工组织设计相符。

例如,在《预算定额》中[1-1-6]和[4-1-1]均为人工挖土,但适用对象不同。

③阅读说明:

a. 查看定额表的"工程内容"与设计要求、施工组织设计有无不同之处。若无不同,则可在表中直接找到相应的细目,并进一步确定栏号。

b. 检查定额表的计量单位与工程量的计量单位是否一致、是否符合规定的工程量计算规则。

c. 仔细阅读定额的总说明、章说明、节说明以及表下的小注,并据此对定额内容做相应调整。

④定额调整:

根据设计图纸、施工组织设计和定额说明进行子目抽换。

⑤逐项套取工程项目的其他定额编号。

二、《预算定额》路基工程定额说明与应用

1. 路基工程定额说明

(1)土壤岩石类别

《预算定额》按开挖的难易程度将土壤、岩石分为六类;土质分为三类:松土、普通土、硬土;岩石分为三类:软石、次坚石、坚石。

《预算定额》土、石分类与十六级土、石分类对照表见表2-12。

土、石分类与十六级土、石分类对照表　　　　表2-12

定额分类	松土	普通土	硬土	软石	次坚石	坚石
十六级分类	Ⅰ~Ⅱ	Ⅲ	Ⅳ	Ⅴ~Ⅵ	Ⅶ~Ⅸ	Ⅹ~ⅩⅥ

(2)土石方体积的计算

除定额中另有说明者外,土方挖方按天然密实体积计算,填方按压(夯)实后的体积计算;石方爆破按天然密实体积计算。当以填方压实体积为工程量,采用以天然密实方为计量单位的定额时,所采用的定额应乘以表2-13中所列系数。

土石方体积的计算系数表　　　　表2-13

公路等级 \ 土类	土方				石方
	松土	普通土	硬土	运输	
二级及以上等级公路	1.23	1.16	1.09	1.19	0.92
三、四级公路	1.11	1.05	1.0	1.08	0.84

表2-13中运输栏目的系数适用于人工挖运土方的增运定额和机动翻斗车、手扶拖拉机运输土方、自卸汽车运输土方的运输定额;普通土栏目的系数适用于推土机、铲运机施工土方的增运定额。

各类土、石方在进行路基土、石调配时,其定额、计量单位、计价等按如下规定进行:

①挖方:按土质分类分别套用相应的定额,定额单位为天然密实方。

②填方:套用相应的压实定额,定额单位为压实方。

③本桩利用:这一参数不参与费用的计算,其挖已在"挖方"内计算,其填已在"填方"内计算。

④远运利用:只计算其调配运输费用,其挖已在其他断面的"挖方"内计算,其填已在"填方"内计算。

⑤借方:计算其挖、装、运的费用,其填已在"填方"内计算。

⑥弃方:只计算其运输费用,其挖已在"挖方"内计算。

(3)下列数量应由施工组织设计提出,并入路基填方数量内计算

①清除表土或零填方地段的基底压实、耕地填前夯(压)实后,回填至原地面标高所需的土、石方数量。

②因路基沉陷需增加填筑的土、石方数量。

先计算天然土因压实而产生的沉降量 h:

$$h = \frac{p}{c} \tag{2-2}$$

式中:h——天然土因压实而产生的沉降量(cm);

p——有效作用力(N/cm^2),一般按12~15t压路机的有效作用力 p =66kN/cm^2 计算;

c——土的抗沉陷系数(N/cm^3),其值见表2-14。

土的抗沉陷系数表　　　　表2-14

原状土名称	c(N/cm^3)	原状土名称	c(N/cm^3)
沼泽土	1~1.5	大块胶结的砂、潮湿黏土	3.5~6.0
凝滞土	1.8~2.5	坚实的黏土	10.0~12.5
松砂、松湿黏土、耕土	2.8~3.5	泥灰石	13.0~18.0

碾压天然土地面的面积乘以沉降量就是需增加的填方数量。即

$$Q = Fh \tag{2-3}$$

式中:Q——增加的填方数量(m^3);

F——填前压(夯)实的天然土的地面面积(m^2);

h——沉降量(m)。

计算出的 Q 值应计入设计填方数量。

③路基因加宽而应增加的土石方数量。

填筑路堤时,为保证路基边缘有足够的压实度,一般在施工时需超出设计宽度填筑,采用机械碾压时,路基每边加宽的填筑宽度视堤填筑高度而定,通常在20~50cm,路基加宽填筑部分如需清除时,按土方运输定额计算。

需填宽的土方量一般可用下列公式计算:

$$宽填土方量 = 填方区边缘全长 \times 边坡平均坡长 \times 宽填厚度 \tag{2-4}$$

(4)关于乘系数及增减定额值的调整

关于乘系数及增减定额值的调整见表2-15。

关于乘系数及增减定额值的调整表　　　　表2-15

需调整定额表号	调整条件及调整内容	系数及增减量值
1-1-1-10	挖芦苇根按挖竹根定额	乘0.73
1-1-6	当采用人工挖、装,机动翻斗车运输时	挖、装所需的人工按第一个20m挖运定额减去30个工日计算
1-1-9	挖掘机挖装土方,不需装车时	乘0.87

续上表

需调整定额表号	调整条件及调整内容	系数及增减量值
1-1-10	装载机装土方如需推土机配合推松、集土时	人工、推土机台班的数量按"推土机推运土方"第一个20m定额乘以0.8
1-1-13	采用自行式铲运机铲运土方时	铲运机台班数量应乘以0.7
1-1-14	当采用人工开炸、装车、机动翻斗车运输时	开炸、装车所需的工料消耗按第一个20m开炸运定额减去50个工日计算
1-3-1	袋装砂井处理软土地基定额按砂井直径7cm编制,如砂井直径不同时	按砂井截面积的比例关系调整中(粗)砂的用量,其他消耗量不作调整
1-3-6	粉体喷射搅拌桩处理软土地基按桩径50cm编制,如设计桩径不同时	桩径每增加5cm,定额人工和机械增加5%

2. 应用举例

【例2-7】 某高速公路路基工程,全长28km,按设计断面计算的填方为6720000m^3,无利用方,平均填土高度为7.0m,平均边坡长度为10.5m,宽填厚度0.2m,路基平均占地宽45m,路基占地及取土坑均为耕地,土质为Ⅲ类土。采用0.6m^3以内单斗挖掘机装土方,平均挖深2.0m,填前以12t压路机压实耕地。试问:填前压实增加土方量为多少?路基宽填增加土方量多少?总计计价方量(压实方)为多少?挖装借方作业所需总基价为多少元?

【解】 ①借方用土土质分类:

查表2-12可知,Ⅲ类土属于定额土质分类的普通土。

②因宽填路基而增加的土方量,按式(2-4)计算:

宽填天然密实方 = 28000 × 10.5 × 0.2 × 2(侧) = 117600m^3

由表2-13查得普通土的换算系数为1.16,则

宽填所需借方(压实方) = 117600 ÷ 1.16 = 101379m^3

③因填前压实耕地增加的土方量:

由表2-14查得c = 3.5N/m^3,12t光轮压路机的P = 66N/cm^2

由式(2-1)算得:

h = 66/3.5 = 18.86cm

平均路基底面积 = 45 × 28000 = 1260000m^2

由式(2-2)算得

填前压实所增加土方量(压实方) = 1260000 × 0.1886 = 237636m^3

④总计计价土方量(压实方):

总计价方量(压实方) = 6720000 + 101379 + 237636 = 7059015m^3

⑤挖装借方总基价金额:

由《预算定额》"表1-1-9-2(1000m^3)"查得,0.6m^3内挖掘机挖装土方普通土基价为2348元/1000m^3天然密实土。

因借方为压实方,而定额单位为天然密实方,故定额值应乘以1.16的换算系数,即总基价金额 = 7059015 ÷ 1000 × 2348 × 1.16 = 19226498元。

【例2-8】 某公路采用塑料排水板处理软土地基,使用带门架的袋装砂井机,试求2300m砂井工料机消耗。

【解】 由《预算定额》"表 1-3-2-1(1000m)"查得：

人工：2300/1000 × 7.3 = 16.79 工日

枕木：2300/1000 × 0.033 = 0.076m³

钢轨：2300/1000 × 0.040 = 0.092t

铁件：2300/1000 × 4.5 = 10.35kg

塑料排水板：2300/1000 × 1071 = 2463.3m

带门架袋装砂井机：2300/1000 × 1.38 = 3.174 台班

【例 2-9】 某一级公路其中一段路基工程全部采用借土填方，工程量为 280000m³，平均运距为 3.5km，试确定定额消耗量指标。

【解】 (1) 推土机集土

根据土方数量，采用 135kW 推土机集土。由《预算定额》"表 1-1-12-14(1000m³)"查得(假定推土机推土距离为 20m，土类为普通土)：

人工：280000/1000 × 4.5 × 0.8 = 1008 工日

135kW 以内履带式推土机：280000/1000 × 1.34 × 1.16 × 0.8 = 348.19 台班

式中 1.16 为普通土的换算系数，0.8 为定额小注规定装载机装土方，推土机配合推松、集土时，其人工、推土机台班的数量按"推土机推运土方"第一个 20m 定额乘以 0.8 系数计算。

(2) 装载机装土

由《预算定额》"表 1-1-10-3(1000m³)(3m³ 装载机斗容量)"查得：

3m³ 以内轮式装载机：280000/1000 × 1.09 × 1.16 = 354.03 台班

(3) 自卸汽车运输土方

根据装载机与自卸汽车配备，采用 15t 以内的自卸汽车运输土方，由《预算定额》"表 1-1-11-21(1000m³)、1-1-11-22(1000m³)"，考虑土方运输时的换算系数 1.19，则

15t 以内自卸汽车：(5.570 + 2.5/0.5 × 0.70) × 280000/1000 × 1.19 = 3022.12 台班

(4) 填方压实

由《预算定额》"表 1-1-18-2(1000m³)"查得：

人工：280000/1000 × 3.0 = 840 工日

120kW 以内自行式平地机：280000/1000 × 1.63 = 456.4 台班

6～8t 光轮压路机：280000/1000 × 1.55 = 434 台班

18～20t 光轮压路机：280000/1000 × 4.29 = 1201.2 台班

【例 2-10】 某三级公路路段挖方 1800m³(其中松土 400m³，普通土 1000m³，硬土 400m³)，填方数量为 2300m³。本断面挖方可利用方量 1500m³(松土 300m³，普通土 1000m³，硬土 200m³)，远运利用方量为普通土 500m³(天然方)。求本桩利用方、远运利用方、借方、弃方及若采用 12t 自卸汽车配合运输，运距 3km 时，工料机消耗量。

【解】 本桩利用方(压实方)：300/1.11 + 1000/1.05 + 200/1.0 = 1422m³

远运利用方(压实方)：500/1.05 = 476m³

借方(压实方)：2300 - 1422 - 476 = 402m³

弃方(天然方)：1800 - 1500 = 300m³

采用自卸汽车配合运输，由《预算定额》"表 1-1-11-17(1000m³)、1-1-11-18(1000m³)"查得：

借方部分：12t 以内自卸汽车为：402/1000 × (6.62 + 2/0.5 × 0.88) × 1.08 = 4.40 台班

弃方部分：12t 以内自卸汽车为：300/1000 × (6.62 + 2/0.5 × 0.88) = 3.04 台班

【例2-11】 某路有现浇混凝土护坡1处,厚度为12cm,护坡面积为500m²,试计算预算定额下的工料机消耗。

【解】 由《预算定额》"表4-1-5-1(100m²)、5-1-5-2(100m²)"查得:

人工:$[24.1+(12-10)\times1.7]\times500/100=137.5$ 工日

锯材:$[0.013+(12-10)\times0.001]\times500/100=0.075$ m³

32.5级水泥:$[2.804+(12-10)\times0.283]\times500/100=16.85$ t

石油沥青:$[0.021+(12-10)\times0.002]\times500/100=0.125$ t

水:$[13.0+(12-10)\times1.0]\times500/100=75$ m³

中(粗)砂:$[5.25+(12-10)\times0.53]\times500/100=31.55$ m³

砂砾:$11.0\times500/100=55$ m³

碎石(4cm):$[8.93+(12-10)\times0.9]\times500/100=53.65$ m³

其他材料费:$[46+(12-10)\times4.9]\times500/100=279$ 元

250L以内强制式混凝土搅拌机:$[0.38+(12-10)\times0.4]\times500/100=5.9$ 台班

【例2-12】 某路基工程采用挖掘机挖装土方,机械无法操作之处需采用人工挖装土方,其工程量为6500m³,并查得其定额表的定额值为181.1工日/1000m³天然密实土,试问人工操作的工程量是怎样确定的?实际采用的计算定额值为多少?所需劳动量为多少?

【解】 ①根据定额第一章 路基工程第一节说明3("机械施工土、石方,挖方机械达不到部分需由人工完成的工程量由施工组织设计确定。其中,人工操作部分,按相应定额乘以1.15的系数。")的规定可知,人工挖装土方的工程量6500m³是由施工组织设计提供的。

②实际采用的计算定额值为相应定额值乘以1.15系数,即

$$181.1\times1.15=208.27 \text{ 工日}/1000\text{m}^3\text{天然密实土}$$

③所需总劳动量为 $6500\times208.27\div1000=1353.76$ 工日

三、《预算定额》路面工程应用

1. 定额说明

(1)路面项目中的厚度均为压实厚度,培路肩厚度为净培路肩的夯实厚度。

(2)各类稳定土基层、级配碎石、级配砾石基层的压实厚度在15cm以内,填隙碎石一层的压实厚度在12cm以内,垫层、其他种类的基层和底基层压实厚度在20cm以内,拖拉机、平地机和压路机的台班消耗按定额数量计算。如超过上述压实厚度进行分层拌和、碾压时,拖拉机、平地机和压路机的台班消耗按定额数量加倍计算,每1000m²增加3个工日。

(3)各类稳定土基层定额中的材料消耗系按一定配合比编制的,当设计配合比与定额标明的配合比不同时,有关材料可按下式进行换算:

$$C_i=[C_d+B_d\times(H_1-H_0)]\times\frac{L_i}{L_d} \tag{2-5}$$

式中:C_i——按设计配合比换算后的材料数量;

C_d——定额中基本压实厚度的材料数量;

B_d——定额中压实厚度每增减1cm的材料数量;

H_0——定额的基本压实厚度;

H_1——设计的压实厚度;

L_d——定额中标明的材料百分率;

L_i——设计配合比的材料百分率。

(4)各类稳定土底基层采用稳定土基层定额时,每1000m²路面减少12~15t光轮压路机0.18台班。

(5)泥结碎石、级配碎石、级配砾石、天然砂砾、粒料改善土质路面面层的压实厚度在15cm以内,拖拉机、平地机和压路机的台班消耗按定额数量计算。超过上述压实厚度进行分层拌和、碾压时,拖拉机、平地机和压路机的台班消耗按定额数量加倍计算,每1000m²增加3个工日。

(6)在冬五区、冬六区采用层铺法施工沥青路面时,其沥青用量可按定额用量乘以下列系数:沥青表面处治:1.05;沥青贯入式基层:1.02、面层:1.028;沥青上拌下贯式下贯部分:1.043;沥青透层1.11;沥青黏层1.20。

(7)当设计采用的油石比与定额不同时,可按设计油石比调整定额中的沥青用量。其换算公式为:

$$S_i = S_d \times \frac{L_i}{L_d} \quad (2-6)$$

式中:S_i——按设计油石比换算后的沥青数量;

S_d——定额中的沥青数量;

L_d——定额中标明的油石比;

L_i——设计采用的油石比。

(8)压路机台班按行驶速度两轮光轮压路机为2.0km/h、三轮光轮压路机为2.5km/h、轮胎式压路机为5.0km/h、振动压路机为3.0km/h计算编制。如设计为单车道路面宽度时,两轮光轮压路机乘以1.14系数、三轮光轮压路机乘以1.33系数、轮胎式压路机和振动压路机乘以1.29系数。

(9)定额中凡列有洒水汽车的子目,均按5km范围内洒水汽车在水源处自吸水编制,不计水费。如工地附近无天然水源可利用,必须采用供水部门供水(如自来水)时,可根据定额子目中洒水汽车的台班数量,按每台班35m³计算定额用水量,乘以供水部门规定的水价增列水费。洒水汽车取水的平均运距超过5km时,可按路基工程的洒水汽车洒水定额中的增运定额增加洒水汽车的台班消耗,但增加的洒水汽车台班消耗量不得再计水费。

2. 应用举例

【**例2-13**】 某天然砂砾路面摊铺工程,采用机械摊铺,压实厚度为12cm,路面宽6m,长度为18km。试计算预算定额下的工料机消耗量。

【**解**】 由《预算定额》"表2-2-4-3(1000m²),2-2-4-4(1000m²)"查得:

人工:(18000×6)/1000×[2.4+(12-10)×0.1]=110.6 工日

砂砾:(18000×6)/1000×[133.62+(12-10)×13.60]=17368.56m³

120kW以内平地机:(18000×6)/1000×0.28=30.24 台班

6~8t光轮压路机:(18000×6)/1000×0.27=29.16 台班

12~15t光轮压路机:(18000×6)/1000×0.54=58.32 台班

6000L以内洒水汽车:(18000×6)/1000×[0.24+(12-10)×0.02]=30.24 台班

【**例2-14**】 某冬六区沥青表面处治路面工程,路面宽9m,长度为20km,采用机械双层层铺法施工,处治厚度为25cm,需铺透层和黏层,试求其总用工量及总用油量。

【**解**】 依据定额第二章 路面工程中的说明,冬六区沥青路面采用层铺法施工时,其用油量需作相应调整,其中沥青表面处治路面乘以系数1.05,沥青透层乘以系数1.11,沥青黏层乘以系数 1.20。

(1) 沥青表面处治路面用工量及用油量

由《预算定额》"表 2-2-7-15(1000m²)"查得：

人工：$(20000 \times 9)/1000 \times 11.8 = 2124$ 工日

石油沥青：$(20000 \times 9)/1000 \times 3.090 \times 1.05 = 584.01$t

(2) 沥青透层用工量及用油量

由《预算定额》"表 2-2-16-1(1000m²)"查得：

人工：$(20000 \times 9)/1000 \times 1.80 = 324$ 工日

石油沥青：$(20000 \times 9)/1000 \times 1.082 \times 1.11 = 216.18$t

(3) 沥青黏层用工量及用油量

由《预算定额》"表 2-2-16-1(1000m²)"查得：

人工：$(20000 \times 9)/1000 \times 0.7 = 126$ 工日

石油沥青：$(20000 \times 9)/1000 \times 0.412 \times 1.20 = 88.99$t

(4) 总用工量和总用油量

总计人工：$2124 + 324 + 126 = 2574$ 工日

总计用油量：$584.01 + 216.18 + 88.99 = 889.18$t

【例 2-15】 石灰、粉煤灰稳定碎石基层，定额取定的配合比为 5∶15∶80，基本压实厚度为 15cm；设计配合比为 4∶11∶85，设计厚度为 14cm，试求各种材料调整后的数量。

【解】 由《预算定额》"表 2-1-4-35(1000m²)、2-1-4-36(1000m²)"查得：

生石灰：$[15.829 + 1.055 \times (14 - 15)] \times \dfrac{14}{15} = 13.789$t

粉煤灰：$[63.310 + 4.22 \times (14 - 15)] \times \dfrac{14}{15} = 55.15$m³

碎石：$[164.89 + 10.99 \times (14 - 15)] \times \dfrac{14}{15} = 143.64$m³

【例 2-16】 某段高速公路，长 17km，挖方段长 3km，填方段长度为 14km，路面宽为 22.5m，见图 2-10，试求挖路槽及培路肩的工程量。

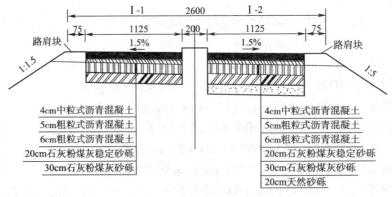

图 2-10 主线路面(尺寸单位：cm)

【解】 挖路槽工程量 $= 22.5 \times 3000 = 67500$m²

$$L = (0.7 \div 2 + 0.15) \times 1.5 + 0.75 = 1.5\text{m}$$

培路肩工程量：$2LS = 2 \times 1.5 \times 14000 = 42000$m²

【例2-17】 某级配砾石路面,路面设计宽度为3.5m,已查得人工定额为35.5工日/1000m²,12~15t光轮压路机定额为1.5台班/1000m²。试问该两项的实用定额值应为多少?

【解】 根据预算定额第二章 路面工程中的说明,可知该工程为单车道路面,故对三轮压路机定额应乘以1.33系数,则实用定额值为:

人工:35.5工日/1000m²

12~15t光轮压路机:1.5×1.33=1.995台班/1000m²

【例2-18】 某石灰土砂砾基层工程,共48000m²,采用6000L洒水汽车洒水,需在距工地6km处吸取自来水,自来水单价3.50元/m³,试计算增列水费和该子目实用洒水汽车定额及总作业量。

【解】 查《预算定额》"表2-1-3-29(1000m²)",根据预算定额第二章 路面工程中说明,可知:

增列水费:水费=0.88×48000/1000×3.50×35=7350元

查《预算定额》"表1-1-22-7(1000m³)",洒水汽车洒水增运运距1km

增列洒水汽车定额:0.88×(1/0.5)×35×1.25/1000=0.0493台班

实用洒水汽车定额=0.88+0.0493=0.929台班

洒水汽车总计作业量:0.929×48000/1000=44.59台班

【例2-19】 某沥青混合料路面面层摊铺工程,厚度16cm,路面宽8.0m,路段长12km,查得人工定额为9.0工日/100m³,9~16t轮胎式压路机定额为2.21台班/100m³,试计算所需人工劳动量及压路机作业量。

【解】 根据预算定额第二章 路面工程中的说明,沥青混合料路面的计量单位是以"100m³路面实体"计,故本工程的工程量8.0×12000×0.16=15360m³,为153.60(100m³路面实体)。

从说明中又可知人工定额增加3.0工日/1000m²(注意:计量单位),压路机台班按定额数加倍。

则本工程所需:

人工劳动量=9.0×153.60+3.0×8.0×12000/1000=1382.40+288.0=1670.4工日

压路机作业量=2.21×2×153.60=678.91台班

第四节 铁路、公路工程造价文件的构成

一、铁路工程造价文件的构成

铁路工程造价文件由概预算编制说明和附表组成。

1. 初步设计阶段的总概算文件

总概算文件说明书按以下格式编制。

(1)概述

①编制范围(建设名称、起讫地点、里程、线路全长及相关工程)。

②可行性研究审批意见及执行情况。

③工程概况。

④概算分段。

(2)编制依据

①一般规定(说明编制依据的规章、办法、协议、纪要及公文等,以及可行性研究审批的投资

估算);

②定额(各类工程采用的定额)。

③工资(采用的工资及各项津贴标准)。

④料价(采用的材料预算价格的标准及依据)。

⑤水、电单价(采用的水、电单价及其依据)。

⑥运输及装卸费单价(采用的各种运输单价、装卸费单价及其依据)。

(3)各项工程静态概算及费用的编制

①施工准备(采用资料的来源及分析指标的情况)。

②正式工程(分别说明各类工程的编制单位、深度、补充定额的采用和运杂费的分析)。

③施工措施费、特殊施工增加费(采用的费率及其依据,不含大型临时设施和过渡工程费)。

④间接费(采用费率及其依据)。

⑤税金(采用费率及其依据)。

⑥大型临时设施和过渡工程费(计算分析资料及其依据)。

⑦价差(编制年度,资料来源和采用费率及其依据)。

(4)动态概算费用、机车车辆购置费和铺底流动资金的编制

①工程造价增涨预留费(采用费率及其依据)。

②建设期贷款利息(采用费率及其依据)。

③机车车辆购置费(费用计算依据)。

④铺底流动资金(采用费率及其依据)。

(5)概算指标的分析

各类工程费用所占比重及主要技术指标作简要的分析,对一些突出偏低、低高的费用的指标应说明原因。

(6)概算总额及技术经济指标分析

①概算总额及每正线公里指标。

②与批准的可行性研究投资估算的对照分析。

(7)附件主要由以下部分组成:

①总概算汇总表(编有几个总概算表时附)。

②总概算表。

③综合概算汇总表。

④综合概算表。

⑤单项预算表。

⑥主要材料(设备)平均运杂费单价表(供审查用,不附在文件内)。

⑦补充单价分析表。

⑧可行性研究总估算与初步设计总概算对照表。

⑨可行性研究综合估算与初步设计综合概算对照表。

⑩有关协议、纪要及公文。

2.施工图设计阶段的投资检算文件

(1)说明书

说明书包括初步设计审批意见及执行情况和设计说明(编制依据、原则、范围及单元,按批准的总概算编制,并说明施工图与初步设计工程的对比情况和投资检算结果与批准的总概算对比

分析情况)

(2)附件

①施工图与初步设计主要工程数量对照表。

②投资检算汇总表。

③综合投资检算汇总表。

④综合投资检算表。

⑤单项投资检算表。

⑥投资检算与初步设计总概算对照表。

⑦综合投资检算与初步设计综合概算对照表。

概算表格样式详见附录一。

二、公路工程造价文件的构成

概、预算文件由封面及目录,概、预算编制说明及全部概、预算计算表格组成。

1. 封面及目录

概、预算文件的封面和扉页应按《公路工程基本建设项目设计文件编制办法》(交公路发[2007]358号)中的规定制作,扉页的次页应有建设项目名称,编制单位,编制、复核人员姓名并加盖资格印章,编制日期及第几册共几册等内容。目录应按概、预算表的表号顺序编排。

2. 概、预算编制说明

概、预算编制完成后,应写出编制说明,文字力求简明扼要。应叙述的内容一般有:

(1)建设项目设计资料的依据及有关文号,如建设项目可行性研究报告批准文件号、初步设计和概算批准文号(编修正概算及预算时),以及根据何时的测设资料及比选方案进行编制的等。

(2)采用的定额、费用标准,人工、材料、机械台班单价的依据或来源,补充定额及编制依据的详细说明。

(3)与概、预算有关的委托书、协议书、会议纪要的主要内容(或将抄件附后)。

(4)总概、预算金额,人工、钢材、水泥、木料、沥青的总需要量情况,各设计方案的经济比较,以及编制中存在的问题。

(5)其他与概、预算有关但不能在表格中反映的事项。

3. 概、预算表格

公路工程概、预算应按统一的概、预算表格计算(表格式样见附录五),其中概、预算相同的表式,在印制表格时,应将概算表与预算表分别印制。

4. 甲组文件与乙组文件

概、预算文件是设计文件的组成部分,按不同的需要分为两组,甲组文件为各项费用计算表,乙组文件为建筑安装工程费各项基础数据计算表(只供审批使用)。甲、乙组文件应按《公路工程基本建设项目设计文件编制办法》关于设计文件报送份数,随设计文件一并报送。报送乙组文件时,还应提供"建筑安装工程费各项基础数据计算表"的电子文档和编制补充定额的详细资料,并随同概、预算文件一并报送。

乙组文件中的"建筑安装工程费计算数据表"(08-1表)和"分项工程概(预)算表"(08-2表)应根据审批部门或建设项目业主单位的要求全部提供或仅提供其中的一种。

概、预算应按一个建设项目(如一条路线或一座独立大、中桥)进行编制。当一个编制项目需要分段或分部编制时,应根据需要分别编制,但必须汇总编制"总概(预)算汇总表"。

甲、乙组文件包括的内容如下:

甲组文件
- 编制说明
- 总概(预)算汇总表(01-1表)
- 总概(预)算人工、主要材料、机械台班数量汇总表(02-1表)
- 总概(预)算表(01表)
- 人工、主要材料、机械台班数量汇总表(02表)
- 建筑安装工程费计算表(03表)
- 其他工程费及间接费综合费率计算表(04表)
- 设备、工具、器具购置费计算表(05表)
- 工程建设其他费用及回收金额计算表(06表)
- 人工、材料、机械台班单价汇总表(07表)

乙组文件
- 建筑安装工程费计算数据表(08-1表)
- 分项工程概(预)算表(08-2表)
- 材料预算单价计算表(09表)
- 自采材料场价格计算表(10表)
- 机械台班单价计算表(11表)
- 辅助生产工、料、机械台班单位数量表(12表)

各种表格的计算顺序和相互关系见图2-11。

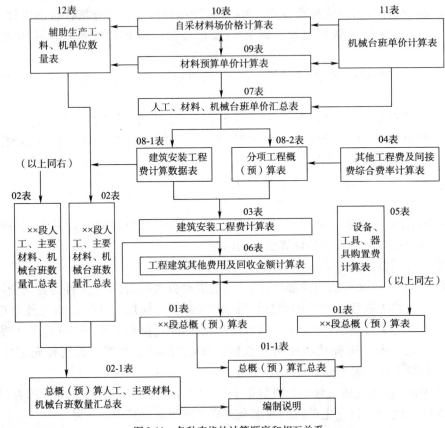

图2-11 各种表格的计算顺序和相互关系

本章回顾与学习指导

本章介绍工程建设各阶段造价文件体系,铁路、公路工程概预算的编制依据,铁路,公路工程定额及其使用方法。第一节主要介绍工程造价体系构成,包括项目决策阶段的投资估算、初步设计阶段设计概算文件、施工图设计阶段施工图预算及竣工决算;了解建设项目的每个阶段都对应有计价工作,从而形成相应的具有特定用途的造价文件;介绍铁路公路工程概预算的编制依据,熟悉相关编制办法与各类定额。第二节主要介绍铁路工程预算定额及其使用方法;介绍了使用铁路定额的基本规定:不同设计阶段、各类工程(其中路基、桥涵、隧道、轨道及站场简称"站前"工程)的设计深度不同使用定额的粗细程度也不同。第三节主要介绍公路工程定额说明及实际应用。第四节介绍铁路公路工程造价文件的组成。铁路工程造价文件由概预算编制说明和附表组成。公路工程造价文件由甲、乙两组文件组成,相关表格都有编制的逻辑顺序。

这部分内容是学习概预算课程的知识基础。

思 考 题

(1)铁路概预算的主要编制依据是什么?
(2)简述铁路预算定额的使用规定与方法?
(3)公路路基工程挖方、填方、本桩利用方、远运利用方、借方、弃方的含义是什么?
(4)铁路预算的主要表格有哪些?
(5)公路预算甲组文件的构成?

习 题

1. 某高速公路路基填方全部为借方,设计断面借方为 58000m^3(硬土),采用 2m^3 挖掘机配合 20t 自卸汽车运输 6km,试分别计算挖掘机、自卸汽车使用台班数。

2. 某路拌法石灰粉煤灰稳定碎石基层,稳定土拌和机拌和定额标明的配合比为:石灰:粉煤灰:碎石 = 5:15:80,基本压实厚度为 15cm;设计配合比为:石灰:粉煤灰:碎石 = 4:11:85,涉及压实厚度为 18cm。计算各种材料调整后的数量。

第三章 DISANZHANG
铁路工程概预算编制方法

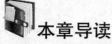

本章导读

本章内容是铁路概预算编制的基本原理和方法,参照现行铁路概预算编制办法对铁路单项预算各项费用的取费标准、计算方法进行介绍;并结合实例讲述单项预算的编制步骤,预算表格的填写方法。

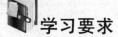

学习要求

1. 熟悉铁路工程概预算的编制层次、编制范围;
2. 掌握铁路工程概预算的费用组成及取费标准;
3. 掌握单项预算的编制步骤与实例编制方法;
4. 熟悉综合预算、总预算的费用构成及编制方法。

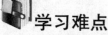

学习重点

铁路工程概预算的费用组成,各项费用取费规定,单项预算编制步骤。

学习难点

铁路工程概预算的编制范围,主材运杂费分析方法,单项预算编制步骤。

 **本章学习计划**

内　　容	建议自学时间（学时）	学 习 建 议	学 习 记 录
第一节　铁路工程概预算编制层次及范围划分	1.5	熟悉铁路工程概预算的编制层次、编制范围	
第二节　铁路工程概预算费用构成	1.5	掌握按章节、性质划分的费用构成	
第三节　单项预算建筑安装工程费的编制	6	掌握单项预算各项费用的取费规定	
第四节　综合预算费用组成	0.5	熟悉综合预算、总预算费用构成及编制	
第五节　铁路工程概预算编制方法及示例	1.5	掌握单项预算编制步骤，能动手编制简单预算文件	

第一节　铁路工程概预算编制层次及范围划分

一、铁路工程概预算编制层次

设计概(预)算按单项概(预)算、综合概(预)算、总概(预)算三个层次逐步完成。

单项概(预)算是确定建设项目中的某一个单项(单位)工程的概(预)算价值。

综合概(预)算是将建设项目中各类工程单项概(预)算按综合概(预)算章节表的内容和顺序进行汇总的文件。

总概(预)算是以综合概(预)算为依据,按综合概(预)算章节表所划分的章号顺序与名称、费用类别进行分章汇总。

总概(预)算汇总是当一个建设项目编有两个以上的总概(预)算时,将各个总概(预)算分章汇总,从而求得整个建设项目的概(预)算总额。

二、编制范围及单元划分

1. 总概(预)算的编制范围

总概(预)算是用以反映整个建设项目投资规模和投资构成的文件。一般应按整个建设项目的范围进行编制。但遇有以下情况,应根据要求分别编制总概(预)算,并汇编该建设项目的总概(预)算汇总表。

(1)两端引入工程可根据需要单独编制总概(预)算。

(2)编组站、区段站、集装箱中心站应单独编制总概(预)算。

(3)跨越省(自治区、直辖市)或铁路局者,除应按各自所辖范围编制总概(预)算外,尚需以区段站为界,分别编制总概(预)算。

(4)分期建设的项目,应按分期建设的工程范围,分别编制总概(预)算。

(5)一个建设项目,如由几个设计单位共同设计,则各设计单位按各自承担的设计范围编制总概(预)算。总概(预)算汇总表由建设项目总体设计单位负责汇编。如有其他特殊情况,可按实际需要划分总概(预)算的编制范围。

2. 综合概(预)算的编制范围

综合概(预)算是具体反映一个总概(预)算范围内的工程投资总额及其构成的文件,其编制范围应与相应的总概(预)算一致。

3. 单项概(预)算的编制内容及单元

单项概(预)算是编制综合概(预)算、总概(预)算的基础,是详细反映各工程类别和重大、特殊工点的主要概(预)算费用的文件。

编制内容包括人工费、材料费、施工机械使用费、运杂费、价差、施工措施费、特殊施工增加费、间接费和税金。

编制单元应按总概(预)算的编制范围划分,并按工程类别分别编制。其中技术复杂的特大、大、中桥及高桥(墩高50m及以上),4000m以上的单、双线隧道,多线隧道及地质复杂的隧道,大型房屋(如机车库、3000人及以上的站房等)以及投资较大、工程复杂的新技术工点等,应按工点分别编制单项概(预)算。

三、编制深度及要求

设计概(预)算的编制深度应与设计阶段及设计文件组成内容的深度相一致。

1. 单项概(预)算

应结合建设项目的具体情况、编制阶段、工程难易程度,确定其编制深度。

2. 综合概(预)算

根据单项概(预)算,按附录十"铁路工程综合概(预)算章节表"的顺序进行汇编,没有费用的章,在输出综合概(预)算表时其章号及名称应保留,各节中的细目结合具体情况可以增减。一个建设项目有几个综合概(预)算时,应汇编综合概(预)算汇总表。

3. 总概(预)算

根据综合概(预)算,分章汇编。没有费用的章,在输出总概(预)算表时其章号及名称一律保留。一个建设项目有几个总概(预)算时,应汇编总概(预)算汇总表。

第二节 铁路工程概预算费用构成

一、按章节划分

铁路基本建设工程的概(预)算费用,按不同工程和费用类别划分为四部分,共十六章34节,编制概(预)算应采用统一的章节表,其各章节的细目及内容,见附录一。

各部分和各章费用名称如下:

第一部分　静态投资
第一章　拆迁及征地费用
第二章　路基
第三章　桥涵
第四章　隧道及明洞
第五章　轨道
第六章　通信、信号及信息
第七章　电力及电力牵引供电
第八章　房屋
第九章　其他运营生产设备及建筑物
第十章　大型临时设施和过渡工程
第十一章　其他费用
第十二章　基本预备费
第二部分　动态投资
第十三章　工程造价增涨预留费
第十四章　建设期投资贷款利息
第三部分　机车车辆购置费
第十五章　机车车辆购置费
第四部分　铺底流动资金

第十六章 铺底流动资金

静态投资是指以设计阶段概算编制期建设要素价格为依据所计算出的建设项目投资。按费用性质和建设工作内容分为建筑工程费、安装工程费、设备购置费、其他费、基本预备费五种费用。动态投资指概预算编制期至竣工期间，由于价格因素的正常变动，需增加的预测预留工程投资。动态投资由建设期投资贷款利息和工程造价增涨预留费两部分组成。

二、按静态投资费用种类划分

按投资性质划分，静态投资分属下列五种费用：

1. 建筑工程费（费用代号：Ⅰ）

建筑工程费指路基、桥涵、隧道及明洞、轨道、通信、信号、信息、电力、电力牵引供电、房屋、给排水、机务、车辆、动车、站场、工务、其他建筑工程等和属于建筑工程范围内的管线敷设、设备基础、工作台等，以及拆迁工程和应属于建筑工程费内容的费用。

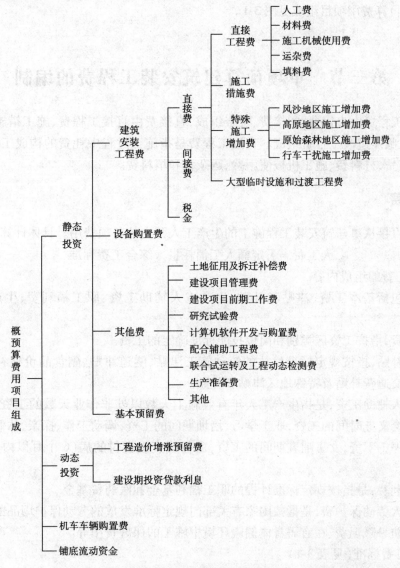

图 3-1 概（预）算费用项目组成

2. 安装工程费（费用代号：Ⅱ）

安装工程费指各种需要安装的机电设备的装配、装置工程，与设备相连的工作台、梯子等的装设工程，附属于被安装设备的管线敷设，以及被安装设备的绝缘、刷油、保温和调整、试验所需的费用。

3. 设备购置费（费用代号：Ⅲ）

设备购置费指一切需要安装与不需要安装的生产、动力、弱电、起重、运输等设备（包括备品备件）的购置费。

4. 其他费（费用代号：Ⅳ）

其他费指土地征用及拆迁补偿费、建设项目管理费、建设项目前期工作费、研究试验费、计算机软件开发与购置费、配合辅助工程费、联合试运转及工程动态检测费、生产准备费、其他费用。

5. 基本预备费

基本预备费指设计概（预）算中难以预料的费用。

铁路概（预）算费用项目组成见图3-1。

第三节　单项预算建筑安装工程费的编制

建筑安装工程费由直接费、间接费、税金组成，直接费由直接工程费、施工措施费、特殊地区施工增加费、大临及过渡工程费组成。直接工程费是指施工过程中耗费的构成工程实体的各项费用，包括人工费、材料费、施工机械使用费、运杂费和填料费。

一、人工费

人工费指直接从事建筑安装工程施工的生产工人开支的各项费用。具体计算公式如下：

$$人工费 = \sum 定额人工消耗量 \times 综合工费标准 \tag{3-1}$$

（1）综合工费的组成内容

综合工费包括基本工资、津贴和补贴、生产工人辅助工资、职工福利费、生产工人劳动保护费。

①基本工资，指按工资区类别和岗位技能标准确定的工资。

②津贴和补贴，指按规定标准发放的流动施工津贴、隧道津贴、副食品价格补贴、煤燃气补贴、住房补贴、交通费补贴及特殊地区津贴和补贴。

③生产工人辅助工资，是指生产工人年有效施工天数以外非作业天数的工资。包括开会和执行必要的社会义务时间的工资，职工学习、培训期间的工资，调动工作、探亲、休假期间的工资，因气候影响的停工工资，女工哺乳期间的工资，由行政直接支付的病（6个月以内）、产、婚、丧假期间的工资。

④职工福利费，是指按规定标准计提的职工福利基金和医药费基金。

⑤生产工人劳动保护费，是指按国家有关部门规定标准发放的劳动保护用品的购置费、修理费、服装补贴、防暑降温费、在有碍身体健康环境中施工的保健费用等。

（2）综合工费标准（见表3-1）

按照铁建[2010]196号文，类别划分及基期标准见表3-1。

综合工费标准 表3-1

综合工费类别	工程类别	综合工费标准(元/工日)
Ⅰ-1类工	路基(不含路基基床表层及过渡段的级配碎石、砂砾石),小桥涵、一般生产及办公房屋和附属、给排水、站场(不含旅客地道、天桥、雨棚)等的建筑工程,取弃土(石)场处理,临时工程	43.00
Ⅰ-2类工	路基基床表层及过渡段的级配碎石、砂砾石	44.00
Ⅱ-1类工	特大、大、中桥(不含箱梁的预制、运输、架设、现浇,桥面系)、通信、信号、信息、电力、电力牵引供电、机务、车辆、动车、工务等的建筑工程	45.00
Ⅱ-2类工	箱梁(预制、运输、架设、现浇)、钢梁、钢管拱架设,桥面系,粒料道床,站房(含站房综合楼),旅客地道、天桥、雨棚	47.00
Ⅲ-1类工	隧道,设备安装工程(不含通信、信号、信息、电力、电力牵引供电的设备安装)	46.00
Ⅲ-2类工	轨道(不含粒料道床),通信、信号、信息、电力、电力牵引供电的设备安装	50.00
Ⅳ类工	计算机设备安装调试	67.00

注:大型旅客站房(含站房综合楼)及其他房屋工程,若采用工程所在地地区统一建筑安装工程定额的,采用与其定额相匹配的工程所在地综合工费标准。

该综合工费标准与113号文综合工费标准的差额按价差处理,2011年1月以后批复的项目按此标准编制设计概算。

【例3-1】 某单位在某地新建铁路特大桥工程,按国家规定,该地有特殊地区津贴和补贴,合计为每月65元,试分析该特大桥工程基期与编制期的综合工费单价。

【解】 基期的综合工费单价,由113号文可知,特大桥基期的综合工费标准为24元/工日;编制期的综合工费单价,计算综合工费的年工作日为:365−52×2−11=250天,平均月工作日为20.83天。该地区的特殊地区津贴和补贴应为:65÷20.83=3.12元/工日,所以编制期的综合工费单价为:24+3.12+(45−24)=48.12元/工日。

二、材料费

材料费指按施工过程中耗用的构成工程实体的原材料、辅助材料、构配件、零件和半成品、成品的用量以及周转材料的摊销量和相应预算价格等计算的费用。

$$材料费 = \sum 定额材料消耗量 \times 材料预算价格 \quad (3-2)$$

(1)材料预算价格的组成

材料预算价格由材料原价、运杂费、采购及保管费组成。

$$材料预算价格 = (材料原价 + 运杂费) \times (1 + 采购及保管费率) \quad (3-3)$$

①材料原价。指材料的出厂价或指定交货地点的价格,对同一种材料,因产地、供应渠道不同而出现几种原价时,其综合原价可按其供应量的比例加权平均确定。

②运杂费。是指材料自来源地(生产厂或指定交货地点)运至工地所发生的有关费用,包括运输费、装卸费及其他有关运输的费用等。

③采购及保管费。是指材料在采购、供应和保管过程中所发生的各种费用。包括采购费、仓储费、工地保管费、运输损耗费、仓储损耗费,以及办理托运所发生的费用(如按规定由托运单位负担的包装、捆扎、支垫等的料具耗损费,转向架租用费和托运签条)等。

(2)材料预算价格的确定

①水泥、木材、钢材、砖、瓦、石、石灰、黏土、花草苗木、土木材料、钢轨、道岔、轨枕、钢梁、钢管拱、斜拉索、钢筋混凝土梁、铁路桥梁支座、钢筋混凝土预制桩、电杆、铁塔、机柱、接触网支柱、接

触网及电力线材、光电缆线、给水排水管材等材料(电算代号见表 3-2)的基期价格采用现行的《铁路工程建设材料基期价格(2005 年度)》,编制期价格根据设计单位实地调查分析采用,以上价格均不含来源地至工地的运杂费,来源地至工地的运杂费应单独计列。编制期价格与基期价格的差额按价差计列。以上材料的编制期价格应随设计文件一并送审。

采用调查价格材料的品类及电算代号 表 3-2

序号	材料名称	电算代号
1	水泥	1010001～1010100
2	木材	1110001～1110018
3	钢材	1900001～1979999,1980010～1989999,2000001～2009999,2200001～2209999,2220001～2249999,2810023～2810999
4	给水排水管材	1400001～1403999,2300010～2309999,2330010～2330109,3372010～3372999
5	砂	1260022～1260025
6	石	1230001～1240599
7	石灰、黏土	1200013～1200019,1210004～1210016
8	砖、瓦	1300001～1300054,1310001～1310099
9	土木材料、花草苗木	3410010～3412999,1170050～1179999
10	钢轨	2700010～2709999
11	道岔	2720010～2729999
12	轨枕	2741012～2741799
13	钢梁、钢管拱、斜拉索	2624010～2624999
14	钢筋混凝土梁	2600010～2609999
15	铁路桥梁支座	2610010～2612999,2613110～2613499,2625010～2625999
16	钢筋混凝土预制桩	1405001～1405999
17	电杆、铁塔、机柱	1410001～1413499,4843010～4844999,7812010～7912999,8111036～8111099
18	接触网支柱	5200302～5200799,530051～5399999
19	接触网及电力线材	2120001～2129999,5800001～5800499,5811016～5866999
20	光电缆线	4710010～4715999,4720010～4734960,7010010～7312999,8010010～8017999

②施工机械用汽油、柴油,基期价格采用现行的《铁路工程建设材料基期价格(2005 年度)》,编制期价格根据设计单位实地调查分析采用,以上均为含运杂费和采购及保管费的价格。编制期价格与基期价格的差额按价差计列(计入施工机械使用费价差中)。施工机械用汽油、柴油的编制期价格应随设计文件一并送审。

③除上述材料以外的其他材料,基期价格采用现行的《铁路工程建设材料基期价格(2005 年度)》,其编制期与基期的价差按部颁材料价差系数调整。此类材料的基期价格已包含运杂费和采购及保管费,部颁材料价差系数也已考虑运杂费和采购及保管费因素,编制概(预)算时不应另计运杂费和采购及保管费。

(3)再用轨料价格的计算规定

修建正式工程使用的旧轨料(不包括定额规定使用的废轨、旧轨,如桥梁和平交道的护轮轨,车挡弯轨等),其价格按设计调查的价格分析确定;本工程范围内拆除后利用的,一般只计运杂费;需整修的,按相同规格型号新料价格的 10% 计算整修管理费。

三、施工机械使用费

施工机械使用费指直接用于建筑安装施工的各种施工机械费用之和,用列入概预算定额的各种施工机械台班数量与其机械台班定额单价之积计算。

$$施工机械使用费 = \sum 定额施工机械台班消耗量 \times 施工机械台班单价 \quad (3\text{-}4)$$

1. 施工机械台班费用的组成

(1) 折旧费

折旧费是指机械在规定的使用期限(耐用总台班)内陆续收回其原值的费用。

(2) 大修理费

大修理费是指机械在规定的使用期限(耐用总台班)内分若干次进行必要的大修理,以恢复其正常功能所需的费用。

(3) 经常修理费

经常修理费是指机械除大修理以外的各级技术保养、修理及临时故障排除所需的费用;为保障机械正常运转所需的替换设备、随机配备的工具与附具的摊销和维护费用;机械运转与日常保养所需的润滑、擦拭材料费用;机械停置期间的维护保养费用等。

(4) 安装拆卸费

安装拆卸费是指机械在施工现场进行安装、拆卸与搬运所需的人工费、材料费、机具费和试运转费用;辅助设施(基础、底座、固定锚桩、走行轨道、枕木等)的搭设、拆除与折旧费用等。

(5) 人工费

人工费是指机上司机和其他操作人员的人工费,以及上述人员在机械规定的年工作台班以外的人工费。

(6) 燃料动力费

燃料动力费是指机械在运转作业中所耗用的液体燃料(汽油、柴油)、固体燃料(煤)、电和水的费用。其中气动机械所需耗用的"气",因系按其需要量另行配备相应的空气压缩机,故定额中不列。

(7) 其他费用

其他费用是指机械按照国家和有关部门规定应交纳的养路费、车船使用税、保险费及年检费用等。

2. 施工机械台班单价的取定

编制设计概(预)算以现行的《铁路工程施工机械台班费用定额》(铁建设[2006]129号文)作为计算施工机械台班单价的依据。以现行《铁路工程建设材料基期价格(2005年度)》中的油燃料价格及本办法规定的基期综合工费标准计算出的台班单价作为基期施工机械台班单价;以编制期的综合工费标准、油燃料价格、水电单价及养路费标准计算出的台班单价作为编制期施工机械台班单价。编制期与基期的施工机械台班单价的差额按价差计列。

【例3-2】 试分析某新建铁路大桥工程中履带式推土机≤60kW基期与编制期的机械台班单价。

【解】 查铁建设[2006]129号文《铁路工程施工机械台班费用定额》得出履带式推土机≤60kW的台班费用组成:

折旧费:37.38元/台班

大修理费:13.69元/台班

经常修理费:35.59元/台班

人工消耗:2.4工日/台班

柴油消耗:41.00kg/台班

由表3-1得,基期的综合工费标准为45元/工日,假设编制期的综合工费标准为48.12

元/工日。

查铁建设[2006]129号文《铁路工程建设材料基期价格(2005年度)》得柴油基期价格为3.67元/kg,设柴油编制期价格为5.10元/kg。

所以履带式推土机≤60kW基期的机械台班单价为:

$$37.38 + 13.69 + 35.59 + 2.4 \times 45 + 41.00 \times 3.67 = 345.63 \text{ 元/台班}$$

编制期的机械台班单价:

$$37.38 + 13.69 + 35.59 + 2.4 \times 48.12 + 41.00 \times 5.10 = 411.75 \text{ 元/台班}$$

四、工程用水、电综合单价

1. 工程用水综合单价

基期单价为0.38元/t。

编制期单价可按施工组织设计确定的供水方案,另行分析工程用水单价,分析水价与基期水价的差额,按价差计列;在大、中城市中施工时,必须使用城市自来水的,可按当地规定的自来水价格作为工程用水单价,与基期水价的差额按价差计列。

2. 工程用电综合单价

基期单价为0.55元/kW·h。

编制期单价可根据施工组织设计所确定的供电方案,按下述工程用电单价分析办法,计算出各种供电方式的单价。

(1)采用地方电源的电价算式:

$$Y_\text{地} = Y_\text{基}(1 + c) + f_1 \tag{3-5}$$

式中:$Y_\text{地}$——采用地方电源的电价(元/kW·h);

$Y_\text{基}$——地方供电部门基本电价(元/kW·h);

c——变配电设备和线路损耗率7%;

f_1——变配电设备的修理、安装、拆除、设备和线路的运行维修的摊销费等,0.03元/kW·h。

(2)采用内燃发电机临时集中发电的电价算式:

$$Y_\text{集} = \frac{Y_1 + Y_2 + Y_3 + \cdots + Y_n}{W(1 - R - c)} + S + f_1 \tag{3-6}$$

式中: $Y_\text{集}$——临时内燃集中发电站的电价(元/kW·h);

$Y_1、Y_2、Y_3、\cdots、Y_n$——各型发电机的台班费(元);

W——各型发电机的总发电量(kW·h),其值为:

$$W = (N_1 + N_2 + N_3 + \cdots + N_n) \times 8 \times B \times M$$

其中:$N_1、N_2、N_3、\cdots、N_n$——各型发电机的额定能力(kW);

B——台班小时的利用系数0.8;

M——发电机的出力系数0.8;

R——发电机的用电率5%;

S——发电机的冷却水费,0.02元/kW·h;

$c、f_1$ 同(3-5)式。

(3)采用分散发电的电价算式:

$$Y_\text{分} = Y_1 + Y_2 + Y_3 + \cdots + Y_n/(W_1 + W_2 + W_3 + \cdots + W_n)(1 - c) + S + f_1 \tag{3-7}$$

式中： $Y_\text{分}$——分散发电的电价(元/kW·h)；

$Y_1、Y_2、Y_3、\cdots、Y_n$——各型发电机的台班费(元)；

$W_1、W_2、W_3、\cdots、W_n$——各型发电机的台班产量(kW·h)，其值为 $W_i = 8 \times B_i \times M$，其中 B_i 为某种型号发电机台班小时的利用系数，由设计确定。

$M、c、S、f_1$ 同(3-6)式。

分析电价与基期电价的差额按价差计列。

五、运杂费

指水泥、木材、钢材、砖、瓦、石、石灰、黏土、花草苗木、土木材料、钢轨、道岔、轨枕、钢梁、钢管拱、斜拉索、钢筋混凝土梁、铁路桥梁支座、钢筋混凝土预制桩、电杆、铁塔、机柱、接触网支柱、接触网及电力线材、光电缆线、给水排水管材等材料，自来源地运至工地所发生的有关费用，包括运输费、装卸费、其他有关运输的费用（如火车运输的取送车费等）以及采购及保管费。

运杂费的计算规定如下：

1. 各种运输单价

（1）火车运价

火车运价分营业线火车、临管线火车、工程列车、其他铁路四种。

①营业线火车按现行《铁路货物运价规则》的有关规定计算，计算公式如下：

$$\text{营业线火车运价}(\text{元/t}) = K_1 \times (\text{基价}_1 + \text{基价}_2 \times \text{运价里程}) + \text{附加费运价} \qquad (3\text{-}8)$$

其中：附加费运价 = $K_2 \times$（电气化附加费费率×电气化里程＋新路新价均摊运价率×运价里程＋铁路建设基金费率×运价里程）。

按铁运函[2006]250号，基价取费见表3-3。

货 物 运 价　　　　　　　　　表3-3

办理类别	运价号	基 价 1		基 价 2	
		单位	标准	单位	标准
整车	1	元/t	5.6	元/t·km	0.0288
	2	元/t	6.3	元/t·km	0.0329
	3	元/t	7.4	元/t·km	0.0385
	4	元/t	9.3	元/t·km	0.0434
	5	元/t	10.2	元/t·km	0.0491
	6	元/t	14.6	元/t·km	0.0704
	7			元/t·km	0.2165
	加冰冷藏车	元/t	9.2	元/t·km	0.0506
	机械冷藏车	元/t	11.2	元/t·km	0.073
零担	21	元/10kg	0.115	元/10kg·cm	0.0005
	22	元/10kg	0.165	元/10kg·cm	0.0007
集装箱	1t箱	元/箱	10	元/箱·km	0.0336
	10t箱	元/箱	118.5	元/箱·km	0.4234
	20英尺箱	元/箱	215	元/箱·km	0.9274
	40英尺箱	元/箱	423	元/箱·km	1.4504

运费计算办法：

$$整车货物每吨运价 = 基价_1 + 基价_2 \times 运价公里$$

$$零担货物每10kg运价 = 基价_1 + 基价_2 \times 运价公里$$

$$集装箱货物每箱运价 = 基价_1 + 基价_2 \times 运价公里$$

公式3-8中的有关因素说明如下：

a. 各种材料计算货物运价所采用的运价号、综合系数 K_1、K_2 见表3-4。

铁路运价号、综合系数　　　　　表3-4

序号	分类名称 项目	运价号（整车）	综合系数 K_1	综合系数 K_2
1	砖、瓦、石灰、砂石料	2	1.00	1.00
2	道砟	25	1.20	1.20
3	钢轨（≤25cm）、道岔、轨枕、钢梁、电杆、机柱、钢筋混凝土管桩、接触网圆形支柱	5	1.08	1.08
4	100m长定尺钢轨	5	1.80	1.80
5	钢筋混凝土梁	5	3.48	1.64
6	接触网方形支柱、铁塔、硬横梁	5	2.35	2.35
7	接触网及电力线材、光电缆线	5	2.00	2.00
8	其他材料	5	1.05	1.05

注：1. K_1 包含了游车、超限、限速和不满载等因素；K_2 只包含不满载及游车因素。

2. 火车运土的运价号和综合系数 K_1、K_2，比照"砖、瓦、石灰、砂石料"确定。

3. 爆炸品、一级易燃液体除 K_1、K_2 外的其他加成，按编制期《铁路货物运价规则》的有关规定计算。

b. 电气化附加费按该批货物经由国家铁路正式营业线和实行统一运价的运营临管线电气化区段的运价里程合并计算。

c. 货物运价、电气化附加费费率、新路新价均摊运价率、铁路建设基金费率等按编制期《铁路货物运价规则》及原铁道部的有关规定执行。

d. 计算货物运输费用的运价里程，由发料地点起算，至卸料地点止，按编制期《铁路货物运价规则》的有关规定计算。其中，区间（包括区间岔线）装卸材料的运价里程，应由发料地点的后方站起算，至卸料地点的前方站（均系指办理货运业务的营业站）止。

②临管线火车运价执行由原铁道部批准的运价。运价中包括路基、轨道及有关建筑物和设备（包括临管用的临时工程）的养护、维修、折旧费等。运价里程应按发料地点起算，至卸料地点止，区间卸车算至区间工地。

③工程列车运价包括机车、车辆的使用费，乘务员及有关行车管理人员工资、津贴和差旅费，线路及有关建筑物、设备的养护维修费、折旧费以及有关运输的管理费用。运价里程应按发料地点起算，至卸料地点止，区间卸车算至区间工地。

工程列车运价按营业线火车运价（不包括铁路建设基金、电气化附加费、限速加成等）的1.4倍计算。计算公式：

$$工程列车运价(元/t) = 1.4 \times K_2 \times (基价_1 + 基价_2 \times 运价里程) \quad (3-9)$$

④其他铁路。

其他铁路运价按该铁路主管部门的规定办理。

(2) 汽车运价

汽车运价原则上参照现行的《汽车运价规则》确定。

为简化概(预)算编制工作,按下列计算公式分析汽车运价:

$$汽车运价(元/t) = 吨次费 + 公路综合运价率 \times 公路运距 + \\ 汽车运输便道综合运价率 \times 汽车运输便道运距 \quad (3-10)$$

计算公式中有关因素说明如下:

①吨次费:按工程项目所在地的调查价格计列。

②公路综合运价率:材料运输道路为公路时,考虑过路过桥费等因素,以建设项目所在地的汽车运输单价乘以1.05的系数计算。

③汽车运输便道综合运价率:材料运输道路为汽车运输便道时,结合地形、道路状况等因素,按当地汽车运输单价乘以1.2的系数计算。

④公路运距:应按发料地点起算,至卸料地点止所途经的公路长度计算。

⑤汽车运输便道运距:应按发料地点起算,至卸料地点止所途经的汽车运输便道长度计算。

(3)船舶运价及渡口等收费按建设项目所在地的标准计列

(4)其他运费

材料运输过程中,因确需短途接运而采用的双(单)轮车、单轨车、大平车、轻轨斗车、轨道平车、机动翻斗车等运输方法的运价,应按有关定额资料分析确定。

2. 各种装卸费单价

火车、汽车装卸单价,按表3-5所列综合单价计算。

火车、汽车装卸费单价(单位:元/t)　　　　　　　表3-5

一般材料	钢轨、道岔、接触网支柱	其他1t以上的构件
3.4	12.5	8.4

3. 其他有关运输费用

(1)取送车费(调车费)

用铁路机车往专用线、货物支线(包括站外出岔)或专用铁路的站外交接地点调送车辆时,核收取送车费。计算取送车费的里程,应自车站中心线起算,到交接地点或专用线最长线路终端止,里程往返合计(以公里计)。取送车费的计费标准原则上按铁道部运输主管部门的规定办理。取送车费按0.10元/t·km计列。

(2)汽车运输的渡船费

按建设项目所在地的标准计列。

4. 采购及保管费

指按运输费、装卸费及其他有关运输的费用之和为基数计取的,应列入运杂费中的采购及保管费。采购及保管费率见表3-6。

采购及保管费率　　　　　　　表3-6

序号	材料名称	费率(%)	其中运输损耗费率(%)
1	水泥	3.53	1.00
2	碎石(包括道砟及中、小卵石)	3.53	1.00
3	砂	4.55	2.00
4	砖、瓦、石灰	5.06	2.50
5	钢轨、道岔、轨枕、钢梁、钢管拱、斜拉索、钢筋混凝土梁、铁路桥梁支座、电杆、铁塔、钢筋混凝土预制桩、接触网支柱、机柱	1.00	—
6	其他材料	2.05	—

5. 运杂费计算的其他规定

(1)单项材料运杂费单价的编制范围,原则上应与单项概(预)算的编制单元相对应。

(2)运输方式和运输距离要经过调查、比选,综合分析确定。以最经济合理的,并且符合工程要求的材料来源地作为计算运杂费的起运点。

(3)分析各单项材料运杂费单价,应按施工组织设计所拟定的材料供应计划,对不同的材料品类及不同的运输方法分别计算平均运距。

(4)各种运输方法的比例,按施工组织设计确定。

(5)旧轨件的运杂费,其重量应按设计轨型计算。如设计轨型未确定,可按代表性轨型的重量,其运距由调拨地点的车站起算。如未明确调拨地点者,可按以下原则编列:

①已确调拨的铁路局,但未明确调拨地点者,则由该铁路局所在地的车站起算;

②未明确调拨的铁路局者,则按工程所在地区的铁路局所在地的车站起算。

6. 均运距的计算方法

(1)最大运距相等法

【例3-3】 某段新建线路长为 L km,现准备用自卸汽车铺底砟,如图3-2所示。经外业调查有A、B两石砟厂可供砟,且贮量丰富。A、B两料场的道砟单价、到线路的横向距离以及单位运杂费见表3-7,若底砟在全段均匀分布,试分析汽车铺底砟的平均运距。

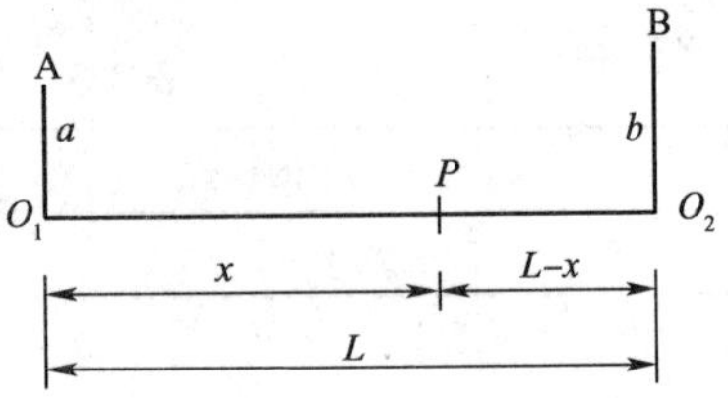

各料场单价及单位运费　　表3-7

项目	单位	A	B
料场单价	元/t	c_1	c_2
横向距离	km	a	b
运杂费	元/t·km	f_1	f_2

图 3-2

【解】 设 P 为 A、B 两料场供应材料的分界点,即 O_1P 由 A 料场供应底砟,O_2P 由 B 料场供应底砟。若定出 P,平均运距即可求出。

设 $|O_1P|=x$,则 $|O_2P|=L-x$

因为底砟全段均匀分布,假设材料沿铁路线路用量为 k(t/km),其中 k 为比例常数,故 A、B 两料场供应的材料分别可表示为:kx 和 $k(L-x)$。

则　　用料单位费用 = 料场单价 + 运输单价 × 平均运输距离(元/t)

故　　总费用 = 材料用量 × (料场单价 + 运输单价 × 平均运输距离)

即

$$s = kx\left[c_1 + \left(a + \frac{x}{2}\right)f_1\right] + k(L-x)\left[c_2 + \left(b + \frac{L-x}{2}\right)f_2\right]$$

可见全段所需底砟总费用 S 大小与分界点 P 位置有关,而对应于总费用 S 最小的 P 点位置可由 $ds/dx=0$ 求出。

令 $\dfrac{ds}{dx}=0$,整理得:

$$c_1 + (a+x)f_1 = c_2 + (b+L-x)f_2$$

由上式表明,对应于总费用最小的分界点 P 应为材料单位费用在最大运距处相等的地方。

由上式计算出 x:

$$x = \frac{1}{f_1 + f_2}(Lf_2 + c_2 - c_1 + bf_2 - af_1)$$

算出 x 后,即可按材料用量加权计算出该段线路铺底砟的平均运距 $L_平$:

$$L_平 = \frac{kx\left(a+\frac{x}{2}\right) + k(L-x)\left(b+\frac{L-x}{2}\right)}{kL}$$

$$= \frac{x\left(a+\frac{x}{2}\right) + (L-x)\left(b+\frac{L-x}{2}\right)}{L}$$

假设材料出厂价及单位运杂费相等,即 $c_1 = c_2$,$f_1 = f_2$,则:

$$x = \frac{L}{2} + \frac{b-a}{2}$$

$$L_平 = \frac{x\left(a+\frac{x}{2}\right) + (L-x)\left(b+\frac{L-x}{2}\right)}{L} \tag{3-11}$$

按此算出供应范围,再算平均运距的方法,称为最大运距相等法。

(2)平均运距相等法

当 $|b-a|$ 的值与线路长度 L 相比很小时,为简化计算,也可直接由两料场平均运距相等,得出供应范围 x:

$$a + \frac{x}{2} = b + \frac{L-x}{2}$$

$$x = \frac{L}{2} + b - a$$

按上式算出供应范围后,则全段的平均运距等于各段平均运距,即:

$$L_平 = a + \frac{x}{2} = b + \frac{L-x}{2} \tag{3-12}$$

这种计算方法称为平均运距相等法。

以上两种算法适用范围:用于工点分布均衡或每正线公里用料量大致相等,且各料源产地储量丰富的材料平均运距的计算。

若有多个材料供应点,全段平均运距应按线路长度加权平均,则为:

$$L_平 = \frac{\sum_{i=1}^{n} a_i L_i}{\sum L_i} \tag{3-13}$$

式中:L_i——第 i 段的长度;
a_i——第 i 段的平均运距。

【例3-4】 新建铁路某段全长80km,施工用砂经外业调查有 A、B、C 三产地,其横向距离分别为 A = 1km,B = 2km,C = 1.5km,如图3-3所示,考虑全线涵洞较多,且分布基本均匀,试用平均运距相等法求平均运距。若采用汽车运输,均为公路,无汽车运输便道,则汽车的平均运杂费单价为多少?已知,当地汽车运价的吨次费为 1.3 元/t,汽车运输单价为 0.44 元/t·km。

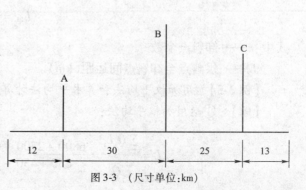

图3-3 (尺寸单位:km)

【解】 ①按公式 $x = \dfrac{L}{2} + b - a$ 求计算供应范围：

A、B 两产地间 $x = 30/2 + 2 - 1 = 16\text{km}$

B、C 两产地间 $x = 25/2 + 1.5 - 2 = 12\text{km}$

A 产地左侧应全部由 A 料场供应，C 产地右侧应全部由 C 料场供应。

②各段平均运距：

$$L_{平} = a + \dfrac{x}{2}$$

A 产地左侧部分 $L_{A左} = 1 + 12/2 = 7\text{km}$

AB 段 $L_{AB} = 1 + 16/2 = 9\text{km}$

BC 段 $L_{BC} = 2 + 12/2 = 8\text{km}$

C 产地右侧部分 $L_{C右} = 1.5 + 13/2 = 8\text{km}$

③全段平均运距（按线路长度加权平均）：

$$L_{平} = \dfrac{\sum_{i=1}^{n} a_i L_i}{\sum L_i}$$

$$= \dfrac{12 \times 7 + 30 \times 9 + 25 \times 8 + 13 \times 8}{80} = 8.255\text{km}$$

考虑到汽车运距的进级规定，则平均运距为 9km

④运杂费单价为：

$$(1.3 + 0.44 \times 1.05 \times 9 + 3.4) \times (1 + 4.55\%) = 9.26 \text{元}/\text{t} \cdot \text{km}$$

（3）加权平均法

如果工点分布不均衡或每正线公里用料量差别很大时，则应按同类工程中各工点的工程量（或材料用量）的比重和同种材料从供应点至各该工点的实际运距进行加权平均计算平均运距。

$$L_{平} = \dfrac{\sum_{i=1}^{n} Q_i L_i}{\sum_{i=1}^{n} Q_i} \tag{3-14}$$

式中：n——卸料点个数；

Q_i——各卸料点的材料用量(t)；

L_i——供料点至卸料点间运距(km)。

（4）算术平均法

$$L_{平} = \dfrac{\sum_{i=1}^{n} L_i}{n} \tag{3-15}$$

式中：n——卸料点个数

L_i——供料点至卸料点间运距(km)。

【例3-5】 用加权平均法和算术平均法计算图 3-4 所示路段的某种材料的平均运距。

【解】 ①运用加权平均法：

$$L = \dfrac{\sum_{i=1}^{n} Q_i L_i}{\sum_{i=1}^{n} Q_i} = \dfrac{6800 + 2700 + \cdots + 3080 + 2000}{850 + 450 + \cdots + 560 + 400} = 5.47\text{km}$$

②运用算术平均法：

$$L = \frac{\sum_{i=1}^{n} L_i}{n} = \frac{8+6+\cdots+5.5+5}{13} = 5.31 \text{km}$$

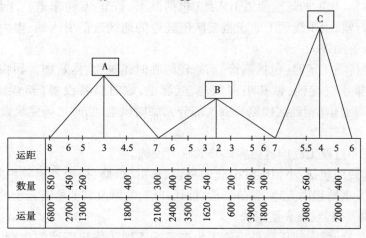

图 3-4

由上例可知：加权平均运距与算术平均运距仅相差 3% 左右，考虑到运距不一定经过丈量，本身的误差就可能大于计算误差，特别是加权平均法需待各分项预算编完后才有条件计算运距，故在工程用料量分布不是十分不均衡的情况下，用算术平均法较为简便。

六、填料费

指购买不作为材料对待的土方、石方、渗水料、矿物料等填筑用料所支出的费用。

七、施工措施费

施工措施费，是指为完成工程项目施工，发生于该工程施工前和施工过程中非工程实体项目的费用，包括施工技术措施费和施工组织措施费。

1. 施工措施费内容

（1）冬雨季施工增加费

冬雨季施工增加费是指建设项目的某些工程需在冬季、雨季施工，以致引起需采取的防寒、保温、防雨、防潮和防护措施，人工与机械的功效降低以及技术作业过程的改变等，所需增加的有关费用。

（2）夜间施工增加费

夜间施工增加费是指必须在夜间连续施工或在隧道内铺砟、铺轨、敷设电线、电缆、架设接触网等工程，所发生的工作效率降低、夜班津贴，以及有关照明设施（包括所需照明设施的装拆、摊销、维修及油燃料、电）等增加的有关费用。

（3）小型临时设施费

小型临时设施费是指施工企业为进行建筑安装工程施工，所必须修建的生产和生活用的一般临时建筑物、构筑物和其他小型临时设施所发生的费用。

小型临时设施包括：

①为施工及施工运输（包括临管）所需修建的临时生活及居住房屋，文化教育及公共房屋

(如三用堂、广播室等)和生产、办公房屋(如发电站,变电站,空压机站,成品厂,材料厂、库,堆料棚,停机棚,临时站房,货运室等)。

②为施工或施工运输而修建的小型临时设施,如通往中小桥、涵洞、牵引变电所等工程和施工队伍驻地以及料库、车库的运输便道引入线(包括汽车、马车、双轮车道),工地内运输便道、轻便轨道、龙门吊走行轨,由干线到工地或施工队伍驻地的地区通信引入线、电力线和达不到给水干管路标准的给水管路等。

③为施工或维持施工运输(包括临管)而修建的临时建筑物、构筑物。如临时给水(水井、水塔、水池等),临时排水沉淀池,钻孔用泥浆池、沉淀池,临时整备设备(给煤、砂、油、清灰等设备),临时信号、临时通信(指地区线路及引入部分),临时供电,临时站场建筑设备。

④其他:

大型临时设施和过渡工程项目内容以外的临时设施。

小型临时设施费用包括:小型临时设施的搭设、移拆、维修、摊销及拆除恢复等费用,因修建小型临时设施,而发生的租用土地、青苗补偿、拆迁补偿、复垦及其他所有与土地有关的费用等。

(4)工具、用具及仪器、仪表使用费

工具、用具及仪器、仪表使用费是指施工生产所需不属于固定资产的生产工具、检验用具及仪器、仪表等的购置、摊销和维修费,以及支付给生产工人自备工具的补贴费。

(5)检验试验费

检验试验费是指施工企业按照规范和施工质量验收标准的要求,对建筑安装的设备、材料、构件和建筑物进行一般鉴定、检查所发生的费用,包括自设试验室进行试验所耗用的材料和化学药品费用等,以及技术革新的研究试验费。不包括应由研究试验费和科技三项费用支出的新结构、新材料的试验费;不包括应由建设单位管理费支出的建设单位要求对具有出厂合格证明的材料进行试验,对构件破坏性试验及其他特殊要求检验试验的费用;不包括设计要求的和需委托其他有资质的单位对构筑物进行检验试验的费用。

(6)工程定位复测、工程点交、场地清理费

(7)文明施工及施工环境保护费

文明施工及施工环境保护费是指现场文明施工费用及防噪声、防粉尘、防振动干扰、生活垃圾清运排放等费用。

(8)已完工程及设备保护费

已完工程及设备保护费是指竣工验收前,对已完工程及设备进行保护所需费用。

2.施工措施费的计算

$$施工措施费 = \sum(基期人工费 + 基期施工机械使用费) \times 施工措施费费率 \quad (3\text{-}16)$$

施工措施费费率是根据施工措施费地区划分表(见表3-8)确定,其费率按表3-9所列计列。

施工措施费地区划分表 表3-8

地区编号	地 域 名 称
1	上海,江苏,河南,山东,陕西(不含榆林地区),浙江,安徽,湖北,重庆,云南,贵州(不含毕节地区),四川(不含凉山彝族自治州西昌市以西地区、甘孜藏族自治州)
2	广东,广西,海南,福建,江西,湖南
3	北京,天津,河北(不含张家口、承德市),山西(不含大同市、朔州市、忻州地区原平以西各县),甘肃,宁夏,贵州毕节地区,四川凉山彝族自治州西昌市以西地区、甘孜藏族自治州(不含石渠县)

续上表

地区编号	地 域 名 称
4	河北张家口市、承德市,山西大同市、朔州、忻州地区原平以西各县,陕西榆林地区,辽宁
5	新疆(不含阿勒泰地区)
6	内蒙古(不含呼伦贝尔盟-图里河及以西各旗),吉林,青海(不含玉树藏族自治州曲麻莱县以西地区、海北藏族自治州祁连县、果洛藏族自治州玛多县、海西蒙古族藏族自治州格尔木市辖的唐古拉山区),西藏(不含阿里地区和那曲地区的尼玛、班戈、安多、聂荣县),四川甘孜藏族自治州石渠县
7	黑龙江(不含大兴安岭地区),新疆阿勒泰地区
8	内蒙古呼伦贝尔盟-图里河及以西各旗,黑龙江大兴安岭地区,青海玉树藏族自治州麻莱县以西地区、海北藏族自治州祁连县、果洛藏族自治州玛多县、海西蒙古族藏族自治州格尔木市辖的唐古拉山区,西藏阿里地区和那曲地区的尼玛、班戈、安多、聂荣县

施 工 措 施 费 率　　　　表3-9

类别代号	地区编号 工程类别	1	2	3	4	5	6	7	8
		费 率 （%）							
1	人力施工土石方	16.10	16.64	20.25	22.25	22.51	25.05	25.66	26.72
2	机械施工土石方	7.89	8.46	12.31	13.56	13.85	16.54	17.20	18.32
3	汽车运输土石方采用定额"增运"部分	4.16	4.06	4.48	5.11	5.28	5.62	5.78	6.34
4	特大桥、大桥	8.61	7.53	10.63	11.72	12.37	12.43	12.53	12.71
5	预制混凝土梁	26.08	20.67	36.20	39.77	43.04	43.31	43.81	44.70
6	现浇混凝土梁	15.83	12.48	22.09	24.43	26.46	26.62	26.93	27.49
7	运架混凝土简支箱梁	4.17	4.17	4.30	4.61	4.70	4.85	4.94	5.18
8	隧道、明洞、棚洞,自采砂石	10.46	10.11	10.98	11.89	12.03	12.10	12.18	12.23
9	路基加固防护工程	14.93	14.07	16.66	17.73	17.92	17.89	18.06	18.09
10	框架桥、中桥、小桥,涵洞,轮渡,码头,房屋,给排水、工务、站场、其他建筑物等建筑工程	15.50	14.56	17.58	19.06	19.52	19.75	19.94	20.11
11	铺轨、铺岔,架设混凝土梁(简支箱梁除外)、钢梁、钢管拱	25.46	25.33	26.21	27.73	28.39	30.69	32.35	39.19
12	铺砟	8.78	7.52	10.83	12.02	12.25	12.83	13.17	14.31
13	无砟道床	24.14	20.08	31.72	35.05	37.51	37.71	38.08	38.76
14	通信、信号、信息、电力、牵引变电、供电段、机务、车辆、动车,所有安装工程	20.85	20.95	21.35	22.90	23.18	23.45	23.85	24.70
15	接触网建筑工程	22.07	20.84	24.28	25.94	26.10	26.41	26.87	27.14

注:1. 对于设计速度≤120km/h的工程,其机械施工土石方工程、铺架工程的施工措施费应按表3-10规定的费率计算,其余工程类别的费用采用表3-9中的规定。
　　2. 大型临时设施和过渡工程按表列同类正式工程的费率乘以0.45的系数计列。

设计速度≤120km/h 的工程施工措施费费率表(%)　　　　表 3-10

工程类别 \ 地区编号	1	2	3	4	5	6	7	8
机械施工土石方	7.50	8.07	11.92	13.17	13.46	16.15	16.81	17.93
铺轨、铺岔,架设混凝土梁	23.71	23.58	24.46	25.98	26.65	28.94	30.61	37.44

八、特殊施工增加费

1. 风沙地区施工增加费

风沙地区施工增加费是指在内蒙古及西地区的非固定沙漠北地区施工时,月平均风力在四级以上的风沙季节,进行室外建筑安装工程施工时,由于受风沙影响应增加的费用。

风沙地区施工增加费按下列算法计列:

$$风沙地区施工增加费 = 室外建筑安装工程的定额工日 \times 编制期综合工费单价 \times 3\% \quad (3-17)$$

2. 高原地区施工增加费

高原地区施工增加费是指在海拔 2000m 以上的高原地区施工时,由于人工和机械受气候、气压的影响而降低工作效率,所增加的费用。

高原地区施工增加费根据工程所在地的不同海拔高度,不分工程类别,按下列算法计列:

$$\begin{aligned}高原地区施工增加费 = &\ 定额工日 \times 编制期综合工费单价 \times 高原地区工日定额增加幅度 + \\ &\ 定额机械台班量 \times 编制期机械台班单价 \times \\ &\ 高原地区机械台班定额增加幅度\end{aligned} \quad (3-18)$$

高原地区施工定额增加幅度见表 3-11。

高原地区施工定额增加幅度　　　　表 3-11

海拔高度(m)	定额增加幅度(%)	
	工日定额	机械台班定额
2000～3000	12	20
3001～4000	22	34
4001～4500	33	54
4501～5000	40	60
5000 以上	60	90

3. 原始森林地区施工增加费

原始森林地区施工增加费是指在原始森林地区进行新建或增建二线铁路施工,由于受气候影响,其路基土方工程应增加的费用。

原始森林地区施工增加费按下列算法计列:

$$\begin{aligned}原始森林地区施工增加费 = &\ (路基土方工程的定额工日 \times 编制期综合工费单价 + \\ &\ 路基土方工程的定额机械台班量 \times 编制期机械台班单价) \times 30\%\end{aligned}$$

$$(3-19)$$

4. 行车干扰施工增加费

行车干扰施工增加费是指在不封锁的营业线上,在维持通车的情况下,进行建筑安装工程施工时,由于受行车影响造成局部停工或妨碍施工而降低工作效率等所需增加的费用。

(1)行车干扰施工增加费的计费范围

受行车干扰的范围见表3-12。

行车干扰施工增加费计费范围　　　　　表3-12

名称	受行车干扰范围	受行车干扰项目	包括	不包括
路基	在行车线上或在行车线中心平距5m及以内	填挖土方、填石方	路基抬高落坡全部工程	路基加固防护及附属土石方工程
路基	在行车线的路堑内	开挖土石方的全部数量以及路堑内的挡土墙、护墙、护坡、侧沟、吊沟的全部砌筑工程数量	以邻近行车线的股道为限	控制爆破开挖石方,路堤挡土墙、护坡
路基	平面跨越行车线运土石方	跨越运输的全部数量	隧道弃渣	
桥涵	在行车线上或在行车线中心平距5m及以内	涵洞的主体圬工,桥梁工程的下部建筑主体圬工	桥梁的锥体护坡及桥头填土	桥涵其他附属工程及桥梁架立和桥面系等,框架桥、涵管的挖土、顶进,框架桥内、涵洞内的路面、排水等工程
隧道及明洞	在行车线的隧道、明洞内施工	改扩建隧道或增设通风、照明设备的全部工程数量	明洞、棚洞的挖基及衬砌工程	明洞、棚洞拱上的回填及防水层、排水沟等
轨道	在行车线上或在行车线中心平距5m及以内或在行车线的线间距≤5m的邻线上施工	全部数量	拆铺、改拨线路,更换钢轨、轨枕及线路整修作业	线路备料
电力牵引供电	在行车线上或在行车线两侧中心距5m及以内或行车线的线间距≤5m的邻线上施工	在既有线上非封闭线路作业的全部数量和邻线未封闭而本线封闭线路作业的全部数量		封闭线路作业的项目(邻线未封闭的除外);牵引变电及供电段的全部工程
其他室外建筑安装及拆除	在行车线上或在行车线两侧中心距5m及以内	全部数量	与行车线较近的基本站台、货物站台、天桥、灯桥、地道的上下楼梯,信号工程的室内安装	站台土方不跨线取土者

在封锁的营业线上施工(包括要点施工在内,封锁期间邻线行车的除外),在未移交正式运营的线路上施工和在避难线、安全线、存车线及其他段管线上施工均不计列行车干扰施工增加费。

(2)行车干扰施工增加费的计算

每次行车的行车干扰施工定额人工和机械台班增加幅度按0.31%计(接触网工程按0.40%计)。行车干扰施工定额增加幅度包含施工期间因行车而应做的整理和养护工作,以及在施工时为防护所需的信号工、电话工、看守工等的人工费用及防护用品的维修、摊销费用在内。

行车干扰施工增加费根据每昼夜的行车次数(以现行铁路局运输部门的计划运行图为准,所有计划外的小运转、轨道车、补机、加点车的运行等均不计算),按受行车干扰范围内的工程项目的工程数量;以其定额工日和机械台班量,乘以行车干扰施工定额增加幅度计算。

①土石方施工及跨股道运输的行车干扰施工增加费,不论施工方法如何,均按下列算法计列:

$$\text{行车干扰施工增加费} = \text{表3-13所列工日} \times \text{编制期综合工费单价} \times \\ \text{受干扰土石方数量} \times \text{每昼夜行车次数} \times 0.31\% \quad (3-20)$$

土石方施工及跨股道运输计行车干扰的工日（单位：工日/100m³ 天然密实体积） 表3-13

序号	工 作 内 容	土方	石方
1	仅挖、装（爆破石方仅为装）在行车干扰范围内	20.4	8.0
2	仅卸在行车干扰范围内	4.0	5.4
3	挖、装、卸（爆破石方为装、卸）均在行车干扰范围内	24.4	13.4
4	平面跨越行车线运输土石方,仅跨越一股道或跨越双线、多线股道的第一股道	15.7	23.0
5	平面跨越行车线运输土石方,每增跨一股道	3.1	4.6

②接触网工程的行车干扰施工增加费按下列算法计列:

$$\text{行车干扰施工增加费} = \text{受行车干扰范围内的工程数量} \times (\text{所对应定额的应计行车干扰的工日} \times \\ \text{编制期综合工费单价} + \text{所对应定额的应计行车干扰的机械台班量} \times \\ \text{编制期机械台班单价}) \times \text{每昼夜行车次数} \times 0.40\% \quad (3-21)$$

③其他工程的行车干扰施工增加费按下列算法计列:

$$\text{行车干扰施工增加费} = \text{受行车干扰范围内的工程数量} \times (\text{所对应定额的应计行车干扰的工日} \times \\ \text{编制期综合工费单价} + \text{所对应定额的应计行车干扰的机械台班量} \times \\ \text{编制期机械台班单价}) \times \text{每昼夜行车次数} \times 0.31\% \quad (3-22)$$

九、间接费

间接费包括企业管理费、规费和利润。

1. 间接费的费用内容

（1）企业管理费

企业管理费是指建筑安装企业组织施工生产和经营管理所需的费用。内容包括：

①管理人员工资。指管理人员的基本工资、津贴和补贴、辅助工资、职工福利费、劳动保护费等。

②办公费。指管理办公用的文具、纸张、账表、印刷、邮电、书报、宣传、会议、水、电、烧水和集体取暖用煤等费用。

③差旅交通费。指职工因公出差、调动工作的差旅费,助勤补助费,市内交通费和误餐补助费,职工探亲路费,劳动力招募费,职工退休、退职一次性路费,工伤人员就医路费以及管理部门使用的交通工具的油料、燃料、养路费及牌照费。

④固定资产使用费。指管理和试验部门及附属生产单位使用的属于固定资产的房屋、车辆、设备仪器等的折旧、大修、维修或租赁费。

⑤工具用具使用费。指管理使用的不属于固定资产的生产工具、器具、家具、交通工具和检验、试验、测绘、消防用具等的购置、维修和摊销费。

⑥财产保险费。指施工管理用财产、车辆保险的费用。

⑦税金。指企业按规定交纳的房产税、车船使用税、土地使用税、印花税等各项税费。

⑧施工单位进退场及工地转移费。指施工单位根据建设任务需要,派遣人员和机具设备从基地迁往工程所在地或从一个项目迁至另一个项目所发生的往返搬迁费用及施工队伍在同一建

设项目内,因工程进展需要,在本建设项目内往返转移,以及民工上、下路所发生的费用。包括:承担任务职工的调遣差旅费,调遣期间的工资,施工机械、工具、用具、周转性材料及其他施工装备的搬运费用;施工队伍在转移期间所需支付的职工工资、差旅费、交通费、转移津贴等;民工的上、下路所需车船费、途中食宿补贴及行李运费等。

⑨劳动保险费。指由企业支付给离退休职工的易地安家补助费、职工退职金、6个月以上病假人员的工资、职工死亡丧葬补助费、抚恤费以及按规定支付给离休干部的各项经费等。

⑩工会经费。指企业按照职工工资总额计提的工会经费。

⑪职工教育经费。指企业为职工学习先进技术和提高文化水平,按职工工资总额计提的费用。

⑫财务费用。指企业为筹集资金而发生的各种费用,包括企业经营期间发生的短期贷款利息净支出,金融机构手续费,以及其他财务费用。

⑬其他。包括技术转让费、技术开发费、业务招待费、绿化费、广告费、公证费、法律顾问费、审计费、咨询费、无形资产摊销费、投标费、企业定额测定费等。

(2)规费

规费是指政府和有关部门规定必须缴纳的费用(简称规费)。内容包括:

①社会保障费。指企业按规定缴纳的基本养老保险费、失业保险费、基本医疗保险费、工伤保险费、生育保险费。

②住房公积金。指企业按规定缴纳的住房公积金。

③工程排污费。指在施工现场按规定缴纳的工程排污费用。

(3)利润

利润是指施工企业完成所承包的工程获得的盈利。

2.间接费的费用计算

间接费按下式算法计列:

$$间接费 = \sum(基期人工费 + 基期施工机械使用费) \times 费率 \tag{3-23}$$

间接费费率按不同工程类别,采用表3-14所规定费率。

间接费费率 表3-14

类别代号	工程类别	费率(%)	附注
1	人力施工土石方	59.7	包括人力拆除工程,绿色防护、绿化,各类工程中单独挖填的土石方,爆破工程
2	机械施工土石方	19.5	包括机械拆除工程,填级配碎石、砂砾石、渗水土,公路路面,各类工程中单独挖填的土石方
3	汽车运输土石方采用定额"增运"部分	9.8	包括隧道出渣洞外运输
4	特大桥、大桥	23.8	不包括梁部及桥面系
5	预制混凝土梁	37.6	包括桥面系
6	现浇混凝土梁	38.7	包括梁的横向联结和湿接缝,包括分段预制后拼接的混凝土梁
7	运架混凝土简支箱梁	24.5	
8	隧道、明洞、棚洞,自采砂石	29.6	
9	路基加固防护工程	36.5	包括各类挡土墙及抗滑桩
10	框架桥、中桥、小桥,涵洞、轮渡、码头、房屋、给排水、工务、站场、其他建筑物等建筑工程	52.1	不包括梁式中、小桥梁部及桥面系

续上表

类别代号	工程类别	费率(%)	附注
11	铺轨、铺岔,架设混凝土梁(简支箱梁除外)、钢梁、钢管拱	97.4	包括支座安装,轨道附属工程,线路备料
12	铺砟	32.5	包括线路沉落整修、道床清筛
13	无砟道床	73.5	包括道床过渡段
14	通信、信号、信息、电力、牵引变电、供电段、机务、车辆、动车,所有安装工程	78.9	
15	接触网建筑工程	69.5	

注:大型临时设施和过渡工程按表列同类正式工程的费率乘以0.8的系数计列。

十、税金

税金是指按国家税法规定应计入建筑安装工程造价内的营业税,城市维护建设税及教育费附加。

1. 税金计列标准

根据国家规定,税金计列标准如下:

(1)营业税按营业额的3%计列。

(2)城市维护建设税以营业税税额作为计税基数,其税率随纳税人所在地不同而异,即市区按7%;县城、镇按5%;不在市区、县城或镇者按1%计列。

(3)教育费附加按营业税的3%计列。

2. 税金的计算

为简化概(预)算编制,税金统一按建筑安装工程费(不含税金)的3.35%计列:

$$税金 = (直接费 + 间接费) \times 3.35\% \tag{3-24}$$

十一、价差调整

价差调整是指基期至概(预)算编制期、概(预)算编制期至工程结(决)算期对价格所做的合理调整。

1. 价差调整的阶段划分

铁路工程造价价差调整的阶段,分为基期至设计概(预)算编制期和设计概(预)算编制期至工程结(决)算期两个阶段。

(1)基期至设计概(预)算编制期所发生的各项价差,由设计单位在编制概(预)算时,按本办法规定的价差调整方法计算,列入单项概(预)算。

(2)设计概(预)算编制期至工程结(决)算期所发生的各项价差调整,应符合国家有关政策,充分体现市场价格机制,按合同约定办理。

2. 价差调整的内容

价差调整包括人工费、材料费、施工机械使用费、设备费等主要项目基期至设计概(预)算编制期价差的调整。

3. 价差调整方法

(1)人工费价差

$$人工费价差 = \sum 定额人工消耗量(不包括施工机械台班中的人工) \times \\ (编制期综合工费单价 - 基期综合工费单价) \quad (3-25)$$

(2)材料费价差

①水泥、木材、钢材、砖、瓦、砂、石、石灰、黏土、土工材料、花草苗木、钢轨、道岔、轨枕、钢梁、钢管拱、斜拉索、钢筋混凝土梁、铁路桥梁支座、钢筋混凝土预制桩、电杆、铁塔、机柱、接触网支柱、接触网及电力线材、光电缆线、给水排水管材等材料的价差。计算公式如下：

$$材料费价差 = \sum 定额材料消耗量 \times (编制期材料价格 - 基期材料价格) \quad (3-26)$$

②水、电价差(不包括施工机械台班消耗的水、电)。计算公式如下：

$$水、电价差 = \sum 定额材料消耗量 \times (编制期水、电的价格 - 基期水、电的价格) \quad (3-27)$$

③其他材料的价差。其他材料的价差以定额消耗材料的基期价格为基数，按部颁材料价差系数调整，系数中不含机械台班中的油燃料价差。计算公式如下：

$$其他材料的价差 = \sum 其他材料基期材料价格 \times (价差系数 - 1) \quad (3-28)$$

(3)施工机械使用费价差

$$施工机械使用费价差 = \sum 定额机械台班消耗量 \times (编制期施工机械台班单价 - \\ 基期施工机械台班单价) \quad (3-29)$$

(4)设备费的价差

编制设计概(预)算时，以现行的《铁路工程建设设备预算价格》中的设备原价作为基期设备原价。编制期设备原价由设计单位按照国家或主管部门发布的信息价和生产厂家的现行出厂价分析确定。基期至编制期设备原价的差额，按价差处理，不计取运杂费。

十二、大型临时设施和过渡工程费

指施工企业为进行建筑安装工程施工及维持既有线正常运营，根据施工组织设计确定所需的大型临时建筑物和过渡工程修建及拆除恢复所发生的费用。

1. 项目及费用内容

(1)大型临时设施(简称大临)

①铁路岔线、便桥。指通往混凝土成品预制厂、材料厂、道砟场(包括砂、石场)、轨节拼装场、长钢轨焊接基地、钢梁拼装场、制(存)梁场的岔线，机车转向用的三角线和架梁岔线，独立特大桥的吊机走行线，以及重点桥隧等工程专设的运料岔线等。

②铁路便线、便桥。指混凝土成品预制厂、材料厂、道砟场(包括砂、石场)、轨节拼装场、长钢轨焊接基地、钢梁拼装场、制(存)梁场等场(厂)内为施工运料所需修建的便线、便桥。

③汽车运输便道。指通行汽车的运输干线及其通往隧道、特大桥、大桥和轨节拼装场、混凝土成品预制厂、材料厂、砂石场、钢梁拼装场、制(存)梁场、混凝土集中拌和站、填料集中拌和站、大型道砟存储场、长钢轨焊接基地、换装站等的引入线，以及机械化施工的重点土石方工点的运输便道。

④运梁便道。指专为运架大型混凝土成品梁而修建的运输便道。

⑤轨节拼装场、混凝土成品预制厂、材料厂、制(存)梁场、钢梁拼装场、混凝土集中拌和站、填料集中拌和站、大型道砟存储场、长钢轨焊接基地、换装站等的场地土石方、圬工及地基处理。

⑥通信工程。指困难山区(起伏变化很大或比高 > 80m 的山地)铁路施工所需的临时通信干线(包括由接轨点最近的交接所为起点所修建的通信干线)，不包括由干线到工地或施工地段沿线各施工队伍所在地的引入线、场内配线和地区通信线路。当采用无线通信时，其费用应控制

在有线通信临时工程费用水平内。

⑦集中发电站、集中变电站(包括升压站和降压站)。

⑧临时电力线(供电电压在6kV及以上)。包括临时电力干线及通往隧道、特大桥、大桥和混凝土成品预制厂、材料厂、砂石场、钢梁拼装场、制(存)梁场等的引入线。

⑨给水干管路。指为解决工程用水而铺设的给水干管路(管径100mm及以上或长度2km及以上)。

⑩为施工运输服务的栈桥、缆索吊,渡口、码头、浮桥、吊桥、天桥、地道(其上的通行汽车为施工服务者)。铁路便线、岔线、便桥和汽车运输便道的养护费。修建"大临"而发生的租用土地、青苗补偿、拆迁补偿、复垦及其他所有与土地有关的费用等。

(2)过渡工程

过渡工程指由于改建既有线、增建第二线等工程施工,需要确保既有线(或车站)运营工作的安全和不间断地运行,同时为了加快建设进度,尽可能地减少运输与施工之间的相互干扰和影响,从而对部分既有工程设施必须采取的施工过渡措施。

过渡工程内容包括临时性便线、便桥和其他建筑物及设备,以及由此引起的租用土地、青苗补偿、拆迁补偿、复垦及其他所有与土地有关的费用等。

2. 费用计算规定

(1)大型临时设施和过渡工程,应根据施工组织设计确定的项目、规模及工程量,按本办法规定的各项费用标准,采用定额或分析指标,按单项概(预)算计算程序计算。

(2)大型临时设施和过渡工程,均应结合具体情况,充分考虑借用本建设项目正式工程的材料,以尽可能节约投资,其有关费用的计算规定如下:

①借用正式工程的材料:

a. 钢轨、道岔计列一次铺设的施工损耗,钢轨配件、轨枕、电杆计列铺设和拆除各一次的施工损耗(拆除损耗与铺设同),便桥枕木垛所用的枕木,计列一次搭设的施工损耗。

b. 借用表3-2中所列的材料,计列由材料堆存地点至使用地点和使用完毕由材料使用地点运至指定归还地点的运杂费,其余材料不另计运杂费。

c. 借用正式工程的材料,在概(预)算中一律不计折旧费,损耗率均按《铁路工程基本定额》(铁建设[2003]34号)执行。

②使用施工企业的工程器材:

a. 使用施工企业的工程器材,按表3-15所列的施工器材年使用费率计算使用费。

临时工程施工器材年使用费率　　　　表3-15

序号	材料名称	年使用费率(%)
1	钢轨、道岔	5
2	钢筋混凝土枕、钢筋混凝土电杆	8
3	钢铁构件、钢轨配件、铁横担、钢管	10
4	油枕、油浸电杆、铸铁管	12.5
5	木制构件	15
6	素枕、素材电杆、木横	20
7	通信、信号及电力线材(不包括电杆及横担)	30

注:1. 不论按摊销或折旧计算,均一律按表列费率作为编制概(预)算的依据。其中通信、信号及电力线材的使用年限超过3年时,超过部分的年使用费率按10%计。困难山区使用的钢筋混凝土电杆,不论其使用年限多少,均按100%摊销。

2. 计算单位为季度,不足一季度,按一季度计。

b. 以上材料、构件的运杂费,属表3-4所列材料类别的,计列由始发地点至使用地点的往返运杂费,其余不再另计运杂费。

③利用旧道砟,除计运杂费外,还应计列必要的清筛费用。

④不能倒用的材料,如圬工用料、道砟(不能倒用时),计列全部价值。

(3) 铁路便线、岔线、便桥的养护费计费标准

为使铁路便线、岔线、便桥经常保持完好状态,其养护费按表3-16规定的标准计列。

铁路便线、岔线、便桥养护费   表3-16

项目	人工	零星材料费	道砟[m³/(月·km)]		
			3个月以内	3~6个月	6个月以上
便线岔线	32 工日/(月·km)	—	20	10	5
便桥	11 工日/(月·百换算米)	1.25 元/(月·延长米)	—	—	—

注:1. 人工费按概(预)算综合工费标准计算。
2. 便线、岔线长度不满100m者,按100m计;便桥长度不满1m者,按1m计。计算便线、岔线长度,不扣除道岔及便桥长度。
3. 便桥换算长度的计算:钢梁桥:1m=1换算米 木便桥:1m=1.5换算米 圬工及钢筋混凝土梁桥:1m=0.3换算米。
4. 养护的期限,根据施工组织设计确定,按月计算,不足一个月者,按一个月计。
5. 道砟数量采用累计法计算[例:1km便线当其使用期为一年时,所需道砟数量=3×20+3×10+6×5=120(m³)]。
6. 费用内包括冬季积雪清除和雨季养护等一切有关养护费用。
7. 架梁及存梁岔线等,均不计列养护费。
8. 便线、岔线、便桥,如通行工程列车或临管列车,并按有关规定计列运价者,因运价中已包括了养护费用,不应另列养护费;如修建的临时岔线(如运土、运料岔线等)只计取发送车费或机车、车辆租用费者,可计列养护费。
9. 营业线上施工,为保证不间断行车而修建通行正式运营列车的便线、便桥,在未办理交接前,其养护费按照表列规定加倍计算。

(4) 汽车便道养护费计费标准

为使通行汽车运输便道经常保持完好的状态,其养护费按表3-17规定的标准计算。

汽车运输便道养护费   表3-17

项目		人工	碎石或粒料
		工日/(月·km)	m³/(月·km)
土路		15	—
粒料路 (包括泥结碎石路面)	干线	25	2.5
	引入线	15	1.5

注:1. 人工费按概(预)算综合工费标准计算。
2. 计算便道长度,不扣除便桥长度。不足1km者,按1km计。
3. 养护的期限,根据施工组织设计确定,按月计算,不足一个月者,按一个月计。
4. 费用内包括冬季积雪清除和雨季养护等一切有关养护费用。
5. 便道中的便桥不另计养护费。

第四节 综合预算费用组成

一、设备购置费

设备购置费是指构成固定资产标准的设备购置和虽低于固定资产标准,但属于设计明确列入设备清单的设备,按设计确定的规格、型号、数量,以设备原价加设备运杂费计算的购置费用。

工程竣工验交时,设备(包括备品备件)应移交运营部门。

购买计算机硬件设备时所附带的软件若不单独计价,其费用应随设备硬件一起列入设备购置费中。

1. 设备购置费的内容

(1)设备原价

指设计单位根据生产厂家的出厂价及国家机电产品市场价格目录和设备信息价等资料综合确定的设备原价。内容包括按专业标准规定的保证在运输过程中不受损失的一般包装费,及按产品设计规定配带的工具、附件和易损件的费用。非标准设备的原价(包括材料费、加工费及加工厂的管理费等),可按厂家加工订货等价格资料,并结合设备信息价格,经分析论证后确定。

(2)设备运杂费

设备自生产厂家(来源地)运至施工工地料库(或安装地点)所发生的运输费、装卸费、供销部门手续费、采购及保管费等统称为设备运杂费。

2. 设备购置费的计算规定

(1)编制设计概(预)算时,采用现行的《铁路工程建设设备预算价格》中的设备原价,作为基期设备原价。编制期设备原价由设计单位根据调查资料确定。编制期与基期设备原价的差额按价差处理,直接列入设备购置费中。缺项设备由设计单位进行补充。

(2)设备运杂费:为简化概(预)算编制工作,设备运杂费以基期设备原价为计算基数,一般地区按6.1%计列,新疆、西藏按7.8%计列。

二、其他费

其他费是指根据有关规定,应由基本建设投资支付并列入建设项目总概(预)算内,除建筑安装工程费、设备购置费以外的有关费用。

1. 土地征用及拆迁补偿费

土地征用及拆迁补偿费是指按照《中华人民共和国土地管理法》规定,为进行铁路建设所支付的土地征用及拆迁补偿费用。内容包括:

(1)土地征用补偿费:土地补偿费,安置补助费,被征用土地地上、地下附着物及青苗补偿费,征用城市郊区菜地缴纳的菜地开发建设基金,征用耕地缴纳的耕地开垦费,耕地占用税等。

(2)拆迁补偿费:被征用土地上的房屋及附属构筑物、城市公共设施等迁建补偿费等。

(3)土地征用、拆迁建筑物手续费:在办理征地拆迁过程中,所发生的相关人员的工作经费及土地登记管理费等。

(4)用地勘界费:委托有资质的土地勘界机构对铁路建设用地界进行勘定所发生的费用。

土地征用补偿费、拆迁补偿费应根据设计提出的建设用地面积和补偿动迁工程数量,按工程所在地区的省(自治区、直辖市)人民政府颁发的各项规定和标准计列。

土地征用、拆迁建筑物手续费按土地补偿费与征用土地安置补助费的0.4%计列。

用地勘界费按国家和工程所在地区的省(自治区、直辖市)人民政府的有关规定计列。

2. 建设项目管理费

(1)建设单位管理费

建设单位管理费是指建设单位从筹建之日起至办理竣工财务决算之日止发生的管理性质开支。

内容包括:工作人员工资、基本养老保险费、基本医疗保险费、失业保险费、工伤保险费、生育保险费、住房公积金、办公费、差旅交通费、劳动保护费、工具用具使用费、固定资产使用费、零星购置费、招募生产工人费、技术图书资料费、印花税、业务招待费、施工现场津贴、竣工验收费和其他管理性质开支。

建设单位管理费以第二~第十章费用总额为计算基数,按表3-18所规定的费率采用累进法计列。

建设单位管理费率 表3-18

第二~第十章费用总额（万元）	费率（%）	算 例（万元）	
		基数	建设单位管理费
500及以内	1.74	500	500×1.74% = 8.7
501~1000	1.64	1000	8.7+500×1.64% = 16.9
1001~5000	1.35	5000	16.9+4000×1.35% = 70.9
5001~10000	1.10	10000	70.9+5000×1.10% = 125.9
10001~50000	0.87	50000	125.9+40000×0.87% = 473.9
50001~100000	0.48	100000	473.9+50000×0.48% = 713.9
100001~200000	0.20	200000	713.9+100000×0.20% = 913.9
200000以上	0.10	300000	913.9+100000×0.10% = 1013.9

【例3-6】 某铁路建设项目第二~第十章费用总和为56000万元,试计算该项目的建设单位管理费。

【解】 根据表3-18提供的建设单位管理费费率,按累进法计算的建设单位管理费为:
$$473.9+(56000-50000)\times0.48\% = 502.70 \text{ 万元}$$

(2) 建设管理其他费

建设管理其他费包括:建设期交通工具购置费,建设单位前期工作费,建设单位招标工作费,审计(查)费,合同公证费,经济合同仲裁费,法律顾问费,工程总结费,宣传费,按规定应缴纳的税费,以及要求施工单位对具有出厂合格证明的材料进行试验、对构件破坏性试验及其他特殊要求检验试验的费用等。

建设期交通工具购置费按表3-19所列的标准计列,其他费用按第二~第十章费用总额的0.05%计列。

建设期交通工具购置标准 表3-19

线路长度（正线公里）	交通工具配置情况		价 格（万元/台）
	数量（台）		
	平原丘陵区	山区	
100及以内	3	4	20~40
101~300	4	5	
301~700	6	7	
700以上	8	9	

注:1. 平原丘陵区指起伏小或比高≤80m的地区;山区指起伏大或比高>80m的山地。
　　2. 工期4年及以上的工程,在计算建设期交通工具购置费时,均按100%摊销;工期小于4年的工程,在计算建设期交通工具购置费时,按每年25%计算。
　　3. 海拔4000m以上的工程,交通工具价格另行分析确定。

(3) 建设项目管理信息系统购建费

建设项目管理信息系统购建费是指为利用现代信息技术，实现建设项目管理信息化需购建项目管理信息系统所发生的费用，包括有关设备购置与安装、软件购置与开发等。

建设项目管理信息系统购建费按铁道部有关规定计列。

(4) 工程监理与咨询服务费

工程监理与咨询服务费是指由建设单位委托具有相应资质的单位，在铁路建设项目的招投标、勘察、设计、施工、设备采购监造（包括设备联合调试）等阶段实施监理与咨询的费用（设计概预算中每项监理与咨询服务费应列出详细条目）。内容包括：

①招投标咨询服务费：按国家和原铁道部有关规定计列。

②勘察监理与咨询费：按国家和原铁道部有关规定计列。

③设计咨询服务费：按国家和原铁道部有关规定计列。

④施工监理与咨询费：施工监理费以第二~第九章建筑安装工程费用总额为基数，按表3-20费率采用内插法计列，施工咨询费按国家和原铁道部有关规定计列。

⑤设备采购监造监理与咨询费：按国家和铁道部有关规定计列。

施工监理费率　　　　表3-20

第二~第九章建筑安装工程费用总额 M（万元）	费　率 b(%)	
	新建单线、独立工程、增建二线、电气化改造工程	新建双线
$M \leqslant 500$	2.5	0.7
$500 < M \leqslant 1000$	$2.5 > b \geqslant 2.0$	0.7
$1000 < M \leqslant 5000$	$2.0 > b \geqslant 1.7$	0.7
$5000 < M \leqslant 10000$	$1.7 > b \geqslant 1.4$	0.7
$10000 < M \leqslant 50000$	$1.4 > b \geqslant 1.1$	0.7
$50000 < M \leqslant 100000$	$1.1 > b \geqslant 0.8$	0.7
$M > 100000$	0.8	0.7

(5) 工程质量检测费

工程质量检测费是指为保证工程质量，根据原铁道部规定由建设单位委托具有相应资质的单位对工程进行检测所需的费用。

工程质量检测费按国家和原铁道部有关规定计列。

(6) 工程质量安全监督费

工程质量安全监督费是指按国家有关规定实行工程质量安全监督所发生的费用。

工程质量安全监督费按第二~第十章费用总额的0.02%~0.07%计列。

(7) 工程定额测定费

工程定额测定费是指为制定铁路工程定额和计价标准，实现对铁路工程造价的动态管理而发生的费用。

工程定额测定费按第二~第九章建筑安装工程费用总额的0.01%~0.05%计列。

(8) 施工图审查费

施工图审查费是指建设主管部门认定的施工图审查机构按照有关法律、法规，对施工图涉及公共利益、公共安全和工程建设强制性标准的内容进行审查所需的费用。

施工图审查费按国家和原铁道部有关规定计列。

(9) 环境保护专项监理费

环境保护专项监理是指为保证铁路施工对环境及水土保持不造成破坏,而从环保的角度对铁路施工进行专项检测、监督、检查所发生的费用。

环境保护专项监理费按国家有关部委及建设项目所经地区省(自治区、直辖市)环保监理部门的有关规定计列。

(10) 营业线施工配合费

营业线施工配合费是指施工单位在营业线上进行建筑安装工程施工时,需要运营单位在施工期间参加配合工作所发生的费用(含安全监督检查费用)。

营业线施工配合费按不同工程类别的计算范围,以编制期人工费与编制期施工机械使用费之和为基数,乘以表3-21所列费率计列。

营业线施工配合费费率表　　　　　　　　　　　　　表3-21

工程类别	费率(%)	计算范围	说明
一、路基			
1. 石方爆破开挖	0.5	既有线改建、既有线增二线需要封锁线路作业的爆破	不含石方装、运、卸及压实、码砌
2. 路基基床加固	0.9	挤密桩等既有基床加固及基床换填	仅限于行车线路基,不含土石方装、运、卸
二、桥涵			
1. 架梁	9.1	既有线改建、增建二线拆除和架设成品梁	增建二线限于线间距10m以内
2. 既有桥涵改建	2.7	既有桥梁墩台、基础的改建、加固,既有桥梁部加固;既有涵洞接长、加固、改建	
3. 顶进框架桥、顶进涵洞	1.4	行车线加固及防护,行车线范围内主体的开挖及顶进	不包括主体预制,工作坑、引道、土方外运及框架桥、涵洞内的路面、排水等工程
三、隧道及明洞	4.1	需要封锁线路作业的既有隧道及明、棚洞的改建、加固、整修	
四、轨道			
1. 正线铺轨	3.5	既有轨道拆除、起落、重铺及拨移;换铺无缝线路	仅限于行车线
2. 铺岔	5.5	既有道岔拆除、起落、重铺及拨移	仅限于行车线
3. 道床	2.4	既有道床扒除、清筛、回填或换铺、补砟及沉落整修	仅限于行车线
五、通信、信息	2.0	通信、信息改建建安工程	
六、信号	24.4	信号改建建安工程	
七、电力	1.1	电力改建建安工程	
八、接触网	2.0	既有线增建电气化接触网建安工程和既有电气化改造接触网建安工程	已含牵引变电所,供电段等工程的施工配合费
九、给排水	0.5	全部建安工程	

3. 安全生产费

按铁建设[2007]139号关于执行《高危行业企业安全生产费用财务管理暂行办法》有关问题的通知,为加强铁路建设工程安全生产管理,建立安全生产投入长效机制,改善铁路工程施工作业条件,减少施工伤亡事故发生,切实保障铁路工程安全生产费用的来源,按项目建筑安装工程费的1.5%计列安全生产费。

铁路工程安全生产费按表3-22所列范围支出。

安全生产费支出范围表　　　　　　　　　　　　表3-22

一、完善、改造和维护安全防护设备、设施支出
1."四口"(楼梯口、电梯井口、预留洞口、通道口)、"五临边"(未安装栏杆的平台临边、无外架防护的层面临边、升降口临边、基坑临边、上下斜道临边)等防护、防滑设施
2. 施工场地安全围挡设施
3. 施工供配电及用电安全防护设施(漏电保护、接地保护、触电保护等装置,变压器、配电盘周边防护设施,电器防爆设施,防水电缆及备用电源等)
4. 各类机电设备安全装置
5. 隧道瓦斯检测设备
6. 地质监控设施
7. 防风、防腐、防火、防尘、防水、防辐射、防雷电、防危险气体等设备设施及备品
8. 起重机械、提升设备上的各种保护及保险装置
9. 锅炉、压力器、压缩机的保险和信号装置
10. 防治边帮滑坡设备
11. 作业中为防止物体、人员坠落设置的安全网、棚、护栏等
12. 起重、爆破作业及穿越村镇、公路、河流、地下管线进行施工、运输作业所增设的防护、隔离、栏挡等设施
13. 各种安全警示、警告标志
14. 航道临时防护及航标设置等
15. 安全防护通信设备
16. 其他安全防护设备、设施
二、配备必要的应急救援器材、设备和现场作业人员安全防护物品支出
1. 应急照明、通风、抽水设备及锹镐铲、千斤顶等
2. 防洪、防坍塌、防山体落石、防自然灾害等物资设备
3. 急救药箱及器材
4. 应急救援设备、器械(包括救援车等)
5. 救生衣、圈、船等
6. 各种消防设备和器材
7. 各种现场工作人员的安全防护用品支出
8. 其他救援器材、设备
三、安全生产检查与评价支出
1. 特种机械设备、压力容器、避雷设施等检查检测费
2. 聘请专家参与安全检查和评价费用
3. 各级安全生产检查、督导与评价费

续上表

四、重大危险源、重大事故隐患的评估、整改、监控支出
1．超前地质预报、重大危险源监控费用
2．水上及高空作业评估、整改
3．危险源辨识与评估（高路堑坚石开挖、瓦斯隧道、既有线隧道评估等）
4．重大事故隐患评估
5．应急预案措施投入
6．自然灾害预警费用
7．爆炸物运输、储存、使用时安全监控、防护费用及安全检查与评估费用
8．施工便桥安全检测、评估费用
9．其他重大危险源、重大事故隐患的评估、整改、监控支出
五、安全技能培训及进行应急救援演练支出
1．购置编印安全生产书籍、刊物、影像资料等
2．举办安全生产展览和知识竞赛活动，设立陈列室、教育室等
3．召开安全生产专题会议
4．专职安检人员、生产管理人员安全生产专业培训
5．全员安全及特种（专项）作业安全技能培训
6．安全应急救援及预案演练
7．各种安全生产宣传支出
8．其他安全教育培训费用
六、其他与安全生产直接相关的支出
1．特种作业人员（从事高空、井下、尘毒作业的人员及炊管人员等）体检费用
2．办理安全施工许可证
3．办公、生活区的防腐、防毒、防四害、防触电、防煤气、防火患等支出
4．与安全员有关的费用支出
5．其他

本规定自 2007 年 1 月 1 日起执行。2007 年 1 月 1 日至本通知发布之日期间招投标的项目，按承包单位建筑安装工程费的 0.9% 补列安全生产费，由此而增加的费用在招投标降造费或基本预备费中解决。

4．建设项目前期工作费

建设项目前期工作费包括：

(1) 项目筹融资费

项目筹融资费是指为筹措项目建设资金而支付的各项费用。主要包括向银行借款的手续费以及为发行股票、债券而支付的各项发行费用等。

项目筹融资费根据项目融资情况，按国家和原铁道部的有关规定计列。

(2) 可行性研究费

可行性研究费是指编制和评估项目建议书（或预可行性研究报告）、可行性研究报告所需的费用。

可行性研究费按国家和原铁道部有关规定计列。

(3) 环境影响报告编制与评估费

环境影响报告编制与评估费是指按照有关规定编制与评估建设项目环境影响报告所发生的费用。

环境影响报告编制与评估费按国家和原铁道部有关规定计列。

（4）水土保持方案报告编制与评估费

水土保持方案报告编制与评估费是指按照有关规定编制与评估建设项目水土保持方案报告所发生的费用。

水土保持方案报告编制与评估费按国家和原铁道部有关规定计列。

（5）地质灾害危险性评估费

地质灾害危险性评估费是指按照有关规定对建设项目所在地区的地质灾害危险性进行评估所需的费用。

地质灾害危险性评估费按国家有关规定计列。

（6）地震安全性评估费

地震安全性评估费是指按照有关规定对建设项目进行地震安全性评估所需费用。

地震安全性评估费按国家有关规定计列。

（7）洪水影响评价报告编制费

洪水影响评价报告编制费是指按照有关规定就洪水对建设项目可能产生的影响和建设项目对防洪可能产生的影响做出评价，并编制洪水影响评价报告所需的费用。

洪水影响评价报告编制费按国家有关规定计列。

（8）压覆矿藏评估费

压覆矿藏评估费是指按照有关规定对建设项目压覆矿藏情况进行评估所需的费用。

压覆矿藏评估费按国家有关规定计列。

（9）文物保护费

文物保护费是指按照有关规定对受建设项目影响的文物进行原址保护、迁移、拆除所需的费用。

文物保护费按国家有关规定计列。

（10）森林植被恢复费

森林植被恢复费是指按照有关规定缴纳的所征用林地的植被恢复费用。

森林植被恢复费按国家有关规定计列。

（11）勘察设计费

①勘察费：指勘察单位根据国家有关规定，按承担任务的工作量应收取的勘察费用。

勘察费按国家主管部门颁发的工程勘察收费标准和原铁道部有关规定计列。

②设计费：指设计单位根据国家有关规定，按承担任务的工作量应收取的设计费用。

设计费按国家主管部门颁发的工程设计收费标准和原铁道部有关规定计列。

③标准设计费：指采用铁路工程建设标准设计图所需支付的费用。

标准设计费按国家主管部门颁发的工程设计收费标准和原铁道部有关规定计列。

5. 研究试验费

研究试验费是指为建设项目提供或验证设计数据、资料等所进行的必要的研究试验，以及按照设计规定在施工中必须进行的试验、验证所需的费用。不包括：

（1）应由科技三项费用（即新产品试制费、中间试验费和重要科学研究补助费）开支的项目。

（2）应由检验试验费开支的施工企业对建筑材料、设备、构件和建筑物等进行一般鉴定、检查所发生的费用及技术革新的研究试验费。

（3）应由勘察设计费开支的项目。

研究试验费应根据设计提出的研究试验内容和要求，经建设主管单位批准后按有关规定计列。

6. 计算机软件开发与购置费

计算机软件开发与购置费是指购买计算机硬件所附带的单独计价的软件，或需另行开发与购置的软件所需的费用。不包括项目建设、设计、施工、监理、咨询工作所需软件。

计算机软件开发与购置费应根据设计提出的开发与购置计划，经建设主管单位批准后按有关规定计列。

7. 配合辅助工程费

配合辅助工程费是指在该建设项目中，凡全部或部分投资由铁路基本建设投资支付修建的工程，而修建后的产权不属铁路部门所有者，其费用应按协议额或具体设计工程量，按编制办法的有关规定计算完整的第一～第十一章概（预）算费用。

8. 联合试运转及工程动态检测费

联合试运转及工程动态检测费是指铁路建设项目在施工全面完成后至运营部门全面接收前，对整个系统进行负荷或无负荷联合试运转或进行工程动态检测所发生的费用。包括所需的人工、原料、燃料、油料和动力的费用，机械及仪器、仪表使用费用，低值易耗品及其他物品的购置费用等。

联合试运转及工程动态检测费的计算方法：

（1）需要临管运营的，按0.15万/正线公里计列。

（2）不需临管运营而直接交付运营部门接收的，按下列指标计列：

①新建单线铁路：3.0万元/正线公里。

②新建双线铁路：5.0万元/正线公里。

③时速200km及以上客运专线铁路联合试运转费另行分析确定。

9. 生产准备费

生产准备费内容包括：

（1）生产职工培训费

生产职工培训费指新建和改扩建铁路工程，在交验投产以前对运营部门生产职工培训所必须的费用。

内容包括：培训人员的工资、津贴和补贴、职工福利费、差旅交通费、劳动保护费、培训及教学实习费等。

生产职工培训费按表3-23所规定的标准计列。

生产职工培训费标准（单位：元/正线公里） 表3-23

铁路类别 线路类别	非电气化铁路	电气化铁路
新建单线	7500	11200
新建双线	11300	16000
增建第二线	5000	6400
既有线增建电气化	—	3200

注：时速200km及以上客运专线铁路的生产职工培训费另行分析确定。

(2)办公和生活家具购置费

办公和生活家具购置费指为保证新建、改扩建项目初期正常生产、使用和管理,所必须购置的办公和生活家具、用具的费用。

内容包括:行政、生产部门的办公室、会议室、资料档案室、文娱室、食堂、浴室、单身宿舍、行车公寓等的家具用具。

不包括应由企业管理费、奖励基金或行政开支的改扩建项目所需的办公和生活家具购置费。

办公和生活家具购置费按表3-24所规定的标准计列。

办公和生活家具购置费标准(单位:元/正线公里)   表3-24

线路类别 \ 铁路类别	非电气化铁路	电气化铁路
新建单线	6000	7000
新建双线	9000	10000
增建第二线	3500	4000
既有线增建电气化	—	2000

注:时速200km及以上客运专线铁路的生产职工培训费另行分析确定。

(3)工器具及生产家具购置费

工器具及生产家具购置费是指新建、改建项目和扩建项目的新建车间,验交后为满足初期正常运营必须购置的第一套不构成固定资产的设备、仪器、仪表、工卡模具、器具、工作台(框、架、柜)等的费用。不包括:构成固定资产的设备、工器具和备品、备件;已列入设备购置费中的专用工具和备品、备件。

工器具及生产家具购置费按表3-25所规定的标准计列。

生产工器具购置费标准(单位:元/正线公里)   表3-25

线路类别 \ 铁路类别	非电气化铁路	电气化铁路
新建单线	12000	14000
新建双线	18000	20000
增建第二线	7000	8000
既有线增建电气化	—	4000

注:时速200km及以上客运专线铁路的生产职工培训费另行分析确定。

10. 其他

指以上费用之外的,经原铁道部批准或国家和部委及工程所在省(自治区、直辖市)规定应纳入设计概(预)算的费用。

三、基本预备费

1. 基本预备费主要用途

(1)在进行设计和施工过程中,在批准的设计范围内,必须增加的工程和按规定需要增加的费用。本项费用不含Ⅰ类变更设计增加的费用。

(2)在建设过程中,未投保工程遭受一般自然灾害所造成的损失和为预防自然灾害所采取的措施费用,及为了规避风险而投保全部或部分工程的建筑、安装工程一切险和第三者责任险的费用。

(3)验收委员会(或小组)为鉴定工程质量,必须开挖和修复隐蔽工程的费用。

(4)由于设计变更所引起的废弃工程,但不包括施工质量不符合设计要求而造成的返工费用和废弃工程。

(5)征地、拆迁的价差。

2. 基本预备费的计算方法

$$基本预备费 = \sum_{i=1}^{n}(建筑安装工程费_i + 设备购置费_i + 其他费_i) \times 基本预备费费率$$

式中:i——章号,$i = 1,2,3,\cdots 11$。

基本预备费费率,初步设计概算按5%计列,施工图预算、投资检算按3%计列。

四、动态投资

1. 工程造价增涨预留费

工程造价增涨预留费指为正确反映铁路基本建设工程项目的概(预)算总额,在设计概(预)算编制年度到项目建设竣工的整个期限内,因形成工程造价诸因素的正常变动(如材料、设备价格的上涨,人工费及其他有关费用标准的调整等),导致必须对该建设项目所需的总投资额进行合理的核定和调整,而需预留的费用。

工程造价增涨预留费应根据建设项目施工组织设计安排,以其分年度投资额及不同年限,按国家及原铁道部公布的工程造价年上涨指数计算。计算公式为:

$$E = \sum_{n=1}^{N} F_n [(1+p)^{c+n} - 1] \tag{3-30}$$

式中:E——工程造价增涨预留费;

N——施工总工期(年);

F_n——施工期第 n 年的分年度投资额;

c——编制年至开工年年限(年);

n——开工年至结(决)算年年限(年);

p——工程造价年增长率。

【例 3-7】 某铁路建设项目,建设期为三年。分年度投资额为第一年 30000 万元;第二年为 40000 万元;第三年为 30000 万元,编制期至开工期为一年,工程造价年增长率为 3%,则该铁路建设项目的工程造价增涨预留费为多少?

【解】 $E = 30000 \times [(1+3\%)^{1+1} - 1] + 40000 \times [(1+3\%)^{1+2} - 1] + 3000 \times [(1+3\%)^{1+3} - 1]$
$= 1827 + 3709.08 + 3765.26 = 9301.34$ 万元

2. 建设期投资贷款利息

建设期投资贷款利息是指建设项目中分年度使用国内贷款,在建设期应归还的贷款利息。

建设期投资贷款利息 = (年初付息贷款本金累计 + 本年度付息贷款额 ÷ 2) × 年利率,即:

$$S = \sum_{n=1}^{N} \left(\sum_{m=1}^{N} F_m \times b_m + F_n \times b_n \div 2 \right) \times i \tag{3-31}$$

式中:S——建设期投资贷款利息;

N——建设总工期;

n——施工年度;

m——还息年度;

F_n、F_m——在建设的第 n、m 年的分年度资金供应量;

b_n、b_m——在建设的第 n、m 年份还息贷款占当年投资比例;

i——建设期贷款年利率。

【例3-8】 某新建铁路,建设期为三年。在建设期第一年资金供应量为3000万,其中贷款占30%;第二年为6000万,贷款占60%;第三年为4000万,贷款占80%。银行贷款年利率为8%,计算建设期投资贷款利息。

【解】 第一年利息为:

$$q_1 = \frac{1}{2} \times 3000 \times 30\% \times 8\% = 36 \text{ 万元}$$

第二年利息为:

$$q_2 = (3000 \times 30\% + 36 + \frac{1}{2} \times 6000 \times 60\%) \times 8\% = 218.88 \text{ 万元}$$

第三年利息为:

$$q_3 = (3000 \times 30\% + 6000 \times 60\% + 36 + 218.88 + \frac{1}{2} \times 4000 \times 80\%) \times 8\% = 509.39 \text{ 万元}$$

因此建设期投资贷款利息总和为:

$$S = 36 + 218.88 + 509.39 = 763.27 \text{ 万元}$$

五、机车车辆购置费及铺底流动资金

1. 机车车辆购置费

机车车辆购置费应根据原铁道部铁路机车、客车投资有偿占用有关办法的规定,在新建铁路、增建二线和电气化改造等基建大中型项目总概(预)算中计列按初期运量所需新增机车车辆的购置费。

机车车辆购置费按设计确定的初期运量所需新增机车车辆的型号、数量及编制期机车车辆购置价格计算。

2. 铺底流动资金

铺底流动资金是为保证新建铁路项目投产初期正常运营所需流动资金有可靠来源,而计列的费用。主要用于购买原材料、燃料、动力,支付职工工资和其他有关费用。

铺底流动资金按下列指标计列:

(1)地方铁路

①新建Ⅰ级地方铁路:6.0万元/正线公里。

②新建Ⅱ级地方铁路:4.5万元/正线公里。

③既有地方铁路改扩建、增建二线以及电气化改造工程不计列铺底流动资金。

(2)其他铁路

①新建单线Ⅰ级铁路:8.0万元/正线公里。

②新建单线Ⅱ级铁路:6.0万元/正线公里。

③新建双线:12.0万元/正线公里。

如初期运量较小,上述指标可酌情核减。既有线改扩建、增建二线以及电气化改造工程不计列铺底流动资金。

第五节　铁路工程概预算编制方法及示例

一、编制概(预)算的精度

(1)人工、材料、机械台班单价

单价的单位为"元",取2位小数,第3位四舍五入。

(2)定额(补充)单价分析

①单价和合价的单位为"元",取2位小数,第3位四舍五入。

②单重和合重的单位为"t",单重取6位小数,第7位四舍五入,合重取3位小数,第4位四舍五入。

(3)运杂费单价分析

①汽车运价率的单位为"元/t·km",取3位小数,第4位四舍五入。

②火车运价率的单位及运价率按现行《铁路货物运价规则》执行。

③装卸费单价单位为"元",取2位小数,第3位四舍五入。

④综合运价单位为"元/t",取2位小数,第3位四舍五入。

(4)单项概(预)算

单价和合价的单位为"元",单价取2位小数,第3位四舍五入,合价取整数。

(5)材料重量

材料单重和合重的单位为"t",均取3位小数,第4位四舍五入。

(6)人工、材料、机械台班数量统计

按定额中的单位,均取2位小数,第3位四舍五入。

(7)综合概(预)算

概(预)算价值和指标的单位为"元",概(预)算价值取整,指标取2位小数,第3位四舍五入。

(8)总概(预)算

①概(预)算价值和指标的单位为"万元",均取2位小数,第3位四舍五入。

②费用比例的单位为"%",取2位小数,应检算是否闭合。

(9)工程数量

①计量单位为"m^3"、"m^2"、"m"的取2位,第3位四舍五入。

②计量单位为"km"的,轨道工程取5位,第6位四舍五入;其他工程取3位,第4位四舍五入。

③计量单位为"t"的取3位,第4位四舍五入。

④计量单位为"个、处、组、座或其他可以明示的自然计量单位"取整。

二、单项概(预)算编制步骤

1.建筑安装工程单项概(预)算编制步骤(以手工编制为例)

编制建筑安装工程单项概(预)算用"单项概(预)算表",该表有两种,一种为"表甲",用在单项概(预)算的第一页,上面有详细的表头栏目;另一种是"表乙",它其实是"表甲"的续页。具体步骤如下:

(1)按照"综合概算章节表"规定的细目,将整个概预算划分成几个部分,把工程数量分别归入各个部分。

工程数量的单位应与定额规定的单位相一致,汇总工程数量应按规定的编制单元进行。

(2)逐一查找与工程项目相对应的定额,将其编号、工程项目或费用名称、单位、数量、单价填入表内,并计算合价。

如有的工程项目查不到相对应的定额,应当进行补充单价分析。补充单价分析应当在"补充单价分析表"中进行。

(3)编制"主要劳材机数量计算表"。将某单项预算部分按所套用定额逐条统计其消耗的人工、主材及机械台班数量,并按劳、材、机名称汇总。

(4)将各部分材料消耗量合并,汇总于"工料机消耗表",从而完成项目所需主要劳材机数量的合计。

(5)分析材料运杂费单价。利用"主要材料(设备)平均运杂费单价分析表",按照施工组织设计确定的运输方案,计算各种材料在各种运输方式下的运杂费单价,再根据统计的材料数量计算运杂费。

(6)计算价差。根据价差调整规定,计算人工费、材料费、施工机械使用费价差。

(7)根据编制办法的规定计算填料费、施工措施费、特殊施工增加费、间接费及税金。

(8)计算单项概(预)算价值。

2.建筑安装工程单项概(预)算计算程序

铁路建筑安装工程单项概(预)算计算程序见表3-26。

建筑安装工程单项概(预)算计算程序 表3-26

序号	费用名称		计算式
1	基期人工费		
2	基期材料费		按设计工程量和基期价格水平计列
3	基期施工机械使用费		
4	定额直接工程费		(1)+(2)+(3)
5	运杂费		指需要单独计列的运杂费,按施工组织设计的材料供应方案及本办法的有关规定计算
6	价差	人工费价差	
7		材料费价差	基期至编制期价差按有关规定计列
8		施工机械使用费价差	
9		价差合计	(5)+(7)+(8)
10	填料费		按设计数量和购买价计算
11	直接工程费		(4)+(5)+(9)+(10)
12	施工措施费		[(1)+(3)]×费率
13	特殊施工增加费		(编制期人工费+编制施工机械使用费)×费率或编制期人工费×费率
14	直接费		(11)+(12)+(13)
15	间接费		[(1)+(3)]×费率
16	税金		[(14)+(15)]×费率
17	单项概(预)算价值		(14)+(15)+(16)

注:表中直接费未含大型临时设施和过渡工程费,大型临时设施和过渡工程需单独编制单项概(预)算,其计算程序见相关规定。

三、单项预算编制示例(某框架桥施工图预算)

某改建铁路特大桥明挖基础工程单项预算编制,人工费按196号文标准,主材价格采用2012年4季度调差价,辅材价差采用原部颁价差系数[2008]105号文,基期材料单价、机械台班单价依据[2006]129号文。

采用铁路工程投资控制系统软件编制,按照项目设置→数据准备→定额查询→预算生成→报表输出的步骤进行电算编制,其中数据准备包括单价方案设置(工费、料费、机费方案)、运输方案(依据主材供应方式分别计列)设置,工费、料费、机费方案设置时需将编制期工费标准、主材、油燃料编制期价格输入。定额查询要为每个分项工程选择适合的定额,并注意工程数量单位的换算。生成单项预算的同时可生成工料机消耗统计表、主要材料预算价格表等表格。

上例单项预算表见表3-27。

××改建铁路特大桥明挖基础工程单项预算表　　　　表3-27

建设名称	CKTL		编号	_(YR-GT)ZGS_21-005	
工程名称	(一)×××特大桥		工程总量	643.05 延长米	
工程地点			预算价值	24246705 元	
所属章节	三章5节		预算指标	37705.78 元/延长米	
单价编号	工作项目或费用名称	单位	数量	费用(元)	
				单价	合价
	(一)永定河双线特大桥	延长米/座	643.05/1	37705.78/24246705	24246705
	Ⅰ.建筑工程费	延长米	643.05	37705.78	24246705
	1.基础	圬工方	9391.9	1099.02	10321917
	(1)明挖	圬工方			477021
	④挖基	m³	14377	33.18	477021
QY-2	机械挖土方 基坑深≤6m 有水	10m³	530.3	33.55	17792
QY-2	机械挖土方 基坑深≤6m 有水	10m³	250.3	33.55	8398
QY-36	基坑壁支护 挡土板 有水	10m³ 土	250.3	120.93	30269
QY-1	机械挖土方 基坑深≤6m 无水	10m³	1.6	33.06	53
QY-35	基坑壁支护 挡土板 无水	10m³ 土	1.6	104.37	167
QY-1	机械挖土方 基坑深≤6m 无水	10m³	655.5	33.06	21670
QY-43	基坑抽水 弱水流≤40m³/h	10m³ 湿土	550.1	72.64	39959
QY-45	基坑抽水 强水流≤40m³/h	10m³ 湿土	230.5	138.57	31940
QY-47	基坑回填 原土	10m³	1131.9	67.21	76075
QY-49	基坑回填 浆砌片石 M10	10m³	10.76	731.21	7868
	人工费	元			104604
	材料费	元			27542
	机械使用费	元			102045
	一、定额直接工程费	元			234191
	运杂费(按材料重量计算)	t	306.44	23.486	7197
	二、运杂费	元			7197
	人工价差	元	4358.5	21	91529
	调查价差	元			11947
	系数价差	元	2169	0.198	429
	机械台班差	元			49292
	三、价差合计	元			153197
	直接工程费	元			394585
	五、施工措施费	%	206649	8.61	17792
	直接费	元			412377
	七、间接费	%	206649	23.8	49182
	八、税金	%	461559	3.35	15462
	九、单项预算价值	元			477021

四、综合概(预)算编制示例

综合概(预)算是概(预)算文件的基本文件,所有的工程项目、数量、概算费用都要在综合概(预)算表中反映出来。

综合概(预)算是在单项概(预)算的基础上编制的,它依据《铁路基本建设工程设计概算编制办法》规定的"综合概(预)算章节表"的顺序和章节汇编,是编制总概(预)算表的基础。"综合概(预)算章节表"中的章节顺序及工程名称不应改动,没有费用的章节其章别、节号应保留,作为空项处理。工程细目可根据实际情况增减,其序号按增减后的序号连号填写。

上例综合概(预)算表见表3-28。

成昆铁路永仁至广通段扩能工程概(预)算表　　　　　　表3-28

建设名称		CKTL××标段(站前工程)	工程总量	35.715 正线公里	编号	站前一标
编制范围		DK631+145～DK666+854.9	概算总额	171147.18 万元	技术经济指标	4792.03 万元/正线公里
章别	节号	工程及费用名称	单位	数量	概(预)算价值(元)	指标(元)
		第一部分　静态投资	正线公里	35.715	1711471845	47920253.25
一		拆迁及征地费用	正线公里	35.715	4433942	124147.89
		其中:Ⅰ.建筑工程费	正线公里	35.715	3160469	88491.36
		Ⅳ.其他费	正线公里	35.715	1273473	35656.53
	1	拆迁及征地费用	正线公里	35.715	4433942	124147.89
		其中:Ⅰ.建筑工程费	正线公里	35.715	3160469	88491.36
		Ⅳ.其他费	正线公里	35.715	1273473	35656.53
		Ⅰ.建筑工程费	正线公里	35.715	3160469	88491.36
		一、改移道路	元		1957489	
		(五)乡村道路	km	2.82	1266133	448983.33
		(十)站场改移道路	km	0.52	691356	1329530.77
		二、砍伐、挖根	元		1202980	
		Ⅳ.其他费	正线公里	35.715	1273473	35656.53
		一、土地征用及拆迁补偿费	正线公里	35.715	1273473	35656.53
		(二)拆迁补偿费	元		1268399	
		7.管道迁改	m	1900	1268399	667.58
		(三)土地征用、拆迁建筑物手续费	元		5074	
二		路基	正线公里/路基公里	35.715/15.48	159101770	4454760.46/10277892.12
		其中:Ⅰ.建筑工程费	正线公里/路基公里	35.715/15.48	159101770	4454760.46/10277892.12
	2	区间路基土石方	施工方/断面方	1066857/1205839	22230085	20.84/18.44
		其中:Ⅰ.建筑工程费	施工方/断面方	1066857/1205839	22230085	20.84/18.44

续上表

建设名称		CKTL××标段(站前工程)	工程总量	35.715 正线公里	编号	站前一标
编制范围		DK631+145~DK666+854.9	概算总额	171147.18 万元	技术经济指标	4792.03 万元/正线公里
章别	节号	工程及费用名称	单位	数量	概(预)算价值(元)	指标(元)
		Ⅰ.建筑工程费	施工方/断面方	1066857/1205839	22230085	20.84/18.44
		一、土方	m^3	569849	6821697	11.97
		(一)挖土方	m^3	569849	6821697	11.97
		1.挖土方(运距≤1km)	m^3	569849	4616904	8.1
		(2)机械施工	m^3	569849	4616904	8.1
		2.增运土方(运距>1km的部分)	m^3	534239	2204793	4.13
		……				
十		大型临时设施和过渡工程	正线公里	35.715	31757500	889192.22
		其中:Ⅰ.建筑工程费	正线公里	35.715	31757500	889192.22
	28	大型临时设施和过渡工程	正线公里	35.715	31757500	889192.22
		其中:Ⅰ.建筑工程费	正线公里	35.715	31757500	889192.22
		Ⅰ.建筑工程费	正线公里	35.715	31757500	889192.22
		一、大型临时设施	正线公里	35.715	31757500	889192.22
		(三)汽车运输便道	km	63.9	19120000	299217.53
		2.新建便道	km	26.3	9994000	380000
		3.改(扩)建便道	km	22.6	5876000	260000
		4.利用地方既有道路补偿费	km	15	1350000	90000
		5.新建便桥	km	0.2	1900000	9500000
		(十)混凝土集中拌和站	处	11	8800000	800000
		(十一)填料集中拌和站	处	1	400000	400000
		(十八)给水干管路	公里	27.5	3437500	125000
十一		其他费	正线公里	35.715	33533301	938913.65
		其中:Ⅳ.其他费	正线公里	35.715	33533301	938913.65
	29	其他费用	正线公里	35.715	33533301	938913.65
		其中:Ⅳ.其他费	正线公里	35.715	33533301	938913.65
		Ⅳ.其他费	元		33533301	
		十一、安全生产费	元		33533301	
		以上各章合计	正线公里	35.715	1711471845	47920253.25
		其中:Ⅰ.建筑工程费	正线公里	35.715	1676665071	46945683.07
		Ⅳ.其他费	正线公里	35.715	34806774	974570.18
十二	30	基本预备费	元			
		以上总计	正线公里	35.715	1711471845	47920253.25
		第二部分:动态投资	正线公里	35.715		
十三	31	工程造价增涨预留费	正线公里	35.715		

续上表

建设名称	CKTL××标段(站前工程)		工程总量	35.715 正线公里	编号	站前一标
编制范围	DK631+145~DK666+854.9		概算总额	171147.18 万元	技术经济指标	4792.03 万元/正线公里
章别	节号	工程及费用名称	单位	数量	概(预)算价值(元)	指标(元)
十四	32	建设期投资贷款利息	元			
		第三部分:机车车辆购置费	正线公里	35.715		
十五	33	机车车辆购置费	元			
		第四部分:铺底流动资金	正线公里	35.715		
十六	34	铺底流动资金	正线公里	35.715		
		概(预)算总额	正线公里	35.715	1711471845	47920253.25

五、总概(预)算的编制

总概(预)算具有归类汇总性质,它必须在综合概(预)算完成后才能编制。当综合概(预)算完成后,按照四部分十六章的费用规划方法,填写在"总概算表"中。沿表的横向根据综合概(预)算不同费用性质分别填写建筑工程、安装工程、设备工器具、其他费四项费用,然后计算"合计"、"技术经济指标"和"费用比重"。"技术经济指标"指单位工程量(正线公里)所含某章的费用值,即等于各对应"合计"值与工程总量的比值;"费用比重"指各章费用占概算总额的百分比,即等于各对应"合计"值与概算总额之比。沿表纵向计算"四部分合计",并填入对应概算总额栏中。

最后,填写总概(预)算表的表头,并请相关责任人在表尾签字,总概算表编制即告结束。

本章回顾与学习指导

本章主要介绍铁路工程概预算费用组成及编制方法,第一节介绍铁路工程概预算编制层次和编制范围与单元划分。设计概(预)算按单项概(预)算、综合概(预)算、总概(预)算三个层次逐步完成。第二节介绍铁路工程概预算费用的构成。按章节划分可分为四个部分:静态投资、动态投资、机车车辆购置费、铺底流动资金,16章34节。按静态投资费用种类划分为:建筑工程费、安装工程费、设备购置费、其他费、基本预备费。第三节详细介绍单项预算费用的组成。建筑安装工程费由直接费、间接费、计划利润和税金构成。直接费由直接工程费、施工措施费、特殊施工增加费及大型临时设施和过渡工程费构成,其中直接工程费由人工、材料、机械费、运杂费及填料费构成。计算中先依据定额确定定额直接工程费,再进行价差的调整措施费、间接费和利润分别按某种基数乘以相应的费率计算。税金通常以不含税的工程造价为基础乘以综合税率计算。第四节主要介绍综合预算费用的构成。包括设备购置费、其他费、基本预备费及动态投资、机车车辆购置费和铺底流动资金。第五节结合实例介绍单项预算的编制步骤与方法及综合预算、总预算的编制。

思 考 题

(1)单项预算编制单元如何划分?
(2)简述单项概预算的编制步骤?
(3)铁路预算价差包括哪些内容?

(4) 单项预算运杂费如何分析？

(5) 什么是最大运距相等法？

习　题

1. 新建铁路某段全长 50km，施工用砂经外业调查有 A、B、C 三产地，其横向距离分别为 A = 5km，B = 28km，C = 3km，各产地分布如图所示，求该段线路工程用砂的平均运距。

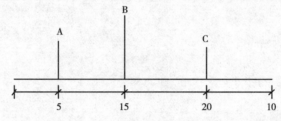

图 3-5　习题 1 附图

2. 某线路工程所在地汽车运输单价 0.8 元/t，每吨货物每运一次按 1.3 元计列，求每吨货物运输 150.3km（其中便道 25km）的运价？

3. 某铁路工程地处河北省石家庄市，其路基土方工程基期人工费、施工机械使用费合计为 90.51 万元，计算该工程项目的施工措施费？

4. 某施工单位在海拔 2500m 高原进行机械土方施工，工程量 30000m³，按定额消耗人工 570 工日，铲运机 219 台班，已知编制期综合工费 50.50 元，编制期机械台班单价 312.8 元/台班，计算该工程高原地区施工增加费？

5. 改建铁路兰新线武威至张掖段路基土方机械施工，挖掘机配合自卸汽车挖土、弃土，施工 15815m³，运距 2000m，已知编制期综合工费 42.50 元/工日，既有线每昼夜行车对数 60 对/日。求：

(1) 该工程行车干扰施工增加费？

(2) 若跨越两股道运输土方，计算其行车干扰施工增加费？

第四章 DISIZHANG
铁路工程工程量清单计价

本章导读

工程量清单计价方法是区别于传统定额计价的市场化模式,铁路行业于 2007 年 5 月颁布了《铁路工程工程量清单计价指南》,本章依据指南讲述铁路工程工程量清单计价的格式和方法,并对各类工程的工程量计算规则进行详细介绍。

学习要求

1. 铁路工程工程量清单计价的基本概念和原理;
2. 掌握铁路工程工程量清单计价的格式和方法;
3. 熟悉铁路各类工程的工程量计算规则;
4. 掌握编制铁路工程工程量清单计价文件的方法。

学习重点

理解工程量清单计价的原理,掌握铁路工程工程量清单计价格式,熟悉铁路各专业工程工程量计算规则,初步具备编制铁路工程量清单计价文件的能力。

学习难点

各种承包方式下工程量清单的应用;铁路各专业工程工程量计算规则。

 **本章学习计划**

内　　　容	建议自学时间 （学时）	学 习 建 议	学 习 记 录
第一节　铁路工程工程量清单概述	1	掌握铁路工程工程量清单计价的基本概念和原理	
第二节　铁路工程工程量清单的编制及应用	1.5	掌握铁路工程量清单计价的格式和方法	
第三节　铁路工程工程量计算规则	2	熟悉铁路各类工程的工程量计算规则	
第四节　工程量清单计价实例	0.5	初步具备编制铁路工程量清单计价文件的能力	

第一节 铁路工程工程量清单概述

2003年2月原建设部发布《建设工程工程量清单计价规范》(GB 50500—2003),标志着我国建设领域以市场自主定价为导向的工程造价改革进入了规范化实施阶段。2007年5月原铁道部发布《铁路工程工程量清单计价指南》(以下简称《07指南》),明确规定今后铁路基本建设大中型项目计价都应采用该指南。工程量清单计价方法是一种区别于定额计价模式的新计价模式,是一种主要由市场定价的计价模式,是由建设产品的买方和卖方在建设市场上根据供求状况、信息状况进行自由竞价,从而最终能够签订工程合同价格的方法。因此,可以说工程量清单的计价方法是在建设市场建立、发展和完善过程中的必然产物。在工程量清单的计价过程中,工程量清单向建设市场的交易双方提供了一个平等的平台,是投标人在投标活动中进行公正、公平、公开竞争的重要基础。铁路建设工程实行工程量清单计价是我国入世后,铁路工程建设适应国际竞争规则的需要,有利于提高铁路工程建设的管理水平。传统定额计价模式以部颁定额、取费标准和指导价格来确定工程造价,只能反映铁路建设平均水平,无法反映承包商技术、施工、管理水平等因素对铁路工程造价的影响。工程量清单计价由承包商按业主提供的工程量清单,自主运用企业定额,依据市场信息报价,其综合单价包括了完成工程量清单项目所需的全部费用,即人工费、材料费、机械使用费、管理费、利润、各种价差、施工措施费、其他项目费,规费和税金,因此,清单计价是企业自主报价和公平竞争的招投标模式。

一、工程量清单的概念

工程量清单是表现拟建工程的分部分项工程项目、措施项目、其他项目名称和相应数量的明细清单。工程量清单是按统一规定进行编制的,它体现的核心内容为分项工程项目名称及其相应数量,是招标文件的组成部分。招标人或由其委托的代理机构按照招标要求和施工设计图纸规定将拟建招标工程的全部项目和内容,依据《07指南》中统一项目编码、项目名称、计量单位和工程量计算规则进行编制,作为承包人进行投标报价的主要参考依据之一。工程量清单是一套注有拟建工程各实物工程名称、性质、特征、单位、数量及措施项目、税费等相关表格组成的文件。在性质上,工程量清单是招标文件的组成部分,是招投标活动的重要依据,一经中标且签订合同,即成为合同的组成部分。因此,无论招标人还是投标人都应该认真对待。

二、工程量清单的内容

工程量清单作为招标人所编制的招标文件的一部分,是投标人进行投标报价的重要依据,因此,作为一个合格的计价依据,工程量清单中必须具有完整详细的信息披露,为了达到这一要求,招标人编制的工程量清单应该包括以下内容:

1. 明确的项目设置

工程计价是一个分部组合计价的过程,不同的计价模式对项目的设置规则和结果都是不尽相同的。在业主提供的工程量清单计价中必须明确清单项目的设置情况,除明确说明各个清单项目的名称外,还应阐释各个清单项目的特征和工程内容,以保证清单项目设置的特征描述和工程内容,没有遗漏,也没有重叠。这种项目设置可以通过统一的规范编制来解决,我国2007年6月正式实施的《07指南》就解决了这一问题。

2. 清单项目的工程数量

在招标人提供的工程量清单中必须列出各个清单项目的工程数量，这也是工程量清单招标与定额招标之间的一个重大区别。

采用定额方式和由投标人自行计算工程量的投标报价，由于设计或图纸的缺陷，不同投标人员理解不一，计算出的工程量也不同，报价相去甚远，容易产生纠纷。而工程量清单报价就为投标者提供一个平等竞争的条件，相同的工程量，由企业根据自身的实力来填报不同的单价，符合商品交换的一般性原则。因为对于每一个投标人来说，计价所依赖的工程数量都是一样的，使得投标人之间的竞争完全属于价格的竞争，其投标报价反映出自身的技术能力和管理能力，也使得招标人的评标标准更加简单明确。

同时，在招标人的工程量清单中提供工程数量，还可以实现承发包双方合同风险的合理分担。采用工程量清单报价方式后，投标人只对自己所报的成本、单价等负责，而对工程量的变更或计算错误等不负责任；相应的，对于这一部分风险则应由业主承担，这种格局符合风险合理分担与责权利关系对等的一般原则。

3. 提供基本的表格格式

工程量清单的表格格式是附属于项目设置和工程量计算的，它为投标报价提供一个合适的计价平台，投标人可以根据表格之间的逻辑联系和从属关系，分部组合计。

三、工程量清单计价的原理和特点

工程量清单计价的基本过程可以描述为：在统一的工程量清单项目设置的基础上，制定工程量清单计量规则，根据具体工程的施工图纸计算出各个清单项目的工程量，再根据各种渠道所获得的工程造价信息和经验数据计算得到工程造价。这一基本的计算过程如图4-1所示。从工程量清单计价过程示意图中可以看出，其编制过程可以分为两个阶段：工程量清单的编制和利用工程量清单来编制投标报价（或标底价格）。投标报价是在业主提供的工程量计算结果的基础上，根据企业自身所掌握的各种信息、资料，结合企业定额编制得出的。工程招标投标过程中，投标企业在投标报价时必须考虑工程本身的内容、范围、技术特点、要求以及招标文件的有关规定、工程现场情况等因素；同时还必须充分考虑到许多其他方面的因素，如投标单位自己制定的工程总进度计划、施工方案、分包计划、资源安排计划等。这些因素对投标报价有着直接而重大的影响。

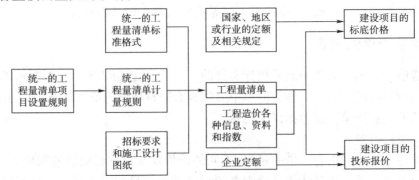

图4-1 工程量清单计价过程示意图

与定额计价方法相比，工程量清单计价方法有一些重大区别，这些区别也体现出了工程量清单计价方法的特点：

(1) 两种模式的最大差别在于体现了我国建设市场发展过程中的不同定价阶段

定额计价模式更多地反映了国家定价或国家指导价阶段。在这一模式下,工程价格或直接由国家决定,或是由国家给出一定的指导性标准,承包商可以在该标准的允许幅度内实现有限竞争,例如在我国的招投标制度中,一度严格限定投标人的报价必须在标底的一定范围内波动,超出此范围即为废标,这一阶段的工程招标投标价格即属于国家指导性价格,体现出在国家宏观计划控制下的市场有限竞争。

清单计价模式则反映了市场定价阶段。在该阶段中,工程价格是在国家有关部门间接调控和监督下,由工程承发包双方根据工程市场中建筑产品供求关系变化自主确定工程价格。对每一项招标工程来讲都具有其特殊性的一面,所以应该允许投标单位针对这些方面灵活机动地调整报价,以使报价能够比较准确地与工程实际相吻合。而只有这样才能把投标定价自主权真正交给招标和投标单位,投标单位才会对自己的报价承担相应的风险与责任,从而建立起真正的风险制约和竞争机制,避免合同实施过程中的推诿和扯皮现象的发生,为工程管理提供方便。清单计价模式下其价格的形成可以不受国家工程造价管理部门的直接干预,此时工程造价是根据市场的具体情况,有竞争地形成,具有自发波动和自发调节的特点。

(2) 两种模式的主要计价依据及其性质不同

定额计价模式的主要计价依据为国家、省、有关专业部门制定的各种定额,其性质为指导性,定额的项目划分一般按施工工序分项,每个分项工程项目所含的工程内容一般是单一的。

清单计价模式的主要计价依据为"清单计价指南",其性质是含有强制性条文的国家标准,清单的项目划分一般是按"综合实体"进行分项的,每个分项工程一般包含多项工程内容。

(3) 编制工程量的主体不同

在定额计价方法中,建设工程的工程量分别由招标人和投标人分别按图计算。而在清单计价方法中,工程量由招标人统一计算或委托有工程造价咨询资质的单位统一计算,工程量清单是招标文件的重要组成部分,各投标人根据招标人提供的工程量清单,根据自身的技术装备、施工经验、企业成本、企业定额、管理水平自主填写单价与合价。

(4) 单价与报价的组成不同

定额计价法的单价包括人工费、材料费、机械台班费,而清单计价方法采用综合单价形式,综合单价包括人工费、材料费、机械使用费、管理费、利润,并考虑风险因素。

工程量清单计价法的报价除包括定额计价法的报价外,还包括预留金、材料购置费和零星工作项目费等。

(5) 合同价格的调整方式不同

定额计价方法形成的合同,其价格的主要调整方式有:变更签证、定额解释、政策性调整。而工程量清单计价方法在一般情况下单价是相对固定下来的,减少了在合同实施过程中的调整活口,通常情况下,如果清单项目的数量没有增减,能够保证合同价格基本没有调整,保证了其稳定性,也便于业主进行资金准备和筹划。

(6) 工程量清单计价把施工措施性消耗纳入了竞争的范畴

定额计价未区分施工实体性损耗和施工措施性损耗,而工程量清单计价把施工措施与工程实体项目进行分离,这项改革的意义在于突出了施工措施费用的市场竞争性。清单计价指南的工程量计算规则的编制原则一般是以工程实体的净尺寸计算,也没有包含工程量合理损耗,这一特点也就是定额计价的工程量计算规则与工程量清单计价规范的工程量计算规则的本质区别。

如前所述,工程量清单计价不只是一种简单的造价计算方法的改变,其更深层次的意义在于提供了一种由市场形成价格的新的计价模式。我国铁路建设领域推行工程量清单计价有利于规范铁路建设市场计价,有利于提高铁路建设项目的管理水平,有利于铁路工程造价管理的改革和发展。

第二节 铁路工程工程量清单的编制及应用

一、铁路工程工程量清单编制

工程量清单是反映拟建工程工程数量的明细清单,它是招标文件的重要组成部分,是投标人投标报价的依据,一般由具有编制招标文件能力的招标人或受其委托具有相应资质的中介机构编制。

(一)格式

工程量清单的编制应依据《07指南》,按统一格式编制。

具体内容组成包括:

(1)封面。
(2)填表须知。
(3)总说明。
(4)工程量清单表。
(5)计日工表。
(6)甲供材料数量及价格表。
(7)甲控材料表。
(8)设备清单表。
(9)补充工程量清单计量规则表。

工程量清单计价包括编制招标标底、投标报价、合同价款确定与调整及办理工程结算等。《07指南》规定实行工程量清单计价招投标的铁路建设工程,除招标文件另有规定外,其招标标底、投标报价的编制、合同价款确定与调整、工程结算均应按《指南》执行。铁路工程工程量清单计价统一格式由下列内容组成。

(1)封面。
(2)投标报价总额。
(3)工程量清单报价汇总表。
(4)工程量清单报价表。
(5)工程量清单综合单价分析表。
(6)计时工计算表。
(7)甲供材料费计算表。
(8)甲控材料价格表。
(9)主要自购材料价格表。
(10)设备费计算表。

(二)清单项目设置的规定

《07指南》工程量清单格式由11章29节组成,具体内容可查阅《铁路工程工程量清单计价指南》。

1. 编码

费用类别和新建、改建以英文字母编码:建筑工程费-J、安装工程费-A,其他费-Q,新建-X,改建-G。其余编码采用每2位阿拉伯数字为1组,前4位分别表示章号、节号,如第二章第1节为0201,第三章第5节为0305,依此类推。后面各组按主从属关系顺序编排,如区间路基土石方工程挖土方编码为0202J0101,表示该项目属第二章第2节建筑工程费,是土方工程下的第一类工程项目。

2. 名称

名称包括清单格式各章节名称和费用名称、子目划分特征为"综合"的子目名称一般是指形成工程实体的名称。

3. 计量单位

计量单位一般采用以下基本单位:

(1)以体积计算的子目——立方米(m^3)。

(2)以面积计算的子目——平方米(m^2)。

(3)以长度计算的子目——米、公里(m、km)。

(4)以重量计算的子目——吨(t)。

(5)以自然计量单位计算的子目——个、处、孔、组、座或其他可以明示的自然计量单位。

(6)没有具体数量的子目——元。

工程数量小数点后有效位数应接以下规定取定:

(1)计量单位为"立方米"、"平方米"、"米"的取2位,第3位四舍五入。

(2)计量单位为"公里"的,轨道工程取5位,第6位四舍五入,其他工程取3位,第4位四舍五入。

(3)计量单位为"吨"的取3位,第4位四舍五入。

(4)计量单位为"个、处、孔、组、座"或其他可以明示的自然计量单位"和""元"的取整,小数点后第1位四舍五入。

4. 子目划分特征

子目划分特征是指对清单子目的不同类型、结构、材质、规格等影响综合单价的特征的描述,是设置最低一级清单子目的依据。子目划分特征为"综合"的子目,即为编制工程量清单填写工程数量(计量单位为"元"的子目除外)的清单子目,也是投标报价和合同签订后工程实施中计量与支付的清单子目。如预制预应力混凝土简支箱梁的子目划分特征有单线、双线、跨度、速度;水中钻孔桩子目划分特征为桩径;地基处理的子目划分特征为处理方式等。

5. 工程量计算规则

(1)工程量计算规则是对清单子目工程量的计算规定和对相关清单子目的计量界面的划分,在工程施工过程中,计量与支付必须严格执行工程量清单计算规则。具体规定如下:

①子目划分特征为"综合"的是最低一级的清单子目,与其相关的工程内容属子细目,不单独计量,费用计入该清单子目。

②作为清单子目土方和石方,除区间路基土石方和站场土石方外,仅指单独挖填土石方的子

目和无需砌筑的各种沟渠等的土石方。如改河、改沟、改渠、平交道土石方,刷坡、滑坡减载土石方,挡沙堤、截沙沟土方,为防风固沙工程预先进行处理的场地平整土石方。与砌筑等工程有关的土石方挖填属于子细目,不单独计量。

③路桥分界:不设置路堤与桥台过渡段时,桥台后缺口填筑属桥梁范围,设置路堤与桥台过渡段时,台后过渡段属路基范围。

④室内外界线划分:

a. 给水管道:以入户水表井或交汇井为界,无入户水表井或交汇井而直接入户的,以建筑物外墙皮为界。入户水表井或交汇井的费用计入配电箱,列入清单格式第九章第 21 节的给水管道。

b. 排水管道:以出户第一个排水检查井或化粪池为界。检查井的费用计入清单格式第九章第 21 节的排水管道,化粪池在清单格式第九章第 21 节的排水建筑物下单列清单子目。

c. 热网管道、工艺管道:以建筑物外墙皮为界。

d. 电力、照明线路:以入户配电箱为界,配电箱的费用计入房屋。

(2)除另有规定及说明外,清单子目工程量均以设计图示的工程实体净值计算。施工中的各种损耗和因施工工艺需要所增加的工程量,应由投标人在投标报价时考虑,计入综合单价,不单独计量。计量支付仅以设计图示实体净值为准,具体如下:

①计算钢筋混凝土体积时,不扣除钢筋、预埋件和预应力筋张拉孔道所占体积。

②普通钢筋的重量按设计图示长度乘理论单位重量计算,不含搭接和焊接,绑扎料、接头套筒,垫块等材料的重量。

③预应力钢筋(钢丝、钢绞线)的重量按设计图示结构物内的长度乘理论单位重量计算,不含结构以外张拉所需的部分和锚具、管道、锚板及联结钢板、压浆、封锚、捆扎、焊接材料等的重量。

④钢结构的重量按设计图示尺寸计算,不含搭接、焊接材料、下脚料、缩包料和垫衬物、涂装料等的重量。

⑤各种桩基如以体积计量时,其体积按设计图示桩顶(混凝土桩为承台底)至桩底的长度乘以设计桩径断面积计算,不得将扩孔(扩散)因素或护壁圬工计入工程数量。如需试桩,按设计文件的要求计入工程数量。

⑥以面积计量时,除另有规定外,其面积按设计图示尺寸计算,不扣除在 $1m^2$ 及以下固定物(如检查井等)的面积。

⑦以长度计量时,除另有规定外,按设计图示中心线的长度计算,不扣除接头、检查井等所占的长度。

(3)在新建铁路工程项目中,与路基、桥梁、隧道等工程同步施工的电缆沟、槽及光(电)缆防护、接触网滑道,应在路基、桥梁、隧道等工程的清单子目中计量,五电部分不得重复计列。对既有线改造项目,应根据工程实际情况计列。

(4)清单格式中第八章以外的地基处理仅指清单各章节室外工程的地基处理,所有室内工程的地基处理应在清单格式第八章房屋相应的清单子目中计量。

6. 工程(工作)内容

工程(工作)内容是指完成该清单子目可能发生的具体工程(工作)。除工程量清单计量规则列出的内容外,均包括场地平整、原地面挖台阶、原地面碾压,工程定位复测、测量、放样,工程点交、场地清理,材料(含成品、半成品、周转性材料)和各种填料的采备保管、运输装卸,小型临时设施,按照规范和施工质量验收标准的要求,对建筑安装的设备、材料、构件和建筑物进行检验、试验、检测、观测、防寒、保温设施,防雨、防潮设施,照明设施,文明施工(施工标识、防尘、防噪声、施工场地围栏等)和环境保护、水土保持、防风防沙、卫生防疫措施,已完工程及设备保护措施、竣工文件编制等内容。《07指南》所列工程内容仅供投标人参考,投标人在投标报价时,应按照现行国家和铁道部的产品标准、设计规范和施工规范(指南)、施工质量验收标准、安全操作规程、设计图纸、招标文件、补遗文件等要求完成的全部内容来考虑。

当施工组织设计采用了施工方案与指南所描述的工程内容界面不一致时,应在招标文件中明确,对工程内容的界面描述进行调整。如桥面垫层、防水层、保护层是按包含在制梁工程内容中考虑的,当施工组织设计采用先架梁后做桥面垫层、防水层、保护层的施工方案时,应在招标文件中明确,对预制梁和架设梁的工程内容进行调整。对于改建工程的清单子目或靠近既有线(既有建筑物)较近的清单子目,除另有说明或单列清单子目外,应包括既有线(既有建筑物)的拆(凿)除(凿毛)、整修、改移、加固、防护、更换构件和与相关产权单位的协调、联络、封锁线路要点施工或行车干扰降效等内容。对使用旧料修建的工程,还应包括对旧料整修、选配等内容。除另有说明或单列清单子目外,施工中引起的过渡费用应计入该清单子目。如修建涵洞引起的沟渠引水过渡费用计入涵洞等。除另有说明或单列清单子目外,部分小型设备的基础费用计入相应的安装工程清单子目。如给水、排水设备基础。

常用工程内容的表示方法统一如下:

(1)土方挖填:包括围堰或挡水埝填筑及拆除,挖、运、卸,弃方整理,降排水,分层填筑,洒水、改良,压实,修整。

(2)石方挖填:包括围堰或挡水埝填筑及拆除,爆破、挖、运、卸、整理,降排水,分层填筑,塞紧空隙、压(夯)量,运石及修石,码砌边坡,修整。

(3)基坑(工作坑、检查井孔)挖填:包括筑岛、围堰及拆除(第三章 桥梁工程除外),土石挖、运、弃,弃方整理,坑(孔)壁支护及需要时拆除,降排水,修坡、修底,垫层,回填(包括原土回填和外运填料或土方回填)、压实。

(4)桩(井)孔开挖:包括桩(井)孔土石挖、运、弃,弃方整理,孔壁支护及需要时拆除,通风,降排水,堵孔。

(5)沟槽(管沟、排水沟、光、电缆沟)挖填:包括筑岛、围堰及拆除,土方挖、运、弃,弃方整理,沟壁支护及需要时拆除,降排水,修坡、修底,地基一般处理(含换填、垫层铺设)、回填(包括原土回填和外运填料回填),压实,标志埋设。

(6)砌体(包括干砌和浆砌)砌筑或铺砌:包括砂浆配料、拌料,石料或砌块送修,挂线,填塞、抹面、养护。

(7)混凝土浇筑:包括配料(含各种外加剂)、拌制、浇筑、振捣、养护。

(8)钢筋及预埋件制安:包括调直、除筋、切割、钻孔、弯曲、捆绑、堆放、连接、绑,安放,定位、检查、校正。

(9)模板制安拆:包括制作、挂线放样,模板及配件安装,校正,涂刷脱模剂、拆除、整修、涂油,堆放。

(10)圬工砌筑:包括脚手架搭拆,模板制安拆,钢筋及预埋件制安,混凝土浇筑。

(11)钢筋混凝土预制构件制安:包括脚手架搭拆、钢筋及预埋件制、模板制安拆、混凝土浇筑、安砌(装)、勾缝、抹面、养护。

(12)金属构件制安:包括放样、除锈、切割、钻孔、煅制、堆放、安装、连接、检查、校正、涂装。

(13)管道铺(架)设:包括管道基础浇筑,支(吊)架、支墩制安,管道、管件制安,阀门、计量表安装,接口处理,防腐、保温处理,管道实验。

(14)设备安装、调试(含属设备范围的各种架、柜):包括开箱检验,支架、配管、配件制安,打孔洞,插件、插板安装,线槽、线管敷设安装,配线敷设,电气安装(单列清单子目的除外),相应软件的安装调试,单机测试和系统调试(不包括由建设单位负责的联合试运转)。

(15)接地体制安:包括挖填沟、坑,接地极(体)、地网、地线等制安,加降阻剂,设标志,防腐处理。接地连接完成后进行接地电阻测试。

(三)有关说明

1. 暂列金额

工程量清单投标报价汇总表中的暂列金额反映在签订协议时尚未确定或不可预见的金额。内容包括:

(1)变更设计增加的费用(含由于变更设计所引起的废弃工程)。

(2)工程保险投保范围以外的工程由于自然灾害或意外事故造成的物质损失及由此产生的有关费用。

(3)由于发包人的原因致使停工、工效降低造成承包人的损失而需增加的费用。

(4)由于调整工期造成承包人采取相应措施而需增加的费用。

(5)由于政策性调整而需增加的费用。

(6)以计日工方式支付的费用。

(7)合同约定在工程实施过程中需增加的其他费用。

暂列金额的费率或额度由招标人在招标文件中明确。

2. 计日工

计日工指完成招标人提出的工程量暂估的零星工作所需的费用,计日工表由招标人根据拟建工程的具体情况,详细列出人工、材料、施工机械的名称、规格型号、计量单位和相应数量,并随工程量清单发至投标人。

3. 激励约束考核费

激励约束考核费指为确保铁路工程建设质量、建设安全、建设工期和投资控制,建立激励约束考核机制,根据有关规定计列的激励考核费用。

4. 甲供材料费

甲供材料费指用于支付购买甲供材料的费用。甲供材料是指在工程招标文件和合同中约定,由铁道部或建设单位招标采购供应的材料。

5. 设备费

设备费指构成固定资产标准的和虽低于固定资产标准,但属于设计明确列入设备清单的一切需要安装与不需要安装的生产、动力、弱电、起重、运输等设备(包括备品备件)的购置费。设备费由设备原价和设备自生产厂家或来源地运至安装地点所发生的运输费、装卸费、手续费、采购及保管费等组成。

设备分为甲供设备、甲控设备和自购设备三类。甲供设备各是指在工程招标文件和合同中约定,由铁道部或建设单位招标采购供应的设备;甲控设备是指在工程招标文件和合同中约定,在建设单位监督下工程承包单位采购的设备;自购设备是指在工程招标文件和合同中约定,由工程承包单位自行采购的设备。

二、工程量清单计价及应用

工程量清单计价是一种市场定价体系,在发达国家已非常流行,随着我国建设市场的不断成熟和发展,其计价方法也必然会越来越成熟规范。清单计价包括招标标底编制、投标报价、合同价款确定与调整、工程结算等内容。《07指南》规定实行工程量清单计价招投标的铁路建设工程,除招标文件另有规定外,其招标标底、投标报价的编制、合同价款确定与调整、工程结算均应按该指南执行。

(一)工程量清单的综合单价

工程量清单计价采用综合单价计价。综合单价反映完成最低一级的清单子目计量单位全部具体工程(工作)内容所需的费用。应包括但不限于以下费用。

1. 人工费

人工费指直接从事建筑安装工程施工的生产工人开支的各项费用。包括基本工资、津贴和补贴、生产工人辅助工资、职工福利费、生产工人劳动保护费。

2. 材料费

材料费指购买施工过程中耗用的构成工程实体的原材料、辅助材料、构配件、零件、半成品、成品所支出的费用和不构成工程实体的周转材料的摊销费。包括材料原价、运杂费、采购及保管费。投标报价时,材料费均按运至工地的价格计算。

材料分为甲供材料、甲控材料和自购材料三类。甲供材料是指在工程招标文件和合同中约定,由铁道部或建设单位招标采购供应的材料;甲控材料是指在工程招标文件和合同中约定,在建设单位监督下工程承包单位采购的材料;自购材料是指在工程招标文件和合同中约定,由工程承包单位自行采购的材料。

3. 施工机械使用费

施工机械使用费包括折旧费、大修理费、经常修理费、安装拆卸费、人工费、燃料动力费、其他费用。

4. 填料费

填料费指购买不作为材料对待的土方、石方、渗水料、矿物料等填筑用料所支出的费用。

5. 措施费

措施费包括施工措施费和特殊施工增加费。

6. 间接费

间接费包括施工企业管理费、规费和利润。

7. 税金

税金包括营业税、城市维护建设税和教育费附加等。

8. 一般风险费用

一般风险费用指投标人在计算综合单价时应考虑的招标文件中明示或暗示的风险,责任、义务或有经验的投标人都可以及应该预见的费用。包括投标文件明确应由投标人考虑的一定幅度范围内的物价上涨风险,工作量增加或减少对综合单价的影响风险,采用新技术、新工艺、新材料的风险以及招标文件中明示或暗示的风险、责任、义务或有经验的投标人都可以及应该预见的其他风险费用。

工程量清单计价表中,合价=工程数量×综合单价,最低一级计量单位为"元"的清单子目,由投标人根据设计要求和工程的具体情况综合报价,费用包干。

(二)有关说明

工程量清单计价应包括按招标文件规定,完成工程量清单所列子目的全部费用。工程量清单子目的综合单价,由《07指南》规定的综合单价组成,按设计文件或参照《07指南》中工程量清单计量规则的"工程(工作)内容"确定。招标工程如设标底,标底应根据招标文件中的工程量清单和有关要求、施工现场实际情况,合理的施工组织与方法以及按照铁道部发布的有关工程造价计价标准进行编制。投标报价应依据招标文件中的工程量清单和有关要求。根据按施工现场实际情况拟定的施工方案或施工组织设计,结合投标人的施工、管理水平及市场价格信息填报。

工程量清单中所列工程数量是估算的或设计的预计数量,仅作为投标的共同基础,不能作为最终结算与支付的依据。实际支付,应根据合同约定的计量方式,按指南的工程量计算规则,以实际完成的工程量,按工程量清单的综合单价计量支付;计量单位为"元"的清单子目可根据具体情况以工程进度按比例支付或一次性支付。

合同中综合单价因工程量变化或设计标准变更需调整时,除合同另有约定外,应按照下列办法确定:

(1)发包人提供的工程量清单漏项,或设计变更引起新的工程量清单子目,其相应综合单价的确定方法是:合同中已有适用于变更工程的价格,按合同已有的价格变更合同价款;合同中只有类似于变更工程的价格,可以参照类似价格变更合同价款;合同中没有适用或类似于变更工程的价格,由一方提出适当的变更价格,经双方协商确认后执行。

(2)由于工程量清单的工程数量有误或设计变更引起工程量增减属合同约定幅度以内的,应执行原有的综合单价;属合同约定幅度以外的,其增加部分的工程量或减少后剩余部分的工程量的综合单价由一方提出,经双方协商确认后,作为估算的依据。

当施工合同签订后,由于发包人的原因,要求承包人按不同于招标时明确的设计标准进行施工或对其清单子目的实质性内容进行了调整或在招标时部分清单子目的技术标准、技术条件尚未未明确,即使所涉及的该部分清单子目工程数量未发生改变,其综合单价,亦应由一方提出调整,经双方协商确认后,按调整后的综合单价作为结算的依据。

由于工程量和设计标准的变更,且实际发生了除《07指南》规定以外的费用损失,承包人可提出索赔要求,经双方协商确认后,由发包人给予补偿。

(三)工程量清单及其计价格式

1. 工程量清单格式的填写规定

(1)工程量清单格式应由招标人填写,随招标文件发至投标人。

(2)填表须知除本指南内容外,招标人可根据具体情况进行补充。

(3)《07指南》工程量清单以外的清单子目应按本指南的规定编制补充工程量清单计量规则表,并随工程量清单发给投标人。

(4)总说明按下列内容填写:

①工程概况:包括建设规模、工程特征、计划工期、施工现场实际情况、交通运输情况、自然地理条件、环境保护和安全施工要求等。

②工程招标和分包范围。

③工程量清单编制依据。

④工程质量、材料、施工等的特殊要求。

⑤其他需说明的问题。

(5)甲供材料数量及价格表由招标人根据拟建工程的具体情况,详细列出甲供材料名称及规格、交货地点、计量单位、数量、单价等。甲控材料表由招标人根据拟建工程的具体情况,详细列出甲控材料名称及规格、技术条件等。

(6)甲供设备数量及价格表应由招标人根据拟建工程的具体情况,详细列出甲供设备名称及规格型号、交货地点、计量单位、数量、单价等。甲控设备数量表由招标人根据拟建工程的具体情况,详细列出甲控设备名称及规格型号、技术条件和计量单位、数量等。自购设备数量表由招标人根据拟建工程的具体情况,详细列出自购设备名称及规格型号、技术条件和计量单位、数量等。

(7)甲供材料、甲供设备的单价应为交货地点的价格。

2.工程量清单计价格式的填写规定

(1)工程量清单计价格式应由投标人填写。

(2)封面应按规定内容填写、签字、盖章。

(3)投标报价总额应按工程量清单投标报价汇总表中的"投标报价总额"填写。

(4)工程量清单投标报价汇总表各章节的金额应与工程量清单计价表中各章节的金额一致。

(5)工程量清单计价表中的综合单价应与工程量清单子目综合单价分析表中的综合单价一致。

(6)工程量清单计价表和工程量清单子目综合单价分析表中的编码、名称、计量单位、工程数量应与招标人提供的工程量清单一致。

(7)工程量清单子目综合单价分析表应由投标人根据自身的施工和管理水平按综合单价组成分项自主填写,但间接费中的规费和税金应按国家有关规定计算。

(8)暂列金额按招标文件规定的费率或额度计算。

(9)工程量清单投标报价汇总表中的"包含在暂列金额中的计日工"金额应与计日工费用汇总表中的"计日工费用总额"一致。

(10)计日工费用计算表中的人工、材料、施工机械名称、计量单位和相应数量应与招标人提供的计日工表一致,工程竣工后按实际完成的数量结算费用。

(11)工程清单投标报价汇总表中的"设备费"金额应与设备费汇总表中的"设备费总额"一致。

(12)甲供材料费计算表中的材料编码、材料名称及规格、交货地点和计量单位、数量、单价等应与招标人提供的甲供材料数量及价格表一致。甲控材料价格表中的材料编码、材料名称及规格、技术条件等应与招标人提供的甲控材料表一致。所填写的单价应与工程量清单计价中采用的相应材料的单价一致,其单价为材料到达工地的价格。自购材料价格表应包括详细的材料编码、材料名称及规格和计量单位、单价。所填写的单价应与工程量清单计价中采用的相应材料的单价一致,其单价为材料到达工地的价格。

(13)设备费计算表:甲供设备费计算表中的设备、编码、设备名称及规格型号、交货地点和计量单位、数量、单价等应与招标人提供的甲供设备数量及价格表一致。甲控设备费计算表中的设备编码、设备名称及规格型号、技术条件和计量单位、数量应与招标人提供的甲控设备数量表一致,单价由投标人自主填报。其单价为设备到达安装地点的价格,并应含物价上涨风险。自购设备费计算表中的设备编码、设备名称及规格型号、技术条件和计量单位、数量应与招标人提供的自购设备数量表一致,单价由投标人自主填报。其单价为设备到达安装地点的价格,并应含物价上涨风险。

(四)工程量清单在各种承包方式下的应用

2007年原铁道部发布的《铁路建设项目施工招标文件示范文本》将铁路建设项目承包分为施工单价承包、施工总价承包和工程总承包三种方式。针对不同的承包方式,工程量清单的应用方法有所不同。

1.施工单价承包

采用施工单价承包方式由招标人根据鉴定审批的初步设计或施工图设计提供拟建工程项目工程量清单,投标人根据统一的计量规则和有关规定对工程量清单进行自主报价。中标后,双方签订施工合同,在规定工程量变化幅度范围内,合同单价不能改变,即合同单价相对稳定,工程量按项目实施中实际完成的按施工图纸核定的数量结算。该方式下施工单位承担单价风险,建设单位承担数量风险。因此发包人要对清单质量负责,承包人要对单价负责,必须选择好施工方案,统筹安排好劳材机要素配置,对单位工程成本、现场费用、施工技术措施费用进行优化控制,编制投标价。

2.施工总价承包与工程总承包

施工总价承包是指招标人根据鉴定审批的初步设计或者施工图设计提出招标项目工程量清单,由投标人根据工程量清单和施工图进行报价,报价中包含一定额度的总承包风险费。在合同实施过程中,除根据合同约定可调的费用外,合同总价保持不变,采用合同总价下的工程量清单方式进行验工计价。

工程总承包是指招标人根据鉴定审批的初步设计提出招标项目工程量清单,投标人编制施工图设计大纲,并在规模、标准不变、功能满足要求的情况下,调整工程量清单并据以报价。发包人选定中标人后,项目开工前,根据工程进度需要,确定节点工程划分表,并将签约合同价(除施工图勘察设计费)分劈到各计价节点,形成付款计划表,其中总承包风险费也按照工程进度和风险大小比例分劈到各计价节点。承包人完成发包人确定的节点工程并验收合格后,按照付款计划表约定的节点工程计价额进行支付。施工图勘察设计费按照约定的勘察设计节点单独支付。

上述2种总承包方式都是招标人提供拟建工程项目工程量清单,投标人对工程数量和单价都进行填报,承包人既对单价负责,又要对工程数量负责。《07指南》是根据单价承包方式编写的,当建设项目实行总价承包方式时,应做以下调整:删除"暂列金额"、"计日工"、"工程保险费"相关内容;在"工程量清单投标报价汇总表"中增加"总承包风险费"栏目;当采用工程总承包时,在《07指南》清单格式"第十一章其他费"中增加"施工图勘察设计费"清单子目。

第三节 铁路工程工程量计算规则

一、拆迁工程工程量计算规则

指南清单格式中拆迁工程仅指产权不属于路内的拆迁工程(含防护)。对于属路内产权建筑物的拆除或防护,在改建工程中考虑。具体内容包括改移道路、砍伐、挖根、管线路防护、既有建筑物拆除后的垃圾清运、青苗补偿费。

改移道路指原有道路因修建铁路,必须另外修建新路以代替时,所发生的工程。其费用根据设计的工程数量(包括土石方,路面、桥涵、挡墙以及其他有关工程和费用)进行定额单价分析编列。具体分等级公路、泥结碎石路、土路、道路过渡工程和取弃土(石)场处理。等级公路路基土石方(含路基附属工程的土石方)按设计图示断面尺寸,挖方以天然密实体积计算,填方以压实体积计算。路基附属工程砌体及(钢筋)混凝土按设计图示砌体尺寸计算,包括各种笼片(块)石。附属工程中绿色防护、绿化按设计绿色防护、绿化面积计算。路面垫层、基层按设计图示面积计算,沥青混凝土路面面层、水泥混凝土路面面层按设计车行道和人行道面层面积计算。沿线设施按设计图示公路中心线长度计算。泥结碎石路、土路按设计图示面层面积计算。改移道路中的道路过渡工程指为了不中断既有道路交通,确保施工、运营安全所修建的过渡工程,包括桥涵。

公路桥按设计图示桥面面积计算,含车行道和人行道的面积。涵洞按设计图示进出口帽石外边缘之间中心线长度计算。隧道开挖按图示不含设计允许超挖、预留变形量的设计断面计算,含沟槽和各种附属洞室的开挖数量(含支护)。隧道衬砌按图示不含设计允许超挖回填、预留变形量的设计断面计算,含沟槽及盖板和各种附属洞室的衬砌数量(不含挂网喷射混凝土的钢筋网)。隧道洞门按设计图示洞门圬工体积计算,包括端翼墙和与洞门连接的挡墙。

砍伐、挖根指修建铁路正式工程所发生的砍伐、挖根或移栽。当线路通过森林地区或遇有树林、丛林需要砍树、除根,遇有草原,需铲除草皮等,可按调查数量,分析单价计列。如无调查资料可按类似线路综合指标计列。

管线路防护是指修建铁路时须对属路外产权的管线路进行防护、加固,其费用按设计数量和分析单价或有关单位提出的预算资料进行编列。

青苗补偿费是指在铁路用地界以外修建正式工程发生的有关补偿费用。

管线路防护青苗补偿费根据国家或当地行政主管理部门补偿标准及现场测量确定的"量"进行计算。

补偿原则:依据政策、合理补偿,充分保护群众利益,既要防止漫天要价,又要防止不合理压价;涉及国有或集体所有制厂矿企事业单位的拆迁,给予适当补偿;涉及国有资产的电力、电信、铁路、水利、管道及军用设施等构造物拆迁,按成本价计算补偿;补偿标准通常按目前社会物价指数测算,并适当考虑市场物价变化因素。

具体补偿内容包括:土地补偿、人员安置补助、青苗补偿、地上附着物补偿等。一般补偿方法:土地补偿、安置补助费按被征用土地前3年每亩平均年产值的若干倍计算;青苗补偿按被征用土地前3年平均每亩年产值,根据年种季节数,折算补偿几季计算;地上附着物补偿按实际量和补偿标准计算,如植物、附属房屋、公共建筑物、水井等。具体遵照当地政府不同的补偿标准规定执行。

二、路基工程工程量计算规则

路基工程包括区间路基土石方、站场土石方和路基附属工程。

1. 区间路基和站场土石方计算规则

挖方以设计开挖断面按天然密实体积计算,含侧沟的土石方数量,填方以设计填筑断面按压实后的体积计算,利用土填方如挖方未直接运至填筑点工作内容应包含从利用方临时堆放点运至填筑点的内容。设计要求清除表土后或原地面压实后回填至原地面标高所需的土石方按设计图示确定的数量计算,纳入路基填方数量内。路堤填筑按照设计图示填筑线计算土石方数量,护道土石方、需要预留的沉降数量计入填方数量。清除表土的数量和路堤两侧因机械施工需要超填帮宽等而增加的数量,不单独计量,其费用应计入设计断面。既有线改造工程所引起的既有路基落底、抬坡的土石方数量应按相应的土石方的清单子目计量。

2. 路基附属工程

路基附属工程包括附属土石方及加固防护和支挡结构两大部分。

(1)附属土石方及加固防护

①附属土石方及加固防护系指支挡结构以外的所有路基附属工程,包括改河、改沟、改渠、平交道口土石方等工程,盲沟、排水沟、天沟、截水沟、渗沟、急流槽等排水系统、边坡防护(含护墙)、冲刷防护、风沙路基防护、绿色防护等防护工程,与路基同步施工的电缆槽、接触网支柱基础、路基地段综合接地贯通地线、光(电)缆过路基防护,软土路基、地下洞穴、取弃土场等加固处理工程,综合接地引入地下、降噪声工程、线路两侧防护栅栏、路基护轮轨等。

②除地下洞穴处理、取弃土(石)场处理两类工程需单独计量外,其余各类工程中的清单子目划分应视为并列关系。地下洞穴处理、取弃土(石)场处理的工程,只能采用其相应类别的清单子目计量;非地下洞穴处理、取弃土(石)场处理的工程,不得采用地下洞穴处理、取弃土(石)场处理的清单子目计量。

③对于各类工程的挖基等数量,不单独计量,其费用计入相应的清单子目。

④加固防护的砌体及圬工,按设计图示砌体体积计算。

⑤路基地基处理中基底所设的垫层按清单子目单独计量,按设计图示压实体积计算。地基处理抛填石、换填土按设计图示压实体积计算;袋装砂井按设计图示井长计算,砂桩、石灰桩、碎石桩、旋喷桩、粉喷桩等按设计图示桩顶至桩底的长度计算。堆载预压中填筑的砂垫层、砂井或塑料排水板,应采用地基处理的清单子目计量。

⑥土工合成材料处理的工程量按设计图示铺设面积计算,各清单子目中设计要求的回折长度计量,搭接长度不计量。除土工网垫外,其下铺的各种垫层或其上填筑的各种覆盖层等应采用地基处理的清单子目计量。支挡结构(挡土墙等)中的受力土工材料(如:加筋土挡土墙中拉筋带等),在支挡结构的清单子目中计量。

⑦地下洞穴处理仅适用于对地下洞穴进行直接处理,对于通过挖开后的回填处理,应采用地基处理的清单子目计量。地下洞穴处理的填土方、填石方等清单子目,适用于通过地下巷道进入施工现场进行填筑的工程。

(2)支挡结构

支挡结构包括各类挡土墙、抗滑桩等工程。

①锚杆挡土墙,桩板挡土墙、加筋土挡土墙、锚定板挡土墙、抗滑桩、预应力锚索、预压力锚索、预应力锚索桩等特殊形式的支挡结构采用独立的清单子目计量;其余重力式挡土墙、扶壁式挡土墙、悬臂式挡土墙等一般形式的支挡结构及抗滑桩间挡墙按圬工类别划分,应采用挡土墙浆砌石、挡土墙片石混凝土、挡土墙混凝土、挡土墙铪四种清单子目计量。混凝土工程量按设计图示圬工尺寸计算。

②土钉墙分别按土钉、基础圬工和喷射混凝土的清单子目计量。

③加筋土挡土墙中填筑的土石方,应采用区间或站场土石方的清单子目计量。

④预应力锚索桩桩身的混凝土按抗滑桩清单子目计量,桩间挡墙的混凝土和砌体按一般形式的支挡结构的清单子目计量;预应力锚索桩板挡土墙的混凝土砌体按桩板挡土墙清单子目计

量,预应力锚索单独计量;格梁等混凝土和砌体按一般形式的支挡结构的清单子目计量;预应力锚索中的锚索镦不单独计量,其费用计入预应力锚索。预应力锚索包括独立的预应力锚索和预压力锚索桩、预应力锚索桩板挡土墙中的预应力锚索。预应力锚索中的锚镦不单独计量,其费用计入预应力锚索。

⑤挡土墙、护墙等砌体圬工的基础、墙背所设垫层不单独计量,其费用计入相应的清单子目;挡土墙等的基础垫层以下的特殊地基处理按地基处理项下的清单子目单独计量。

三、铁路桥涵工程工程量计算规则

桥涵按特大桥(桥长>500m)、大桥(100m<桥长≤500m)、中桥(20m<桥长≤100m)、小桥(桥长<20m)及涵洞分列各节。桥梁长度,梁式桥是指桥台挡渣前墙之间的长度计算,拱桥是指拱上侧墙与桥台侧墙间两伸缩缝外端之间的长度计算;框架式桥是指框架顺跨度方向外侧间的长度。其中单线、双线、多线桥应分别编制。桥梁基础有"水上"字样的清单子目是指设计采用船舶等水上专用设备方可实施施工的子目。河滩、水中筑岛施工按"陆上"施工考虑。基础施工辅助设施包括筑岛,筑堤坝,土、石围堰,木板桩、钢板桩围堰,混凝土、铪围堰,双壁钢围堰、吊箱围堰,套箱围堰,围堰下水滑道,水上工作平台等。桥面系按桥梁的设计长度计量。混凝土梁桥面系含钢—混凝土结合梁和钢管(箱)系杆拱的桥面系。梁的运输费用计入架设清单子目中。

刚构连续梁与桥墩的分界规定为桥墩顶部变坡点(O号块底)以上属梁部,以下属桥墩。制架梁辅助设施包括枕木垛、支架、支墩、膺架、顶推导梁、平衡梁、滑道,钢桁梁架设用吊索塔架,架设拱助的旋转架设转盘等。

附属工程包括锥体填筑及护坡、不设置路堤与桥台过渡段的桥台后缺口填筑、桥头搭板,与工程本身有关的改河、改沟、改渠、导流设施、消能设施、挑水坝、河床加固及河岸防护、地下洞穴、取弃土(石)场处理等。不包括由于防洪需要所发生的相关工程。清单桥梁工程章节中的洞穴处理,钻孔与注浆,灌砂配套使用,适用于通过钻孔进行的注浆、灌砂处理;填土、填袋装土、填石(片石)及填(片石)混凝土等清单子目,适用于对洞穴挖开后的填筑处理;钻孔填筑子目仅适用于对钻孔通过洞穴时,需对洞穴进行的填筑处理。

清单格式第九节涵洞的上下游铺砌及顺沟、顺渠、顺路(仅为非等级公路),系指为保证涵洞两端上下游通畅,避免对环境产生不利影响而需向铁路用地界以外延伸部分的工程。与涵洞主体分列,单独计量,但不适用于清单其他章节的涵洞工程。

具体工程量计算规则如下:
(1)桥梁基础、墩台混凝土工程量按设计图示圬工尺寸计算。
(2)钢筋按设计图示长度计算质量;预应力钢筋按设计图示结构内长度计算质量,不含锚具的质量。
(3)钻孔桩按设计图示承台底至桩底的长度计算。
(4)预制、架设或现浇梁按设计图示数量计算孔数。
(5)桥面系按设计图示桥梁长度计算工程量。
(6)涵洞工程涵身及附属工程量按设计图示进出口帽石外边缘之间中心线长度计算。

【例4-1】 桥跨结构:等跨 $Z=24$m 道堵桥面预应力混凝土梁,梁全长24.6m,梁缝0.1m,轨底至梁底高度为2.6m,轨底至支承格石高度为3.0m。摇轴支座,支座全高0.4m,支座中心至支承垫石顶面距离为0.325m。每孔梁重1583.5kN(包括支座重)。梁上采用道破桥面钢筋混凝土轨枕及双侧有1.05m宽人行道。

桥墩尺寸及所用建筑材料:桥墩尺寸见图4-2,图示尺寸以 cm 计,顶帽采用 C20 钢筋混凝土,托盘采用 C20 混凝土,墩身及基础采用 C15 片石混凝土。计算基础、桥墩的圬工工程量。土质情况:第 1 层砂黏土,第 2 层黏土。

【解】 1.定额工程量计算

(1)明挖基础:

计算明挖基础的工程数量时应注意:

基坑挖基工程量的计算,先由设计图上的地质资料确定土方、石方的开挖数量,是否需要支挡,再按地下水位确定有水、无水的比例,然后根据基坑开挖分别计算坑深3m 以内,3~6m 及 6m 以上的工程数量。基础一般开挖成上大下小的倒棱柱体,其体积计算公式为:

$$V = \frac{h}{3}(A + A_1 + \sqrt{AA_1})$$

式中:h——基坑的平均开挖深度(m);

A、A_1——基坑底和顶面面积(m^2)。

①基坑抽水开挖,应分别以弱水流(流量≤15m^3/h)、中水流(流量 16~40m^3/h)、强水流(流量>40m^3/h),超过强水流的应按施工组织安排,计算基坑抽水下的土石方开挖量。

②当基础处于水中开挖时,应设置围堰,围堰的类型、工程量应以施工组织设计为依据计算。

③基坑回填数量 = 基坑开挖数量 - 基础(承台)圬工数量。

④挡土板支护的工程量按所支挡的基坑数量计算。基坑开挖断面如图4-3所示。

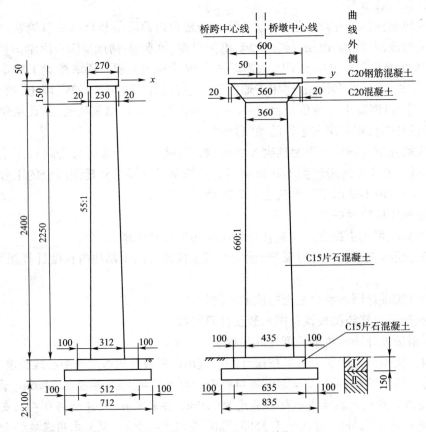

图 4-2 曲线上的矩形桥墩(尺寸单位:cm)

本例中 $n=0.75, h=2\mathrm{m}, a=8.35\mathrm{m}, b=7.12\mathrm{m}$，无水无支护。挖基 3m 以内无水：

$$\begin{aligned}V_1 &= abh + n(a+b)h^2 + 4n^2h^3/3 \\ &= 8.35 \times 7.12 \times 2 + 0.75 \times (8.35+7.12) \times 2^2 + \\ & \quad 4 \times 0.75^2 \times 2^3/3 \\ &= 171.314\end{aligned}$$

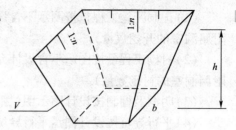

图 4-3 基坑开挖断面图

(2) C15 片石混凝土基础

$$V_2 = 1.00 \times (5.12 \times 6.35 + 7.12 \times 8.35) = 91.96\mathrm{m}^3$$

(3) 基坑回填

$$V_3 = V_1 - V_2 = 171.34 - 91.96 = 79.35\mathrm{m}^3$$

(4) C15 片石混凝土墩身

$h = 22.5\mathrm{m}$，墩顶截面积 $A_1 = 2.3 \times 3.6 = 8.28\mathrm{m}^2$，墩底截面积 $A = 3.12 \times 4.35 = 13.572\mathrm{m}^2$。

墩身体积

$$V_4 = \frac{h}{3}(A + A_1 + \sqrt{AA_1}) = (13.573 + 8.28 + \sqrt{8.28 \times 13.573}) \times 22.5/3 = 243.4\mathrm{m}^3$$

(5) C20 混凝土托盘

$$V_5 = (5.6 + 3.6) \times 1.5 \times 2.3/2 = 15.87\mathrm{m}^3$$

(6) C20 钢筋混凝土顶帽

$$V_6 = 2.7 \times 6.0 \times 0.5 = 8.1\mathrm{m}^3$$

(7) 钢筋：略。

2. 清单工程量

(1) 混凝土： $V = V_2 + V_4 + V_5 + V_6 = 91.96 + 243.4 + 15.87 + 8.1 = 359.33\mathrm{m}^3$

(2) 钢筋：略。

(3) 浆砌石：无。

四、隧道工程工程量计算规则

《07 指南》清单格式隧道工程列隧道、明洞 2 节。

隧道长度 $L>4\mathrm{km}$ 的按座单独编制，长度 $L \leq 4\mathrm{km}$ 的分别按 $3\mathrm{km}<L\leq 4\mathrm{km}$, $2\mathrm{km}<L\leq 3\mathrm{km}$, $1\mathrm{km}<L\leq 2\mathrm{km}, L\leq 1\mathrm{km}$ 为单元编列。单线、双线、多线隧道分别编列。瓦斯隧道、地质复杂隧道单独编列。隧道长度，是指隧道进出口（含与隧道相连的明洞）洞门端墙墙面之间的距离，以端墙面或斜切式洞门的斜切面与设计内轨顶面的交线同线路中线的交点计算。双线隧道按下行线长度计算；位于车站上的隧道以正线长度计算；设有缓冲结构的隧道长度应从缓冲结构的起点计算。

正洞开挖按不同围岩级别设置清单子目，出渣运输包括有轨运输和无轨运输。支护按不同围岩级别设置清单子目，工程量按设计图示隧道长度计算。不同围岩级别所配置的相应支护形式由设计确定。锚杆包括砂浆锚杆、中空锚杆、自钻式锚杆、水泥药卷锚杆、预压力锚杆等。衬砌指模筑（钢筋）混凝土和砌筑部分，包括拱部、边墙、仰拱或铺底、沟槽及盖板和各种附属洞室的衬砌数量，按不同围岩级别设置清单子目。隧道洞口防护中的土钉墙分别按土钉、基础圬工和喷射混凝土的清单子目计量。

具体工程量计算规则如下：

(1)正洞开挖工程量按图示不含设计允许超挖、预留变形量的设计断面计算(含沟槽和各种附属洞室的开挖数量)。

(2)衬砌工程量按图示不含设计允许超挖回填、预留变形量的设计断面计算(含沟槽和各种附属洞室的衬砌数量)。

(3)明洞及棚洞按设计图示明(棚)洞长度计算。

(4)平行导坑按设计图示平行导坑长度计算,平行导坑的横通道不单独计量,其费用计入平行导坑。竖井按设计图示竖井锁口至井底长度计算,竖井的横通道不单独计量,其费用计入竖井。

(5)洞门按设计图示洞门圬工体积计算,包括端翼墙、缓冲结构和与洞门连接的挡墙。

五、轨道工程工程量计算规则

《07 指南》轨道工程列正线、站线、线路有关工程 3 节。站场中的正线列入清单格式中第 12 节正线。清单格式中第 13 节站线包括通往机务段、车辆段、动车段、材料厂的线路(不包括厂房、库房内的轨道)以及三角线、回转线、套线、安全线、避难线、厂库线、石砟场、牵引变电所、供电段专用线等。

铺轨和铺道床包含满足设计开通速度的全部工程(工作)内容。铺轨按木枕、钢筋混凝土枕、钢筋混凝土桥枕、钢筋混凝土宽枕、无砟道床铺轨、无枕地段铺轨、过渡段铺轨分列清单项目,轨型按标准轨和长钢轨分列清单子目。铺道床按粒料道床、无砟道床、道床过渡段、混凝土宽枕道床分列清单子目。铺道岔按单开道岔,特种道岔分列清单项目。

具体工程量计算规则如下:

(1)正、站线铺轨长度按设计图示长度(不含过渡段、不含道岔)计算。

(2)铺砟数量计算:粒料道床面砟按设计图示断面尺寸计算,含无砟道床与粒料道床过渡段和无砟道床两侧铺设的数量;底砟按设计图示断面尺寸计算,含线间石砟;粒料道床减振橡胶垫层按设计图示铺设面积计算。

(3)无砟道床按设计图示道床长度(不含过渡段)计算,无砟道床减振垫层铺设按设计图示减振地段道床长度(不含过渡段)计算。

(4)铺道岔工程量按设计图示道岔组数计算。

改建铁路线路工程按拆除线路、重铺线路、起落道、拨移线路、换轨、换枕、无缝线路应力放散,无缝线路锁定分列清单项目,道床按粒料道床(含清筛道砟、补充道砟)和无砟道床分列清单子目。

具体工程量计算规则:

(1)拆除线路按设计图示拆除的既有线路长度计算;重铺线路按设计图示重铺长度计算。

(2)起落道按设计图示起落长度计算;拨移线路按设计图示拨移长度计算。

(3)换轨按设计图示更换钢轨的长度计算;抽换轨枕按设计图示更换轨枕的长度计算。

(4)无缝线路应力放散按设计图示数量计算;无缝线路锁定按设计图示数量计算。

(5)清筛道砟按设计清筛道砟的数量计算,补充道砟按设计补充道砟的数量计算。

线路有关工程包括附属工程和线路备料。附属工程包括区间和站平交道口板预制、铺砌(不包括平交道土石和路面);平交道口护轮轨及防护设施制安;车挡、各种线路及信号标志(标牌)制安;扳道器、钢轨脱鞋器安装。线路备料包括钢轨架制作、埋设,各种规定备用材料按规定存放地点放置及验交前保管。工程量均按设计铺轨长度计算。

六、铁路站后工程、大临及其他费计算规则

1. 房屋

《07指南》中房屋工程包括各类生产及办公房屋、居住及公共福利房屋,附属工程、房屋基础及地基处理、房屋拆除等工程内容。除计量规则表所列的工程内容外,列入房屋的室内工程还包括:库内线、检查坑、落轮坑、吊车轨道等。房屋基础与墙身分界规定:砖基础与砖墙(身)划分应以设计室内地坪为界(有地下室的按地下室室内设计地坪为界),以下为基础,以上为墙(柱)身。石基础、石勒脚、石墙的划分:基础与勒脚应以设计室外地坪为界,勒脚与墙身应以设计室内地坪为界。基础与墙身使用不同材料,位于设计地坪±0.3m以内时以不同材料为界,超过±0.3m,应以设计室内地坪为界。附属工程土石方是指为达到设计要求的标高,在原地面修建房屋及附属工程而必须进行的修建场地范围的土石填挖工程,不含已由线路、站场进行调配的土石方。修建房屋进行的平整场地(厚度±0.3m以内)和基础及道路、围墙、绿化、挖土防护等土石方,不单独计量,其费用计入房屋基础及附属工程的有关清单子目。除与清单格式中其他运营生产设备及建筑物章节有关的围墙、栅栏、道路、排水沟渠、硬化面、绿化和取弃土(石)场处理外,其余均列入房屋附属工程相应清单子目。附属房屋包括锅炉房、洗手间、休息室、活动室、垃圾转运站等。房屋工程建筑面积计算按《建筑工程建筑面积计算规范》(GB/T 50353—2005)执行。

2. 其他运营生产设备及建筑物

《07指南》中其他运营生产设备及建筑物包括给排水、机务、车辆、动车、站场、工务、其他建筑及设备各节。《07指南》清单格式第25节站场包括站场建筑、站场机械设备、站场附属工程和地基处理。站场建筑包括站台墙、站台面、综合管沟、堆积场地面、集装箱场地地面、平过道、地道、天桥、站名版牌、雨棚、检票口、上站台阶。站场附属工程包括围墙、栅栏、道路、硬化面、排水管、排水沟、绿化、美化、取弃土(石)场处理。石砟场和苗圃不单独作为清单子目计量,其内容已分解进入有关章节。如确需单独作为清单子目计量,可在招标文件中明确,并增加相应的清单子目及调整相关内容。集装箱场地地面等垫层以下地基如需加固处理,应按地基处理相应的清单子目计量。清单格式其他运营生产设备及建筑物范围内的地面水、雨水、融化雪水、客车上水时的漏水,无专用洗车机洗刷机车及车辆的废水等的排水沟渠、管道列入清单格式第25节的站场附属工程,其余地下水,生产废水、生活污水的排水沟渠,管道列入清单格式第21节的排水工程。

3. 大型临时设施和过渡工程

大型临时设施包括铁路岔线、便桥、铁路便线,汽车运输便道、运梁便道、轨节拼装场、混凝土成品预制厂、材料厂、制(存)梁场、钢梁拼装场、混凝土集中拌和站、填料集中拌和站、大型道砟存储场、长钢轨焊接基地、换装站、通信、集中发电站、集中变电站,电力干线、给水干管路、渡口、码头、缆索吊、栈桥。铁路岔线指通往混凝土成品预制厂、材料厂、道砟场(包括砂、石场)、轨节拼装场、长钢轨焊接基地、钢梁拼装场、制(存)梁场的岔线,机车转向用的三角线和架梁岔线,独立特大桥的吊机走行线,以及重点桥隧等工程专设的运料岔线等。起点为接轨点道岔的基本轨接缝,终点为场(厂)内第一组道岔的基本轨接缝。铁路便线指混凝土成品预制厂、材料厂、道砟场(包括砂、石场)、轨节拼装场、长钢轨焊接基地、钢梁拼装场、制(存)梁场等场(厂)内为施工运料所需修建的便线。汽车运输便道按修建标准分干线、引入线两类,干线贯通全线或区间;引入线通往隧道、特大桥、大桥和混凝土成品预制厂、材料厂、砂石场、钢梁拼装场、制(存)梁场、混凝土集中拌和站、填料集中拌和站、大型道砟存储场、长钢轨焊接基地、换装站等的引入线,以及机

械化施工的重点土石方工点的运输便道。根据运量可设计为单车道或双车道。改(扩)建便道是指对既有道路进行加固、加宽、路面进行整修。运梁便道指专为运架大型混凝土成品梁而修建的运输便道。

过渡工程指由于工程施工,需要确保既有线(或车站)运营工作的安全和不间断地进行,同时为了加快建设进度,尽可能地减少运输与施工之间的相互干扰和影响,从而对部分既有工程设施必须采取的施工过渡措施。按铁路便线、便桥、线路、站场、通信、信号、信息、电力、电气化及安装工程费分列。

4. 其他费

其他费由配合辅助工程费、工程保险费和安全生产费组成。配合辅助工程是指由铁路基本建设投资支付修建,建成后产权不属于铁路部门所有者的工程,按立交桥(涵)两端引道及立交桥综合排水工程分列清单项目。立交桥(涵)两端的引道是由于等级公路从铁路下方下挖通过所引起的工程,不包括桥(涵)内的道路及相关内容,桥(涵)两端的非等级公路引道不单独计量,其费用计入桥(涵)身及附属。立交桥综合排水工程是由于公路从铁路下方下挖通过,为及时排除积水而修建的工程。包括排水设施、排水设备、房屋等全部内容。工程保险费是指为减少工程项目的意外损失风险,就所约定的范围进行工程投保所需支付的费用,包括工程一切险和第三者责任险。工程保险费按招标文件约定的投保范围及相关费率计算。安全生产费是指为加强铁路建设工程安全生产管理,建立安全生产投入长效机制,创建安全作业环境,改善施工作业条件,减少施工伤亡事故发生,切实保障铁路工程安全生产所需的费用。该项费用具体按原铁道部规定计列。

第四节　工程量清单计价实例

以下是某新建铁路某标段按施工总价承包合同编制的工程量清单投标报价部分表格(表4-1～表4-10)。

工程量清单投标报价汇总表　　　　　　　表4-1

标段:××铁路×标段　　　　　　　第1页　共2页

章　号	节　号	名　称	金　额(元)
第一章	1	拆迁工程	86988279
第二章		路基	399388612
	2	区间路基土石方	84492694
	3	站场土石方	17832911
	4	路基附属工程	297063007
第三章		桥涵	212111772
	5	特大桥	97417113
	6	大桥	61192322
	7	中桥	20897839
	8	小桥	4455498
	9	涵洞	28149000

续上表

章 号	节 号	名 称	金 额(元)
第四章		隧道及明洞	1967918627
	10	隧道	1967918627
	11	明洞	
第五章		轨道	77962493
	12	正线	77626073
	13	站线	
	14	线路有关工程	336420
第六章		通信、信号及信息	
	15	通信	
	16	信号	
	17	信息	

工程量清单投标报价汇总表　　　　表4-2

标段：××铁路×标段　　　　　　　　　　　第2页　共2页

章 号	节 号	名 称	金 额(元)
第七章		电力及电力牵引供电	9735669
	18	电力	9735669
	19	电力牵引供电	
第八章	20	房屋	16914267
第九章		其他运营生产设备及建筑物	8368167
	21	给排水	5871813
	22	机务	152837
	23	车辆	185929
	24	动车	
	25	站场	2157588
	26	工务	
	27	其他建筑及设备	
第十章	28	大型临时设施和过渡工程	111682851
第十一章	29	其他费	47567423
		安全生产费	42201101
第一章~第十一章清单合计		A	2938638160
设备费		B	13336519
总承包风险费(含激励约束考核费)		C	72979200
总承包风险费中的激励约束考核费		D	15049522
投标报价总额(A+B+C)			3024953879
甲供材料设备			32806666.73

工程量清单计价表

表 4-3

清单 第01章 拆迁及征地费用

编码	节号	名称	计量单位	工程数量	金额(元)	
					综合单价	合价
0101	1	拆迁及征地费用	正线公里	73.14	1189339.34	86988279
0101-01		Ⅰ.建筑工程费	正线公里	73.14	127485.59	9324296
0101-01-01		一、改移道路	元			9316058
0101-01-01-01		(一)等级公路	元			6398490
0101-01-01-01-03		3.公路桥(5座)	m²	1603.75	3490.79	5598354
0101-01-01-01-04		4.涵洞	横延米	70	11430.51	800136
0101-01-01-02		(二)泥结碎石路	km	3.87	234077.04	905878
0101-01-01-03		(三)水泥路面	km	4.05	496713.58	2011690
0101-01-01-03-01		1.路基	km	4.05	190559.26	771765
0101-01-01-03-01-01		(1)土方	m³	31610.6	10.76	340130
0101-01-01-03-01-03		(3)路基附属工程	元			431635
0101-01-01-03-01-03-02		②浆砌石	圬工方	2965.75	145.54	431635
0101-01-01-03-02		2.路面	m²	15014	82.58	1239925
0101-01-01-03-02-01		(1)垫层	m²	15014	9.53	143083
0101-01-01-03-02-02		(2)基层	m²	2450	13.61	33345
0101-01-01-03-02-03		(3)面层	m²	15014	70.83	1063497
0101-01-01-03-02-03-01		①沥青混凝土路面	m²	2450	187.98	460551
0101-01-01-03-02-03-02		②水泥混凝土路面	m²	12564	47.99	602946
0101-01-02		二、砍伐、挖根	元			8238
0101-04		Ⅳ.其他费	正线公里	73.14	1061853.75	77663983
0101-04-01		一、土地征用及拆迁补偿费	正线公里	73.14	1000067.92	73144968
0101-04-01-02		(二)拆迁补偿费	元			73144968
0101-04-01-02-03		3.通信线路	正线公里	430.88	61057.96	26308654
0101-04-01-02-04		4.电力线路	元			45302787
0101-04-01-02-06		6.管路拆迁	元			1533527
0101-04-02		二、青苗补偿(电力)	元			302481
0101-04-03		三、临时用地	亩	1757.9	2398.62	4216534
		第01章合计 <u>86988279</u> 元				

清单 第02章 路基

编码	节号	名称	计量单位	工程数量	金额(元)	
					综合单价	合价
0202	2	区间路基土石方	断面方	3956366	21.36	84492694
0202-01		Ⅰ.建筑工程费	断面方	3956366	21.36	84492694
0202-01-01		一、土方	m³	2923474	13.25	38739311

续上表

编 码	节号	名 称	计量单位	工程数量	金 额(元)	
					综合单价	合 价
		清单 第02章 路基				
0202-01-01-01		(一)挖土方	m³	1182676	13.08	15469402
0202-01-01-02		(二)利用土填方	m³	753492	6.76	5093606
0202-01-01-03		(三)借土填方	m³	987306	18.41	18176303
0202-01-02		二、石方	m³	7528	27.89	209956
0202-01-02-01		(一)挖石方	m³	7528	27.89	209956
0202-01-02-01-01		1.挖石方(运距≤1km)	m³	7528	22.37	168401
0202-01-02-01-01-02		(2)机械施工	m³	7528	22.37	168401
0202-01-02-01-02		2.增运石方(运距>1km的部分)	立方米公里	22584	1.84	41555
0202-01-05		四、填改良土	m³	165779	46.89	7773654
0202-01-05-01		(一)利用土改良	m³	89213	39.65	3537295
0202-01-05-03		(二)借土改良	m³	4286	52.96	226987
0202-01-05-05		(三)涵后回填借土改良	m³	72280	55.47	4009372
0202-01-06		五、级配碎石(砂砾石)	m³	225204	90.19	20311608
0202-01-06-01		(一)基床表层	m³	217686	89.27	19432829
0202-01-06-02		(二)过渡段	m³	7518	116.89	878779
0202-01-10		八、B组填料	m³	634381	27.52	17458165
0202-01-10-04		(三)借土填方	m³	634381	27.52	17458165
0203	3	站场土石方	断面方	1059552	16.83	17832911
0203-01		Ⅰ.建筑工程费	断面方	1059552	16.83	17832911
0203-01-01		一、土方	m³	740220	8.81	6524869
0203-01-01-01		(一)挖土方	m³	499139	9.87	4926502
0203-01-01-02		(二)利用土填方	m³	241081	6.63	1598367
0203-01-02		二、石方	m³	138053	6.45	890442
0203-01-02-03		(三)借石填方	m³	138053	6.45	890442
0203-01-04		四、填改良土	m³	130552	45.11	5889201
0203-01-05		五、级配碎石(砂砾石)	m³	50727	89.27	4528399
0203-01-05-01		(一)基床表层	m³	50727	89.27	4528399
0204	4	路基附属工程	正线公里	73.14	4061566.95	297063007
0204-01		Ⅰ.建筑工程费	元			297063007
0204-01-01		一、附属土石方及加固防护	元			293182789
0204-01-01-01		(一)土石方	m³	418582	21.57	9028814
0204-01-01-01-01		1.土方	m³	418582	1.57	9028814
0204-01-01-02		(二)混凝土及砌体	元			58203122

续上表

清单 第02章 路基						
编码	节号	名称	计量单位	工程数量	金额(元)	
					综合单价	合价
0204-01-01-02-02		2.浆砌石	圬工方	225085	189.66	42689621
0204-01-01-02-03		3.混凝土	圬工方	29422	383.82	11292752
0204-01-01-02-04		4.片石混凝土	圬工方	10920	259.12	2829590
0204-01-01-02-05		5.钢筋混凝土	圬工方	1450	959.42	1391159
0204-01-01-03		(三)绿色防护	元			7980554
0204-01-01-03-02		2.播草籽	m²	332800	1.42	472576
0204-01-01-03-05		5.栽植乔木	千株	25.95	35880.25	931092
0204-01-01-03-06		6.栽植灌木	千株	4476.67	1176.85	5268369
0204-01-01-03-07		7.栽植灌木(环保)	千株	405	1176.85	476624
0204-01-01-03-09		9.穴植容器苗	千株	150.87	5513.97	831893
0204-01-01-08		(八)土工合成材料	m²	952679	7.82	7453993
0204-01-01-08-02		2.复合土工膜	m²	165607	8.89	1472246
0204-01-01-08-04		4.土工格栅	m²	787072	7.60	5981747
0204-01-01-09		(九)地基处理	元			182792115
0204-01-01-09-02		2.垫层	元			33328504
0204-01-01-09-02-01		(1)填砂	m³	4484	60.27	270251
0204-01-01-09-02-07		(6)填砂夹卵(砾)石	m³	744	64.72	48152
0204-01-01-09-02-09		(8)灰土	m³	465062	70.98	33010101
0204-01-01-09-03		3.换填土	m³	64614	60.88	3933700
0204-01-01-09-16		16.强夯	m²	129109	32.00	4131488
0204-01-01-09-17		17.重锤夯实	m²	18744	14.57	273100
0204-01-01-09-18		18.重型碾压	m²	55590	5.46	303521
0204-01-01-09-22		22.灰土挤密桩	m	5232297	26.86	140539497
0204-01-01-09-23		23.冲击碾压	m²	141862	1.99	282305
0204-01-01-10		(十)地下洞穴处理	元			395958
0204-01-01-10-04		4.填土	m³	19184	20.64	395958
0204-01-01-11		(十一)取弃土(石)场处理	元			3757846
0204-01-01-11-04		4.场地平整、绿化、复垦	元			2945814
0204-01-01-11-05		5.片石混凝土	圬工方	3200	253.76	812032
0204-01-01-13		(十三)降噪声工程	元			6479065
0204-01-01-13-02		2.隔声窗	m²	2880	375.52	1081498
0204-01-01-13-03		3.路基声屏障	m²	5240	1030.07	5397567
0204-01-01-14		(十四)线路防护栅栏	单侧公里	62.85	160844.14	10109054
0204-01-01-16		(十六)路基地段电缆槽	单侧公里	57.74	120926.02	6982268

续上表

清单　第02章　路基					
编　码	节号	名　称	计量单位	工程数量	金　额(元)	
					综合单价	合　价
0204-01-02		二、支挡结构	元			3880218
0204-01-02-01		(一)挡土墙浆砌石	圬工方	49	180.09	8824
0204-01-02-02		(二)挡土墙片石混凝土	圬工方	7423	319.99	2375286
0204-01-02-07		(七)桩板挡土墙	圬工方	2704	500.88	1354380
0204-01-02-13		(十三)挖孔	m³	749	39.66	29705
0204-01-02-15		(十四)其他	元			112023
		第02章合计　399388612	元			

清单　第03章　桥涵					
编　码	节号	名　称	计量单位	工程数量	金　额(元)	
					综合单价	合　价
0305	5	特大桥(4座)	延长米/座	4138.2/4	23540.94	97417113
0305-02		二、一般特大桥(4座)	延长米/座	4138.2/4	23540.94	97417113
0305-02-02		(二)双线特大桥(4座)	延长米/座	4138.2/4	23540.94	97417113
0305-02-02-01		1.双线特大桥 $H<30m$	延长米/座	800.84/1	17038.95	13645471
0305-02-02-01-01		Ⅰ.建筑工程费	延长米/座	800.84/1	17038.95	13645471
0305-02-02-01-01-01		(一)基础	圬工方	9635.37	917.36	8839103
0305-02-02-01-01-01-02		2.承台	圬工方	5158.6	692.82	3573981
0305-02-02-01-01-01-05		5.钻孔桩	m	3648	1443.29	5265122
0305-02-02-01-01-01-02		(二)墩台	圬工方	6348.1	500.87	3179573
0305-02-02-01-01-13		(十三)桥面系	延长米	800.84	1914.17	1532944
0305-02-02-01-01-13-01		1.混凝土梁桥面系	延长米	800.84	1914.17	1532944
0305-02-02-01-01-14		(十四)附属工程	元			93851
0305-02-02-01-01-14-04		4.浆砌石	圬工方	416.3	225.44	93851
0305-02-02-04		4.连续梁特大桥	延长米/座	2339.33/2	24482.17	57271883
0305-02-02-04-01		Ⅰ.建筑工程费	延长米	2339.33	24482.17	57271883
0305-02-02-04-01-01		(一)基础	圬工方	53903.91	540.74	29147797
0305-02-02-04-01-01-02		2.承台	圬工方	7429.4	537.53	3993525
0305-02-02-04-01-01-05		5.钻孔桩	m	9729	1518.97	14778059
0305-02-02-04-01-01-07		7.挖井基础	圬工方	33385.5	310.80	10376213
0305-02-02-04-01-02		(二)墩台	圬工方	15527.9	507.41	7879012
0305-02-02-04-01-06		(六)预应力混凝土连续梁	圬工方	4600.2	3229.84	14857910
0305-02-02-04-01-12		(十二)支座	元			806004
0305-02-02-04-01-12-03		3.盆式橡胶支座	个	16	50375.23	806004
0305-02-02-04-01-13		(十三)桥面系	延长米	2339.33	1905.75	4458178

续上表

清单 第03章 桥涵					
编码	节号	名称	计量单位	工程数量	金额(元)
					综合单价 / 合价
0305-02-02-04-01-13-01		1.混凝土梁桥面系	延长米	2339.33	1905.75 / 4458178
0305-02-02-04-01-14		(十四)附属工程	元		/ 122982
0305-02-02-04-01-14-01		1.土方	m³	1000	8.92 / 8920
0305-02-02-04-01-14-04		4.浆砌石	圬工方	46	148.48 / 6830
0305-02-02-04-01-14-07		7.台后及锥体填筑	m³	570.2	188.06 / 107232
0305-02-02-05		5.清水乡宛川河特大桥	延长米/座	998.03/1	26552.07 / 26499759
0305-02-02-05-01		Ⅰ.建筑工程费	延长米	998.03	26552.07 / 26499759
0305-02-02-05-01-01		(一)基础	圬工方	34187.45	430.02 / 14701350
0305-02-02-05-01-01-02		2.承台	圬工方	1094.5	546.82 / 598494
0305-02-02-05-01-01-05		5.钻孔桩	m	1415	1625.65 / 2300295
0305-02-02-05-01-01-07		7.挖井基础	圬工方	31140.5	379.01 / 11802561
0305-02-02-05-01-02		(二)墩台	圬工方	10474.1	498.88 / 5225319
0305-02-02-05-01-06		(六)预应力混凝土连续梁	圬工方	1160.1	3848.46 / 4464598
0305-02-02-05-01-12		(十二)支座	元		/ 161679
0305-02-02-05-01-12-03		3.盆式橡胶支座	个	4	40419.86 / 161679
0305-02-02-05-01-13		(十三)桥面系	延长米	998.03	1786.00 / 1782482
0305-02-02-05-01-13-01		1.混凝土梁桥面系	延长米	998.03	1786.00 / 1782482
0305-02-02-05-01-14		(十四)附属工程	元		/ 164331
0305-02-02-05-01-14-04		4.浆砌石	圬工方	25.1	223.00 / 5597
0305-02-02-05-01-14-07		7.台后及锥体填筑	m³	663.3	239.31 / 158734
0306	6	大桥(12座)	延长米/座	2413.39/12	25355.34 / 61192322
0306-01		甲、新建(12座)	延长米/座	2413.39/12	25355.34 / 61192322
0306-01-02		二、一般梁式大桥(12座)	延长米/座	2413.39/12	25355.34 / 61192322
0306-01-02-02		(二)双线大桥(12座)	延长米/座	2413.39/12	25355.34 / 61192322
0306-01-02-02-01		1.双线大桥 H<30m	延长米/座	1932.21/10	23887.90 / 46156440
0306-01-02-02-01-01		Ⅰ.建筑工程费	延长米	1932.21	23887.90 / 46156440
0306-01-02-02-01-01-01		(一)基础	圬工方	43197.96	728.94 / 31488678
0306-01-02-02-01-01-01-02		2.承台	圬工方	8503.3	571.10 / 4856235
0306-01-02-02-01-01-01-05		5.钻孔桩	m	12697	1526.90 / 19387049
0306-01-02-02-01-01-01-07		7.挖井基础	圬工方	19113.1	379.08 / 7245394
0306-01-02-02-01-01-02		(二)墩台	圬工方	19986.7	498.81 / 9969566
0306-01-02-02-01-01-13		(十三)桥面系	延长米	1932.21	1909.37 / 3689304
0306-01-02-02-01-01-13-01		1.混凝土梁桥面系	延长米	1932.21	1909.37 / 3689304

续上表

清单 第03章 桥涵						
编 码	节号	名 称	计量单位	工程数量	金 额(元)	
					综合单价	合 价
0306-01-02-02-01-01-14		(十四)附属工程	元			1008892
0306-01-02-02-01-01-14-01		1.土方	m³	7160	8.92	63867
0306-01-02-02-01-01-14-03		3.干砌石	m³	232.3	89.37	20761
0306-01-02-02-01-01-14-04		4.浆砌石	圬工方	4623.4	199.91	924264
0306-01-02-02-02		2.双线大桥30≤H<50m	延长米/座	481.18/2	31247.94	15035882
0306-01-02-02-02-01		Ⅰ.建筑工程费	延长米/座	481.18/2	31247.94	15035882
0306-01-02-02-02-01-01		(一)基础	圬工方	13193.7	695.15	9171543
0306-01-02-02-02-01-01-02		2.承台	圬工方	7836.2	443.97	3479038
0306-01-02-02-02-01-01-05		5.钻孔桩	m	2542	1478.61	3758627
0306-01-02-02-02-01-01-07		7.挖井基础	圬工方	2238	864.11	1933878
0306-01-02-02-02-01-02		(二)墩台	圬工方	8718.8	532.69	4644418
0306-01-02-02-02-01-13		(十三)桥面系	延长米	481.2	1937.85	932493
0306-01-02-02-02-01-13-01		1.混凝土梁桥面系	延长米	481.2	1937.85	932493
0306-01-02-02-02-01-14		(十四)附属工程	元			287428
0306-01-02-02-02-01-14-01		1.土方	m³	3000	22.02	66060
0306-01-02-02-02-01-14-03		3.干砌石	m³	58	89.39	5185
0306-01-02-02-02-01-14-04		4.浆砌石	圬工方	947.3	228.21	216183
0307	7	中桥(6座)	延长米/座	620.08/6	33701.84	20897839
0307-01		Ⅰ.建筑工程费	延长米/座	620.08/6	33701.84	20897839
0307-01-01		甲、新建(6座)	延长米/座	620.08/6	33701.84	20897839
0307-01-01-01		一、梁式中桥(6座)	延长米/座	620.08/6	33701.84	20897839
0307-01-01-01-02		(二)双线中桥	延长米/座	620.08/6	33701.84	20897839
0307-01-01-01-02-01		1.双线梁式中桥	延长米/座	620.08/6	33701.84	20897839
0307-01-01-01-02-01-01		(一)基础	圬工方	15648.75	911.99	14271476
0307-01-01-01-02-01-01-02		2.承台	圬工方	3978.8	580.20	2308500
0307-01-01-01-02-01-01-05		5.钻孔桩	m	6330	1639.88	10380440
0307-01-01-01-02-01-01-07		7.挖井基础	圬工方	3902.1	405.56	1582536
0307-01-01-01-02-01-02		(二)墩台	圬工方	7992.3	563.23	4501503
0307-01-01-01-02-01-13		(十三)桥面系	延长米	620.08	2076.09	1287342
0307-01-01-01-02-01-13-01		1.混凝土梁桥面系	延长米	620.08	2076.09	1287342
0307-01-01-01-02-01-14		(十四)附属工程	元			837518
0307-01-01-01-02-01-14-01		1.土方	m³	3520	8.92	31398
0307-01-01-01-02-01-14-03		3.干砌石	m³	145.3	99.18	14411
0307-01-01-01-02-01-14-04		4.浆砌石	圬工方	2341.4	301.10	704996
0307-01-01-01-02-01-14-05		5.混凝土	圬工方	1250	69.37	86713

续上表

清单 第03章 桥涵						
编码	节号	名称	计量单位	工程数量	金额(元)	
					综合单价	合价
0308	8	小桥(3座)	延长米/座	67.81/3	65705.62	4455498
0308-01		Ⅰ.建筑工程费	延长米/座	67.81/3	65705.62	4455498
0308-01-01		甲、新建(3座)	延长米/座	67.81/3	65705.62	4455498
0308-01-01-03		三、框架式桥(3座)	延长米/座	67.81/3	65705.62	4455498
0308-01-01-03-01		(一)明挖(××座)	顶平米	1002.4	4444.83	4455498
0308-01-01-03-01-01		1.框架桥身及附属	顶平米	1002.4	3867.63	3876912
0308-01-01-03-01-02		2.明挖基础(含承台)	圬工方	582	303.66	176730
0308-01-01-03-01-03		3.地基处理	元			401856
0308-01-01-03-01-03-01		(1)换填	m³	4530	88.71	401856
0309	9	涵洞(102座)	横延米/座	2702.76/102	10414.91	28149000
0309-01		Ⅰ.建筑工程费	横延米/座	2702.76/102	10414.91	28149000
0309-01-01		甲、新建(102座)	横延米/座	2702.76/102	10414.91	28149000
0309-01-01-04		四、矩形涵(101座)	横延米/座	2654.76/101	10541.90	27986220
0309-01-01-04-01		(一)明挖(101座)	横延米/座	2654.76/101	10541.90	27986220
0309-01-01-04-01-01		1.单孔(101座)	横延米/座	2654.76/101	10541.90	27986220
0309-01-01-04-01-01-01		1.孔径<3m(38座)	横延米/座	987.9/38	4139.14	4089054
0309-01-01-04-01-01-01-01		(1)涵身及附属	横延米	987.9	2753.98	2720657
0309-01-01-04-01-01-01-02		(2)明挖基础(含承台)	圬工方	1033.7	312.85	323393
0309-01-01-04-01-01-01-03		(3)地基处理	元			1045004
0309-01-01-04-01-01-01-03-01		①换填	m³	11780	88.71	1045004
0309-01-01-04-01-01-02		2.3m≤孔径<5m(41座)	横延米/座	1141.84/41	12428.25	14191070
0309-01-01-04-01-01-02-01		(1)涵身及附属	横延米	1141.84	10308.88	11771092
0309-01-01-04-01-01-02-02		(2)明挖基础(含承台)	圬工方	1284.2	340.53	437309
0309-01-01-04-01-01-02-03		(3)地基处理	元			1982669
0309-01-01-04-01-01-02-03-01		①换填	m³	22350	88.71	1982669
0309-01-01-04-01-01-03		3.孔径≥5m(22座)	横延米/座	525.02/22	18487.10	9706096
0309-01-01-04-01-01-03-01		(1)涵身及附属	横延米	525.02	16021.04	8411366
0309-01-01-04-01-01-03-02		(2)明挖基础(含承台)	圬工方	910.1	343.60	312710
0309-01-01-04-01-01-03-03		(3)地基处理	元			982020
0309-01-01-04-01-01-03-03-01		①换填	m³	11070	88.71	982020
0309-01-01-08		八、渡槽(1座)	横延米/座	48/1	3391.26	162780
第03章合计 212111772 元						

第四章 铁路工程工程量清单计价

工程量清单子目综合单价分析表

清单 第01章 拆迁及征地费用

表 4-4

编码	节号	名称	计量单位	综合单价组成（元）						综合单价
				人工费	材料费	机械使用费	填料费	措施费	间接费	税金	（元）
0101	1	拆迁及征地费用	正线公里								
0101-01		Ⅰ.建筑工程费	正线公里								
0101-01-01		一、改移道路	元								
0101-01-01-01		（一）等级公路	元								
0101-01-01-03		3.公路桥(5座)	m²	302.36	2271.30	315.65		164.58	323.75	113.15	3490.79
0101-01-01-04		4.涵洞	横延米								11430.51
0101-01-01-02		（二）泥结碎石路	km	21156.23	86772.53	83230.81		17259.12	18071.05	7587.30	234077.04
0101-01-01-03		（三）水泥路面	km								
0101-01-03-01		1.路基	km								
0101-01-03-01-01		(1)土方	m³	0.22	0.01	7.57		1.30	1.31	0.35	10.76
0101-01-03-01-03		(3)路基附属工程	元								
0101-01-03-01-02		②浆砌石	坊工方	28.60	92.46	2.22		6.31	11.23	4.72	145.54
0101-01-03-02		2.路面	m²								
0101-01-03-02-01		(1)垫层	m²	1.02	5.67	1.63		0.43	0.47	0.31	9.53
0101-01-03-02-02		(2)基层	m²	1.06	10.05	1.27		0.38	0.41	0.44	13.61
0101-01-03-02-03		(3)面层	m²								
0101-01-03-02-03-01		①沥青混凝土路面	m²	26.36	64.49	59.93		14.87	16.24	6.09	187.98
0101-01-03-02-03-02		②水泥混凝土路面	m²	6.48	35.17	1.81		1.36	1.61	1.56	47.99
0101-01-02		二、砍伐、挖根	元	4334	14			1036	2587	267	8238
0101-01-04		Ⅳ.其他费	正线公里								
0101-04-01		一、土地征用及拆迁补偿费	正线公里								
0101-04-01-02		（二）拆迁补偿费	元								
0101-04-01-02-03		3.通信线路	正线公里	6533.94	48714.55	1119.81		1237.40	1473.12	1979.14	61057.96

续上表

清单 第 01 章 拆迁及征地费用

编码	节号	名称	计量单位	综合单价组成（元）					综合单价（元）
				人工费	材料费	机械使用费	措施费	间接费	税金	
0101-04-01-02-04		4.电力线路	元							4502787
0101-04-01-02-06		6.管路拆迁	元							1533527
0101-04-02		二、青苗补偿（电力）	元							302481
0101-04-03		三、临时用地	亩							2398.62

清单 第 02 章 路基

编码	节号	名称	计量单位	综合单价组成（元）					综合单价（元）
				人工费	材料费	机械使用费	措施费	间接费	税金	
0202	2	区间路基土石方	断面方							
0202-01		I.建筑工程费	断面方							
0202-01-01		一、土方	m³							
0202-01-01-01		（一）挖土方	m³	0.07		9.76	1.43	1.40	0.42	13.08
0202-01-01-02		（二）利用土填方	m³	0.47	0.20	4.30	0.78	0.79	0.22	6.76
0202-01-01-03		（三）借土填方	m³	0.54	0.20	12.89	2.09	2.10	0.59	18.41
0202-01-02		二、石方	m³							
0202-01-02-01		（一）挖石方	m³							
0202-01-02-01-01		1.挖石方（运距≤1km）	m³	3.68	1.90	11.10	2.42	2.55	0.72	22.37
0202-01-02-01-01-02		（2）机械施工	m³							
0202-01-02-01-01-02		2.增运石方（运距＞1km 的部分）	m³·km			1.50	0.15	0.13	0.06	1.84
0202-01-05		四、填改良土	m³							
0202-01-05-01		（一）利用土改良	m³	0.39	26.66	8.43	1.44	1.44	1.29	39.65
0202-01-05-03		（二）借土改良	m³	0.46	25.98	18.91	2.96	2.93	1.72	52.96
0202-01-05-05		（三）涵后回填借土改良	m³	0.46	25.99	20.96	3.16	3.11	1.79	55.47

续上表

清单 第02章 路基

编码	节号	名称	计量单位	综合单价组成（元）							综合单价（元）
				人工费	材料费	机械使用费	填料费	措施费	间接费	税金	
0202-01-06		五、级配碎石（砂砾石）	m³								
0202-01-06-01		（一）基床表层	m³	1.00	64.52	15.48		2.68	2.70	2.89	89.27
0202-01-06-02		（二）过渡段	m³	1.00	91.24	15.48		2.68	2.70	3.79	116.89
0202-01-10		八、B组填料	m³								
0202-01-10-04		（三）借土填方	断面方	0.54	0.20	17.87	2.87	2.61	2.54	0.89	27.52
0203		站场土石方	断面方								
0203-01	3	Ⅰ.建筑工程费	m³								
0203-01-01		一、土方									
0203-01-01-01		（一）挖土方	m³	0.09		7.17		1.15	1.14	0.32	9.87
0203-01-01-02		（二）利用土填方	m³	0.21	0.20	4.49		0.76	0.75	0.22	6.63
0203-01-02		二、石方									
0203-01-02-03		（三）普石填方	m³	0.21	0.03	4.49		0.76	0.75	0.21	6.45
0203-01-04		四、填石改良土	m³	0.42	25.99	13.12		2.07	2.05	1.46	45.11
0203-01-05		五、级配碎石（砂砾石）									
0203-01-05-01		（一）基床表层	m³	1.00	64.52	15.48		2.68	2.70	2.89	89.27
0204	4	路基附属工程	正线公里								
0204-01		Ⅰ.建筑工程费	元								
		一、附属土石方及加固防护	元								
0204-01-01		（一）土石方									
0204-01-01-01		1.土方	m³	0.54	0.20	14.90		2.59	2.64	0.70	21.57
0204-01-01-02		（二）混凝土及砌体	元								
0204-01-01-02-02		2.浆砌石	圬工方	36.10	120.43	4.20		8.22	14.56	6.15	189.66
0204-01-01-02-03		3.混凝土	圬工方	94.43	217.64	3.58		19.99	35.74	12.44	383.82

续上表

清单 第02章 路基

编码	节号	名称	计量单位	综合单价组成（元）						综合单价（元）
				人工费	材料费	机械使用费	措施费	间接费	税金	
0204-01-01-02-04		4.片石混凝土	圬工方	37.17	180.56	7.59	9.21	16.19	8.40	259.12
0204-01-01-02-05		5.钢筋混凝土	圬工方	215.61	582.80	4.68	44.86	80.37	31.10	959.42
0204-01-01-03		（三）绿色防护	元							
0204-01-01-03-02		2.播草籽	m²	0.46	0.53		0.11	0.27	0.05	1.42
0204-01-01-03-05		5.栽植乔木	千株	11099.80	14336.87		2653.97	6626.59	1163.02	35880.25
0204-01-01-03-06		6.栽植灌木	千株	469.96	275.81		112.36	280.57	38.15	1176.85
0204-01-01-03-07		7.栽植灌木（环保）	千株	469.96	275.81		112.36	280.57	38.15	1176.85
0204-01-01-03-09		9.穴植容器苗	千株	1457.44	2659.24		348.47	870.09	178.73	5513.97
0204-01-01-08		（八）土工合成材料	m²							
0204-01-01-08-02		2.复合土工膜	m²	0.54	7.75		0.11	0.20	0.29	8.89
0204-01-01-08-04		4.土工格栅	m²	0.37	6.78		0.08	0.13	0.24	7.60
0204-01-01-09		（九）地基处理	元							
0204-01-01-09-02		2.垫层	元							
0204-01-01-09-02-01		（1）填砂	m³	8.18	45.49	0.70	1.66	2.99	1.95	60.27
0204-01-01-09-02-07		（6）填砂夹卵（砾）石	m³	9.57	47.62	20.70	1.94	3.49	2.10	64.72
0204-01-01-09-02-09		（8）灰土	m³	14.33	45.11		3.07	5.47	2.30	70.98
0204-01-01-09-03		3.换填土	m²	0.52	26.66	17.98	4.34	6.69	1.97	60.88
0204-01-01-09-16		16.强夯	m²	2.23		7.75	4.18	6.57	1.04	32.00
0204-01-01-09-17		17.重锤夯实	m²	1.50		3.55	1.88	2.97	0.47	14.57
0204-01-01-09-18		18.重型碾压	m²	0.04		8.73	0.68	1.01	0.18	5.46
0204-01-01-09-22		22.灰土挤密桩	m	2.50	8.62	1.16	2.36	3.78	0.87	26.86
0204-01-01-09-23		23.冲击碾压	m²	0.05			0.27	0.44	0.07	1.99
0204-01-01-10		（十）地下洞穴处理	元							
0204-01-01-10-04		4.填土	m³	2.06	6.16	6.95	1.85	2.95	0.67	20.64

第四章 铁路工程工程量清单计价

续上表

编 码	节号	名 称	计量单位	综合单价组成（元）					综合单价
				人工费	材料费	机械使用费	措施费	间接费	税金	（元）

清单 第02章 路基

0204-01-01-11		（十一）取弃土（石）场处理	元							
0204-01-01-11-04		4.场地平整、绿化、复垦	元	316576	242486	1408118	343705	539443	95486	2945814
0204-01-01-11-05		5.片石混凝土	吨工方	36.88	176.31	7.27	9.09	15.99	8.22	253.76
0204-01-01-13		（十三）降噪声工程	元							
0204-01-01-13-02		2.隔声窗	m²	43.66	893.67	21.94	13.74	23.67	33.39	1030.07
0204-01-01-13-03		3.路基声屏障	单侧公里	43006.04	84803.78	2197.61	9202.89	16420.20	5213.62	160844.14
0204-01-01-14		（十四）线路防护栅栏	单侧公里							120926.02
0204-01-01-16		（十六）路基地段电缆槽	元							
0204-01-02		二、支挡结构								
0204-01-02-01		（一）挡土墙浆砌石	吨工方	37.72	103.58	7.44	9.26	16.25	5.84	180.09
0204-01-02-02		（二）挡土墙片石混凝土	吨工方	38.93	225.65	14.66	11.12	19.26	10.37	319.99
0204-01-02-07		（七）桩板挡土墙	吨工方	68.24	324.12	34.44	21.28	36.57	16.23	500.88
0204-01-02-13		（十三）挖孔	m³	12.94	2.05	10.14	4.90	8.34	1.29	39.66
0204-01-02-15		（十四）其他	元	391	99854	5220	1145	1782	3631	112023

编 码	节号	名 称	计量单位	综合单价组成（元）					综合单价
				人工费	材料费	机械使用费	措施费	间接费	税金	（元）

清单 第03章 桥涵

0305	5	特大桥（4座）	延长米/座							
0305-02		二、一般特大桥（4座）	延长米/座							
0305-02-02		（二）双线特大桥（4座）	延长米/座							
0305-02-02-01		1.双线特大桥 H<30m	延长米/座							
0305-02-02-01-01		Ⅰ.建筑工程费	吨工方							
0305-02-02-01-01-01		（一）基础								

续上表

第03章 桥涵

编码	节号	名称	计量单位	清单		综合单价组成（元）				综合单价（元）
				人工费	材料费	机械使用费	措施费	间接费	税金	
0305-02-01-01-01-02		2.承台	坊工方	88.72	489.89	41.96	19.39	30.40	22.46	692.82
0305-02-01-01-01-05		5.钻孔桩	m	97.45	646.94	442.41	85.86	123.85	46.78	1443.29
0305-02-01-01-02		（二）墩台	坊工方	51.32	352.88	43.97	14.41	22.06	16.23	500.87
0305-02-01-01-13		（十三）桥面系	延长米							
0305-02-01-01-13-01		1.混凝土梁桥面系	延长米	160.87	1312.03	113.64	100.97	164.61	62.05	1914.17
0305-02-01-01-14		（十四）附属工程	元							
0305-02-01-01-14-04		4.浆砌石	坊工方	40.57	102.01	44.44	12.50	18.62	7.30	225.44
0305-02-02-04		4.连续梁特大桥	延长米/座							
0305-02-02-04-01		Ⅰ.建筑工程费	延长米/座							
0305-02-04-01-01		（一）基础	坊工方							
0305-02-04-01-01-02		2.承台	坊工方	73.30	361.93	41.19	17.08	26.61	17.42	537.53
0305-02-04-01-01-05		5.钻孔桩	m	100.31	695.11	457.54	88.76	128.01	49.24	1518.97
0305-02-04-01-01-07		7.挖井基础	坊工方	35.19	197.52	39.52	11.36	17.14	10.07	310.80
0305-02-04-01-02		（二）墩台	坊工方	52.73	356.83	44.27	14.66	22.47	16.45	507.41
0305-02-04-01-06		（六）预应力混凝土连续梁	坊工方	355.42	2094.48	267.35	166.89	241.01	104.69	3229.84
0305-02-04-01-12		（十二）支座	元							
0305-02-04-01-12-03		3.盆式橡胶支座	个	1283.34	45038.45	355.16	492.04	1573.37	1632.87	50375.23
0305-02-04-01-13		（十三）桥面系	延长米							
0305-02-04-01-13-01		1.混凝土梁桥面系	延长米	157.86	1304.73	115.89	100.96	164.54	61.77	1905.75
0305-02-04-01-14		（十四）附属工程	元							
0305-02-04-01-14-01		1.土方	m³	0.08		6.41	1.07	1.07	0.29	8.92
0305-02-04-01-14-04		4.浆砌石	坊工方	35.08	94.26	0.68	5.13	8.51	4.82	148.48
0305-02-04-01-14-07		7.台后及锥体填筑	m³	44.09	112.52	6.34	7.26	11.76	6.09	188.06
0305-02-02-05		5.清水乡苑川河特大桥	延长米/座							

第四章 铁路工程工程量清单计价 153

续上表

清单 第03章 桥涵

编码	节号	名称	计量单位	综合单价组成(元)						综合单价(元)
				人工费	材料费	机械使用费	填料费	措施费	间接费	税金	
0305-02-02-05-01		I.建筑工程费	延长米								
0305-02-02-05-01-01		(一)基础	吨工方								
0305-02-02-05-01-01-02		2.承台	吨工方	51.88	397.09	47.25		10.15	22.73	17.72	546.82
0305-02-02-05-01-01-05		5.钻孔桩	m	108.31	729.85	524.70		64.87	145.23	52.69	1625.65
0305-02-02-05-01-01-07		7.挖井基础	吨工方	44.41	257.48	37.49		8.44	18.90	12.29	379.01
0305-02-02-05-01-02		(二)墩台	吨工方	48.60	357.58	45.15		9.69	21.69	16.17	498.88
0305-02-02-05-01-06		(六)预应力混凝土连续梁	吨工方	296.94	2853.09	244.52		119.61	209.55	124.75	3848.46
0305-02-02-05-01-12		(十二)支座	元								
0305-02-02-05-01-12-03		3.盆式橡胶支座	个	1120.22	35678.61	429.97		398.76	1482.13	1310.17	40419.86
0305-02-02-05-01-13		(十三)桥面系	延长米								
0305-02-02-05-01-13-01		1.混凝土梁桥面系	延长米	151.02	1231.37	107.55		83.06	155.10	57.90	1786.00
0305-02-02-05-01-14		(十四)附属工程	元								
0305-02-02-05-01-14-04		4.浆砌石	吨工方	63.89	87.34	32.84		9.80	21.91	7.22	223.00
0305-02-02-05-01-14-07		7.台后及锥体填筑	m³	40.74	92.55	65.24		10.20	22.83	7.75	239.31
0306	6	大桥(12座)	延长米/座								
0306-01		甲、新建(12座)	延长米/座								
0306-01-02		二、一般梁式大桥(12座)	延长米/座								
0306-01-02-02		(二)双线大桥 H<30m	延长米/座								
0306-01-02-02-01		I.建筑工程费	延长米								
0306-01-02-02-01-01		(一)基础	吨工方								
0306-01-02-02-01-01-02		2.承台	吨工方	58.11	52.05	87.95		22.00	32.48	18.51	571.10

续上表

编码	节号	名称	计量单位	综合单价组成（元）						综合单价（元）
				人工费	材料费	机械使用费	措施费	间接费	税金	
0306-01-02-02-01-01-05		5.钻孔桩	m	99.62	718.42	446.98	86.94	125.45	49.49	1526.90
0306-01-02-02-01-01-07		7.挖井基础	圬工方	51.34	251.09	32.34	12.55	19.47	12.29	379.08
0306-01-02-02-01-01-02		（二）墩台	圬工方	51.26	351.84	43.34	14.30	21.90	16.17	498.81
0306-01-02-02-01-01-13		（十三）桥面系	延长米							
0306-01-02-02-01-13-01		1.混凝土梁桥面系	延长米	163.04	1310.08	110.38	100.33	163.64	61.90	1909.37
0306-01-02-02-01-01-14		（十四）附属工程	元							
0306-01-02-02-01-14-01		1.土方	m³	0.08		6.41	1.07	1.07	0.29	8.92
0306-01-02-02-01-14-03		3.干砌石	m³	26.91	49.32		3.85	6.40	2.89	89.37
0306-01-02-02-01-14-04		4.浆砌石	圬工方	41.30	102.32	25.20	9.71	14.90	6.48	199.91
0306-01-02-02-02		2.双线大桥 30≤H<50m	延长米/座							
0306-01-02-02-02-01		Ⅰ.建筑工程费	延长米/座							
0306-01-02-02-02-01-01		（一）基础	圬工方							
0306-01-02-02-02-01-02		2.承台	圬工方	93.41	246.46	39.22	19.60	30.89	14.39	443.97
0306-01-02-02-02-01-05		5.钻孔桩	m	98.36	688.44	436.23	85.00	122.65	47.93	1478.61
0306-01-02-02-02-01-07		7.挖井基础	圬工方	140.45	553.32	64.14	30.40	47.79	28.01	864.11
0306-01-02-02-02-01-02		（二）墩台	延长米	56.12	364.27	53.06	16.62	25.36	17.26	532.69
0306-01-02-02-02-01-13		（十三）桥面系	延长米							
0306-01-02-02-02-13-01		1.混凝土梁桥面系	延长米	169.41	1325.75	110.46	102.39	167.02	62.82	1937.85
0306-01-02-02-02-01-14		（十四）附属工程	元							
0306-01-02-02-02-14-01		1.土方	m³	0.23	0.01	15.77	2.65	2.65	0.71	22.02
0306-01-02-02-02-14-03		3.干砌石	m³	26.91	49.32		3.85	6.41	2.90	89.39
0306-01-02-02-02-14-04		4.浆砌石	圬工方	40.72	102.49	45.91	12.75	18.94	7.40	228.21
0307	7	中桥（6座）	延长米/座							
0307-01		Ⅰ.建筑工程费	延长米/座							

清单 第03章 桥涵

续上表

第03章 桥涵

编码	节号	名称	计量单位	人工费	材料费	机械使用费	填料费	措施费	间接费	税金	综合单价(元)
0307-01-01-01		甲、新建(6座)	延长米/座								
0307-01-01-01-01		一、梁式中桥(6座)	延长米/座								
0307-01-01-01-02		(二)双线梁式中桥	延长米/座								
0307-01-01-02-01		1.双线梁式中桥	延长米/座								
0307-01-01-02-01-01		(一)基础	圬工方								
0307-01-01-02-01-02		2.承台	圬工方	56.39	387.22	44.75		22.01	51.03	18.80	580.20
0307-01-01-02-01-05		5.钻孔桩	m	96.93	651.26	444.17		122.41	271.96	53.15	1639.88
0307-01-01-02-01-07		7.挖井基础	圬工方	45.29	244.61	40.57		18.72	43.23	13.14	405.56
0307-01-01-02-01-02		(二)墩台	圬工方	54.19	375.37	44.08		21.49	49.84	18.26	563.23
0307-01-01-02-01-13		(十三)混凝土梁桥面系	延长米	178.64	1421.93	120.02		109.54	178.67	67.29	2076.09
0307-01-01-02-01-13-01		1.混凝土梁桥面系	延长米								
0307-01-01-02-01-14		(十四)附属工程	元								
0307-01-01-02-01-14-01		1.土方	m³	0.08		6.41		1.07	1.07	0.29	8.92
0307-01-01-02-01-14-03		3.干砌石	m³	26.91	49.32			5.71	14.02	3.22	99.18
0307-01-01-02-01-14-04		4.浆砌石	圬工方	53.31	133.30	39.78		19.66	45.29	9.76	301.10
0307-01-01-02-01-14-05		5.混凝土	圬工方	6.92	36.95	10.51		3.89	8.86	2.24	69.37
0308	8	小桥(3座)	延长米/座								
0308-01		Ⅰ.建筑工程费	延长米/座								
0308-01-01		甲、新建(3座)	延长米/座								
0308-01-01-03		三、框架式桥(3座)	延长米/座								
0308-01-01-03-01		(一)明挖(××座)	顶平米								
0308-01-01-03-01-01		1.框架桥身及附属	顶平米	377.37	2945.46	82.82		99.03	237.58	125.37	3867.63
0308-01-01-03-01-02		2.明挖基础(含承台)	圬工方	34.35	210.00	14.25		10.48	24.74	9.84	303.66
0308-01-01-03-01-03		3.地基处理	元								

续上表

清单 第03章 桥涵

节号	编码	名称	计量单位	综合单价组成（元）						综合单价（元）
				人工费	材料费	机械使用费	填料费	措施费	间接费	税金	

节号	编码	名称	计量单位	人工费	材料费	机械使用费	措施费	间接费	税金	综合单价（元）
	0308-01-03-03-01	(1)换填	m³	14.33	59.80	0.69	3.20	7.82	2.87	88.71
9	0309	涵洞（102座）	横延米/座							
	0309-01	Ⅰ.建筑工程费	横延米/座							
	0309-01-01	甲、新建（102座）	横延米/座							
	0309-01-01-04	四、矩形涵（102座）	横延米/座							
	0309-01-01-04-01	(一)明挖（101座）	横延米/座							
	0309-01-01-04-01-01	1.单孔（101座）	横延米/座							
	0309-01-01-04-01-01	1.孔径<3m（38座）	横延米/座							
	0309-01-01-04-01-01-01	(1)涵身及附属	横延米	304.22	2004.92	77.32	82.05	196.20	89.27	2753.98
	0309-01-01-04-01-01-02	(2)明挖基础（含承台）	圬工方	39.16	191.65	25.69	13.90	32.31	10.14	312.85
	0309-01-01-04-01-01-03	(3)地基处理	元							
	0309-01-01-04-01-01-01-03-01	①换填	m³	14.33	59.80	0.69	3.20	7.82	2.87	88.71
	0309-01-01-04-01-02	2.3m≤孔径<5m（41座）	横延米/座							
	0309-01-01-04-01-02-01	(1)涵身及附属	横延米	1344.80	7127.33	301.65	353.55	847.39	334.16	10308.88
	0309-01-01-04-01-02-02	(2)明挖基础（含承台）	圬工方	44.06	191.75	36.68	17.26	39.74	11.04	340.53
	0309-01-01-04-01-02-03	(3)地基处理	元							
	0309-01-01-04-01-02-03-01	①换填	m³	14.33	59.80	0.69	3.20	7.82	2.87	88.71
	0309-01-01-04-01-03	3.孔径≥5m（22座）	横延米/座							
	0309-01-01-04-01-03-01	(1)涵身及附属	横延米	2122.79	11009.87	474.58	557.71	1336.78	519.31	16021.04
	0309-01-01-04-01-03-02	(2)明挖基础（含承台）	圬工方	43.25	191.73	39.34	17.65	40.50	11.13	343.60
	0309-01-01-04-01-03-03	(3)地基处理	元							
	0309-01-01-04-01-03-03-01	①换填	m³	14.33	59.80	0.69	3.20	7.82	2.87	88.71
	0309-01-01-08	八、渡槽（1座）	横延米/座	479.47	2110.55	201.51	145.89	343.93	109.91	3391.26

甲供材料费计算表

表 4-5

序号	材料编码	名称及规格	交货地点	计量单位	数量	金额(元) 单价	金额(元) 合价
		一、部管物资					
1	1710061	JS-18 环保防水卷材	材料厂	m	10737.36	26.87	288512.86
2	1710101	881-Ⅰ防水涂料	材料厂	kg	22327.55	12.82	286239.19
3	1710056	氯化聚乙烯防水卷材 $\delta=1.2$	材料厂	m	174	17.67	3074.58
4	1710104	聚氨酯防水涂料	材料厂	kg	298.7	11.19	3342.45
5	3341015	聚氯乙烯软板 $\delta=1\sim6$	材料厂	kg	1673470.2	11.00	18408172.64
6	3391029	橡胶止水带 15×300	材料厂	m	363610.3	17.67	6424994.00
7	101009022	钢边止水带	材料厂	m	86206.62	50.00	4310331.00
		合计					29724666.73

甲控材料价格表

表 4-6

序号	材料编码	材料名称及规格型号	技术条件	计量单位	单价(元)
1	1900005	圆钢 Q235-A $\phi6\sim9$		kg	3.31
2	1900012	圆钢 Q235-A$\phi10\sim18$		kg	3.33
3	1900013	圆钢 Q235-A$\phi18$ 以上		kg	3.28
4	1900016	圆钢 16Mn$\phi18$ 以下		kg	3.70
5	1900017	圆钢 16Mn$\phi18$ 以上		kg	3.63
6	1902001	镀锌圆钢 $\phi6\sim9$		kg	4.27
7	1910101	螺纹钢 $\phi6\sim9$		kg	3.30
8	1910102	螺纹钢 $\phi10\sim18$		kg	3.27
9	1910103	螺纹钢 $\phi18$ 以上		kg	3.25
10	1980053	预应力钢绞线		kg	5.40
11	1010002	普通水泥 32.5 级		kg	0.26
12	1010003	普通水泥 42.5 级		kg	0.31
13	1010007	白色水泥		kg	0.50
14	1010012	普通水泥 42.5 级(高性能混凝土)		kg	0.31

续上表

序号	材料编码	材料名称及规格型号	技术条件	计量单位	单价(元)
15	1010013	普通水泥 52.5 级(高性能混凝土)		kg	0.33
16	2261001	群锚(QM、OVM、HVM 锚具)		孔束	31.89
17	3005009	聚羧酸系减水剂		kg	8.10
18	3005011	减水剂 FDN		kg	5.77
19	3005013	速凝剂		t	1905.48
20	3005014	膨胀剂		kg	1.38
21	1260129	粉煤灰 I 级		t	200.00
22	2547210	隔离栅栏镀锌铁丝网 10×10×0.9		m	13.82
23	2130012	隔离栅栏镀锌低碳钢丝 φ0.7~5		kg	4.46

主要自购材料价格表 表4-7

序号	材料编码	材料名称及规格	计量单位	单价(元)
1	1200014	生石灰	kg	0.17
2	1230006	片石	m	20.00
3	1240010	碎石	m	38.00
4	1240011	碎石 16 以内	m	38.00
5	1240012	碎石 25 以内	m	38.00
6	1240013	碎石 31.5 以内	m	38.00
7	1240014	碎石 40 以内	m	38.00
8	1240016	碎石 80 以内	m	38.00
9	1240023	碎石 25 以内(高性能混凝土)	m	40.00
10	1240024	碎石 31.5 以内(高性能混凝土)	m	40.00
11	1240025	碎石 40 以内(高性能混凝土)	m	40.00
12	1240027	碎石 80 以内(高性能混凝土)	m	40.00
13	1240111	卵石 25 以内	m	28.00
14	1240118	天然级配砂(砾)卵石	m	9.00
15	1260022	中粗砂	m	28.00
16	1260024	中粗砂(高性能混凝土)	m	28.00

甲供设备费计算表 表4-8

序号	设备编码	设备名称及规格型号	交货地点	计量单位	数量	金额(元) 单价	金额(元) 合价
二、建管物资							
1		THDS-A型红外线单向探测设备	工地	套	6	360000	2160000

续上表

序号	设备编码	设备名称及规格型号	交货地点	计量单位	数量	金额(元)	
						单价	合价
		二、建管物资					
2		分体式空调器	工地	台	18	4000	72000
3		基站空调	工地	台	18	32000	576000
4		0.56MW 锅炉房	工地	座	2	98000	196000
5		0.35MW 锅炉房	工地	座	1	78000	78000
		甲供设备费合计 3082000 元					

自购设备费计算表   表4-9

序号	设备编码	设备名称及规格型号	技术条件	计量单位	数量	金额(元)	
						单价	合价
		$L>10$km 的隧道(××隧道)					
1		照明插座箱		面	195	1938	377910
2		动力插座箱		面	69	3875	267375
3		双电源切换箱		面	7	6782	47474
4		照明控制箱		面	78	2906	226668
		小计					919427
		$L>10$km 的隧道(××隧道)					
1		照明插座箱		面	227	1938	439926
2		动力插座箱		面	80	3875	310000
3		双电源切换箱		面	8	6782	54256
4		照明控制箱		面	89	2906	258634
		小计					1062816
		3km$<L\leq$6km 的隧道(1 座)					
1		照明插座箱		面	57	1938	110466
2		动力插座箱		面	20	3875	77500
3		双电源切换箱		面	3	6782	20346
4		照明控制箱		面	28	2906	81368
		小计					289680
		1km$<L\leq$3km 的隧道(2 座)					
1		照明插座箱		面	60	1938	116280
2		动力插座箱		面	22	3875	85250
3		双电源切换箱		面	2	6782	13564

续上表

序号	设备编码	设备名称及规格型号	技术条件	计量单位	数量	金额(元) 单价	金额(元) 合价
		1km < L ≤ 3km 的隧道(2座)					
4		照明控制箱		面	28	2906	81368
		小计					296462
		房　屋(工经)					
1		三轮摩托车		台	2	18776	37552
2		电冰箱		台	4	7510	30040
3		冰柜		台	2	9388	18776
4		食用加工专用设备		台	2	46940	93880
5		消毒设备		台	2	9388	18776
		小计					199024
		房　屋(暖通)					
1		轴流风机		台	39	1938	75582
2		电暖器		台	20	1918	38360
3		太阳能热水器		台	10	7557	75570
4		电开水器		台	9	6297	56673
5		灭火器		具	443	145	64235
6		气体灭火装置		kg	1660	417	692220
7		封堵材料		处	13	19376	251888
8		轴流风机		台	4	1938	7752
9		电开水器		台	2	6297	12594
10		小型采暖装置		座	2	17438	34876
		小计					1309750
		给　水					
1		深井潜水泵($Q=10m^3/h, H=50m$)		台	4	4844	19376
2		深井潜水泵($Q=20m^3/h, H=52m$)		台	2	7750	15500
3		二氧化氯消毒设备(产氯量10g/h)		套	2	11626	23252
4		二氧化氯消毒设备(产氯量20g/h)		套	1	11626	11626
5		反渗透设备		套	1	852544	852544
6		多功能水泵控制阀(DN100)		个	2	8235	16470
7		给水自动控制设备		套	1	48440	48440
8		给水集控装置		套	1	484400	484400
9		消防设施		套	10	2906	29060
10		拉水汽车		台	3	193760	581280
		小计					2081948
		排　水					
1		潜污泵($Q=10m^3/h, H=15m$)		台	4	4844	19376

续上表

序号	设备编码	设备名称及规格型号	技术条件	计量单位	数量	金额(元) 单价	金额(元) 合价
排　水							
2		污水土地处理系统($Q=25m^3/d$)		套	1	339080	339080
3		污水土地处理系统($Q=50m^3/d$)		套	1	775040	775040
4		厌氧污水处理装置($Q=10m^3/d$)		套	2	96880	193760
		小计					1327256
车　辆							
1		列车接近报警装置		套	6	25189	151134
		小计					151134
工　务							
1		锯轨机		台	2	3139	6278
2		钢轨钻孔机		台	2	3100	6200
3		电动螺栓扳手		把	4	3875	15500
4		电动捣固机		台	12	1259	15108
5		液压起拨道器		台	8	1453	11624
6		液压直轨器		台	2	4360	8720
7		液压轨缝调整器		台	2	2519	5038
8		宽枕起道机		台	4	1938	7752
9		对讲机		台	12	3222	38664
10		巡检系统		套	2	4844	9688
11		电缆		km	1.2	7750	9300
12		钳工检修工具		套	2	4844	9688
13		轨道检查仪		台	4	61034	244136
14		轨道检查仪标定台		台	2	61034	122068
15		强光电筒		个	12	97	1164
16		计算机		套	2	9688	19376
17		尖头铁锹		把	12	48	576
18		九尺叉		把	12	48	576
19		撬棍		把	24	48	1152
20		活动扳手		把	12	3877	46524
21		道尺		把	4	969	3876
22		套筒扳手		把	12	4844	58128
23		扭矩扳手		把	4	4844	19376
24		检查锤		把	12	48	576
25		客货汽车		辆	2	116256	232512
26		单人工作灯		个	12	484	5808
27		望远镜		个	2	388	776

续上表

序号	设备编码	设备名称及规格型号	技术条件	计量单位	数量	金额(元) 单价	合价
工　务							
28		数码照相机		台	2	2906	5812
29		空压机		台	4	5619	22476
30		发电机组 3～12kW		台	2	19376	38752
31		电动螺栓扳手		把	6	3875	23250
32		内燃弧焊机		台	2	3875	7750
33		砂轮机		台	2	1453	2906
34		云石锯		台	2	484	968
35		油锯		台	4	484	1936
36		电动空心钻		台	4	1453	5812
37		小型电焊机		台	2	3740	7480
38		风动工具		套	2	1453	2906
39		风动扳手		把	8	2131	17048
40		抽水机		台	2	12594	25188
41		台式钻床		台	2	1938	3876
42		电钻		台	2	775	1550
43		切割工具		套	2	2906	5812
44		高压清洗机		台	4	31002	124008
45		内燃凿岩机		台	2	2131	4262
46		喷漆机具		台	4	67816	271264
47		起顶机具		台	2	5813	11626
48		电锤		台	12	969	11628
49		木工联合加工机		台	2	4844	9688
50		电油锯		台	4	484	1936
51		轨头打磨机		台	8	4069	32552
52		电刨		台	2	5811	11622
53		电圆锯		台	4	6586	26344
54		隧道检查照明设备		套	2	24220	48440
55		风镐		台	12	2906	34872
56		内燃凿岩机		台	4	2131	8524
57		手持式电钻		台	12	1934	23208
58		电动冲击钻		台	12	1934	23208
59		钢筋弯曲机		台	2	7266	14532
60		钢筋调直切断机		台	2	3391	6782
61		喷砂除锈设备		套	4	22770	91080
62		电弧喷涂机		套	2	67816	135632

第四章　铁路工程工程量清单计价　163

续上表

序号	设备编码	设备名称及规格型号	技术条件	计量单位	数量	金额(元) 单价	金额(元) 合价
		工　务					
63		金刚石钻机		台	4	2906	11624
64		混凝土喷射机		台	2	34615	69230
65		压浆机		台	2	8719	17438
66		注浆机		台	4	3685	14740
67		预应力张拉设备		套	8	26545	212360
68		混凝土振捣器		个	8	1186	9488
69		喷锌机		套	4	4844	19376
70		除尘式砂轮机		台	2	3110	6220
71		桥枕加工机床		台	2	29064	58128
72		桥梁养修作业平台		台	2	5813	11626
73		移动密封启动柜		套	2	25670	51340
74		钢轨钻孔机		台	2	3100	6200
75		施工照明设备		套	4	21314	85256
76		锯床		台	2	8529	17058
77		空心钻		套	4	1453	5812
78		混凝土保护层厚度测定仪		套	2	4844	9688
		小计					2617022
		自购设备费合计　10254519　元					

设 备 费 汇 总 表　　　　　表 4-10

名　称	金　额(元)
1. 甲供设备费合计	3082000
2. 甲控设备费合计	
3. 自购设备费合计	10254519
4. 甲供设备自交货地点至安装地点的运杂费	

设备费总额　13336519　元
(结转"工程量清单投标报价汇总表")

本章回顾与学习指导

　　本章对铁路工程工程量清单计价的原理与文件编制进行系统阐述。第一节介绍工程量清单计价相关概念,工程量清单是表现拟建工程的分部分项工程项目、措施项目、其他项目名称和相应数量的明细清单。工程量清单应有:①明确的项目设置;②清单项目的工程数量;③提供基本的表格格式。第二节依据《铁路工程工程量清单计价指南》介绍工程量清单计价格式及文件组成,学习时应重点掌握综合单价的组成及确定。《铁路工程工程量清单计价指南》详细说明了铁路工程工程量清单的编制内容、格式,工程量清单计价文件的格式与内容,并以表格形式列出各专业工程的工程量计算规则。铁路工程工程量清单计价文件由下列内容组成:①封面;②投标报价总额;③工程量清单报价汇总表;④工程量清单报价表;⑤工程量清单综合单价分析表;⑥计时工计算表;⑦甲供材料费计算表;⑧甲控材料价格表;⑨主要自购材料价格表;⑩设备费计算表。第三节具体介绍铁路各专业工程工程量计算规则。包括铁路拆迁工程量计算规则、铁路路基工程工程量计算规则、铁路桥涵工程工程量计算规则、铁路隧道及明洞工程工程量计算规则、铁路轨道工程工程量计算规则及铁路站后工程、大临及其他费用计算规则。第四节以某新建铁路某标段按施工总价承包合同编制的工程量清单投标报价部分表格为实例,具体介绍工程量清单计价的实际应用。

思 考 题

(1) 试述定额计价与工程量清单计价的区别。
(2) 工程量清单计价的综合单价构成。
(3) 铁路工程量清单计价文件的组成。
(4) 铁路工程各专业主要的工程量计算规则。

第五章 DIWUZHANG
▶ 公路工程概预算编制原理

📖 本章导读

本章讲述公路工程概预算的编制,根据原交通部2007年颁发的《公路工程基本建设项目概算预算编制办法规定》介绍公路工程概预算的费用组成及各项费用取费标准,并结合实例讲述公路工程概预算的编制步骤和预算表格填写顺序。

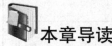

掌握公路工程概预算费用的组成,建筑安装工程费、设备工器具及家具购置费、其他费、预备费及回收金额的内容及计算,熟悉公路工程概预算的编制程序。

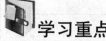

建筑安装工程各项费用的计算程序及方法,公路工程概预算编制的步骤。

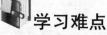

材料预算价格的确定,直接费的计算,公路工程概预算编制的步骤。

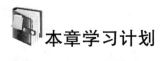 **本章学习计划**

内　　容	建议自学时间（学时）	学习建议	学习记录
第一节　公路工程概、预算费用	1	掌握公路工程概预算费用的组成	
第二节　建筑安装工程费	5	掌握建筑安装工程费的构成及各项费用的计算方法	
第三节　设备、工具、器具及家具购置费	1	熟悉设备、工具、器具及家具购置费的内容及计算	
第四节　工程建设其他费用	1	熟悉其他费的构成及计算	
第五节　预备费及回收金额	1	熟悉预备费用及回收金额的内容和计算	
第六节　公路工程概预算的编制方法	2	掌握公路工程概预算的编制程序与方法	

第一节　公路工程概、预算费用

公路工程概、预算是指在执行基本建设程序的过程中,根据公路工程各个阶段的设计内容和国家发布的定额、编制办法及各项取费标准,预先计算和确定工程全部建设费用的经济文件。公路工程概、预算的编制是公路工程造价管理的重要环节,是国家对公路基本建设实行科学化管理和监督的重要手段。

为了适应公路交通建设发展的需要,合理确定和有效控制工程造价,提高公路建设项目工程造价的编制质量,中华人民共和国原交通部根据建设部、财政部发布的《建筑安装工程费用项目组成》(建标[2003]206号)的规定,并结合公路行业的特点,于2007年第33号公告颁布了《公路工程基本建设项目概算预算编制办法》(JTG B06—2007)(简称《编制办法》),自2008年1月1日起施行。

一、公路工程概、预算费用组成

根据《编制办法》的规定,公路工程概、预算费用由建筑安装工程费,设备、工具、器具及家具购置费,工程建设其他费用,预备费用共四大部分组成,如图5-1所示。

二、公路工程概预算项目表

1. 公路工程概、预算项目表的内容

一个复杂的工程项目一般是由许多分项工程组成的庞大综合体,为了准确计算和确定建筑安装工程费,必须对工程项目进行科学的划分,从而有利于公路工程概预算的编制与审核。

为了使公路工程概预算的编制规范化,防止列项时出现混乱、漏列、重列、错列现象,必须对概预算项目的划分、排列顺序及内容作出统一的规定,由此形成了概预算项目表,见《编制办法》附录四。

公路工程概预算项目主要包括以下内容:

第一部分　建筑安装工程费
第一项　临时工程
第二项　路基工程
第三项　路面工程
第四项　桥梁涵洞工程
第五项　交叉工程
第六项　隧道工程
第七项　公路设施及预埋管线工程
第八项　绿化及环境保护工程
第九项　管理、养护及服务房屋
第二部分　设备及工具、器具购置费
第三部分　工程建设其他费用

2. 公路工程概预算项目划分的原则

公路工程概预算项目应按项目表的序列及内容编制。如实际发生的工程项目与项目表的内

容不完全相符时,应按照下列原则确定项目的序列:

(1)"部分"和"项"的序号应保留不变。例如,第二部分的设备及工具、器具购置费在该项工程中不发生时,第三部分的工程建设其他费用仍为第三部分。同理,第一部分的第六项为隧道工程,若该项目无隧道工程,则其序号仍保留,原第七项的公路设施及预埋管线工程仍为第七项。

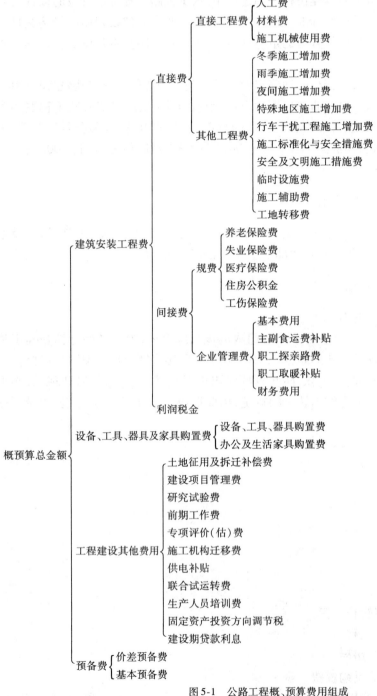

图5-1 公路工程概、预算费用组成

(2)"目"、"节"、"细目"可随需要增减,并按项目表的顺序以实际出现的"目"、"节"、"细目"依次排列,不保留缺少的"目"、"节"、"细目"的序号,也就是说,可依次递补改变"目"、"节"、

"细目"的序号。

(3)建设项目中的互通式立体交叉、辅道、支线工程,如规模较大时,也可按概、预算项目表单独编制建筑安装工程费,然后将其建筑安装工程总金额列入工程的总概、预算表中相应的项目内。

第二节 建筑安装工程费

建筑安装工程包括建筑工程和设备安装工程两大类。其中建筑工程是指施工企业按照预定的建设目标完成的施工生产成果,是一种创造价值和转移价值的施工生产活动,它必须通过施工企业的生产活动和消耗一定的资源来实现;设备安装工程主要是指高等级公路中管理设施的安装,如收费站的收费设施安装,通信系统、监控系统、供电系统的设备安装,以及隧道通风设备、供电设备的安装等。

建筑安装工程费用由直接费、间接费、利润和税金四部分组成。

一、直接费

直接费是施工企业生产作业直接体现在工程上的费用,是使生产资料发生转移而形成预定使用功能所投入的费用。

直接费由直接工程费和其他工程费组成。

1. 直接工程费

直接工程费是指施工过程中耗费的构成工程实体和有助于工程形成的各项费用,包括人工费、材料费、施工机械使用费。

人工费、材料费、施工机械使用费按实物法计算,其费用大小既取决于定额所规定的人工、材料、机械台班消耗标准,又取决于人工、材料、机械台班的预算价格。

(1)人工费

人工费是指向直接从事建筑安装工程施工的生产工人支付的各项费用,内容包括:

①基本工资:是指发放给生产工人的基本工资、流动施工津贴和生产工人劳动保护费,以及为职工缴纳的养老、失业、医疗保险费和住房公积金等。

生产工人劳动保护费是指按国家有关部门规定标准发放的劳动保护用品的购置费及修理费、徒工服装补贴、防暑降温费、在有碍身体健康环境中施工的保健费用等。

②工资性补贴:是指按规定标准发放的物价补贴,煤、燃气补贴,交通费补贴,地区津贴等。

③生产工人辅助工资:是指生产工人年有效施工天数以外非作业天数的工资,包括开会和执行必要的社会义务时间的工资,职工学习、培训期间的工资,调动工作、探亲、休假期间的工资,因气候影响停工期间的工资,女工哺乳期间的工资,病假在六个月以内的工资及产、婚、丧假期的工资。

④职工福利费:是指按国家规定标准计提的职工福利费。

应该注意的是:人工费不包括材料采购及保管人员、驾驶施工机械和运输工具的工人、材料到达工地以前的搬运工、装卸工等人员的工资以及由施工管理费支付的人员工资。

人工费计算公式为:

$$人工费 = \Sigma(工程数量 \times 定额人工工日消耗量 \times 人工工日单价) \tag{5-1}$$

式中: 工程数量——根据工程量计算规则计算的实际工程数量与定额单位工程量之比;

定额人工工日消耗量——完成定额单位工程量所需的人工工日数,由《公路工程概算定额》、《公路工程预算定额》直接查得;

人工工日单价——由基本工资、工资性补贴、生产工人辅助工资和职工福利费构成。

人工单价标准按照本地区公路建设项目的人工工资统计情况并结合工种组成、定额消耗、最低工资标准以及公路建设劳务市场情况进行综合分析确定,由各省、自治区、直辖市交通运输厅(局、委)审批并公布。

如甘肃省交通厅发布的《甘肃省执行交通运输部 2007 年公路工程基本建设项目概算预算编制办法的补充规定》(甘交发[2012]63 号)中规定甘肃省公路工程基本建设项目人工工日单价按项目所在不同市、县、区分为四类(见表 5-1)。

甘肃省公路基本建设项目人工工日单价表　　　　表 5-1

序号	人工费标准 (元/工日)	市、县、区名称
1	58	兰州市城关区、七里河区、安宁区、西固区,平凉市崆峒区、泾川县、灵台县、崇信县、华亭县,白银市白银区、平川区、会宁县、景泰县、靖远县,天水市秦州区、麦积区、清水县、秦安县、甘谷县、武山县,庆阳市西峰区、庆城县、宁县、正宁县、合水县,定西市安定区、通渭县、陇西县、渭源县、临洮县、岷县、漳县,陇南市武都区、成县、西河县、礼县、徽县、两当县、文县、康县、宕昌县
2	65	兰州市红古区、榆中县、永登县、皋兰县,金昌市金川区、永昌县,庆阳市镇原县、华池县、环县,平凉市庄浪县、静宁县,天水市张家川回族自治县,临夏州临夏市、永靖县、临夏县、和政县、广河县、康乐县,甘南州舟曲县、迭部县,武威市凉州区、古浪县、民勤县,张掖市甘州区、临泽县、高台县、山丹县、民乐县,嘉峪关市,酒泉市肃州区、敦煌市、玉门市、瓜州县、金塔县
3	74	临夏州东乡族自治县、积石山保安族东乡族撒拉族自治县,张掖市肃南裕固族自治县,武威市天祝藏族自治县,甘南州合作市、临潭县、卓尼县、夏河县,酒泉市肃北蒙古族自治县、阿克塞哈萨克族自治县
4	89	甘南州玛曲县、碌曲县

机械(含工程船舶)台班定额中人工工日单价按照生产工人人工工日单价标准的 130% 执行。

查表可知:兰州市安宁区的人工工日单价为 58 元/工日;甘南州玛曲县的人工工日单价为 89 元/工日。

说明:人工工日单价仅作为编制概、预算造价文件的依据,不作为施工企业实发工资的标准。

(2)材料费

材料费是指施工过程中耗用的构成工程实体的原材料、辅助材料、构(配)件、零件、半成品、成品的用量和周转材料的摊销量,按工程所在地的材料预算价格计算的费用。

材料费计算公式为:

$$材料费 = \sum \{ [\sum (定额材料消耗量 \times 材料预算价格) + 其他材料费 + 设备摊销费] \times 工程数量 \} \quad (5-2)$$

其中,工程数量由根据工程量计算规则计算的实际工程数量与定额单位工程量之比确定;定额材料消耗量、其他材料费、设备摊销费指完成定额单位工程量所消耗的材料数量或费用,由概算定额或预算定额直接查得;材料预算价格由材料原价、运杂费、场外运输损耗、采购及仓库保管费组成。

材料预算价格的计算比较复杂性,可以通过"材料预算单价计算表"(09 表)来完成,计算公

式如下:

$$材料预算价格 = (材料原价 + 运杂费) \times (1 + 场外运输损耗率) \times$$
$$(1 + 采购及保管费率) - 包装品回收价值 \tag{5-3}$$

①材料原价。公路工程所耗用的各种建筑材料,按其来源可分为外购材料、地方性材料和自采材料三类,各种材料原价按以下规定计算:

a. 外购材料:国家或地方的工业产品,如水泥、钢材、木材、沥青、油燃料、化工产品、民用爆破器材、五金及构配件等,其原价应按工厂的出厂价格或供销部门的供应价格计算,并根据情况加计供销部门手续费和包装费。如果供应情况、交货条件不明确,则可采用当地规定的价格计算。

计算公式如下:

$$外购材料原价 = 出厂价(或供应价格) + 供销手续费 + 包装费 \tag{5-4}$$
$$供销手续费 = 供应价格 \times 供销部门手续费率 \quad (\%) \tag{5-5}$$
$$= 材料净重 \times 供销部门手续费 \quad (元/t)$$

包装费是指为便于材料的运输或保护材料免受损坏而进行包装所需要的费用,包括包装材料的折旧摊销及水运、陆运中的支撑、篷布摊销等费用。

《甘肃省执行原交通部2007年公路基本建设项目概算预算编制办法的补充规定》(简称"补充规定")规定:外购材料的原价一般应采用甘肃省定额管理站在"甘肃公路工程造价管理信息网"网站上定期公布的"甘肃省公路工程主要(综合)外购材料指导价格"。

b. 地方性材料:主要是指当地乡镇企业统一开采加工出售的石灰、砂、石等建筑材料,其原价按实际调查的市场价格或当地主管部门规定的预算价格计算。

c. 自采材料:自采的砂、石、黏土等材料,其原价按定额中的开采单价加辅助生产间接费和矿产资源税(如有)计算。

自采材料的开采单价需要查《公路工程预算定额》第八章"材料采集与加工"的定额,计算时应注意:人工费按定额人工工日消耗和人工工日单价计算;材料费按材料消耗和材料预算价格计算;机械使用费按机械台班消耗和机械台班单价计算。

辅助生产间接费是指由施工单位自行开采加工的砂、石等自采材料及施工单位自办的人工装卸和运输的间接费,一般按人工费的5%计列。该项费用并入材料预算单价内构成材料费,不直接出现在概预算中。

高原地区施工单位的辅助生产,可按其他工程费中高原地区施工增加费费率,以直接工程费为基数计算高原地区施工增加费。其中,人工采集、加工材料、人工装卸、运输材料按人工土方费率计算;机械采集、加工材料按机械石方费率计算;机械装卸、运输材料按汽车运输费率计算。

辅助生产高原地区施工增加费不作为辅助生产间接费的计算基数。

自采材料料场价格应通过"自采材料料场价格计算表"(10表)进行计算。

【例5-1】 机械轧碎石:已知碎石机的装料口径为400mm×250mm,碎石的最大粒径为4cm,人工工日单价为47.44元/工日,片石的预算单价为45元/m^3,电动碎石机的台班单价为163.13元/台班,滚筒式筛分机的台班单价为135.11元/台班。试计算机械轧碎石的料场单价。

【解】 由题意可知机械轧碎石属于自采材料,应按下列步骤计算:

①查《公路工程预算定额》:机械轧碎石的定额编号[965-8-1-9-14]可得每100m^3人、材、机消耗量:人工:45工日;片石:114.9m^3;破碎机:3.42台班,筛分机:3.48台班。

②计算各项费用:

人工费:0.45×47.44 = 21.35元

材料费:1.149×45=51.71元
破碎机:0.0342×163.13=5.58元
筛分机:0.0348×135.11=4.70元
辅助生产间接费:21.35×5%=1.07元

③计算机械轧碎石的料场单价:
机械轧碎石的料场单价=21.35+51.71+5.58+4.70+1.07=84.41元/m³

②运杂费。运杂费是指材料自供应地点至工地仓库(施工现场存放材料的地方)的运杂费用,包括运费、装卸费。如果发生,还应计囤存费及其他杂费(如过磅、标签、支撑加固、路桥通行等费用)。

材料的运输流程见图5-2。

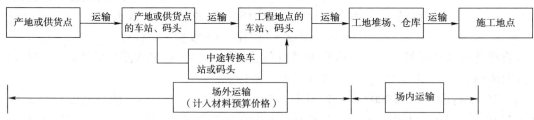

图5-2 材料运输流程图

材料运杂费的高低与材料供应地和运输方式的选择有密切关系。材料供应地的选择要综合考虑可供量、供应价格、运输条件及运距长短等因素,进行经济比较后确定,以达到降低材料预算价格和工程造价的目的;材料运输主要有铁路、水路和公路等交通方式。

通过公路运输材料时,用汽车自供应点(供应厂、仓库、起运站、码头等)运至工地仓库(施工现场堆料点)时,应计算材料的运杂费。

材料运杂费的计算公式如下:

$$材料单位运杂费=(单位运费+单位装卸费+单位杂费)\times 单位毛重$$
$$=(运价率\times 运距+吨次费+装卸费+杂费)\times$$
$$单位重\times 毛重系数 \tag{5-6}$$

式中:运价率——运输每吨公里材料的价格[元/(t·km)],按当地运输部门规定或市场调查价格计列;

运距——由运料起点至运料终点间的里程(km)。外购材料的运距一般应从各市、州、县所在地中心算至工地,当直接采用工程所在地附近的外购材料时,运距应按实际计算;自采加工材料的运距应从料场算至工地;

装卸费——单位重材料每装车、卸车一次的费用(元/t),每倒换一次运输工具,装、卸各增加一次;

吨次费——整车短途吨次附加费,指因短途运输所增加的费用[元/(t·次)],按当地运输部门规定计列;

杂费——过磅、标签、支撑加固等费用;

单位毛重——对于有容器或包装的材料,其单位毛重按下式计算:

$$单位毛重=单位重\times 毛重系数 \tag{5-7}$$

毛重系数——有容器或包装的材料及长大轻浮材料,为了计算其运输的实际重量而考虑的系数,按表5-4确定,单位重按《公路工程预算定额》附录四确定。

甘肃省的运价率和装卸费采用甘肃省定额管理站定期公布的公路建材运输价格。公路运输货物等级表见表5-2,公路建材运价及装卸费见表5-3。

公路运输货物等级表　　　　　　　　　　　　　　　　　　　　　　　　表5-2

等　级	货　物　名　称
一等货物	1. 砂、片石、石渣、碎(砾)石、卵石; 2. 土、淤泥、垃圾; 3. 粉煤灰、炉渣、碎机砖; 4. 空包装容器:篓、袋、箱皮、盒
二等货物	1. 木材、橡胶、沥青、油料; 2. 水泥及其制品(袋装水泥、水泥制品、预制水泥构件); 3. 钢材、铁及铁件、有色金属材料、五金制品; 4. 砖、瓦、水泥瓦、块石、条石、一般石制品、石膏、石灰石、生石灰、煤等
三等货物	1. 橡胶制品、观赏用花木; 2. 陶瓷、玻璃及其制品; 3. 装饰石料如:大理石、花岗岩、汉白玉、水磨石板等; 4. 粉尘货如:散装水泥、石粉等; 5. 油漆、涂料、环氧树脂; 6. 笨重货物、各种机器及设备
特等危险货物	货物长度10m以上、重量8t以上(不含8t)货物;炸药、雷管、香蕉水等易燃易爆物品

公路建材运输价格、装卸费表　　　　　　　　　　　　　　　　　　　　表5-3

货物分等	一等货物	二等货物	三等货物	四等货物
运价[元/(t·km)]	0.48	0.53	0.58	0.62
装(元/t)	3.5	5.00	5.80	7.00
卸(元/t)	0.00	3.50	4.20	5.00
装卸(元/t)	3.5	8.50	10.00	12.00

注:运价已考虑过路、过桥费;二等货物中块石、生石灰、泥等不计卸费。

材料毛重系数及单位毛重　　　　　　　　　　　　　　　　　　　　　　表5-4

材料名称	单位	毛重系数	单位毛重
爆破材料	t	1.35	—
水泥、块状沥青	t	1.01	—
铁钉、铁件、焊条	t	1.10	—
液体沥青、液体燃料、水	t	桶装1.17,油罐车装1.00	—
木料	m³	—	1.000t
草袋	个	—	0.004t

运杂费计算中的有关规定:

a. 通过铁路部门运输的材料,按铁路部门规定的运价计算运费;通过公路运输的材料,其运价和装卸费用采用省定额管理站定期公布的公路建材运输价格。

b. 施工单位自办的运输,单程运距在15km以上的长途汽车运输,按当地交通运输部门规定的统一运价计算运费;单程运距在 5～15km 的汽车运输,按当地交通运输部门规定的统一运价计算,当工程所在地交通不便、社会运输力量缺乏时,如边远地区和某些山岭区,允许按当地交通运输部门规定的统一运价另加 50% 计算运费;单程运距在 5km 以内的汽车运输以及人力场外运输,按预算定额计算运费,其中人力装卸和运输另按人工费加计辅助生产间接费计算。

c. 一条路线跨越两个以上(含两个)地区时,应按各地区通过里程,采用加权平均的方法计算外购材料价格。

d. 一种材料如有两个以上的供应点时,应根据不同的运距、运量、运价采用加权平均的方法计算运费。

e. 由于预算定额中汽车运输台班已考虑工地便道特点,并且定额中已计入"工地小搬运"项目,因此平均运距中汽车运输便道里程不得乘调整系数,也不得在工地仓库或堆料场之外再加场内运距或二次倒运的运距。

f. 有容器或包装的材料及长大轻浮材料,应按表 5-4 规定的毛重计算。桶装沥青、汽油、柴油,按每吨摊销一个旧汽油桶计算包装费(不计回收)。

g. 材料运输的运价率必须结合材料的等级、运输路线等级来确定。材料等级、运输路线等级及运价率可按各地方的"补充规定"计取。

h. 装卸费应按实际发生的费用计取。有些材料只发生装车的费用,而不发生卸车的费用,如砂、石材料,一般采用自卸汽车运输,装卸费中只有装车的费用,没有卸车的费用。

【例5-2】 某边远地区水泥原价为 385 元/t,自办运输,运距分别为 20km 和 12km,运价 0.53 元/(t·km),装卸费 4.9 元/t,分别计算水泥 20km 和 12km 的单位运杂费。

【解】 ①运距 20km,属于单程运距在 15km 以上的长途汽车运输,应按当地交通部门规定的统一运价计算运费,查表 5-4,水泥的毛重系数为 1.01,则运杂费为:

$$运杂费 = (20 \times 0.53 + 8.5) \times 1.01 = 19.29 \text{ 元/t}$$

②运距 12km,属于单程运距在 5～15km 的汽车运输,因为是边远地区,应按当地交通部门规定的统一运价另加计 50% 计算运费:

$$运杂费 = [12 \times 0.53 \times (1 + 50\%) + 8.5] \times 1.01 = 18.22 \text{ 元/t}$$

【例5-3】 水泥的原价为 385 元/t,自办运输,运距 4km,采用人工装卸,8t 载货汽车运输,人工工日单价为 47.44 元/工日,8t 载货汽车的台班单价为 560 元/台班,试计算水泥的单位运杂费。

【解】 运距 4km,属于单程运距在 5km 以内的汽车运输以及人力场外运输,按预算定额计算运费,其中人力装卸和运输另按人工费加计辅助生产间接费计算。

查《预算定额》第九章"材料运输"可知,运输的定额编号是[9-1-5-31]和[9-1-5-32];装卸的定额编号是[9-1-9-4]。则单位运杂费为:

$$\left[\frac{1.75 + 0.1 \times 3}{100} \times 560 + \frac{10.5}{100} \times 47.44 \times (1 + 5\%)\right] \times 1.01 = 16.88 \text{ 元/t}$$

③场外运输损耗。场外运输损耗是指有些材料在正常的运输过程中发生的损耗,这部分损耗应摊入材料单价内。计算公式为:

$$材料场外运输损耗 = (材料原价 + 运杂费) \times 场外运输损耗率 \quad (5-8)$$

材料场外运输操作损耗率见表 5-5。

④采购及保管费。材料采购及保管费是指材料供应部门在组织采购、供应和保管材料过程中,所需的各项费用及工地仓库的材料储存损耗。

材料场外运输操作损耗率表（%） 表5-5

材料名称		场外运输（包括一次装卸）	每增加一次装卸
块状沥青		0.5	0.2
石屑、碎砾石、砂砾、煤渣、工业废渣、煤		1.0	0.4
砖、瓦、桶装沥青、石灰、黏土		3.0	1.0
草皮		7.0	3.0
水泥（袋装、散装）		1.0	0.4
砂	一般地区	2.5	1.0
	多风地区	5.0	2.0

注：汽车运水泥，如运距超过500km时，增加损耗率：袋装0.5%。

材料采购及保管费以材料的原价、运杂费及场外运输损耗的合计数为基数，乘以采购保管费费率计算。公式如下：

材料采购及保管费 =（材料原价 + 运杂费 + 场外运输损耗）× 采购保管费费率　　（5-9）

材料的采购及保管费费率为2.5%。外购构件、成品及半成品的预算价格，其计算方法与材料相同，但构件（如外购的钢桁梁、钢筋混凝土构件及加工钢材等半成品）的采购保管费费率为1%。

商品混凝土预算价格的计算方法与材料相同，但其采购保管费费率为0。

（3）施工机械使用费

施工机械使用费是指列入概、预算定额的施工机械台班数量，按相应的机械台班费用定额计算的施工机械使用费和小型机具使用费，计算公式为：

施工机械使用费 = $\sum\{[\sum$（定额机械台班消耗量 × 机械台班单价）+

小型机具使用费］× 工程数量$\}$　　（5-10）

式中：　　工程数量——根据工程量计算规则计算的实际工程数量与定额单位工程量之比；

定额机械台班消耗量——完成定额单位工程量所消耗的不同种类机械的台班数量，由概算定额或预算定额直接查得；

小型机具使用费——未列入机械台班费用定额，但实际使用的小型机具的费用。

机械台班单价应按交通运输部公布的《公路工程机械台班费用定额》计算，由不变费用和可变费用两部分组成：

①不变费用。包括折旧费、大修理费、经常修理费、安装拆卸费及辅助设施费等。

a. 折旧费：指机械设备在规定的使用期限内陆续收回其原值的费用。

b. 大修理费：指机械设备按规定的大修理间隔台班必须进行大修理，以恢复其正常功能所需的费用。

c. 经常修理费：指机械设备除大修理以外的各级保养（包括一、二、三级保养）以及为排除临时故障所需的费用；为保障机械正常运转所需替换设备、随机使用工具、附具摊销和维护的费用；机械运转与日常保养所需的润滑油脂、擦拭材料（布及棉纱等）的费用和机械在规定年工作台班以外的维护、保养费用等。

d. 安装拆卸及辅助设施费：指机械在施工现场进行安装、拆卸所需人工费、材料费、机械费、试运转费以及安装所需的辅助设施费。辅助设施费包括安置机械的基础、底座及固定锚桩等费用。

安装拆卸及辅助设施费不包括：(a) 打桩、钻孔机械在施工过程中的过墩、移位等所发生的安装及拆卸费；(b) 稳定土厂拌设备、沥青乳化设备、黑色粒料拌和机、沥青混合料拌和设备、混凝土搅拌站、塔式起重机、施工电梯等设备的安装及拆卸；(c) 拌和设备、混凝土搅拌站、大型发电机的混凝土基础、沉淀池、散热池等辅助设施和机械操作所需的轨道、工作台的设置费用。

上述费用应在工程项目费中另行计算。

②可变费用。包括机上人员的人工费、动力燃料费、车船使用税。

a. 人工费:指随机操作人员的台班人工费,其人工工日单价为生产工人人工工日单价标准的130%,机上人工工日数在《公路工程机械台班费用定额》中直接查得,两者相乘即可计算出人工费。

b. 动力燃料费:指机械在运转施工作业中所耗用的电力、固体燃料(煤、木柴)、液体燃料(汽油、柴油、重油)和水等。

动力燃料消耗量在《公路工程机械台班费用定额》中直接查得,动力燃料单价按照材料预算价格的计算方法确定,两者相乘即可计算出动力燃料费。

c. 车船使用税:指按国家规定应缴纳的施工机械车船使用税。

机械台班单价通过"机械台班单价计算表"(11表)来完成,计算公式如下:

$$
\begin{aligned}
\text{施工机械台班单价} &= \text{不变费用} \times \text{调整系数} + \text{可变费用} \\
&= \text{不变费用} \times \text{调整系数} + [\text{定额人工消耗量} \times \text{人工单价} + \\
&\quad \sum(\text{定额燃料、动力消耗量} \times \text{燃料、动力单价}) + \\
&\quad \text{车船使用税}]
\end{aligned}
\tag{5-11}
$$

当工程用电为自行发电时,电动机械每度(千瓦时)电的单价可由下列近似公式计算:

$$A = 0.24 \times K/N \tag{5-12}$$

式中:A——每度电单价(元);

K——发电机组的台班单价(元);

N——发电机组的总功率(kW)。

编制机械台班单价时,除青海、新疆、西藏等边远地区外,不变费用应直接采用《公路工程机械台班费用定额》中的不变费用小计。至于边远地区,因维修工资、配件材料等价差较大而需调整不变费用时,可按各省、自治区交通厅发布的系数执行。

【例5-4】 某工程施工用电采用自发电,拟采用250kW的柴油发电机组发电,已知人工单价为47.44元/工日,柴油预算价格为8.1元/kg,试确定自发电的预算价格。

【解】 ①确定发电机组的台班预算价格:

查《公路工程机械台班费用定额》250kW的柴油发电机组:

不变费用为433.53元/台班;人工为2工日;柴油为291.21kg。

则可变费用 = 2×47.44 + 291.21×8.1 = 2453.68元

台班预算价格 = 433.53 + 2453.68 = 2887.21元/台班

②计算自发电的预算价格:

自发电的预算价格 = 0.24×K/N = 0.24×2887.21/250 = 2.77元/台班

【例5-5】 人工摊铺天然砂砾路面工程,压实厚度为12cm,预算工程数量56000m²。已知人工单价为49.2元/工日,柴油预算价格为8.1元/kg,计算机械使用费。

【解】 ①确定施工机械台班定额值:

查《公路工程预算定额》表[134-2-2-4-1]及[134-2-2-4-2]"天然砂砾路面",见表5-6得:每1000m²需机械:6-8t光轮压路机0.27台班;12-15t光轮压路机0.54台班。

②计算机械台班单价:

查《公路工程机械台班费用定额》见表5-7得:

代号[1075]6-8t光轮压路机的不变费用为107.57元;人工消耗为1个工日;柴油为

19.33kg,则

$$台班单价 = 107.57 + 1 \times 49.2 + 8.1 \times 19.33 = 313.34 元/台班$$

代号[1078]12-15t光轮压路机的不变费用为164.32元;人工消耗为1个工日;柴油为40.46kg,则

$$台班单价 = 164.32 + 1 \times 49.2 + 8.1 \times 40.46 = 541.25 元/台班$$

③计算施工机械使用费:

$$施工机械使用费 = (0.27 \times 313.34 + 0.54 \times 541.25) \times 56000/1000 = 21105 元$$

2-2-4 天然砂砾路面 表5-6

工程内容:(1)清扫整理下承层;(2)铺料、整平;(3)洒水、碾压、找补。 单位:1000m²

顺序号	项目	单位	代号	人工摊铺		机械摊铺	
				压实厚度10cm	每增减1cm	压实厚度10cm	每增减1cm
				1	2	3	4
1	人工	工日	1	22.4	1.8	2.4	0.1
2	水	m³	866	11	1	—	—
3	砂砾	m³	902	133.62	13.36	133.62	13.36
4	120kW以内自行式平地机	台班	1057	—	—	0.28	—
5	6~8t光轮压路机	台班	1075	0.27	—	0.27	—
6	12~15t光轮压路机	台班	1078	0.54	—	0.54	—
7	6000L以内洒水车	台班	1405	—	—	0.24	0.02
8	基价	元	1999	5540	503	4929	429

土、石方工程机械 表5-7

	序号	60	61	62	63	64	65	66	67	68
	代号	1072	1073	1075	1076	1077	1078	1079	1080	1081
机械自身质量		拖式羊足碾		光轮压路机						
		3以内	6以内	6~8	8~10	10~12	12~15	15~18	18~21	21~25
主机型号		单筒	双筒	2Y-6/8	2Y-8/10	3Y-10/12	3Y-12/15	3Y-15/18	3Y-18/21	3Y-21/25
不变费用	折旧费	66.57	69.96	47.62	52.03	65.03	72.75	77.60	85.10	96.12
	大修理费	28.83	30.29	14.24	15.55	19.44	21.75	23.20	25.44	28.74
	经常修理费	77.26	81.18	45.71	49.92	62.40	69.82	74.47	81.66	92.26
	小计 元	172.66	181.43	107.57	117.50	146.87	164.32	175.27	192.20	217.12
可变费用	人工 工日	2	2	1	1	1	1	1	1	1
	汽油 kg									
	柴油	42.29	50.74	19.33	23.20	33.71	40.46	50.74	59.20	70.40

2.其他工程费

其他工程费是指直接工程费以外施工过程中发生的直接用于工程的费用,包括冬季施工增加费、雨季施工增加费、夜间施工增加费、特殊地区施工增加费、行车干扰工程施工增加费、安全及文明施工措施费、临时设施费、施工辅助费、工地转移费九项。

公路工程中的水、电费及因场地狭小等特殊情况而发生的材料二次搬运费等已包括在概、预算定额中,不再另计。

其他工程费按不同工程类别选取不同费率,工程类别划分如下:

①人工土方:指人工施工的路基、改河等土方工程,以及人工施工的砍树、挖根、除草、平整场地、挖盖山土等工程项目,并适用于无路面的便道工程。

②机械土方:指机械施工的路基、改河等土方工程,以及机械施工的砍树、挖根、除草等工程项目。

③汽车运输:指汽车、拖拉机、机动翻斗车等运送的路基、改河土(石)方、路面基层和面层混合料、水泥混凝土及预制构件、绿化苗木等。

④人工石方:指人工施工的路基、改河等石方工程,以及人工施工的挖盖山石项目。

⑤机械石方:指机械施工的路基、改河等石方工程(机械打眼即属机械施工)。

⑥高级路面:指沥青混凝土路面、厂拌沥青碎石路面和水泥混凝土路面的面层。

⑦其他路面:指除高级路面以外的其他路面面层,各等级路面的基层、底基层、垫层、透层、黏层、封层,采用结合料稳定的路基和软土等特殊路基处理等工程,以及有路面的便道工程。

⑧构造物Ⅰ:指无夜间施工的桥梁、涵洞、防护(包括绿化)及其他工程,交通工程及沿线设施工程[设备安装及金属标志牌、防撞钢护栏、防眩板(网)、隔离栅、防护网除外],以及临时工程中的便桥、电力电信线路、轨道铺设等工程项目。

⑨构造物Ⅱ:指有夜间施工的桥梁工程。

⑩构造物Ⅲ:指商品混凝土(包括沥青混凝土和水泥混凝土)的浇筑和外购构件及设备的安装工程。商品混凝土和外购构件及设备的费用不作为其他工程费和间接费的计算基数。

⑪技术复杂大桥:指单孔跨径在120m以上(含120m)和基础水深在10m以上(含10m)的大桥主桥部分的基础、下部和上部工程。

⑫隧道:指隧道工程的洞门及洞内土建工程。

⑬钢材及钢结构:指钢桥及钢索吊桥的上部构造,钢沉井、钢围堰、钢套箱及钢护筒等基础工程,钢索塔、钢锚箱、钢筋及预应力钢材,模数式及橡胶板式伸缩缝,钢盆式橡胶支座,四氟板式橡胶支座,金属标志牌、防撞钢护栏、防眩板(网)、隔离栅、防护网等工程项目。

下面详细介绍其他工程费所包含的九项费用的内容及计算公式。

(1)冬季施工增加费

冬季施工增加费是指按照公路施工相关规范及《公路工程质量检验评定标准》(JTG F80—2004)所规定的冬季施工要求,为保证工程质量和安全生产所需采取的防寒保温设施、工效降低和机械作业率降低以及技术操作过程的改变等所增加的有关费用。

①冬季施工增加费的内容:

a. 因冬季施工所需增加的人工、材料、机械费用的支出。

b. 施工机具所需修建的暖棚(包括拆、移)增加油脂及其他保温设备费用。

c. 因施工组织设计确定需增加的一切保温、加温及照明等有关支出。

d. 与冬季施工有关的其他各项费用,如清除工作地点的冰雪等费用。

②冬季气温区的划分。冬季气温区的划分是根据气象部门提供的满15年以上的气温资料确定的。每年秋冬第一次连续5d出现室外日平均温度在5℃以下、日最低温度在-3℃以下的第一天算起,至第二年春夏最后一次连续5d出现同样温度的最末一天为冬季期。冬季期内平均气温在-1℃以上者为冬一区,-1~-4℃者为冬二区,-4~-7℃者为冬三区,-7~-10℃者为冬四区,-10~-14℃者为冬五区,-14℃以下者为冬六区。冬一区内平均气温低于0℃的连续天数在70d以内的为Ⅰ副区,在70d以上的为Ⅱ副区;冬二区内平均气温低于0℃的连续天数

在 100d 以内的为Ⅰ副区,100d 以上的为Ⅱ副区。

气温高于冬一区,但砖石、混凝土工程施工必须采取一定措施的地区为准冬季区。准冬季区分为两个副区,简称准一区和准二区。凡一年内日最低气温在 0℃以下的天数多于 20d,日均气温在 0℃以下的天数少于 15d 的为准一区,多于 15d 的为准二区。

全国冬季施工气温区的划分见《编制办法》附录七。若当地气温资料与附录七划定的冬季气温区划分有较大出入时,可按当地气温资料及上述划分标准确定工程所在地的冬季气温区。

③费率和计算。冬季施工增加费的计算方法是根据各类工程的特点规定各气温区的取费标准。为了简化计算,采用全年平均摊销的方法,即不论是否在冬季施工,均按规定的取费标准计取冬季施工增加费。一条路线穿过两个以上的气温区时,可分段计算或按各区的工程量比例求得全线的平均增加率,计算冬季施工增加费。

冬季施工增加费以各类工程的直接工程费之和为基数,按工程所在地的气温区和工程类别选用表 5-8 的费率计算。公式如下:

冬季施工增加费 = ∑直接工程费×冬季施工增加费费率 (%)　　　　(5-13)

冬季施工增加费费率表(%)　　　表 5-8

气温区 工程类别	冬季期平均气温(℃)								准一区	准二区
	-1 以上		-1～-4		-4～-7	-7～-10	-10～-14	-14 以下		
	冬一区		冬二区		冬三区	冬四区	冬五区	冬六区		
	Ⅰ	Ⅱ	Ⅰ	Ⅱ						
人工土方	0.28	0.44	0.59	0.76	1.44	2.05	3.07	4.61	—	—
机械土方	0.43	0.67	0.93	1.17	2.21	3.14	4.71	7.04	—	—
汽车运输	0.08	0.12	0.17	0.21	0.40	0.56	0.84	1.27	—	—
人工石方	0.06	0.10	0.13	0.15	0.30	0.44	0.65	0.98	—	—
机械石方	0.08	0.13	0.18	0.21	0.42	0.61	0.91	1.37	—	—
高级路面	0.37	0.52	0.72	0.81	1.48	2.00	3.00	4.50	0.06	0.16
其他路面	0.11	0.20	0.29	0.37	0.62	0.80	1.20	1.80	—	—
构造物Ⅰ	0.34	0.49	0.66	0.75	1.36	1.84	2.76	4.14	0.06	0.15
构造物Ⅱ	0.42	0.60	0.81	0.92	1.67	2.27	3.40	5.10	0.08	0.19
构造物Ⅲ	0.83	1.18	1.60	1.81	3.29	4.46	6.69	10.03	0.15	0.37
技术复杂大桥	0.48	0.68	0.93	1.05	1.91	2.58	3.87	5.81	0.08	0.21
隧道	0.10	0.19	0.27	0.35	0.58	0.75	1.12	1.69	—	—
钢材及钢结构	0.02	0.05	0.07	0.09	0.15	0.19	0.29	0.43	—	—

甘肃省《补充规定》规定:工期在 1 年内且不在冬季施工的项目不计取冬季施工增加费。

(2)雨季施工增加费

雨季施工增加费是指雨季期间施工,为保证工程质量和安全生产所采取的防雨、排水、防潮和防护措施,工效降低和机械作业率降低以及技术作业过程的改变所需增加的有关费用。

①雨季施工增加费的内容:

a. 因雨季施工所需增加的工、料、机费用的支出,包括工作效率的降低及易被雨水冲毁的工程所增加的工作内容等(如基坑坍塌和排水沟等堵塞的清理、路基边坡冲沟的填补等)。

b. 路基土方工程的开挖和运输,因雨季施工(非土壤中水影响)而引起的黏附工具,降低工效所增加的费用。

c. 因防止雨水侵入必须采取的防护措施的费用,如挖临时排水沟、防止基坑坍塌所需的支撑、挡板等费用。

d. 材料因受潮、受湿的耗损费用。

e. 增加防雨、防潮设备的费用。

f. 其他有关雨季施工所需增加的费用,如因河水高涨致使工作困难而增加的费用等。

②雨量区和雨季期的划分。雨量区和雨季期的划分是根据气象部门提供的满15年以上的降雨资料确定的。凡月平均降雨天数在10d以上,月平均日降雨量在3.5~5mm者为Ⅰ区,月平均日降雨量在5mm以上者为Ⅱ区。

全国雨季施工雨量区及雨季期的划分见《编制办法》附录八。

③费率和计算。雨季施工增加费的计算方法,是将全国划分为若干雨量区和雨季期,并根据各类工程的特点规定各雨量区和雨季期的取费标准,采用全年平均摊销的方法,即不论是否在雨季施工,均按规定的取费标准计取雨季施工增加费。

一条路线通过不同的雨量区和雨季期时,应分别计算雨季施工增加费或按工程量比例求得平均的增加率,计算全线雨季施工增加费。

雨季施工增加费以各类工程的直接工程费之和为基数,按工程所在地的雨量区、雨季期及工程类别选用表5-9的费率计算。公式如下:

$$雨季施工增加费 = \sum 直接工程费 \times 雨季施工增加费费率(\%) \tag{5-14}$$

室内管道及设备安装工程不计雨季施工增加费。

雨季施工增加费费率表(%)　　　　　表5-9

雨季期(月数) 工程类别＼雨量区	1 Ⅰ	1.5 Ⅰ	2 Ⅰ	2 Ⅱ	2.5 Ⅰ	2.5 Ⅱ	3 Ⅰ	3 Ⅱ	3.5 Ⅰ	3.5 Ⅱ	4 Ⅰ	4 Ⅱ	4.5 Ⅰ	4.5 Ⅱ	5 Ⅰ	5 Ⅱ	6 Ⅰ	6 Ⅱ	7 Ⅱ	8 Ⅱ
人工土方	0.04	0.05	0.07	0.11	0.09	0.13	0.11	0.15	0.13	0.17	0.15	0.20	0.17	0.23	0.19	0.26	0.21	0.31	0.36	0.42
机械土方	0.04	0.05	0.07	0.11	0.09	0.13	0.11	0.15	0.13	0.17	0.15	0.20	0.17	0.23	0.19	0.27	0.22	0.32	0.37	0.43
汽车运输	0.04	0.05	0.07	0.11	0.09	0.13	0.11	0.16	0.13	0.19	0.15	0.22	0.17	0.25	0.19	0.27	0.22	0.32	0.37	0.43
人工石方	0.02	0.03	0.05	0.07	0.06	0.09	0.07	0.11	0.08	0.13	0.09	0.15	0.10	0.17	0.12	0.19	0.15	0.23	0.27	0.32
机械石方	0.03	0.04	0.06	0.10	0.08	0.12	0.10	0.14	0.12	0.16	0.14	0.19	0.16	0.22	0.18	0.25	0.20	0.29	0.34	0.39
高级路面	0.03	0.04	0.06	0.10	0.08	0.12	0.10	0.15	0.12	0.17	0.14	0.19	0.16	0.22	0.18	0.25	0.20	0.29	0.34	0.39
其他路面	0.03	0.04	0.06	0.09	0.08	0.12	0.09	0.14	0.10	0.16	0.12	0.18	0.14	0.21	0.16	0.24	0.19	0.28	0.32	0.37
构造物Ⅰ	0.03	0.04	0.05	0.08	0.06	0.09	0.07	0.11	0.08	0.13	0.10	0.15	0.12	0.17	0.14	0.19	0.16	0.23	0.27	0.31
构造物Ⅱ	0.03	0.04	0.05	0.08	0.07	0.10	0.08	0.12	0.09	0.14	0.11	0.16	0.13	0.18	0.15	0.21	0.17	0.25	0.30	0.34
构造物Ⅲ	0.06	0.08	0.11	0.17	0.14	0.21	0.17	0.25	0.20	0.30	0.23	0.35	0.27	0.40	0.31	0.45	0.35	0.52	0.60	0.69
技术复杂大桥	0.03	0.05	0.07	0.10	0.08	0.12	0.10	0.14	0.12	0.16	0.14	0.19	0.16	0.22	0.18	0.25	0.20	0.29	0.34	0.39
隧道	—	—	—	—	—	—	—	—	—	—	—	—	—	—	—	—	—	—	—	—
钢材及钢结构	—	—	—	—	—	—	—	—	—	—	—	—	—	—	—	—	—	—	—	—

冬、雨季施工的人工增加数量按附录四相关表格内容计算。

(3)夜间施工增加费

夜间施工增加费是指根据设计、施工的技术要求和合理的施工进度要求,必须在夜间连续施工而发生的工效降低、夜班津贴以及有关照明设施(包括所需照明设施的安拆、摊销、维修及油燃料、电)等增加的费用。

夜间施工增加费以夜间施工项目的直接工程费之和为基数。按工程类别选取表 5-10 的费率计算。公式如下：

夜间施工增加费 = ∑夜间施工项目的直接工程费 × 夜间施工增加费费率(%)　(5-15)

夜间施工增加费费率表(%)　　表 5-10

工程类别	费率	工程类别	费率
构造物Ⅱ	0.35	技术复杂大桥	0.35
构造物Ⅲ	0.70	钢材及钢结构	0.35

注：设备安装工程及金属标志牌、防撞钢护栏、防眩板(网)、隔离栅、防护网等不计夜间施工增加费。

(4)特殊地区施工增加费

特殊地区施工增加费包括高原地区施工增加费、风沙地区施工增加费和沿海地区施工增加费三项内容。

①高原地区施工增加费：

高原地区施工增加费是指在海拔高度1500m以上的地区施工，由于受气候、气压的影响，致使人工、机械效率降低而增加的费用。该费用以各类工程人工费和机械使用费之和为基数，按工程所在地的海拔高度和工程类别选取表 5-11 的费率计算。公式如下：

高原地区施工增加费 = ∑(人工费 + 机械使用费) × 高原地区施工增加费费率(%)
(5-16)

一条路线通过两个(含两个)以上不同的海拔高度分区时，应分别计算高原地区施工增加费或按工程量比例求得平均的增加率，计算全线高原地区施工增加费。

高原地区施工增加费费率表(%)　　表 5-11

工程类别	海拔高度(m)							
	1501~2000	2001~2500	2501~3000	3001~3500	3501~4000	4001~4500	4501~5000	5000以上
人工土方	7.00	13.25	19.75	29.75	43.25	60.00	80.00	110.00
机械土方	6.56	12.60	18.66	25.60	36.05	49.08	64.72	83.80
汽车运输	6.50	12.50	18.50	25.00	35.00	47.50	62.50	80.00
人工石方	7.00	13.25	19.75	29.75	43.25	60.00	80.00	110.00
机械石方	6.71	12.82	19.03	27.01	38.50	52.80	69.92	92.72
高级路面	6.58	12.61	18.69	25.72	36.26	49.41	65.17	84.58
其他路面	6.73	12.84	19.07	27.15	38.74	53.17	70.44	93.60
构造物Ⅰ	6.87	13.06	19.44	28.56	41.18	56.86	75.61	102.47
构造物Ⅱ	6.77	12.90	19.17	27.54	39.41	54.18	71.85	96.03
构造物Ⅲ	6.73	12.85	19.08	27.19	38.81	53.27	70.57	93.84
技术复杂大桥	6.70	12.81	19.01	26.94	38.37	52.61	69.65	92.27
隧道	6.76	12.90	19.16	27.50	39.35	54.09	71.72	95.81
钢材及钢结构	6.78	12.92	19.20	27.66	39.62	54.50	72.30	96.80

②风沙地区施工增加费：

风沙地区施工增加费是指在沙漠地区施工时，由于受风沙影响，按照施工及验收规范的要求，为保证工程质量和安全生产而增加的有关费用。内容包括防风、防沙及气候影响的措施费，材料费,人工、机械效率降低增加的费用,以及积沙、风蚀的清理修复等费用。

风沙地区的划分,根据《公路自然区划标准》(JTJ 003—86)、"沙漠地区公路建设成套技术研究报告"的公路自然区划和沙漠公路区划,结合风沙地区的气候状况将风沙地区分为三区九类:半干旱、半湿润沙地为风沙一区,干旱、极干旱寒冷沙漠地区为风沙二区,极干旱炎热沙漠地区为风沙三区。根据覆盖度(沙漠中植被、戈壁等覆盖程度)又将每区分为固定沙漠(覆盖度>50%)、半固定沙漠(覆盖度10%~50%)、流动沙漠(覆盖度<10%)三类,覆盖度由工程勘察设计人员在公路工程勘察设计时确定。

全国风沙地区公路施工区划见《编制办法》附录九。

一条路线穿过两个以上不同风沙区,按路线长度经过不同的风沙区加权计算项目全线风沙地区施工增加费。

风沙地区施工增加费以各类工程的人工费和机械使用费之和为基数,根据工程所在地的风沙区划及工程类别,按表5-12的费率计算。公式如下:

风沙地区施工增加费 = ∑(人工费 + 机械使用费) × 风沙地区施工增加费费率(%)

(5-17)

风沙地区施工增加费费率表(%)　　　　　表5-12

风沙区别\工程类别	风沙一区			风沙二区			风沙三区		
	沙漠类型								
	固定	半固定	流动	固定	半固定	流动	固定	半固定	流动
人工土方	6.00	11.00	18.00	7.00	17.00	26.00	11.00	24.00	37.00
机械土方	4.00	7.00	12.00	5.00	11.00	17.00	7.00	15.00	24.00
汽车运输	4.00	8.00	13.00	5.00	12.00	18.00	8.00	17.00	26.00
人工石方	—	—	—	—	—	—	—	—	—
机械石方	—	—	—	—	—	—	—	—	—
高级路面	0.50	1.00	2.00	1.00	2.00	3.00	2.00	3.00	5.00
其他路面	2.00	4.00	7.00	3.00	7.00	10.00	4.00	10.00	15.00
构造物Ⅰ	4.00	7.00	12.00	5.00	11.00	17.00	7.00	16.00	24.00
构造物Ⅱ	—	—	—	—	—	—	—	—	—
构造物Ⅲ	—	—	—	—	—	—	—	—	—
技术复杂大桥	—	—	—	—	—	—	—	—	—
隧道	—	—	—	—	—	—	—	—	—
钢材及钢结构	1.00	2.00	4.00	1.00	3.00	5.00	2.00	5.00	7.00

③沿海地区施工增加费:

沿海地区施工增加费是指工程项目在沿海地区施工受海风、海浪和潮汐的影响,致使人工、机械效率降低等所需增加的费用。

沿海地区工程施工增加费以各类工程的直接工程费之和为基数,按工程类别选取表5-13的费率计算。公式如下:

沿海地区工程施工增加费 = ∑直接工程费 × 沿海地区施工增加费费率(%)　　(5-18)

沿海地区工程施工增加费费率表(%) 表5-13

工程类别	费率	工程类别	费率
构造物Ⅱ	0.15	技术复杂大桥	0.15
构造物Ⅲ	0.15	钢材及钢结构	0.15

(5)行车干扰工程施工增加费

行车干扰工程施工增加费是指由于边施工边维持通车,受行车干扰的影响,致使人工、机械效率降低而增加的费用。该费用以受行车影响部分的工程项目的人工费和机械使用费之和为基数,按施工期平均每昼夜双向行车次数和工程类别选取表5-14的费率计算。公式如下:

行车干扰工程施工增加费 = Σ(受行车干扰部分的工程项目人工费 + 机械使用费) ×
行车干扰工程施工增加费费率(%)　　　(5-19)

行车干扰工程施工增加费费率表(%) 表5-14

工程类别	施工期间平均每昼夜双向行车次数(汽车、畜力车合计)							
	51~100	101~500	501~1000	1001~2000	2001~3000	3001~4000	4001~5000	5000以上
人工土方	1.64	2.46	3.28	4.10	4.76	5.29	5.86	6.44
机械土方	1.39	2.19	3.00	3.89	4.51	5.02	5.56	6.11
汽车运输	1.36	2.09	2.85	3.75	4.35	4.84	5.36	5.89
人工石方	1.66	2.40	3.33	4.06	4.71	5.24	5.81	6.37
机械石方	1.16	1.71	2.38	3.19	3.70	4.12	4.56	5.01
高级路面	1.24	1.87	2.50	3.11	3.61	4.01	4.45	4.88
其他路面	1.17	1.77	2.36	2.94	3.41	3.79	4.20	4.62
构造物Ⅰ	0.94	1.41	1.89	2.36	2.74	3.04	3.37	3.71
构造物Ⅱ	0.95	1.43	1.90	2.37	2.75	3.06	3.39	3.72
构造物Ⅲ	0.95	1.42	1.90	2.37	2.75	3.05	3.38	3.72

甘肃省《补充规定》规定:新建工程项目不计行车干扰费,改建工程应尽量考虑社会交通车辆绕行及临时便道,确实无法绕行或修建便道时,方可计列行车干扰费。

(6)施工标准化与安全措施费

施工标准化与安全措施费是指工程施工期间为满足安全生产、施工标准化、规范化、精细化所发生的费用。该费用不包括施工期间为保证交通安全而设置的临时安全设施和标志、标牌的费用,需要时应根据设计要求计算。该费用也不包括预制场、拌和站、临时便道、临时便桥的施工标准化费用,应根据施工组织设计要求单独计算。施工标准化与安全措施费以各类工程的直接工程费之和为基数,按工程类别选取表5-15的费率计算。公式如下:

施工标准化与安全措施费 = Σ直接工程费 × 施工标准化与安全措施费费率(%)　(5-20)

施工标准化与安全措施费率表(%) 表5-15

工程类别	费率	工程类别	费率
人工土方	0.70	构造物Ⅰ	0.85
机械土方	0.70	构造物Ⅱ	0.92
汽车运输	0.25	构造物Ⅲ	1.85
人工石方	0.70	技术复杂大桥	1.01

工程类别	费率	工程类别	费率
机械石方	0.70	隧道	0.86
高级路面	1.18	钢材及钢结构	0.63
其他路面	1.20		

(7) 临时设施费

临时设施费是指施工企业为进行建筑安装工程施工所必需的生活和生产用的临时建筑物、构筑物和其他临时设施及其标准化的费用等,但不包括概、预算定额中的临时工程。

① 临时设施费包括的内容:

临时设施包括临时生活及居住房屋(包括职工家属房屋及探亲房屋)、文化福利及公用房屋(如广播室、文体活动室等)和生产、办公房屋(如仓库、加工厂、加工棚、发电站、变电站、空压机站、停机棚等),工地范围内的各种临时的工作便道(包括汽车道、畜力车道、人力车道)、人行便道,工地临时用水、用电的水管支线和电线支线,临时构筑物(如水井、水塔等)及其他小型临时设施。

临时设施费包括临时设施的搭设、维修、拆除等费用及摊销费。

② 费率和计算:

临时设施费以各类工程的直接工程费之和为基数,按工程类别选取表5-16的费率计算。

$$临时设施费 = \sum 直接工程费 \times 临时设施费费率(\%) \tag{5-21}$$

临时设施费费率表(%) 表5-16

工程类别	费率	工程类别	费率
人工土方	1.73	构造物 I	2.92
机械土方	1.56	构造物 II	3.45
汽车运输	1.01	构造物 III	6.39
人工石方	1.76	技术复杂大桥	3.21
机械石方	2.17	隧道	2.83
高级路面	2.11	钢材及钢结构	2.73
其他路面	2.06		

(8) 施工辅助费

① 施工辅助费包括的内容:

施工辅助费包括生产工具用具使用费、检验试验费和工程定位复测、工程点交、场地清理等费用。

生产工具用具使用费是指施工所需不属于固定资产的生产工具、检验用具、试验用具及仪器、仪表等的购置、摊销和维修费,以及支付给生产工人自备工具的补贴费。

检验试验费是指施工企业对建筑材料、构件和建筑安装工程进行一般鉴定、检查所发生的费用,包括自设试验室进行试验所耗用的材料和化学药品的费用,以及技术革新和研究试验费。但不包括新结构、新材料的试验费和建设单位要求对具有出厂合格证明的材料进行检验、对构件进行破坏性试验及其他特殊要求检验的费用。

② 费率和计算:

施工辅助费以各类工程的直接工程费之和为基数,按工程类别选取表5-17的费率计算。

$$施工辅助费 = \sum 直接工程费 \times 施工辅助费费率(\%) \quad (5-22)$$

施工辅助费费率表(%) 表 5-17

工程类别	费率	工程类别	费率
人工土方	0.89	构造物Ⅰ	1.30
机械土方	0.49	构造物Ⅱ	1.56
汽车运输	0.16	构造物Ⅲ	3.03
人工石方	0.85	技术复杂大桥	1.68
机械石方	0.46	隧道	1.23
高级路面	0.80	钢材及钢结构	0.56
其他路面	0.74		

(9)工地转移费

工地转移费是指施工企业根据建设任务的需要,由已竣工的工地或后方基地迁至新工地的搬迁费用。

①工地转移费包括的内容：

a.施工单位全体职工及随职工迁移的家属向新工地转移的车费、家具行李运费、途中住宿费、行程补助费、杂费及工资与工资附加费等。

b.公物、工具、施工设备器材、施工机械的运杂费,以及外租机械的往返费及本工程内部各工地之间施工机械、设备、公物、工具的转移费等。

c.非固定工人进退场及一条路线中各工地转移的费用。

②费率和计算：

工地转移费以各类工程的直接工程费之和为基数,按工地转移距离和工程类别选取表5-18的费率计算。

$$工地转移费 = \sum 直接工程费 \times 工地转移费费率(\%) \quad (5-23)$$

工地转移费费率表(%) 表 5-18

工程类别	工地转移距离(km)					
	50	100	300	500	1000	每增加100
人工土方	0.15	0.21	0.32	0.43	0.56	0.03
机械土方	0.50	0.67	1.05	1.37	1.82	0.08
汽车运输	0.31	0.40	0.62	0.82	1.07	0.05
人工石方	0.16	0.22	0.33	0.45	0.58	0.03
机械石方	0.36	0.43	0.74	0.97	1.28	0.06
高级路面	0.61	0.83	1.30	1.70	2.27	0.12
其他路面	0.56	0.75	1.18	1.54	2.06	0.10
构造物Ⅰ	0.56	0.75	1.18	1.54	2.06	0.11
构造物Ⅱ	0.66	0.89	1.40	1.83	2.45	0.13
构造物Ⅲ	1.31	1.77	2.77	3.62	4.85	0.25
技术复杂大桥	0.75	1.01	1.58	2.06	2.76	0.14
隧道	0.52	0.71	1.11	1.45	1.94	0.10
钢材及钢结构	0.72	0.97	1.51	1.97	2.64	0.13

转移距离以工程承包单位(如工程处、工程公司等)转移前后驻地距离或两路线中点的距离为准。编制概(预)算时,如果施工单位不明确,则高速、一级公路及独立大桥、隧道按省会(自治区首府)至工地的里程计算工地转移费,二级及二级以下公路按地区(市、州)所在地至工地的里程计算工地转移费。工地转移里程数在表列里程之间时,费率可内插计算。

工地转移距离在50km以内的工程不计取本项费用。

其他工程费的计算基数有两类:一类是直接工程费,即人工费、材料费与施工机械使用费之和;另一类是人工费和机械使用费之和。因此,其他工程费的综合费率分为综合费率Ⅰ和综合费率Ⅱ。综合费率Ⅰ为冬季施工增加费费率、雨季施工增加费费率、夜间施工增加费费率、沿海地区工程施工增加费费率、施工标准化与安全措施费费率、临时设施费费率、施工辅助费费率和工地转移费费率之和;综合费率Ⅱ为高原地区施工增加费费率、风沙地区施工增加费费率和行车干扰工程施工增加费费率之和。

【例5-6】 某公路桥梁基础工程,卷扬机带冲抓锥冲孔施工。经计算可知:人工费20万元;材料费46万元;机械费75万元。该桥位于东部沿海地区,地理位置为冬一区Ⅱ,雨季期2个月,雨量区Ⅱ。由于工期紧张,工程需昼夜连续施工,施工期间有行车干扰,昼夜双向行车800辆。施工单位为本地企业,距离工地30km,试计算该工程的其他工程费。

【解】 根据题意,按工程类别划分,可知该工程项目属构造物Ⅱ。应该计算的内容是:冬季施工增加费、雨季施工增加费、夜间施工增加费、沿海地区工程施工增加费、行车干扰工程施工增加费、施工标准化与安全措施费、临时设施费、施工辅助费。而高原地区、风沙地区施工增加费不计,工地转移费不计。各项内容计算如下:

(1)冬季施工增加费:$(20+46+75) \times 0.6\% = 0.846$ 万元
(2)雨季施工增加费:$(20+46+75) \times 0.08\% = 0.1128$ 万元
(3)夜间施工增加费:$(20+46+75) \times 0.35\% = 0.4935$ 万元
(4)沿海地区工程施工增加费:$(20+46+75) \times 0.15\% = 0.2115$ 万元
(5)行车干扰工程施工增加费:$(20+75) \times 1.9\% = 1.805$ 万元
(6)施工标准化与安全措施费:$(20+46+75) \times 0.78\% = 1.0998$ 万元
(7)临时设施费:$(20+46+75) \times 3.14\% = 4.4274$ 万元
(8)施工辅助费:$(20+46+75) \times 1.56\% = 2.1996$ 万元

该工程的其他工程费为:

$0.846+0.1128+0.4935+0.2115+1.805+1.0998+4.4274+2.1996=11.1956$ 万元

【例5-7】 某沥青混凝土路面摊铺工程,共600km。其中在海拔2500~3000m的路段为400km,在海拔3000~3500m的路段为200km。本路段路面工程总造价为2400万元,其中人工、机械两项约占总价的40%,求工程所在地高原地区施工增加费。

【解】 该路段跨越两个不同海拔高度区,查表3-11可知高原地区施工增加费费率分别为18.69%和25.72%。

人工费、机械费两项费用占路面总预算的比例为40%,即:

$$人工费 + 机械费 = 2400 \times 40\% = 960 \text{ 万元}$$

工程量分别为400km和200km,则按工程量比例计算高原地区施工增加费:

$$960 \times \frac{400}{600} \times 18.69\% + 960 \times \frac{200}{600} \times 25.72\% = 201.92 \text{ 万元}$$

二、间接费

间接费是指直接费以外,企业用于管理工程项目及向国家缴纳的相关费用,由规费和企业管理费两项组成。

1. 规费

规费是指法律、法规、规章、规程规定施工企业必须缴纳的费用(简称规费),内容包括:

(1)养老保险费,即施工企业按规定标准为职工缴纳的基本养老保险费。

(2)失业保险费,即施工企业按规定标准为职工缴纳的失业保险费。

(3)医疗保险费,即施工企业按规定标准为职工缴纳的基本医疗保险费和生育保险费。

(4)住房公积金,即施工企业按规定标准为职工缴纳的住房公积金。

(5)工伤保险费,即施工企业按规定标准为职工缴纳的工伤保险费。

各项规费以各类工程的人工费之和为基数,按国家或工程所在地相关部门规定的标准计算,公式如下:

$$规费 = \sum 人工费 \times 规费费率表(\%) \quad (5-24)$$

根据甘肃省有关文件规定,间接费中的规费费率为38.9%,费率标准按表5-19计算。规费费率只作为编制概、预算的依据,不作为施工企业实际缴纳费用的标准。实际缴纳金额按有关社会保险和公积金管理机构核定的标准计缴。

规 费 费 率 表 (%) 表5-19

规费名称	养老保险费	失业保险费	医疗保险费	住房公积金	工伤保险费
规费费率	20.00	2.00	8.9	7.00	1.00

2. 企业管理费

企业管理费由基本费用、主副食运费补贴、职工探亲路费、职工取暖补贴和财务费用五项组成。

(1)基本费用

基本费用是指施工企业为组织施工生产和经营管理所需的费用,内容包括:

①管理人员工资,即管理人员的基本工资,工资性补贴、职工福利费、劳动保护费以及缴纳的养老、失业、医疗、生育、工伤保险费和住房公积金等。

②办公费,即企业办公用的文具、纸张、账表、印刷、邮电、书报、会议、水、电、烧水和集体取暖(包括现场临时宿舍取暖)用煤(气)等费用。

③差旅交通费,即职工因公出差和工作调动(包括随行家属的旅费)的差旅费、住勤补助费,市内交通费和误餐补助费,职工探亲路费,劳动力招募费,职工离退休、退职一次性路费,工伤人员就医路费,以及管理部门使用的交通工具的油料、燃料、养路费及牌照费。

④固定资产使用费,即管理和试验部门及附属生产单位使用的属于固定资产的房屋、设备、仪器等的折旧、大修、维修或租赁费等。

⑤工具用具使用费,即企业管理使用的不属于固定资产的生产工具、器具、家具、交通工具和检验、试验、测绘、消防用具等的购置、维修和摊销费。

⑥劳动保险费,即企业支付给离退休职工的易地安家补助费、职工退职金、六个月以上的病假人员工资、职工死亡丧葬补助费、抚恤费、按规定支付给离休干部的各项经费。

⑦工会经费,即企业按职工工资总额计提的工会经费。

⑧职工教育经费,即企业为使职工学习先进技术和提高文化水平,按职工工资总额计提的费用。

⑨保险费,即企业财产保险、管理用车辆等保险费用。

⑩工程保修费,即工程竣工交付使用后,在规定保修期以内的修理费用。

⑪工程排污费,即施工现场按规定缴纳的排污费用。

⑫税金,即企业按规定缴纳的房产税、车船使用税、土地使用税、印花税等。

⑬其他,即上述项目以外的其他必要的费用支出,包括技术转让费、技术开发费、业务招待费、绿化费、广告费、投标费、公证费、定额测定费、法律顾问费、审计费、咨询费等。

基本费用以各类工程的直接费之和为基数,按工程类别选取表5-20的费率计算,公式如下:

$$基本费用 = \sum 直接费 \times 基本费用费率(\%) \quad (5-25)$$

基本费用费率表(%) 表5-20

工程类别	费率	工程类别	费率
人工土方	3.36	构造物Ⅰ	4.44
机械土方	3.26	构造物Ⅱ	5.53
汽车运输	1.44	构造物Ⅲ	9.79
人工石方	3.45	技术复杂大桥	4.72
机械石方	3.28	隧道	4.22
高级路面	1.91	钢材及钢结构	2.42
其他路面	3.28		

(2)主副食运费补贴

主副食运费补贴是指施工企业在远离城镇及乡村的野外施工购买生活必需品所需增加的费用。该费用以各类工程的直接费之和为基数,按主副食运距综合里程和工程类别选取表5-21的费率计算,公式如下:

$$主副食运费补贴 = \sum 直接费 \times 主副食运费补贴费费率(\%) \quad (5-26)$$

主副食运费补贴费费率表(%) 表5-21

工程类别	综合里程(km)											
	1	3	5	8	10	15	20	25	30	40	50	每增加10
人工土方	0.17	0.25	0.31	0.39	0.45	0.56	0.67	0.76	0.89	1.06	1.22	0.16
机械土方	0.13	0.19	0.24	0.30	0.35	0.43	0.52	0.59	0.69	0.81	0.95	0.13
汽车运输	0.14	0.20	0.25	0.32	0.37	0.45	0.55	0.62	0.73	0.86	1.00	0.14
人工石方	0.13	0.19	0.24	0.30	0.34	0.42	0.51	0.58	0.67	0.80	0.92	0.12
机械石方	0.12	0.18	0.22	0.28	0.33	0.41	0.49	0.55	0.65	0.76	0.89	0.12
高级路面	0.08	0.12	0.15	0.20	0.22	0.28	0.33	0.38	0.44	0.52	0.60	0.08
其他路面	0.09	0.12	0.15	0.20	0.22	0.28	0.33	0.38	0.44	0.52	0.61	0.09
构造物Ⅰ	0.13	0.18	0.23	0.28	0.32	0.40	0.49	0.55	0.65	0.76	0.89	0.12
构造物Ⅱ	0.14	0.20	0.25	0.30	0.35	0.43	0.52	0.60	0.70	0.83	0.96	0.13
构造物Ⅲ	0.25	0.36	0.45	0.55	0.64	0.79	0.96	1.09	1.28	1.51	1.76	0.24
技术复杂大桥	0.11	0.16	0.20	0.25	0.29	0.36	0.43	0.49	0.57	0.68	0.79	0.11
隧道	0.11	0.16	0.19	0.24	0.28	0.34	0.42	0.48	0.56	0.66	0.77	0.10
钢材及钢结构	0.11	0.16	0.20	0.26	0.30	0.37	0.44	0.50	0.59	0.69	0.80	0.11

注:1. 综合里程 = 粮食运距 × 0.06 + 燃料运距 × 0.09 + 蔬菜运距 × 0.15 + 水运距 × 0.70。

2. 粮食、燃料、蔬菜、水的运距均为全线平均运距。

3. 综合里程数在表列里程之间时,费率可内插。

4. 综合里程在1km以内的工程不计取本项费用。

(3) 职工探亲路费

职工探亲路费是指按照有关规定施工企业职工在探亲期间发生的往返车船费、市内交通费和途中住宿费等费用。

职工探亲路费以各类工程的直接费之和为基数,按工程类别选取表 5-22 的费率计算。公式如下:

$$职工探亲路费 = \sum 直接费 \times 职工探亲路费费率(\%) \tag{5-27}$$

职工探亲路费费率表(%)　　　　　表 5-22

工程类别	费率	工程类别	费率
人工土方	0.10	构造物 I	0.29
机械土方	0.22	构造物 II	0.34
汽车运输	0.14	构造物 III	0.55
人工石方	0.10	技术复杂大桥	0.20
机械石方	0.22	隧道	0.27
高级路面	0.14	钢材及钢结构	0.16
其他路面	0.16		

(4) 职工取暖补贴

职工取暖补贴是指按规定发放给职工的冬季取暖费或在施工现场设置的临时取暖设施的费用。该费用以各类工程的直接费之和为基数,按工程所在地的气温区及工程类别选用表 5-23 的费率计算公式如下:

$$职工取暖补贴 = \sum 直接费 \times 职工取暖补贴费率(\%) \tag{5-28}$$

职工取暖补贴费率表(%)　　　　　表 5-23

工程类别	气温区						
	准二区	冬一区	冬二区	冬三区	冬四区	冬五区	冬六区
人工土方	0.03	0.06	0.10	0.15	0.17	0.26	0.31
机械土方	0.06	0.13	0.22	0.33	0.44	0.55	0.66
汽车运输	0.06	0.12	0.21	0.31	0.41	0.51	0.62
人工石方	0.03	0.06	0.10	0.15	0.17	0.25	0.31
机械石方	0.05	0.11	0.17	0.26	0.35	0.44	0.53
高级路面	0.04	0.07	0.13	0.19	0.25	0.31	0.38
其他路面	0.04	0.07	0.12	0.18	0.24	0.30	0.36
构造物 I	0.06	0.12	0.19	0.28	0.36	0.46	0.56
构造物 II	0.06	0.13	0.20	0.30	0.41	0.51	0.62
构造物 III	0.11	0.23	0.37	0.56	0.74	0.93	1.13
技术复杂大桥	0.05	0.10	0.17	0.26	0.34	0.42	0.51
隧道	0.04	0.08	0.14	0.22	0.28	0.36	0.43
钢材及钢结构	0.04	0.07	0.12	0.19	0.25	0.31	0.37

甘肃省《补充规定》规定:工期在 1 年内且不在取暖期内施工的项目不计取职工取暖补贴。

(5) 财务费用

财务费用是指施工企业为筹集资金而发生的各项费用,包括企业经营期间发生的短期贷款利息净支出、汇兑净损失、调剂外汇手续费、金融机构手续费,以及企业筹集资金发生的其他财务

费用。财务费用以各类工程的直接费之和为基数,按工程类别选取表5-24的费率计算。公式如下:

$$财务费用 = \Sigma 直接费 \times 财务费用费率(\%) \tag{5-29}$$

财务费用费率表(%) 表5-24

工程类别	费率	工程类别	费率
人工土方	0.23	构造物Ⅰ	0.37
机械土方	0.21	构造物Ⅱ	0.40
汽车运输	0.21	构造物Ⅲ	0.82
人工石方	0.22	技术复杂大桥	0.46
机械石方	0.20	隧道	0.39
高级路面	0.27	钢材及钢结构	0.48
其他路面	0.30		

三、利润

利润是指施工企业完成所承包工程应取得的盈利。利润按直接费与间接费之和扣除规费的7%计算,公式如下:

$$利润 = (直接费 + 间接费 - 规费) \times 7\% \tag{5-30}$$

四、税金

税金是指按国家税法规定应计入建筑安装工程造价内的营业税、城市维护建设税及教育费附加。计算公式为:

$$税金 = (直接费 + 间接费 + 利润) \times 综合税率 \tag{5-31}$$

综合税率的确定分为以下三种情况:

(1)纳税地点在市区的企业

$$综合税率 = \left[\frac{1}{1 - 3\% \times (1 + 7\% + 3\%)} - 1\right] \times 100\% = 3.41\% \tag{5-32}$$

(2)纳税地点在县城、乡镇的企业

$$综合税率 = \left[\frac{1}{1 - 3\% \times (1 + 5\% + 3\%)} - 1\right] \times 100\% = 3.35\% \tag{5-33}$$

(3)纳税地点不在市区、县城、乡镇的企业

$$综合税率 = \left[\frac{1}{1 - 3\% \times (1 + 1\% + 3\%)} - 1\right] \times 100\% = 3.22\% \tag{5-34}$$

值得注意的是:以上各项费用的计算是按《编制办法》的规定计取的,在编制概预算时还应参考各省交通厅发布的《补充规定》。例如甘肃省的补充规定中临时设施费、基本费用、职工探亲路费、财务费用、利润等费率按工程项目的不同等级分二类取费。

【例5-8】某二级公路中桥,跨径为3×16m,为装配式钢筋混凝土空心板桥,工程所在地为冬三区,雨量Ⅰ区,雨季期1.5个月,构造物Ⅱ类。无行车干扰,夜间连续施工,主副食综合里程50km,工地转移300km,工、料、机费为600000元。按当地社会保险的规定,施工企业所缴纳的各项规费12000元,综合税率3.22%。试计算该工程的直接费、间接费、利润、税金。

【解】(1)直接工程费=人工费+材料费+机械使用费=600000元

(2)根据题意,查表知:本工程冬季施工增加费率为1.67%;雨季施工增加费率为0.04%;夜间施工增加费率为0.35%;施工标准化与安全措施费率为0.92%;临时设施费率为3.14%;施工辅助费率为1.56%;工地转移费率为1.4%,则:

其他工程费 = 600000 × (1.67 + 0.04 + 0.35 + 0.92 + 3.14 + 1.56 + 1.40)% = 54480 元

(3)直接费 = 直接工程费 + 其他工程费 = 600000 + 54480 = 654480 元

(4)根据题意,查表知,基本费用费率为5.53%;主副食运费补贴费率为0.96%;职工探亲路费费率为0.34%;职工取暖补贴费率为0.3%;财务费用费率为0.4%,则:

企业管理费 = 654480 × (5.53 + 0.96 + 0.34 + 0.3 + 0.4)% = 49282 元

间接费 = 规费 + 企业管理费 = 12000 + 49282 = 61282 元

(5)利润 = (直接费 + 间接费 - 规费) × 7% = (654480 + 61282 - 12000) × 7% = 49263 元

(6)税金 = (直接费 + 间接费 + 利润) × 3.22%
= (654480 + 61282 + 49263) × 3.22% = 24633.8 元

五、建筑安装工程费的计算程序

公路工程建筑安装工程费是按照实物量法的计价方法进行编制的,计算过程汇总如下:

(1)直接工程费 = Σ(工程量 × 工、料、机定额消耗 × 相对应的预算价格)

(2)其他工程费 = 直接工程费 × 综合费率Ⅰ + (人工费 + 施工机械使用费) × 综合费率Ⅱ

(3)直接费 = 直接工程费 + 其他工程费

(4)间接费 = 人工费 × 规费费率 + 直接费 × 企业管理费综合费率

(5)利润 = (直接费 + 间接费 - 规费) × 利润率

(6)税金 = (直接费 + 间接费 + 利润) × 综合税率

(7)建筑安装工程费 = 直接费 + 间接费 + 利润 + 税金

第三节 设备、工具、器具及家具购置费

一、设备购置费

设备购置费是指为满足公路的营运、管理、养护需要,购置的达到固定资产标准的设备和虽低于固定资产标准但属于设计明确列入设备清单的设备费用。包括渡口设备,隧道照明、消防、通风的动力设备,高等级公路的收费、监控、通信、供电设备,养护用的机械、设备和工具、器具等的购置费用。

设备购置费应由设计单位列出计划购置的清单(包括设备的规格、型号、数量),以设备原价加运杂费和综合业务费,按以下公式计算:

设备购置费 = 设备原价 + 运杂费(运输费 + 装卸费 + 搬运费) + 运输保险费 + 采购及保管费

(5-35)

需要安装的设备,应在第一部分建筑安装工程费的有关项目内另计设备的安装工程费。

1. 国产设备原价的构成及计算

国产设备的原价一般是指设备制造厂的交货价,即出厂价或订货合同价。它一般根据生产厂家或供应商的询价、报价、合同价确定,或采用一定的方法计算确定。其内容包括:按专业标准

规定的在运输过程中不受损失的一般包装费,按产品设计规定配备的工具、附件和易损件的费用。计算公式为:

$$设备原价 = 出厂价(或供货地点价) + 包装费 + 手续费 \tag{5-36}$$

2. 进口设备原价的构成及计算

进口设备的原价是指进口设备的抵岸价,即抵达买方边境港口或边境车站,且交完关税为止形成的价格。计算公式为:

$$进口设备原价 = 货价 + 国际运费 + 运输保险费 + 银行财务费 + 外贸手续费 +$$
$$关税 + 增值税 + 消费税 + 商检费 + 检疫费 + 车辆购置附加费 \tag{5-37}$$

(1) 货价

货价一般是指装运港船上交货价(FOB,或称离岸价)。设备货价分为原币货价和人民币货价,原币货价一律折算为美元表示,人民币货价按原币货价乘以外汇市场美元兑换人民币的中间价确定。进口设备货价按有关生产厂商询价、报价、订货合同价计算。

(2) 国际运费

国际运费是指从装运港(站)到达我国抵达港(站)的运费。计算公式为:

$$国际运费 = 原币货价(FOB 价) \times 运费费率 \tag{5-38}$$

我国进口设备大多采用海洋运输,小部分采用铁路运输,个别采用航空运输。运费费率参照有关部门或进出口公司的规定执行,海运费费率一般为6%。

(3) 运输保险费

对外贸易货物运输保险是由保险人(保险公司)与被保险人(出口人或进口人)订立保险契约,在被保险人交付议定的保险费后,保险人根据保险契约的规定对货物在运输过程中发生的承保责任范围内的损失给予经济上的补偿。这是一种财产保险,计算公式为:

$$运输保险费 = [原币货价(FOB 价) + 国际运费] \div (1 - 保险费费率) \times 保险费费率 \tag{5-39}$$

保险费费率是按保险公司规定的进口货物保险费费率计算,一般为0.35%。

(4) 银行财务费

银行财务费一般是指中国银行手续费,计算公式为:

$$银行财务费 = 人民币货价(FOB 价) \times 银行财务费费率 \tag{5-40}$$

银行财务费费率一般为0.4% ~ 0.5%。

(5) 外贸手续费

外贸手续费是指按规定计取的外贸手续费,计算公式为:

$$外贸手续费 = [人民币货价(FOB 价) + 国际运费 + 运输保险费] \times 外贸手续费费率 \tag{5-41}$$

外贸手续费费率一般为1% ~ 1.5%。

(6) 关税

关税是指海关对进出国境或关境的货物和物品征收的一种税。计算公式为:

$$关税 = [人民币货价(FOB 价) + 国际运费 + 运输保险费] \times 进口关税税率 \tag{5-42}$$

进口关税税率按我国海关总署发布的进口关税税率计算。

(7) 增值税

增值税是指对从事进口贸易的单位和个人,在进口商品报关进口后征收的税种。按照《中华人民共和国增值税条例》的规定,进口应税产品均按组成计税价格和增值税税率直接计算应纳税额。计算公式为：

$$增值税 = [人民币货价(FOB价) + 国际运费 + 运输保险费 + 关税 + 消费税] \times 增值税税率 \quad (5-43)$$

增值税税率根据规定的税率计算，目前进口设备适用的税率为17%。

(8)消费税

消费税是指对部分进口设备(如轿车、摩托车等)征收的税额，计算公式为：

$$应纳消费税额 = [人民币货价(FOB价) + 国际运费 + 运输保险费 + 关税] \div (1 - 消费税税率) \times 消费税税率 \quad (5-44)$$

消费税税率应根据规定的税率计算。

(9)商检费

商检费是指进口设备按规定付给商品检查部门的进口设备检验鉴定费。计算公式为：

$$商检费 = [人民币货价(FOB价) + 国际运费 + 运输保险费] \times 商检费费率 \quad (5-45)$$

商检费费率一般为0.8%。

(10)检疫费

检疫费是指进口设备按规定付给商品检疫部门的进口设备检验鉴定费。计算公式为：

$$检疫费 = [人民币货价(FOB价) + 国际运费 + 运输保险费] \times 检疫费费率 \quad (5-46)$$

检疫费费率一般为0.17%。

(11)车辆购置附加费

车辆购置附加费是指进口车辆需缴纳的进口车辆购置附加费，计算公式为：

$$进口车辆购置附加费 = [人民币货价(FOB价) + 国际运费 + 运输保险费 + 关税 + 消费税 + 增值税] \times 进口车辆购置附加费费率 \quad (5-47)$$

在计算进口设备原价时，应注意工程项目的性质，有无按国家有关规定减免进口环节税的可能。

3.设备运杂费的构成及计算

国产设备运杂费，是指由设备制造厂交货地点起至工地仓库(或施工组织设计指定的需要安装设备的堆放地点)止所发生的运费和装卸费。

进口设备运杂费，是指由我国到岸港口或边境车站起至工地仓库(或施工组织设计指定的需要安装设备的堆放地点)止所发生的运费和装卸费。计算公式为：

$$运杂费 = 设备原价 \times 运杂费费率 \quad (5-48)$$

设备运杂费费率见表5-25。

设备运杂费费率表(%) 表5-25

运输里程(km)	100以内	101~200	201~300	301~400	401~500	501~750	751~1000	1001~1250	1251~1500	1501~1750	1751~2000	2000以上每增250
费率(%)	0.8	0.9	1.0	1.1	1.2	1.5	1.7	2.0	2.2	2.4	2.6	0.2

4.设备运输保险费的构成及计算

设备运输保险费指国内运输保险费，计算公式为：

$$运输保险费 = 设备原价 \times 保险费费率 \quad (5-49)$$

设备运输保险费费率一般为1%。

5.设备采购及保管费的构成及计算

设备采购及保管费指采购、验收、保管和收发设备所发生的各种费用，包括：设备采购人员、保管人员和管理人员的工资,工资附加费,办公费,差旅交通费;设备供应部门办公和仓库所占固定资产使用费、工具用具使用费、劳动保护费、检验试验费等。计算公式为:

$$采购及保管费 = 设备原价 \times 采购及保管费费率 \tag{5-50}$$

需要安装的设备的采购保管费费率为2.4%,不需要安装的设备的采购保管费费率为1.2%。

【例5-9】 某路桥公司从国外进口一台设备,装运港船上交货价为100万美元;采用海运,海运费率为6%,运输保险费费率为0.35%,银行财务费费率为0.5%;外贸手续费费率为1.5%,增值税率为17%,关税税率为25%,消费税税率为2%,商检费率为0.8%,检疫费率为0.17%。按有关规定免征车辆购置附加费,美元对人民币汇率为1:6.3。从到货口岸至安装现场500km,国内运输保险费率为1%,设备采购及保管率为1.2%。试计算该进口设备的购置费。

【解】 货价(FOB) = 100万(美元) × 6.3 = 630万元(人民币)

国际运费 = 原币货价(FOB) × 运费费率 = 100万(美元) × 6% = 6万(美元)

运输保险费 = [原币货价(FOB) + 国际运费] ÷ (1 - 保险费费率) × 保险费费率
= (100 + 6) ÷ (1 - 0.35%) × 0.35% × 6.3 = 2.34万元(人民币)

银行财务费 = 人民币货价(FOB) × 银行财务费费率
= 630 × 0.5% = 3.15万元

外贸手续费 = [人民币货价(FOB) + 国际运费 + 运输保险费] × 外贸手续费费率
= (630 + 37.8 + 2.34) × 1.5% = 10.05万元

关税 = [人民币货价(FOB) + 国际运费 + 运输保险费] × 进口关税税率
= (630 + 37.8 + 2.34) × 25% = 167.53万元

消费税 = [人民币货价(FOB) + 国际运费 + 运输保险费 + 关税] ÷
(1 - 消费税税率) × 消费税税率
= (630 + 37.8 + 2.34 + 167.53) ÷ (1 - 2%) × 2%
= 17.09万元

增值税 = [人民币货价(FOB) + 国际运费 + 运输保险费 + 关税 + 消费税] × 增值税税率
= (630 + 37.8 + 2.34 + 167.53 + 17.09) × 17%
= 145.30万元

商检费 = [人民币货价(FOB) + 国际运费 + 运输保险费] × 商检费费率
= (630 + 37.8 + 2.34) × 0.8% = 5.36万元

检疫费 = [人民币货价(FOB) + 国际运费 + 运输保险费] × 检疫费费率
= (630 + 37.8 + 2.34) × 0.17% = 1.13万元

进口设备原价 = 货价 + 国际运费 + 运输保险费 + 银行财务费 + 外贸手续费 +
关税 + 增值税 + 消费税 + 商检费 + 检疫费
= 630 + 37.8 + 2.34 + 3.15 + 10.05 + 167.53 + 17.09 + 145.3 + 5.36 + 1.13
= 1019.75万元

国内运杂费 = 设备原价 × 运杂费费率 = 1019.75 × 1.2% = 12.24万元

运输保险费 = 设备原价 × 保险费费率 = 1019.75 × 1% = 10.20万元

采购及保管费 = 设备原价 × 采购及保管费费率 = 1019.75 × 1.2% = 12.24万元

设备购置费 = 进口设备原价 + 国内运杂费 + 运输保险费 + 采购及保管费
= 1019.75 + 12.24 + 10.2 + 12.24 = 1054.43万元

二、工具、器具及生产家具(简称工器具)购置费

工具、器具购置费是指建设项目交付使用后为满足初期正常营运必须购置的第一套不构成固定资产的设备、仪器、仪表、工卡模具、器具、工作台(框、架、柜)等的费用。该费用不包括构成固定资产的设备、工器具和备品、备件及已列入设备购置费中的专用工具和备品、备件。

工具、器具购置费的计算方法同设备购置费。

三、办公和生活用家具购置费

办公和生活用家具购置费是指为保证新建、改建项目初期正常生产、使用和管理所必须购置的办公和生活用家具、用具的费用。包括行政、生产部门的办公室、会议室、资料档案室、阅览室、单身宿舍及生活福利设施等的家具、用具。

办公和生活用家具购置费按表5-26的规定计算。

办公和生活用家具购置费标准表　　　　　表5-26

工程所在地	路线(元/km)				有看桥房的独立大桥(元/座)	
	高速公路	一级公路	二级公路	三、四级公路	一般大桥	技术复杂大桥
内蒙古、黑龙江、青海、新疆、西藏	21500	15600	7800	4000	24000	60000
其他省、自治区、直辖市	17500	14600	5800	2900	19800	49000

注:改建工程按表列数80%计。

第四节　工程建设其他费用

工程建设其他费用是指除建筑安装工程费和设备、工具、器具及办公和生活用家具购置费以外的费用,根据国家有关规定应在基本建设投资中支付,并构成工程造价的组成部分。包括土地征用及拆迁补偿费、建设项目管理费、研究试验费、建设项目前期工作费、专项评价(估)费、施工机构迁移费、供电贴费、联合试运转费、生产人员培训费、固定资产投资方向调节税、建设期贷款利息等费用。

一、土地征用及拆迁补偿费

土地征用及拆迁补偿费是指按照《中华人民共和国土地管理法》、《中华人民共和国土地管理法实施条例》及《中华人民共和国基本农田保护条例》等法律、法规的规定,为进行公路建设需征用土地所支付的土地征用及拆迁补偿费等费用。

1. 费用内容

(1)土地补偿费

指被征用土地地上、地下附着物及青苗补偿费,征用城市郊区的菜地等缴纳的菜地开发建设基金,租用土地费,耕地占用税,地图编制费及勘界费,征地管理费等。

(2)征用耕地安置补助费

指征用耕地需要安置农业人口的补助费。

(3)拆迁补偿费

指被征用或占用土地上的房屋及附属构筑物、城市公用设施等的拆除、迁建补偿费,拆迁管

理费等。

(4) 复耕费

指临时占用的耕地、鱼塘等，待工程竣工后将其恢复到原有标准所发生的费用。

(5) 耕地开垦费

指公路建设项目占用耕地的，应由建设项目法人(业主)负责补充耕地所发生的费用；没有条件开垦或者开垦的耕地不符合要求的，按规定缴纳的耕地开垦费。

(6) 森林植被恢复费

指公路建设项目需要占用、征用或者临时占用林地的，经县级以上林业主管部门审核同意或批准，建设项目法人(业主)单位按照有关规定向县级以上林业主管部门预缴的森林植被恢复费。

2. 计算方法

土地征用及拆迁补偿费应根据审批单位批准的建设工程用地和临时用地面积及其附着物的情况，以及实际发生的费用项目，按国家有关规定及工程所在地的省(自治区、直辖市)人民政府颁发的有关规定和标准计算。

当与原有的电力电讯设施、水利工程、铁路及铁路设施互相干扰时，应与有关部门联系，商定合理的解决方案和补偿金额，也可由这些部门按规定编制费用以确定补偿金额。

二、建设项目管理费

建设项目管理费包括建设单位(业主)管理费、工程监理费、设计文件审查费、竣(交)工验收试验检测费。

1. 建设单位(业主)管理费

建设单位(业主)管理费是指建设单位(业主)为建设项目的立项、筹建、建设、竣(交)工验收、总结等工作而发生的管理费用。不包括应计入设备、材料预算价格的建设单位采购及保管设备、材料所需的费用。

(1) 建设单位(业主)管理费包括的内容

①工作人员的工资、工资性补贴、施工现场津贴、社会保障费用(基本养老、基本医疗、失业保险、工伤保险)、住房公积金、职工福利费、工会经费、劳动保护费。

②办公费、会议费、差旅交通费、固定资产使用费(包括办公及生活房屋折旧、维修或租赁费，车辆折旧、维修、使用或租赁费，通信设备购置、使用费、测量、试验设备仪器折旧、维修或租赁费，其他设备折旧、维修或租赁费等)、零星固定资产购置费、招募生产工人费。

③技术图书资料费、职工教育经费、工程招标费(不含招标文件及标底或造价控制值编制费)。

④合同契约公证费、法律顾问费、咨询费。

⑤建设单位的临时设施费、完工清理费、竣(交)工验收费(含其他行业或部门要求的竣工验收费用)、各种税费(包括房产税、车船使用税、印花税等)。

⑥建设项目审计费、境内外融资费用(不含建设期贷款利息)、业务招待费、安全生产管理费和其他管理费性开支。

⑦由施工企业代建设单位(业主)办理"土地、青苗等补偿费"的工作人员所发生的费用，应在建设单位(业主)管理费项目中支付。当建设单位(业主)委托有资质的单位代理招标时，其代理费应在建设单位(业主)管理费中支出。

(2) 计算方法

建设单位(业主)管理费以建筑安装工程费总额为基数,按表5-27的费率,以累进办法计算。公式如下:

建设单位管理费 = 建筑安装工程费 × 建设单位管理费费率(%)   (5-51)

建设单位管理费费率表(%)   表5-27

第一部分 建筑安装工程费 (万元)	费率 (%)	算 例(万元)	
		建筑安装工程费	建设单位(业主)管理费
500以下	3.48	500	500 × 3.48% = 17.4
501 ~ 1000	2.73	1000	17.4 + 500 × 2.73% = 31.05
1001 ~ 5000	2.18	5000	31.05 + 4000 × 2.18% = 118.25
5001 ~ 10000	1.84	10000	118.25 + 5000 × 1.84% = 210.25
10001 ~ 30000	1.52	30000	210.25 + 20000 × 1.52% = 514.25
30001 ~ 50000	1.27	50000	514.25 + 20000 × 1.27% = 768.25
50001 ~ 100000	0.94	100000	768.25 + 50000 × 0.94% = 1238.25
100001 ~ 150000	0.76	150000	1238.25 + 50000 × 0.76% = 1618.25
150001 ~ 200000	0.59	200000	1618.25 + 50000 × 0.59% = 1913.25
200001 ~ 300000	0.43	300000	1913.25 + 100000 × 0.43% = 2343.25
300000以上	0.32	310000	2343.25 + 10000 × 0.32% = 2375.25

水深 > 15m、跨度 ≥ 400m 的斜拉桥和跨度 ≥ 800m 的悬索桥等独立特大型桥梁工程的建设单位(业主)管理费按表3-26中的费率乘以1.0 ~ 1.2的系数计算;海上工程[指由于风浪影响,工程施工期(不包括封冻期)全年月平均工作日少于15d的工程]的建设单位(业主)管理费按表3-26中的费率乘以1.0 ~ 1.3的系数计算。

【例5-10】 某高速公路建筑安装工程费为25000万元,试计算建设单位(业主)管理费。

【解】 查表3-26可知,当建筑安装工程费为10000万元时,建设单位(业主)管理费为210.25万元;当建筑安装工程费累计为25000万元时,建设单位(业主)管理费应为:210.25 + (25000 - 10000) × 1.52% = 438.25万元。

2. 工程监理费

工程监理费是指建设单位(业主)委托具有公路工程监理资格证书的单位,按照施工监理规范对工程施工进行全面的监督和管理所发生的费用。

(1)工程监理费包括的内容

①工作人员的基本工资、工资性津贴、社会保障费用(基本养老、基本医疗、失业保险、工伤保险)、住房公积金、职工福利费、工会经费、劳动保护费。

②办公费、会议费、差旅交通费、固定资产使用费(包括办公及生活房屋折旧、维修或租赁费,车辆折旧、维修、使用或租赁费,通信设备购置、使用费,测量、试验、检测设备仪器折旧、维修或租赁费,其他设备折旧、维修或租赁费等)、零星固定资产购置费、招募生产工人费。

③技术图书资料费、职工教育经费、投标费用。

④合同契约公证费、咨询费、业务招待费。

⑤财务费用、监理单位的临时设施费、各种税费和其他管理性开支。

(2)计算方法

工程监理费以建筑安装工程费总额为基数,按表5-28的费率计算。公式如下:

工程监理费 = 建筑安装工程费 × 工程监理费费率(%)　　　　(5-52)

工程监理费费率表(%)　　表 5-28

工程类别	高速公路	一级及二级公路	三级及四级公路	桥梁及隧道
费率(%)	2.0	2.5	3.0	2.5

注：表中的桥梁指水深>15m、斜拉桥和悬索桥等独立特大型桥梁工程；隧道指水下隧道工程。

3. 设计文件审查费

设计文件审查费是指国家和省级交通主管部门在项目审批前,为保证勘察设计工作的质量,组织有关专家或委托有资质的单位,对设计单位提交的建设项目可行性研究报告和勘察设计文件以及对设计变更、调整概算进行审查所需要的相关费用。

设计文件审查费以建筑安装工程费总额为基数,按 0.1% 计算。公式如下：

$$\text{设计文件审查费} = \text{建筑安装工程费} \times 0.1\% \quad (5\text{-}53)$$

4. 竣(交)工验收试验检测费

竣(交)工验收试验检测费是指在公路建设项目交工验收和竣工验收前,由建设单位(业主)或工程质量监督机构委托有资质的公路工程质量检测单位,按照有关规定对建设项目的工程质量进行检测,并出具检测意见所需要的相关费用。

竣(交)工验收试验检测费按表 5-29 的规定计算。

竣(交)工验收试验检测费标准表　　表 5-29

项目	路线(元/公路公里)				独立大桥(元/座)	
	高速公路	一级公路	二级公路	三、四公路	一般大桥	技术复杂大桥
试验检测费	15000	12000	10000	5000	30000	100000

注：高速公路、一级公路按四车道计算,二级及以下等级公路按双车道计算,每增加一条车道,按表中的费用增加 10%。

三、研究试验费

研究试验费是指为本建设项目提供或验证设计数据、资料进行必要的研究试验和按照设计规定在施工过程中必须进行试验、验证所需的费用,以及支付科技成果、先进技术的一次性技术转让费。该费用不包括：

(1)应由科技三项费用(即新产品试制费、中间试验费和重要科学研究补助费)开支的项目。

(2)应由施工辅助费开支的施工企业对建筑材料、构件和建筑物进行一般鉴定、检查所发生的费用及技术革新研究试验费。

(3)应在勘察设计费或建筑安装工程费用中开支的项目。

计算方法：按照设计提出的研究试验内容和要求进行编制,不需验证设计基础资料的不计本项费用。

四、建设项目前期工作费

建设项目前期工作费是指委托勘察设计、咨询单位对建设项目进行可行性研究、工程勘察设计,以及设计、监理、施工招标文件及招标标底或造价控制值文件编制时,按规定应支付的费用。

该费用包括：

(1)编制项目建议书(或预可行性研究报告)、可行性研究报告、投资估算,以及相应的勘察、设计、专题研究等所需的费用。

(2)初步设计和施工图设计的勘察费(包括测量、水文调查、地质勘探等)、设计费、概(预)算及调整概算编制费等。

(3)设计、监理、施工招标文件及招标标底(或造价控制值或清单预算)文件编制费等。

计算方法:依据委托合同计列,或按国家颁发的收费标准和有关规定进行编制。

五、专项评价(估)费

专项评价(估)费是指依据国家法律、法规规定必须进行评价(评估)、咨询,按规定应支付的费用。该费用包括环境影响评价费、水土保持评估费、地震安全性评价费、地质灾害危险性评价费、压覆重要矿床评估费、文物勘察费、通航认证费、行洪论证(评估)费、使用林地可行性研究报告编制费、用地预审报告编制费等费用。

计算方法:按国家颁发的收费标准和有关规定进行编制。

六、施工机构迁移费

施工机构迁移费是指施工机构根据建设任务的需要,经有关部门决定成建制地(指工程处等)由原驻地迁移到另一地区所发生的一次性搬迁费用。费用内容包括:职工及随同家属的差旅费、调迁期间的工资,施工机械、设备、工具、用具和周转性材料的搬运费。

施工机构迁移费不包括:

(1)应由施工企业自行负担的,在规定距离范围内调动施工力量以及内部平衡施工力量所发生的迁移费用。

(2)由于违反基建程序,盲目调迁队伍所发生的迁移费。

(3)因中标而引起施工机构迁移所发生的迁移费。

计算方法:施工机构迁移费应经建设项目的主管部门同意按实计算。但计算施工机构迁移费后,如果迁移地点即为新工地地点(如独立大桥),则其他工程费内的工地转移费应不再计算;如果施工机构迁移地点至新工地地点尚有部分距离,则工地转移费的距离应以施工机构新地点为计算起点。

七、供电贴费

供电贴费是指按照国家规定,建设项目应交付的供电工程贴费、施工临时用电贴费。

计算方法:按国家有关规定计列(目前暂时停止征收)。

八、联合试运转费

联合试运转费是指新建、改(扩)建工程项目,在竣工验收前按照设计规定的工程质量标准,进行动(静)荷载实验所需的费用,或进行整套设备带负荷联合试运转期间所需的全部费用抵扣试车期间收入的差额。

费用内容包括:联合试运转期间所需的材料、油燃料和动力的消耗,机械和检测设备使用费,工具用具和低值易耗品费,参加联合试运转人员工资及其他费用等。

该费用不包括设备安装工程费所含的设备调试费。

联合试运转费以建筑安装工程费总额为基数,独立特大型桥梁按 0.075% 计算,其他工程按 0.05% 计算。公式如下:

$$联合试运转费 = 建筑安装工程费 \times 联合试运转费费率(\%) \tag{5-54}$$

九、生产人员培训费

生产人员培训费是指新建、改(扩)建公路工程项目,为保证生产的正常运行,在工程竣工验收交付使用前对运营部门生产人员和管理人员进行培训所必需的费用。

费用内容包括:培训人员的工资、工资性补贴、职工福利费、差旅交通费、劳动保护费、培训及教学实习费等。

计算方法:生产人员培训费按设计定员和2000元/人的标准计算。

十、固定资产投资方向调节税

固定资产投资方向调节税是指为了贯彻国家产业政策,控制投资规模,引导投资方向,调整投资结构,加强重点建设,促进国民经济持续稳定协调发展,依照《中华人民共和国固定资产投资方向调节税暂行条例》规定,公路建设项目应缴纳的固定资产投资方向调节税。

计算方法:按国家有关规定计算,目前暂停征收。

十一、建设期贷款利息

建设期贷款利息是指建设项目中分年度使用国内贷款或国外贷款部分,在建设期内应归还的贷款利息。费用内容包括各种金融机构贷款、企业集资、建设债券和外汇贷款等利息。

根据不同的资金来源按需付息的分年度投资计算。公式如下:

建设期贷款利息 = ∑(上年末付息贷款本息累计 + 本年度付息贷款额÷2)×年利率(%)

即

$$S = \sum_{n=1}^{N}(F_{n-1} + b_n \div 2) \times i \tag{5-55}$$

式中:S——建设期贷款利息;

N——项目建设期(年);

n——施工年度;

F_{n-1}——建设期第 $n-1$ 年末需付息贷款本息累计;

b_n——建设期第 n 年付息贷款额;

i——建设期贷款年利率。

【例5-11】 某新建项目,建设期为2年,需向银行贷款2000万元。贷款时间安排为:第1年1000万元,第2年1000万元,年利率10%,试用复利法计算该项目建设期贷款利息。

【解】 利用公式(5-55),可得建设期各年贷款利息计算如下:

第1年应计利息:1000÷2×10% = 50万元

第2年应计利息:(1000 + 50 + 1000÷2)×10% = 155万元

则建设期贷款利息总和为:50 + 155 = 205万元

第五节 预备费及回收金额

预备费由价差预备费及基本预备费两部分组成。在公路工程建设期限内,凡需动用预备费时,若属于公路交通部门投资的项目,需经建设单位提出,按建设项目隶属关系,报交通运输部或交通运输厅(局)基建主管部门核定批准;属于其他部门投资的建设项目,按其隶属关系报有关部门核定批准。

一、价差预备费

价差预备费是指设计文件编制年至工程竣工年期间,第一部分费用的人工费、材料费、机械使用费、其他工程费、间接费等,以及第二、三部分费用由于政策、价格变化可能发生上浮而预留的费用及外资贷款汇率变动部分的费用。

(1)价差预备费的计算方法:

价差预备费以概(预)算或修正概算第一部分建筑安装工程费总额为基数,按设计文件编制年始至建设项目竣工年终的年数和年工程造价增涨率计算。公式如下:

$$价差预备费 = P \times [(1+i)^{n-1} - 1] \tag{5-56}$$

式中:P——建筑安装工程费总额;

i——年工程造价增涨率(%);

n——设计文件编制年至建设项目开工年的年数 + 建设项目建设期限。

(2)年工程造价增涨率按有关部门公布的工程投资价格指数计算,或由设计单位会同建设单位根据该工程人工费、材料费、施工机械使用费、其他工程费、间接费以及第二、三部分费用可能发生的上浮因素,以第一部分建筑安装工程费为基数进行综合分析预测。

甘肃省的年工程造价增涨率暂按3%计列。

(3)设计文件编制开始至工程完工在一年以内的工程,不列此项费用。

二、基本预备费

1. 基本预备费的内容

基本预备费是指在初步设计和概算中难以预料的工程费用,其内容如下:

(1)在进行技术设计、施工图设计和施工过程中,在批准的初步设计和概算范围内所增加的工程费用。

(2)在设备订货时,由于规格、型号改变,材料货源变更,运输距离或方式的改变以及因规格不同而代换使用等原因所发生的价差。

(3)由于一般自然灾害所造成的损失和预防自然灾害所采取的措施费用。

(4)在项目主管部门组织竣(交)工验收时,验收委员会(或小组)为鉴定工程质量必须开挖和修复隐蔽工程的费用。

(5)投保的工程根据工程特点和保险合同发生的工程保险费用。

2. 基本预备费的计算

基本预备费以第一、二、三部分费用之和(扣除固定资产投资方向调节税和建设期贷款利息两项费用)为基数,按下列费率计算:

(1)项目建议书估算按11%计列。

(2)可行性研究报告估算按9%计列。

(3)设计概算按5%计列。

(4)修正概算按4%计列。

(5)施工图预算按3%计列。

计算公式如下:

基本预备费 =（建筑安装工程费 + 设备、工器具及家具购置费 + 工程建设其他费用 −
　　　　　固定资产投资方向调节税 − 建设期贷款利息）× 基本预备费费率　　　(5-57)

3. 施工图预算包干费

采用施工图预算加系数包干承包的工程，包干系数为施工图预算中直接费与间接费之和的3%。施工图预算包干费用由施工单位包干使用。

该包干费用的内容为：

(1) 在施工过程中，设计单位对分部分项工程修改设计而增加的费用。但不包括因水文地质条件变化造成的基础变更、结构变更、标准提高、工程规模改变而增加的费用。

(2) 预算审定后，施工单位负责采购的材料由于货源变更、运输距离或方式改变，以及因规格不同而代换使用等原因发生的价差。

(3) 由于一般自然灾害所造成的损失和预防自然灾害所采取的措施费用（例如一般防台风、防洪的费用）等。

三、回收金额

概、预算定额所列材料一般不计回收，只对按全部材料计价的一些临时工程项目和由于工程规模或工期限制达不到规定周转次数的拱盔、支架及施工金属设备的材料计算回收金额。

回收金额以材料原价为计算基数乘以回收率。可回收材料的回收率见表 5-30。

可回收材料的回收率表　　　　表 5-30

回收项目	使用年限或周转次数			
	一年或一次	两年或两次	三年或三次	四年或四次
临时电力、电信线路	50%	30%	10%	—
拱盔、支架	60%	45%	30%	15%
施工金属设备	65%	65%	50%	30%

注：施工金属设备指钢壳沉井、钢护筒等。

第六节　公路工程概预算的编制方法

一、公路工程各项费用的计算程序

公路工程建设各项费用的计算程序及计算方式见表 5-31。

公路工程建设各项费用的计算程序及计算方式　　　　表 5-31

代号	项　目	说明及计算式
一	直接工程费（即工、料、机费）	按编制年工程所在地的预算价格计算
二	其他工程费	（一）× 其他工程费综合费率或各类工程人工费和机械费之和 × 其他工程费综合费率
三	直接费	（一）+（二）
四	间接费	各类工程人工费 × 规费综合费率 +（三）× 企业管理费综合费率

续上表

代号	项 目	说 明 及 计 算 式
五	利润	[(三)+(四)-规费]×利润率
六	税金	[(三)+(四)+(五)]×综合税率
七	建筑安装工程费	(三)+(四)+(五)+(六)
八	设备、工具、器具购置费(包括备品备件)	Σ(设备、工具、器具购置数量×单价+运杂费)×(1+采购保管费率)
	办公和生活用家具购置费	按有关规定计算
九	工程建设其他费用	
	土地征用及拆迁补偿费	按有关规定计算
	建设单位(业主)管理费	(七)×费率
	工程质量监督费	(七)×费率
	工程监理费	(七)×费率
	工程定额测定费	(七)×费率
	设计文件审查费	(七)×费率
	竣(交)工验收试验检测费	按有关规定计算
	研究试验费	按批准的计划编制
	前期工作费	按有关规定计算
	专项评价(估)费	按有关规定计算
	施工机构迁移费	按实计算
	供电贴费	按有关规定计算
	联合试运转费	(七)×费率
	生产人员培训费	按有关规定计算
	固定资产投资方向调节税	按有关规定计算
	建设期贷款利息	按实际贷款数及利率计算
十	预备费	包括价差预备费和基本预备费两项
	价差预备费	按规定的公式计算
	基本预备费	[(七)+(八)+(九)-固定资产投资方向调节税-建设期贷款利息]×费率
	预备费中施工图预算包干系数	[(三)+(四)]×费率
十一	建设项目总费用	(七)+(八)+(九)+(十)

二、公路工程概预算的编制步骤

公路工程概预算的编制是一项十分繁琐而又细致的工作,编制质量的高低及各项费用计算是否准确,直接关系着各方主体的经济利益。为了确保概预算文件的编制质量,达到经济合理的目的,理解和掌握概预算的编制步骤和工作内容,无疑是十分必要的。

1. 熟悉设计图纸和资料

编制概预算文件之前,应认真阅读和理解设计图纸、施工组织设计等资料,若图纸与文字说明存在相互矛盾或含糊不清的情况,凡影响到计价的都要仔细核对;对工程造价影响较大的关键部位或量大价高的工程量,应重新进行复核计算,以验证是否正确。

2. 准备概预算资料,熟悉设计图集

概预算资料包括概预算表格、定额、有关文件及现场调查数据等。在编制概预算前,应将部颁文件,如《公路工程基本建设项目设计文件编制办法》、《公路工程基本建设项目概算预算编制办法》,及各省发布的概算预算编制办法补充规定等资料准备好。同时也应将相关定额,如《公路工程概算定额》、《公路工程预算定额》及补充定额等资料准备齐全。

对图纸中参见的设计图集,也要进行必要的熟悉。因为标准图集里的规定,在具体的设计图纸中不一定全部表示出来,但往往又是计价的依据。

3. 分析外业调查资料及施工方案

(1) 概预算调查资料分析

在编制概预算文件之前,应对工程所在地的社会条件、自然条件及技术经济条件做必要的现场调查。凡对施工方法及计价有影响的因素都必须进行仔细分析,以保证概预算编制的准确与合理。例如,筑路材料的来源、沿线料场情况及有无自采材料,材料运输方式及运距,运费标准,占用土地及拆迁的补偿费、安置费,沿线可利用的房屋及劳动力供应情况等。

(2) 施工方案分析

施工方案将直接影响定额的选用和工程造价的高低,因此编制概预算时,应重点对施工方案进行认真分析。

① 施工方法。同一工程内容,可以采用不同的施工方法来完成。例如,土石方工程包括人工挖方和机械挖方两种方法;钢筋混凝土工程既可以采用现浇施工,也可以采用预制安装等。因此,应根据设计图纸的意图和要求,选择经济、合理、可行的施工方法。

② 施工机械。施工机械的选择也将直接影响工程造价,因此应根据施工方法选配相应的施工机械。例如,挖填土方既可以采用铲运机,又可以采用挖掘机配合自卸汽车;混凝土预制构件安装也可以采用多种机械施工等。

③ 工期。同一工程项目,如果施工工期不同,则工程造价有很大差别。施工工期对概预算的影响主要有三个方面:a. 施工工期不同,施工方法的选择将不同;b. 施工工期不同,辅助工程与临时工程的数量将不同,如大型预制构件安装,要根据工期合理配备吊装设备的数量;c. 施工工期不同,与工期有关的费用计算将不同,如建设期贷款利息、价差预备费等。

④ 辅助工程与临时工程。辅助工程与临时工程数量的多少将直接影响工程造价;同时辅助工程与临时工程位置的不同也将影响原材料与半成品的运距,如沥青混凝土拌和站的位置不同,则沥青、碎石等原材料的运距不同,沥青混凝土半成品的运距也将不同。

4. 分项

分项是根据工程设计的内容,按概预算项目表的要求,将一个复杂的建设项目分解成若干个分项工程,并以项、目、节、细目的顺序依次列出,然后按定额表的要求,将分项工程与相应的定额号一一对应。

公路工程概预算是以分项工程概预算表为基础计算和汇总而来的,所以工程分项是编制概预算的一项重要的基础工作,应该尽量做到不重不漏,使概预算的编制准确合理。

公路工程分项时必须满足以下要求:

(1) 概预算项目表实质上是将一个复杂的建设项目分解成许多分项工程的一种科学划分方法,因此分项时应符合概预算项目表的划分原则。

(2) 分项工程应该能在定额表中直接查到,因此应满足定额表中概预算定额子目的划分要求。

(3)其他工程费和间接费都是按不同工程类别确定的费用定额,因此所划分的项目应满足费率表的要求。

5. 计算和复核工程量

工程量是编制工程概预算的基础数据资料,所以应根据工程量计算规则计算各分项工程的工程量。首先应对设计图纸中已有工程量进行复核,再对设计文件中缺少或未列的工程量进行补充计算。复核工程量时应注意以下事项:

(1)核对图纸,如构造物的平面、立面、结构大样图等,检查相互之间是否有矛盾和错误;图与表所反映的工程量是否一致,小计、总计是否相符。

(2)各种设计工程量的分部分项工程名称、计量单位,应符合所采用的定额标准要求,若不相符,要进行调整、修正。

(3)当个别工程量超出一般常规情况时,应予以复核,或工程质量超出国家施工技术规范规定的要求时,都应进行分析研究,并将情况反馈给设计人员,予以讨论。

辅助工程是指为了构成工程实体和保证工程质量,在施工中必须采取的辅助措施或修建的临时工程。辅助工程的工程数量,主要依据施工组织设计及工程实际情况来确定。编制概预算时,需要考虑的辅助工程主要包括:①构造物挖基时的排水设施。②为保证路基边缘压实而加宽填筑的土方工程量。③临时工程,如汽车便道、便桥、轨道铺设、临时电力、电信设施等。④桥梁工程中的围堰、护筒、工作平台、吊装设备、预制厂及其设施(底座、张拉台座等)、拌和站、蒸气养生设施等。

6. 查定额

依次从定额表中查出每个工程细目的定额编号,人工、材料、施工机械的名称、单位及定额消耗量,并分别填入08-2表的相关栏目内。

7. 根据建筑安装工程费计算数据表(08-1表),初编08-2表

根据工程项目的内容和有关要求,填写建筑安装工程费计算数据表(08-1表)。"项""目""节""细目""定额"等的代号,应根据概预算项目表的规定、概预算定额的序列及内容填写。

根据08-1表,确定每个需进行单价分析的工程细目作为分项工程预算表(08-2表)的编制单元。在08-2表中应填写:①编制范围、分项工程名称;②工程项目(定额子目所在的定额表的名称)、工程细目(定额子目名称)、定额单位、工程数量、定额表号;③各定额子目工料机名称、单位、定额消耗量及基价。再用各工程细目的"工程数量"乘以相应的"定额",即可得出各分项工程的工料机消耗量,填入08-2表的"数量"栏中。

由于人工、材料、机械台班单价及各种费率尚未确定,只能初编08-2表。

8. 基础单价分析(编制07表、09表、10表、11表)

基础单价是指人工工日单价、材料预算单价和施工机械台班单价的统称,可通过材料预算单价计算表(09表)、自采材料料场价格计算表(10表)和机械台班单价计算表(11表)来计算。

(1)根据工资地区类别划分或各省编制办法补充规定确定人工工日单价。

(2)根据08-2表中所出现的材料种类、规格及机械作业所需的燃料动力编制材料预算单价计算表(09表)。

09表要求计算各种材料自供应地点或料场运至工地的预算单价,包括材料原价、运杂费、场外运输损耗、采购及保管费。运输方式按火车、汽车、船舶等交通工具填写。

(3)根据实际工程发生的自采材料的种类、规格,编制自采材料料场价格计算表(10表),并将计算结果汇总到09表的"原价"栏中。

10表主要用于计算自采材料料场价格,应将选用的定额人工、材料、机械台班数量全部列出,包括相应的人工、材料、机械台班单价。定额中机械台班有调整系数时,应在该表内计算。

(4)根据08-2表、10表中所出现的所有机械种类和09表中自办运输的机械种类计算所有机械的台班单价,编制机械台班单价计算表(11表)。

11表应根据公路工程机械台班费用定额进行计算。不变费用如有调整系数,应填入调整值。动力燃料单价由09表计算的数据获得。

(5)将以上所计算的基础单价汇总,编制人工、材料、机械台班单价汇总表(07表),最后根据07表计算08-2表中的人工费、材料费、机械费。

9. 计算其他工程费及间接费综合费率,编制04表

根据工程类别和工程所在地区,确定其他工程费、间接费所包含的各分项内容的费率,并填入其他工程费及间接费综合费率计算表(04表)中,计算其综合费率。需要注意的是:其他工程费共有11项内容,其计算基数不完全相同,表中第6、7、9三栏其他工程费费率的计算基数是人工费和机械使用费之和,其余8项内容的计算基数是直接工程费,所以其他工程费的综合费率分为综合费率Ⅰ和综合费率Ⅱ。

10. 计算分项工程建筑安装工程费,详细编制08-2表

(1)将07表的单价填入08-2表的"单价"栏,在08-2表中用"单价"与"数量"相乘,分别填入人工费、材料费和机械使用费的"金额"栏内,再横向汇总计算出人工、材料、机械的合计"数量"与合计"金额"。

(2)将04表中的各项费率填入08-2表中的相应栏目,并按编制办法的相关规定计算其他工程费和间接费。

(3)在08-2表中计算利润及税金、建筑安装工程费,完成每个分项工程08-2表的详细编制。

11. 计算单位工程建筑安装工程费,编制03表

根据08-2表,将各分项工程的直接工程费、其他工程费、间接费、利润、税金、建筑安装工程费分别填入03表的相应栏目中,计算"单价",并纵向合计各项费用,可以分别得到整个工程的直接工程费、其他工程费、间接费、利润、税金、建筑安装工程费,最终完成建筑安装工程费计算表(03表)的编制。

12. 计算设备、工具、器具购置费,编制05表

根据设备、工具、器具购置清单,按编制办法的规定,编制设备、工具、器具购置费计算表(05表),其中包括设备规格、单位、数量、单价以及需要说明的有关问题。

13. 计算工程建设其他费用及回收金额,编制06表

应根据编制办法的规定,按实际发生的工程建设其他费用填写,需要说明和具体计算的费用在"说明及计算式"栏内填写或计算。

14. 编制总预算表(01表),进行造价分析

01表反映一个单项或单位工程的各项费用组成、预算金额、技术经济指标等。

(1)表中"项"、"目"、"节"、"工程或费用名称"、"单位"等应按概预算项目表的序列及内容填写。"目"、"节"可随需要增减,但"项"应保留。

(2)"数量"、"预算金额"由建筑安装工程费计算表(03表),设备、工具、器具购置费计算表(05表),工程建设其他费用及回收金额计算表(06表)转来。

(3)技术经济指标 = 预算金额 ÷ 数量;各项费用比例 = 预算金额 ÷ 总预算金额。

15. 实物指标计算,编制12表、02表

考虑冬雨季和夜间施工增加费、辅助生产、临时用工及场外运输损耗率等因素计算各分项工程的工料机实物消耗量。

（1）将09表和10表中所列的人工、材料、机械台班消耗量汇总，列入"规格名称"栏内，编制辅助生产人工、材料、机械台班单位数量表（12表）。

（2）汇总08-2表中人工、主要材料、机械台班数量，并按代号的顺序将规格名称列入02表中的"规格名称"栏内，再分别统计各实物的消耗量及总数量。

（3）汇总以上各项数据得出工程的实物消耗数量，编制02表。

16. 编写"编制说明"

当概预算表格全部编制完成后，应根据编制过程和内容，编写"概预算编制说明"，主要说明概预算编制依据、编制内容、工程总造价、实物量消耗指标等。对编制中存在的问题及与概预算有关但又不能在表格中反映的事项均应在"编制说明"中以文字的形式表述清楚。

17. 复核与审核

复核是指负责编制工程造价的单位，在工程造价编制完成后，由本单位其他具有工程造价执业资格的人员对所编制的工程造价成果进行全面的检查核对，对发现的差错及时进行改正，以提高工程造价的准确性。

审核是指在工程造价文件经编制和复核环节后，在出版之前，应按规定由相关部门进行进一步的检查核对，确保工程造价文件符合规定、合理可靠。

复核与审核是编制工程造价文件的一个重要环节，应该在思想上给予足够的重视，在组织上给予必要的保证，选派经验丰富、业务娴熟的造价工程师，专门负责复核审核工作。

18. 印刷、装订、报批

经审核确认无误并签字后，即可按规定份数印刷甲、乙组文件，并分别装订成册，上报待批。

编制概预算的步骤并非固定不变，根据需要有些表可以不编，而且各表的编制次序也是可以交叉进行、相互补充的。为了正确编制概预算，必须要掌握编制办法的各项规定，明确各表的作用和相互关系，并认真阅读各表中间的"填写说明"，掌握表中各栏的填写方法。

三、运用计算表格时应注意的问题

除了掌握概预算的编制程序和步骤外，利用计算表格编制造价文件时还应注意以下几点：

（1）概预算表格共有12张，表格数据的计算按编制办法的规定执行，应注意表格之间的内在联系，理清其交叉关系。概预算表格是一个有机的整体，相互联系、相互补充，这些表格反映了整个工程的资源消耗，因此应熟练掌握各表格之间的内在联系。特别是其中的07表、08表、09表、10表、11表五个表格，在编制时需交叉进行。如10表中出现的材料单价及11表中出现的动力燃料单价应通过09表计算，但要注意其运料终点是"料场"还是"工地料库"。09表中出现的自办运输台班单价和10表中出现的机械台班单价应通过11表计算。

（2）若工程中没有发生某表内容中的费用，则可不编制该表。如某工程无自采材料，则10表可不必编制。

（3）08-2表的"分项工程名称"与01表中"项"的名称要按照概预算项目表的规定填写，应注意将费率相同的各"目"列于一张表中，以便小计。

（4）注意各项取费类别适用范围的说明，如无路面的便道工程属于人工土方，有路面的便道工程属于其他路面等。

（5）引用定额时要瞻前顾后，一定要注意章、节说明和表下的小注，例如所有材料的运输及装卸定额中均未包括堆、码方工日等。

(6)按地方补充规定计算有关费用时,要注意各地补充规定中的细节要求,如各省对人工工日单价、各种费率的取费标准、运杂费的计费标准等规定和要求有所不同。

(7)要严格遵循国家和地方有关概预算编制的相关规定,特别是在每次编制之前都要查询有无新的有关文件或规定下达。

四、施工方案与定额子目的选择

公路工程概预算的编制需要结合项目施工方案、施工工艺、工程数量等众多因素,准确套用相关概、预算定额,从而为合理确定和有效控制工程造价打下坚实的基础。与路基、路面工程相比,桥梁工程结构类型较多、施工工艺复杂,下面就以桥梁工程为例,简要说明施工方案对套用定额子目的影响。

1. 基础工程

常见桥梁基础工程的结构类型主要包括扩大基础、桩基础、沉井基础、管桩基础、地下连续墙等,下面仅对扩大基础、桩基础及承台基础做简要分析。

(1)扩大基础

扩大基础的施工工艺包括开挖基坑、基底处理、砌筑圬工、绑扎钢筋、立模、浇筑混凝土。扩大基础施工的难易程度主要与地下水处理的难易有关,当地下水位高于基础的设计底面高程时,必须采取降水措施,如打钢板桩或考虑集水井水泵排水、深井排水及井点降水等方法,使地下水位降至开挖面以下,以使开挖工作能在干燥状态下进行。还可以采用化学灌浆及帷幕法(包括冻结法、硅化法、水泥灌浆法和沥青灌浆法等)进行止水或排水。

①基坑开挖:预算定额中基坑开挖按人工挖基、人工挖卷扬机吊运及机械挖基三种方法计算,定额中均包括了回填夯实的工作内容。其中人工挖基适用于开挖数量不大的项目,人工挖卷扬机吊运适用于开挖深度较深的项目,机械开挖则适用于开挖数量较大的项目。一般情况下,基坑均应套用机械挖基定额,对于深度在6m以内的基坑一般不采用人工挖卷扬机吊运的方式。

②基坑排水:湿处挖基应考虑排水问题,常用的方法有集水坑排水法和井点排水法。其中集水坑排水法适用范围较广;若基坑土质不好,地下水位较高,用集水坑排水有流沙、涌泥等现象出现时,则应采用井点排水法。

预算定额中,采用集水坑排水法开挖基坑时,排水费用计算是根据定额规定计算水泵的台班数量,增加到挖基定额中。其中,定额说明中水泵台班消耗的计算方法仅适用于地下水而非地表水,表中所列"地面水"适用于围堰内挖基,水位高度指施工水位至坑顶的高度;"地下水"适用于岸滩湿处的挖基,水位高度指施工水位至坑底的高度。

井点排水法可以根据轻型井点井管数量,套路基工程中的相应定额计算。

③基坑支护:基坑支护采用挡土板时可按支护面积直接套预算定额计算;当采用混凝土及喷射混凝土加固时,应根据设计图纸套相应的定额计算;采用钢管桩、钢板桩支护时,可参考围堰工程计算。

(2)桩基础

桩基础主要包括沉入桩基础及灌注桩基础,其中灌注桩基础按不同的成孔方法可分为钻孔灌注桩和挖孔灌注桩两类。

①陆上钻孔灌注桩:套预算定额时,陆上钻孔灌注桩包括钢护筒,钻孔,混凝土拌和、运输及灌注,钢筋及检测管等。

计算钢护筒数量时,每米护筒质量可参考定额说明,陆上施工每根桩可按1.5~2.5m计算;采用草袋围堰筑岛填心施工时,应套用干处钢护筒定额,钢护筒一般应穿过原地面线,黏性土的入土深度至少2m、砂性土的入土深度至少3m。

桩基检测管的工程数量应由施工图列出,一般来说,桩径在1.8m以内的桩基,其检测管按每桩3根布置,每根检测管的长度与设计桩长相同,每米桩长质量约12kg,检测管一般采用$\phi 57 \times 3mm$的钢管,每米检测管质量约4kg;桩径在1.8m(含1.8m)以上的桩基,则按每桩4根布置,每米桩长质量约16kg。

②水中钻孔灌注桩:相对于陆上钻孔来说,水中钻孔灌注桩主要在围堰筑岛、工作平台等辅助工程上有所差别。

围堰筑岛施工时,围堰长度按围堰中心长度计算,围堰高度按施工水位加0.5~0.7m计算,填心土方按围堰总体积扣除堰体体积计算。

桩基工作平台一般采用钢管桩工作平台,主要构件包括钢管桩支架、型钢平台、桁架平台和型钢桁架组合平台等。预算定额中,工作平台以100m²为单位,平台面积一般按承台或系梁结构外围尺寸加工作面宽度计算,工作面宽度一般为2~3m;对于比较复杂的灌注桩基础,也可将工作平台分解为两个定额来计算,其中钢管桩按结构质量套用打钢管桩计算,平台及龙门架部分按结构质量套用金属吊装设备计算。

水中钢护筒每米质量应参考定额说明,如果施工组织设计未提供钢护筒数量,可按下述方法估算:钢护筒内径一般比桩径大20~30cm;小孔径钻孔桩的护筒壁厚约4~6mm,大孔径钻孔桩的护筒壁厚约12~14mm;护筒长度则必须根据施工组织设计计算,顶面高度不小于施工水位1.5~2.0m,底面应穿过透水层(黏性土的入土深度至少2m,砂性土的入土深度至少3m)。

③挖孔灌注桩:计算挖孔工程量时,桩顶高程按地面高程计算(有筑岛时以岛面高程为准),桩底高程按设计高程计算,桩径按设计桩径加护壁厚度计算。

(3)承台基础

桥梁承台的施工方法可分为:直接开挖法、围护开挖法、沉井(箱)法及套箱法等。

钢套箱的施工工艺分为:钢套箱制作、安装、平台搭设、钢套箱拼装、下沉、封堵、清基、封底(夹壁混凝土)等,然后抽水、凿毛、绑扎钢筋、浇筑承台混凝土。

①钢套箱围堰:预算定额中钢套箱以t为单位,工作内容综合了钢套箱的制作、拼装(含平台)、定位、下沉等钢结构的全部工程内容。除了需要计算全套钢套箱的质量外,还应计算开挖清基土石方、封底混凝土、抽水台班等工程量。实际工作中,由于钢套箱的质量与承台结构尺寸、水深、流速等因素关系较大,没有可完全套用的计算标准,只能简单估算。通常情况下,套箱底面高程按承台设计底面高程加封底混凝土厚度计算;顶面高程按施工水位加0.5~0.7m计算;钢板厚度按8~12mm计算,平面尺寸按承台平面尺寸计算;总质量可按钢板质量的2~3倍计算。

水下开挖土石方,按套箱与河床地面围成的体积计算。

封底混凝土为水下混凝土,一般套箱围堰的封底混凝土可按下述方法估算:有底套箱封底混凝土厚度按1~2m计算,无底套箱封底混凝土厚度按2~3m计算;夹壁混凝土按夹壁体积的0.5~0.8倍计算。

②钢板桩围堰及钢管桩围堰:与钢套箱围堰相比,钢板桩或钢管桩围堰除在重量计算上有所差别外,其余开挖土石方、封底混凝土等工序的计算方法基本一致。

③大体积承台混凝土:承台厚度超过3m以上时,混凝土工程量的计算除增加外加剂费用

外,还应计算散热管费用。承台散热管可按管径40~60mm、壁厚4mm左右的焊接管计算,水平间距一般为50cm、垂直间距一般为1m。

2. 下部结构

桥梁下部结构主要由墩台身、墩台盖梁、耳背墙、拱座、索塔等构件组成,通常采用传统方法,立模现浇即可完成。

(1) 对于高度小于40m的空心墩及一般轻型墩台,圆柱式、方柱式墩台,框架式、埋置式桥台,直接根据不同的结构形式套用预算定额计算即可。

(2) 对于高度大于40m的空心墩应考虑提升模架、塔吊、施工电梯等辅助工程的数量,当施工电梯和塔吊按租赁方式计算费用时,应考虑租金费用。

(3) 对于索塔除应考虑高墩的辅助工程,还应计算横梁支架。横梁支架一般采用钢管桩或钢管桩混凝土作为支撑,再配备万能杆件、桁架梁、型钢等。

(4) 对于设有劲性骨架的空心墩或索塔,劲性骨架应单列计算。

(5) 当水中桥墩需要考虑防撞时(如通航等级较高的柔性桥梁),应根据防撞设计方案计算防撞费用。

3. 上部结构

桥梁上部结构的施工方法可分为预制安装和现浇两大类,其中预制安装主要包括自行式吊车安装、跨墩龙门架安装、架桥机(单导梁、双导梁以及架桥机的定型专用产品)安装、扒杆安装、顶推施工、浮吊架设、缆索吊装、悬臂拼装等;现浇施工主要有支架现浇、悬臂现浇等。

(1) 预制安装

①预制普通混凝土板和后张法预应力混凝土空心板不计算底座(定额中已包括),但要考虑场地平整;利用起重机或扒杆安装时,不考虑运输轨道,可套用平板拖车运输或垫滚子绞运;利用单导梁安装时应计算临时轨道、单导梁、场地龙门架等。

②后张法预应力混凝土空心板梁,应考虑平整场地、计算平面底座数量。

③先张法预应力混凝土空心板梁,底座通常采用张拉台座,一次性投入成本较大,在工程规模较大时比后张法经济,另外钢绞线的施工不需要锚具和波纹管。

④预制钢筋混凝土T形梁一般选择跨墩龙门架安装、架桥机安装,应计算场地平整、场地硬化、预制底座、运输轨道、吊装设备等辅助工程。

⑤预应力混凝土T形梁,除应计算钢绞线的工程量外,其他同预制钢筋混凝土T形梁。

⑥单导梁、双导梁、跨墩龙门架及场地龙门架的工程数量可根据跨径按定额说明提供的参考质量计算;轨道分为桥上轨道和路基轨道两部分,桥上轨道一般按全桥长度减去一孔桥长计算,路基上轨道应根据预制场地的布置情况确定;梁的运输,若跨径大于20m,通常按龙门架装车计算,运距按平均运距计算;后张法预应力混凝土梁底座数量应根据计划工期计算,计算公式为:底座个数 = 梁数量(片) ÷ 总工期(d) × 单片梁预制周期(d/片),预应力混凝土单片梁的预制周期一般按8~10d考虑,普通混凝土梁可适当小一些。

⑦预算定额中的预应力钢筋主要包括预应力高强钢丝(锥形锚、墩头锚)、预应力钢筋(螺栓锚)、预应力钢绞线(群锚)。在套用预应力高强钢丝定额时需计算质量与束数的关系;在套用预应力钢筋定额时需计算质量与根数的关系;预应力钢丝束主要套用斜拉索定额,包括钢丝束的制作、安装等工作内容;套用预应力钢绞线定额时,应明确"束"与"孔"的概念,"束"与质量的关系;由于锚具型号较多,一般按增加新材料进行锚具抽换计算;当采用连接器时,应将连接器作为一种锚具来考虑。

(2) 现浇法

目前公路桥梁施工中采用最多的现浇法有支架现浇及悬臂现浇两大类。支架现浇包括固定支架现浇、逐孔现浇及移动模架逐孔现浇等；悬臂现浇最常见的是挂篮悬浇，适用于大跨径的预应力混凝土悬臂梁桥、连续梁桥、T形刚构、连续刚构、斜拉桥等结构，其特点是无需建立落地支架、无需大型起重机及运输机具等。

①现浇支架数量的计算。一般可根据支架的高度、长度计算支架的立面积，直接套用"桥梁支架定额"计算，定额中综合的木支架桥梁宽度为8.5m，钢支架桥梁宽度为12m，超过定额宽度时应进行系数调整。另外计算钢管桩支架的设备数量时，可将钢管桩单列计算，同时还应考虑支架预压费用。

②支架地基基础处理工程量的计算。一般为灰土垫层（石灰稳定土、水泥稳定土）、砂砾垫层、碎石垫层等，其厚度可按15~30cm计算。

③挂篮设备的计算。挂篮设备的计算可按定额说明提供的设备参考质量计算，其中块件质量指最大节段的混凝土质量。

④零号块托架设备的计算。零号块托架设备的计算可根据零号块的长度（箱梁顶板的横向宽度）按定额说明提供的设备参考质量计算。

⑤现浇段支架设备的计算可参考现浇支架数量的计算方法。

五、公路工程概预算编制案例

1. 工程内容

甘肃省省道303线公路改建工程，为二级公路，主要包括路基工程、路面工程、桥梁涵洞工程、隧道工程及公路设施等内容。

（1）本项目路基工程，路线长30km，路基宽12m，挖方、填方路段长度各占50%，全部挖方均用作路基填方。其中土方平均运距为1500m、石方平均运距60m，借方平均运距为2000m（普通土）。路基平均填土高度2m，边坡坡度1:1.5，填前压实沉陷厚度为0.1m，土的压实干密度为1.4t/m³，自然状态土的含水率约低于其最佳含水率2%，水的平均运距为1000m。施工图设计中路基土石方工程量见表5-32。

路基土石方工程量（m³）　　　　　　　　　　　　　表5-32

挖　方				填　方
松土	普通土	硬土	次坚石	
50000	150000	65000	45000	420000

（2）本项目路面工程为沥青混凝土路面，路线长30km，路基宽12m，行车道宽9m。路面结构：上面层为4cm厚中粒式沥青混凝土，下面层为5cm厚粗粒式沥青混凝土，基层为25cm厚水泥稳定砂砾（路拌），垫层为20cm厚砂砾，垫层、基层、透层宽度为12m。

（3）本项目包含一座5跨预应力混凝土连续梁桥，全桥长350m。0号桥台、5号桥台位于岸上，1号~4号桥墩均在水中，水深4.0m。桥台采用10根φ2.0m钻孔灌注桩，桩长30~40m，桥墩采用6根φ2.5m钻孔灌注桩，桩长30~40m。承台尺寸为800cm×1850cm×300cm。混凝土在岸上集中拌和，泵送施工，桩基、承台混凝土的平均泵送距离为250m。桥台钢护筒按单根长度3.5m计，桥墩钢护筒按单根长度10m计，钢套箱按150kg/m²计算。施工图设计中桥梁下部结构的主要工程量见表5-33。

桥梁下部结构的主要工程量　　　　　表5-33

项目		钻孔岩层统计(m)		混凝土 (m^3)	钢筋 (t)
		砂砾	软石		
灌注桩	桩径2.5m	629	135	3956.7	800.7
	桩径2.0m	562	117	1936	
承台		封底混凝土(m^3)	承台混凝土(m^3)	挖基(m^3)	钢筋(t)
		888	2608	1020	234.72

该桥梁为先简支后连续预应力混凝土T形梁结构,每跨布置预制T形梁12片,T形梁长70m,梁高180cm、底宽40cm、顶宽120cm。T形梁预制、安装工期均按2个月计算,预制安装存在时间差,按1个月考虑。吊装设备考虑1个月安拆时间,每片梁预制周期按10d计算。现场有2400m^2的预制场地。预应力混凝土T形梁工程量见表5-34。

预应力混凝土T形梁工程量　　　　　表5-34

工程细目		单位	数量	备注
70m预制T形梁	C50混凝土	m^3	2520	
	带肋钢筋	t	453.6	
	钢绞线	t	92.4	OVM锚15－12;672套

由于篇幅所限,该案例只列出了路基工程、路面工程及桥梁工程的部分工程量以做讲解。

2.计算工程量,套定额

(1)路基工程

首先计算路基土石方工程的断面方、挖方、填方、利用方、借方和弃方数量,再列出编制路基工程施工图预算所需的工程细目名称、单位、定额代号及工程数量等内容,并填入表5-35中。

断面方 = 挖方(天然密实方) + 填方(压实方)

计价方 = 挖方(天然密实方) + 填方(压实方) － 利用方(压实方)

　　　 = 挖方(天然密实方) + 借方(压实方)

借方 = 填方(压实方) － 利用方(压实方)

弃方 = 挖方(天然密实方) － 利用方(天然密实方)

① 断面方数量 = 50000 + 150000 + 65000 + 45000 + 420000 = 730000m^3。

② 挖方数量 = 50000 + 150000 + 65000 + 45000 = 310000m^3。

③ 利用方数量 = 50000÷1.23 + 150000÷1.16 + 65000÷1.09 + 45000÷0.92 = 278507m^3。

④ 路基填前压实沉陷增加数量 = 30000×50%×(12 + 2×1.5×2)×0.1 = 27000m^3。

⑤ 填方数量 = 420000 + 27000 = 447000m^3。

其中,填石方数量 = 45000÷0.92 = 48913m^3;填土方数量 = 447000 － 48913 = 398087m^3。

⑥ 借方数量 = 447000 － 278507 = 168493m^3。

⑦ 弃方数量:由于挖方全部利用,故弃方数量为0。

⑧ 填前压实数量 = 30000×50%×(12 + 2×1.5×2) = 270000m^2。

⑨ 挖方及零填段压实数量 = 30000×50%×12 = 180000m^2。

⑩ 土方压实需加水数量 = 447000×1.4×2% = 12516m^3。

⑪ 整修路拱数量 = 30000×12 = 360000m^2。

路基工程的工程细目名称、定额代号及工程数量　　　　　表 5-35

工程细目		定额代号	单位	数量	定额调整
2m³ 挖掘机挖装土方	松土	1-1-9-7	1000m³	50	
	普通土	1-1-9-8	1000m³	150	
	硬土	1-1-9-9	1000m³	65	
12t 自卸汽车运土 1.5km	第一个 1km	1-1-11-17	1000m³	265	
	每增运 0.5km	1-1-11-18	1000m³	265	
135kW 内推土机 60m 挖次坚石	第一个 20m	1-1-15-25	1000m³	45	
	每增运 10m	1-1-15-28	1000m³	45	4
2m³ 挖掘机装土（借方）		1-1-9-8	1000m³	168.493	1.16
12t 自卸汽车运土 2000m	第一个 1km	1-1-11-17	1000m³	168.493	1.19
	每增运 0.5km	1-1-11-18	1000m³	168.493	1.19×2
土方碾压		1-1-18-9	1000m³	398.087	
石方碾压		1-1-18-20	1000m³	48.913	
土方洒水（6000L）		1-1-22-5	1000m³	12.516	
零填及挖方段压实		1-1-18-31	1000m³	180	
耕地填前压实		1-1-5-4	1000m²	270	
整修路拱		1-1-20-1	1000m²	360	
整修边坡		1-1-20-3	1km	30	

（2）路面工程

首先根据资料计算路面工程量，再列出编制路面工程施工图预算所需的工程细目名称、单位、定额代号及工程数量等内容，并填入表 5-36 中。

①路面工程量的计算：

垫层、基层、透层工程量 = 30000 × 12 = 360000m³

黏层工程量 = 30000 × 9 = 270000m³

粗粒式沥青混凝土 = 30000 × 9 × 0.05 = 13500m³

中粒式沥青混凝土 = 30000 × 9 × 0.04 = 10800m³

沥青混凝土合计：13500 + 10800 = 24300m³

质量：13500 × 2.365 + 10800 × 2.358 = 57395t

②混合料拌和设备数量的计算：

根据题意，路面基层采用路拌法施工，不需要设置集中拌和设备，因此仅需要设置面层沥青混合料拌和设备。

假设拌和设备型号为 160t/h，每天施工 8h，设备利用率为 0.8，拌和设备安拆需 1 个月，则由算式：57395 ÷ (160 × 8 × 0.8 × 30) + 1 = 2.86，可知，若设置 1 处拌和站，路面面层可以在 3 个月内完成施工。根据路面合理标段划分的要求，本项目设置 1 台拌和设备是合适的。

③混合料综合平均运距：

路面工程设置拌和站 1 处，假定设置在路线的中点，其混合料综合平均运距为：

30 ÷ 2 ÷ 2 = 7.50km，按 8km 考虑。

路面工程的工程细目名称、定额代号及工程数量　　　　　表5-36

工程细目		定额代号	单位	数量	定额调整
砂砾垫层厚20cm	压实厚度15cm	2-1-1-12	1000m²	360.0	
	每增减1cm	2-1-1-17	1000m²	360.0	5
水泥稳定砂砾厚25cm	压实厚度15cm	2-1-2-5	1000m²	360.0	人工及机械调整
	每增减1cm	2-1-2-6	1000m²	360.0	10
沥青透层		2-2-16-3	1000m²	360.0	
沥青黏层		2-2-16-5	1000m²	270.0	
沥青混凝土混合料拌和(160t/h以内)	粗粒式	2-2-11-4	1000m³	13.5	
	中粒式	2-2-11-10	1000m³	10.8	
15t以内自卸汽车运混合料8km	第一个1km	2-2-13-21	1000m³	24.3	
	每增运0.5km	2-2-13-23	1000m³	24.3	14
机械摊铺沥青混凝土混合料	粗粒式	2-2-14-42	1000m³	13.5	
	中粒式	2-2-14-43	1000m³	10.8	
沥青混合料拌和设备安拆(160t/h以内)		2-2-15-4	1座	1	

（3）桥梁工程

①基础及下部结构。

根据施工组织设计,经过相关计算,列出桥梁基础工程施工图预算所涉及的工程细目名称、单位、定额代号及工程数量等内容,并填入表5-37中(混凝土拌和站的安拆此处不考虑)。

a. 钻孔灌注桩钢护筒：

陆上桩,桩径2.0m的单根护筒长度按3.5m计,共20根。

$$质量 = 20 \times 3.5 \times 0.4991 = 34.937t$$

水中桩,桩径2.5m的单根护筒长度按10m计,共24根。

$$质量 = 24 \times 10 \times 0.6126 = 147.024t$$

b. 水中施工平台：

根据承台的平面尺寸,拟定水中施工平台的平面尺寸为12m×22.5m,面积 = 12×22.5×4 = 1080m²

c. 承台钢套箱：

水中钻孔灌注桩成孔长度 = 629 + 135 = 764m,桩平均入土深度 = 764÷24 = 31.83m。

按设计混凝土数量反算平均桩长：

$$3956.7 \div (2.5^2 \times \pi \div 4) \div 24 = 33.60m$$

即平均桩长比桩平均入土深度大2m,因此,应考虑设置砂垫层,其费用按筑岛围堰方式计算。

设置四套钢套箱,每套钢套箱可按150kg/m²计算,高度高于施工水位0.5m。

$$四套钢套箱质量 = (8 + 18.5) \times 2 \times 4.5 \times 0.15 \times 4 = 143.1t$$

$$筑岛围堰数量 = (10 + 20) \times 2 \times 4 = 240m$$

$$筑岛体积 = 10 \times 20 \times 2 \times 4 = 1600 m^3$$

d. 混凝土运输距离调整：

桩基混凝土的平均泵送距离为250m，而定额综合水平距离为100m，需调整。

100m³灌注桩需增加：人工$3 \times 1.55 = 4.65$工日，混凝土输送泵增加$3 \times 0.27 = 0.81$台班。

承台混凝土的平均泵送距离为250m，而定额综合水平距离为50m，需调整。

100m³承台需增加：人工$4 \times 2.82 = 11.28$工日，混凝土输送泵增加$4 \times 0.36 = 1.44$台班。

e. 混凝土拌和数量：

$$5892.7 \times 1.197 + (888 + 2608) \times 1.04 = 10689 m^3$$

桥梁基础及下部结构的工程细目名称、定额代号及工程数量   表5-37

工程细目		定额代号	单位	数量	定额调整
桩径2.0m内，孔深40m	砂砾	4-4-5-67	10m	56.2	
	软石	4-4-5-70	10m	11.7	
桩径2.5m内，孔深40m	砂砾	4-4-5-307	10m	62.9	
	软石	4-4-5-310	10m	13.5	
水泥浆循环系统		4-11-14-1	套	4	
灌注桩混凝土		4-4-7-18	10m³	589.27	人、机调整
灌注桩钢筋		4-4-7-22	1t	800.7	
干处钢护筒		4-4-8-7	1t	34.937	
水中钢护筒		4-4-8-8	1t	147.024	
水中施工平台		4-4-9-1	100m²	10.8	
承台封底混凝土		4-6-1-11	10m³	88.8	人、机调整
承台混凝土		4-6-1-10	10m³	260.8	人、机调整
承台钢筋		4-6-1-13	1t	234.72	
钢套箱		4-2-6-2	10t	14.31	
筑岛围堰		4-2-2-1	10m	24	
筑岛填心		4-2-5-2	10m³	160	
混凝土拌和		4-11-11-11	100m³	106.89	
基坑土方开挖		4-1-3-3	1000m³	1.02	

②上部结构。

a. 预制底座计算：

预应力混凝土T形梁数量：

$$5 \times 12 = 60 \text{片}$$

T形梁的预制工期为2个月，每片梁预制需用10d时间，所以需要预制底座数量为：

$$60 \times 10 \div 2 \div 30 = 10 \text{个}$$

则   预制底座面积 $= 10 \times (70 + 2) \times (1.2 + 1) = 1584 m^2$

b. 吊装设备：

龙门吊机采用 30m 跨度，12m 高，布置 2 台。

预算定额中龙门吊参考质量每台 52.5t，2 台合计质量为 105t。

架桥机按 50m 梁考虑，安排 2 套双导梁架桥机，查预算定额中架桥机全套质量 200t。

因 T 形梁预制、安装存在 1 个月的时间差，再考虑 1 个月安拆时间，因此龙门架的设备摊销时间按 6 个月计算，并将定额中设备摊销费调整为 5400 元；架桥机的设备摊销时间按 7 个月计算，将定额中设备摊销费调整为 6300 元。

c. 预制构件的平均运输距离。桥梁两端地势较为平坦，可做预制场，面积约 2400m^2，因此预制构件的平均运输距离为：$350 \div 2 = 175m$。

d. 预应力钢绞线每吨束数：$672 \div 2 \div 92.4 = 3.64$ 束/t，定额中钢绞线束长 80m 内每吨束数为 1.38 束/t，则需增加 $(3.64 - 1.38) = 2.26$ 束/t。

e. 计算混凝土拌和数量：

$$2520 \times 1.01 = 2545 m^3$$

f. 套定额并填写工程量：编制该桥梁上部结构施工图预算所需的工程细目名称、单位、定额代号及数量等内容，并填入表 5-38 中。

桥梁上部结构的工程细目名称、定额代号及工程数量　　表 5-38

工程细目		定额代号	单位	数量	定额调整
T 形梁预制		4-7-14-2	10m^3	252	
预制钢筋		4-7-14-3	1t	453.6	
T 形梁安装		4-7-14-7	10m^3	252	
预应力钢绞线		4-7-20-39	1t	92.4	
		4-7-20-40	1t	92.4	2.26
大型预制构件底座		4-11-9-1	10m^2	158.4	
T 形梁运输	第一个 50m	4-8-2-6	100m^3	25.2	
	每增运 50m	4-8-2-15	100m^3	25.2	3
混凝土拌和		4-11-11-11	100m^3	25.45	
混凝土运输		4-11-11-20	100m^3	25.45	
平整场地		4-11-1-2	1000m^2	2.4	
场地硬化砂砾厚 15cm		1-3-12-2	1000m^3	0.36	
场地硬化混凝土厚 10cm		4-11-5-6	10m^3	24.0	
双导梁		4-7-31-2	10t	40	设备摊销费调整为 6300 元
预制场龙门吊		4-7-31-4	10t	10.5	设备摊销费调整为 5400 元

3. 预算编制说明

(1) 编制依据：

① 甘肃省道 303 线公路改建工程设计文件和施工组织设计。

②《公路工程基本建设项目概算预算编制办法》(JTG B06—2007)。
③《公路工程预算定额》(JTG/T B06-02—2007)。
④《公路工程机械台班费用定额》(JTG/T B06-03—2007)。
⑤《关于公布取消和停止征收100项行政事业性收费项目的通知》(财综[2008]78号)。
⑥《甘肃省执行交通运输部2007年公路工程基本建设项目概算预算编制办法的补充规定》(甘交发[2012]63号)。
⑦《公路工程标准施工招标文件》(2009年版)(交公路发[2009]221号)。

(2)各项费用及取费标准：
①人工工日单价：正宁县58元/工日。
②材料原价：外购材料采用甘肃公路工程造价管理信息网发布的《甘肃省2013年第一季度公路外购材料价格》；地方性材料主要根据沿线料场及各生产厂家询价资料，采用料场及市场调查价。
③施工机械使用费：按《公路工程机械台班费用定额》及《补充规定》计算，燃料价格同材料费的计算规定。车船使用税按《甘肃省车船税实施办法》(甘政发[2011]87号)的有关规定计算。

(3)其他工程费：
①冬季施工增加费根据《编制办法》按冬二区Ⅱ费率计列。
②高原地区施工增加费按项目海拔所处的范围(1501~2000m)计算。
③施工标准化与安全措施费按《补充规定》以直接工程费的1%计列。
④临时设施费按《补充规定》计列。
⑤施工辅助费按《编制办法》中的费率计列。
⑥工地转移费里程按55km计算。

(4)间接费：
①规费以人工费为计算基数，按《补充规定》确定各项规费费率：养老保险费20%、失业保险费2%、医疗保险费8.9%、住房公积金7%、工伤保险费1%，共计38.9%计列。
②企业管理费中的基本费用按《补充规定》计列。
③主副食运费补贴费费率：粮食、蔬菜、水等从附近村庄运输，综合里程按12km计列。
④职工探亲路费按《编制办法》计列。
⑤职工取暖补贴费率按冬二Ⅱ区计列。
⑥财务费用按《补充规定》计列。

(5)公路交工前养护费根据《补充规定》平均养护月数为3个月。
(6)利润按7%计列，税金按3.35%计列。
(7)设备、工具、器具及家具购置费。办公及生活家具购置费按《编制办法》规定，每公里5800元计列。
(8)建设项目管理费。建设单位管理费按《编制办法》规定费率计列。
(9)预备费。预备费按《编制办法》规定以第一、二、三部分费用之和(扣除贷款利息)为基数，按5%计列。

4.预算表格
打印表5-39~表5-47。

总 预 算 表

建设项目名称：甘肃省道303线公路改建工程
编制范围：1标段

表5-39

项	目	节	细目	工程或费用名称	单 位	数 量	预算金额(元)	技术经济指标	各项费用比例(%)	备注
一				第一部分 建筑安装工程费	公路公里		73973722		90.67	
二				临时工程	公路公里					
				路基工程	km	30.000	9607847	320261.57	11.78	
	1			挖路基土方	m³	265000.000	2331217	8.80	2.86	
	2			挖路基石方	m³	45000.000	1398389	31.08	1.71	
	3			借土方填筑	m³	168493.000	2691674	15.97	3.30	
	4			利用土方填筑	m³	278507.000	1096191	3.94	1.34	
	5			利用石方填筑	m³	48913.000	530583	10.85	0.65	
	6			其他填筑	m²	450000.000	519177	1.15	0.64	
	7			整修	项	1.000	1040616	1040616.00	1.28	
三				路面工程	km	30.000	40899981	1363332.70	50.13	
	1			路面垫层、基层	m²	360000.000	14372666	39.92	17.62	
	2			透层、黏层	m²	360000.000	2833950	7.87	3.47	
	3			粗粒沥青混凝土	m³	13500.000	12464854	923.32	15.28	
	4			细粒沥青混凝土	m³	10800.000	10544845	976.37	12.92	
	5			沥青混合料拌和设备安拆	项	1.000	683666	683666.00	0.84	
四				桥梁涵洞工程	座	1.000	23465894	23465894.00	28.76	
	1			基础	m³	9388.700	15588253	1660.32	19.11	
		10		桩基础钻孔	m	1443.000	3135620	2172.99	3.84	
		20		灌注桩混凝土	m³	5892.700	8502800	1442.94	10.42	
		30		桩基工作平台	m³	3496.000	3949833	1129.81	4.84	
	3			上部结构			7877641		9.66	
		10		预应力混凝土T形梁	m³	2520.000	6998022	2776.99	8.58	
		20		金属结构吊装设备	项	1.000	773899	773899.00	0.95	
		30		预制场	m²	2400.000	105720	44.05	0.13	

第五章 公路工程概预算编制原理

建设项目名称：甘肃省道303线公路改建工程
编制范围：1标段

总 预 算 表

表 5-40

项目	目	节	细目	工程或费用名称	单位	数量	预算金额（元）	技术经济指标	各项费用比例(%)	备注
二				第二部分 设备及工具、器具购置费	公路公里	30.000	174000	5800.00	0.21	
				第三部分 工程建设其他费用	公路公里	30.000	3556933	118564.43	4.36	
	10			建设项目管理费	公路公里	30.000	3556933	118564.43	4.36	
				建设单位（业主）管理费	公路公里	30.000	1623616	54120.53	1.99	1623616
	30			工程监理费	公路公里	30.000	1849343	61644.77	2.27	73973722×2.5%
	50			设计文件审查费	项	1.000	73974	73974.00	0.09	73973722×0.1%
	60			竣（交）工验收试验检测费	项	1.000	10000	10000.00	0.01	
				第一、二、三部分 费用合计	公路公里	1.000	77704655	77704655.00	95.24	73973722+174000+3556933
				预备费	元		3885233		4.76	
				1. 价差预备费	元	1.000				
				2. 基本预备费	元	1.000	3885233	3885233.00	4.76	77704655×5%
				新增加费用项目（不作预备费基数）	元					
				概（预）算总金额	元	1.000	81589888	81589888.00	100.00	77704655+3885233+0
				其中：回收金额	元					
				*请在此输入费用项目						
				公路基本造价	公路公里	1.000	81589888	81589888.00	100.00	81589888-0
				*请在此输入费用项目						

表 5-41

建筑安装工程费计算表

建设项目名称：甘肃省道 303 线公路改建工程
编制范围：1 标段

序号	工程名称	单位	工程量	直接工程费（元）					其他工程费	合计	间接费（元）	利润（元）费率7%	税金（元）综合税率3.35%	建筑安装工程费	
				人工费	材料费	机械使用费	合计							合计（元）	单价（元）
1	2	3	4	5	6	7	8	9	9	10	11	12	13	14	15
1	挖路基土方	m³	265000.000	69600		1791958	1861558	168344		2029902	79956	145795	75564	2331217	8.80
2	挖路基石方	m²	45000.000	205146	213289	635394	1053829	94096		1147925	121839	83297	45328	1398389	31.08
3	借土方填筑	m³	168493.000	80331	2055609		2135940	201797		2337737	98350	168338	87249	2691674	15.97
4	利用土方填筑	m³	278507.000	39949	812385		852334	90339		942673	49614	68372	35532	1096191	3.94
5	利用石方填筑	m³	48913.000	177310		186388	363698	37168		400866	83446	29073	17198	530583	10.85
6	其他压实	m²	450000.000	54288		337172	391460	42149		433609	37257	31482	16829	519177	1.15
7	整修	项	1.000	585858		46810	632668	69344		702012	253911	50962	33731	1040616	1040616.00
8	路面垫层、基层	m²	360000.000	505296	9903888	1305073	11714257	665262		12379519	630338	896931	465878	14372666	39.92
9	透层、黏层	m²	360000.000	40194	2280482	27645	2348321	113505		2461826	101898	178366	91860	2833950	7.87
10	粗粒沥青混凝土	m³	13500.000	54496	9212968	1117754	10385218	612634		10997852	275327	787638	404037	12464854	923.32
11	细粒沥青混凝土	m³	10800.000	43785	7852874	892841	8789500	515117		9304617	232052	666375	341801	10544845	976.37
12	沥青混合料拌和设备安拆	项	1.000	117148	233403	96047	446598	74532		521130	100081	40295	22160	683666	683666.00
13	桩基础钻孔	m	1443.000	252158	85830	1945719	2283707	308455		2592162	249752	192067	101639	3135620	2172.99
14	灌注桩混凝土	m³	5892.700	393513	6046505	430258	6870276	404244		7274520	423992	528677	275611	8502800	1442.94
15	桩基工作平台	m³	3496.000	481996	2245436	330661	3058093	211812		3269905	314138	237759	128031	3949833	1129.81
16	预应力混凝土T形梁	m³	2520.000	851115	4077947	506953	5436015	364448		5800463	549410	421315	226834	6998022	2776.99
17	金属结构吊装设备	项	1.000	194164	355655	21695	571514	39467		610981	93786	44047	25085	773899	773899.00
18	预制场	m²	2400.000	17899	60950	544	79393	5796		85189	10868	6237	3426	105720	44.05
	各项费用合计			4164246	42569227	12540906	59274379	4018509		63292888	3706015	4577026	2397793	73973722	0

分项工程预算表

编 制 范 围：1标段
分项工程名称：挖路基土方

表 5-42

编号	工程项目				工,料,机名称	单位	单价(元)	挖掘机挖装土、石方 2.0m³内挖掘机挖装土方 松土			挖掘机挖装土、石方 2.0m³内挖掘机挖装土方 普通土			挖掘机挖装土、石方 2.0m³内挖掘机挖装土、石方 硬土			自卸汽车运土、石方 12t内自卸汽车运土1.5km		
	工程细目							1000m³			1000m³			1000m³			1000m³		
	定额单位							50.000			150.000			65.000			265.000		
	工程数量							1~1~9~7			1~1~9~8			1~1~9~9			1~1~11~17 改		
	定额表号							定额	数量	金额(元)	定额	数量	金额(元)	定额	数量	金额(元)	定额	数量	金额(元)
1					人工	工日	58.00	4.000	200.00	11600	4.500	675.00	39150	5.000	325.00	18850			
2					75kW以内履带式推土机	台班	665.29	0.220	11.00	7318	0.250	37.50	24948	0.280	18.20	12108			
3					2.0m³履带式单斗挖掘机	台班	1457.91	1.010	50.50	73624	1.150	172.50	251489	1.290	83.85	122246			
4					12t以内自卸汽车	台班	654.20										7.500	1987.50	1300222
5					基价	元	1.00	1751.000	87550.00	87550	1991.000	298650.00	298650	2231.000	145015.00	145015	4672.000	1238080.00	1238080
	直接工程费					元				92543			315588			153204			1300223
	其他工程费	I				元		4.207%		3893	4.207%		13277	4.207%		6445	1.799%		23391
		II				元		6.560%		6071	6.560%		20703	6.560%		10050	6.500%		84514
	间接费	规费				元		38.900%		4512	38.900%		15229	38.900%		7333	38.900%		
		企业管理费				元		3.722%		3815	3.722%		13011	3.722%		6316	2.112%		29740
	利润及税金					元		7%/ 3.35%		11405	7%/ 3.35%		38887	7%/ 3.35%		18876	7%/ 3.35%		152191
	建筑安装工程费					元				122239			416694			202224			1590060

分 项 工 程 预 算 表

编制范围：1标段
分项工程名称：挖路基土方

表5-43

编号	工、料、机名称	单位	单价(元)	工程项目 定额	数量	金额(元)	工程细目 定额	数量	金额(元)	定额单位 定额	数量	金额(元)	工程数量 定额	数量	金额(元)	定额表号	合计 数量	金额(元)
1	人工	工日	58.00														1200.00	69600
2	75kW以内履带式推土机	台班	665.29														66.70	44375
3	2.0m³履带式单斗挖掘机	台班	1457.91														306.85	447360
4	12t以内自卸汽车	台班	654.20														1987.50	1300222
5	基价	元	1.00														1769295.00	1769295
	直接工程费	元																1861558
	其他工程费 Ⅰ	元																47006
	其他工程费 Ⅱ	元																121338
	间接费 规费	元																27074
	间接费 企业管理费	元																52882
	利润及税金	元																221359
	建筑安装工程费	元																2331217

分项工程预算表

表 5-44

编制范围：1 标段
分项工程名称：挖路基石方

工程项目	机械打眼开炸石方		
工程细目	135kW 内推土机 60m 吹坚石		
定额单位	1000m³		
工程数量	45.000		
定额表号	1-1~15~25 改		

编号	工、料、机名称	单位	单价(元)	定额	数量	金额(元)	定额	数量	金额(元)	定额	数量	金额(元)	合计 数量	合计 金额(元)
1	人工	工日	58.00	78.600	3537.00	205146							3537.00	205146
2	空心钢钎	kg	7.74	18.000	810.00	6269							810.00	6269
3	φ50mm 以内合金钻头	个	38.95	25.000	1125.00	43819							1125.00	43819
4	硝铵炸药	kg	11.79	179.000	8055.00	94968							8055.00	94968
5	导火线	m	1.64	481.000	21645.00	35498							21645.00	35498
6	普通雷管	个	1.84	381.000	17145.00	31547							17145.00	31547
7	其他材料费	元	1.00	26.400	1188.00	1188							1188.00	1188
8	135kW 以内履带式推土机	台班	1235.98	7.140	321.30	397120							321.30	397120
9	9m³/min 以内机动空压机	台班	574.13	8.370	376.65	216246							376.65	216246
10	小型机具使用费	元	1.00	489.500	22027.50	22028							22027.50	22028
11	基价	元	1.00	19952.000	897840.00	897840							897840.00	897840
	直接工程费	元				1053829								1053829
	其他工程费 Ⅰ	元		3.577%		37695								37695
	其他工程费 Ⅱ	元				56400								56400
	间接费 规费	元		6.710%		79802								79802
	间接费 企业管理费	元		38.900%		42037								42037
	利润及税金	元		3.662%		128625								128625
	建筑安装工程费	元		7%/3.35%		1398389								1398389

分 项 工 程 预 算 表

表 5-45

编制范围：1 标段
分项工程名称：借土方填筑

编号	工程项目 工程细目 定额单位 工程数量 定额表号			挖掘机挖装土、石方 2.0m³ 内挖掘机挖装土方 普通土 1000m³ 195.452 1~1~9~8			自卸汽车运土、石方 12t 内自卸车运土 2km 1000m³ 200.507 1~1~11~17 改			填方路基 二级路 15t 内振动 压路机压土 1000m³ 168.493 1~1~18~9			洒水汽车洒水 6000L 内洒水车洒水 1km 1000m³ 4.718 1~1~22~5		
	工、料、机名称	单位	单价(元)	定额	数量	金额(元)	定额	数量	金额(元)	定额	数量	金额(元)	定额	数量	金额(元)
1	人工	工日	58.00	4.500	879.53	51013				3.000	505.48	29318			
2	75kW 以内履带式推土机	台班	665.29	0.250	48.86	32508									
3	2.0m³ 履带式单斗挖掘机	台班	1457.91	1.150	224.77	327694									
4	120kW 以内平地机	台班	967.84							1.630	274.64	265811			
5	6~8t 光轮压路机	台班	277.69							1.240	208.93	58018			
6	15t 以内振动压路机	台班	826.49							1.650	278.01	229775			
7	12t 以内自卸汽车	台班	654.20				8.380	1680.25	1099219						
8	6000L 以内洒水汽车	台班	544.04										16.590	78.27	42583
9	基价	元	1.00	1991.000	389144.93	389145	5220.000	1046646.54	1046647	3218.000	542210.47	542210	8544.000	40310.59	40311
	直接工程费	元				411215			1099219			582923			42583
	其他工程费 Ⅰ	元		4.207%		17300	1.799%		19775	4.207%		24524	1.799%		766
	其他工程费 Ⅱ	元		6.560%		26976	6.500%		71449	6.560%		38240	6.500%		2768
	规费	元		38.900%		19844	38.900%			38.900%		11405	38.900%		
	企业管理费	元		3.722%		16953	2.112%		25142	3.722%		24032	2.112%		974
	利润及税金	元		7%/3.35%		50671	7%/3.35%		128664	7%/3.35%		71268	7%/3.35%		4984
	建筑安装工程费	元				542959			1344249			752391			52075

第五章 公路工程概预算编制原理 225

分 项 工 程 预 算 表

表 5-46

编 制 范 围：1 标段
分项工程名称：借土方填筑

编号	工、料、机名称	单位	单价(元)	工程项目			工程细目			定额单位			工程数量			定额表号			合计	
				定额	数量	金额(元)	定额	数量	金额(元)	定额	数量	金额(元)	定额	数量	金额(元)	定额	数量	金额(元)	数量	金额(元)
1	人工	工日	58.00																1385.01	80331
2	75kW 以内履带式推土机	台班	665.29																48.86	32508
3	2.0m³ 履带式单斗挖掘机	台班	1457.91																224.77	327694
4	120kW 以内平地机	台班	967.84																274.64	265811
5	6~8t 光轮压路机	台班	277.69																208.93	58018
6	15t 以内振动压路机	台班	826.49																278.01	229775
7	12t 以内自卸汽车	台班	654.20																1680.25	1099219
8	6000L 以内洒水汽车	台班	544.04																78.27	42583
9	基价	元	1.00																2018312.54	2018313
	直接工程费	元																		2135940
	其他工程费 Ⅰ	元																		62365
	其他工程费 Ⅱ	元																		139433
	间接费 规费	元																		31249
	企业管理费	元																		67101
	利润及税金	元																		255587
	建筑安装工程费	元																		2691674

材料预算单价计算表

表 5-47

建设项目名称：甘肃省道 303 线公路改建工程
编制范围：1 标段

序号	规格名称	单位	原价（元）	供应地点	运输方式、比重及运距	毛重系数或单位毛重	运杂费构成说明或计算式	单位运费（元）	原价运费合计（元）	场外运输损耗 费率(%)	场外运输损耗 金额(元)	采购及保管费 费率(%)	采购及保管费 金额(元)	预算单价（元）
1	原木	m³	1980.000	料场—工地	汽车,1.00,30km	1.000000	0.530×30+8.50	24.400	2004.40			2.500	50.110	2054.510
2	锯材	m³	2150.000			1.000000			2150.00			2.500	53.750	2203.750
3	光圆钢筋	t	3873.000	料场—工地	汽车,1.00,25km	1.000000	0.530×25+8.50	21.750	3894.75			2.500	97.369	3992.120
4	带肋钢筋	t	4038.000	料场—工地	汽车,1.00,25km	1.000000	0.530×25+8.50	21.750	4059.75			2.500	101.494	4161.240
5	钢绞线	t	4850.000	料场—工地	汽车,1.00,25km	1.000000	0.530×25+8.50	21.750	4871.75			2.500	121.794	4993.540
6	波纹管钢带	t	5400.000	料场—工地	汽车,1.00,25km	1.000000	0.530×25+8.50	21.750	5421.75			2.500	135.544	5557.290
7	型钢	t	4272.000	料场—工地	汽车,1.00,25km	1.000000	0.530×25+8.50	21.750	4293.75			2.500	107.344	4401.090
8	钢板	t	4082.000	料场—工地	汽车,1.00,25km	1.000000	0.530×25+8.50	21.750	4103.75			2.500	102.594	4206.340
9	空心钢钎	kg	7.550			0.001000			7.55			2.500	0.189	7.740
	φ50mm 以内合金钻头	个	38.000			0.001100			38.00			2.500	0.950	38.950
	钢丝绳	t	6500.000			1.000000			6500.00			2.500	162.500	6662.500
	电焊条	kg	6.000			0.001100			6.00			2.500	0.150	6.150
	钢管桩	t	6000.000			1.000000			6000.00			1.000	60.000	6060.000
	钢护筒	t	5600.000			1.000000			5600.00			1.000	56.000	5656.000
	钢套箱	t	5600.000			1.000000			5600.00			1.000	56.000	5656.000
	钢模板	t	6450.000			1.000000			6450.00			1.000	64.500	6514.500
	组合钢模板	t	5850.000			1.000000			5850.00			1.000	58.500	5908.500
	钢绞线群锚（12孔）	套	228.000			0.019500			228.00			2.500	5.700	233.700
	铁件	kg	5.000			0.001100			5.00			2.500	0.125	5.120
	铁钉	kg	5.600			0.001100			5.60			2.500	0.140	5.740
	8~12号铁丝	kg	5.500			0.001000			5.50			2.500	0.138	5.640

续上表

序号	规格名称	单位	原价(元)	供应地点	运输方式,比重及运距	毛重系数或单位毛重	运杂费构成说明或计算式	单位运费(元)	原价运费合计(元)	场外运输损耗费率(%)	场外运输损耗金额(元)	采购及保管费费率(%)	采购及保管费金额(元)	预算单价(元)
9	20~22号铁丝	kg	5.700			0.001000			5.70			2.500	0.143	5.840
	铁皮	m²	25.800			0.004320			25.80			2.500	0.645	26.440
	草袋	个	3.000			0.004000			3.00			2.500	0.075	3.080
10	32.5级水泥	t	320.000	料场—工地	汽车,1.0020km	1.010000	(0.530×20+8.50)×1.01	19.291	339.29	1.00	3.393	2.500	8.567	351.250
11	42.5级水泥	t	350.000	料场—工地	汽车,1.0020km	1.010000	(0.530×20+8.50)×1.01	19.291	369.29	1.00	3.693	2.500	9.325	382.310
12	硝铵炸药	kg	11.500			0.001350			11.50			2.500	0.288	11.790
	导火线	m	1.600			0.000012			1.60			2.500	0.040	1.640
	普通雷管	个	1.800			0.000004			1.80			2.500	0.045	1.840
13	石油沥青	t	5200.000	料场—工地	汽车,1.0020km	1.000000	0.530×20+8.50	19.100	5219.10			2.500	130.478	5349.580
	重油	kg				0.001000						2.500		2.800
	汽油	kg				0.001000						2.500		5.200
	柴油	kg				0.001000						2.500		4.900
14	煤	t				1.000000				1.00		2.500		265.000
	电	kW·h												0.550
	水	m³				1.000000								0.500
15	青(红)砖	千块	235.000	料场—工地	汽车,1.0035km	2.600000	(0.530×35+8.50)×2.6	70.330	305.33	3.00	9.160	2.500	7.862	322.350
16	砂	m³	55.000	料场—工地	汽车,1.0020km	1.500000	(0.480×20+1.5)×3.50	19.650	74.65	2.50	1.866	2.500	1.913	78.430
17	中(粗)砂	m³	56.000	料场—工地	汽车,1.0020km	1.500000	(0.480×20+1.5)×3.50	19.650	75.65	2.50	1.891	2.500	1.939	79.480

续上表

序号	规格名称	单位	原价(元)	供应地点	运输方式,比重及运距	运杂费 毛重系数或单位毛重	运杂费构成说明或计算式	单位运费(元)	原价运费 合计(元)	场外运输损耗 费率(%)	场外运输损耗 金额(元)	采购及保管费 费率(%)	采购及保管费 金额(元)	预算单价(元)
18	砂砾	m³				1.700000				1.00		2.500		31.000
	黏土	m³				1.400000				3.00		2.500		8.210
	片石	m³				1.600000				3.00		2.500		34.000
	矿粉	t	130.000			1.000000			130.00	3.00	3.900	2.500	3.348	137.250
19	碎石(2cm)	m³	60.000	料场—工地	汽车,1.0015km	1.500000	(0.480×15+3.50)×1.5	16.050	76.05	1.00	0.761	2.500	1.920	78.730
20	碎石(4cm)	m³	61.000	料场—工地	汽车,1.0015km	1.500000	(0.480×15+3.50)×1.5	16.050	77.05	1.00	0.771	2.500	1.946	79.770
21	碎石(6cm)	m³	57.000	料场—工地	汽车,1.0015km	1.500000	(0.480×15+3.50)×1.5	16.050	73.05	1.00	0.731	2.500	1.845	75.620
22	碎石(8cm)	m³	53.000	料场—工地	汽车,1.0015km	1.500000	(0.480×15+3.50)×1.5	16.050	69.05	1.00	0.691	2.500	1.744	71.480
	石屑	m³				1.500000				1.00		2.500		65.000
23	路面用碎石(1.5cm)	m³				1.500000				1.00		2.500		65.000
	路面用碎石(2.5cm)	m³				1.500000				1.00		2.500		65.000
	路面用碎石(3.5cm)	m³				1.500000				1.00		2.500		63.000
	块石	m³				1.850000								85.000

本章回顾与学习指导

本章主要介绍公路工程概预算的编制。第一节阐述公路工程概预算的费用组成,根据原交通部2007年颁发的《公路工程基本建设项目概算预算编制办法》,公路基本建设工程概、预算费用主要由建筑安装工程费,设备、工具、器具及家具购置费,工程建设其他费用和预备费组成。下面各个章节主要具体阐述以上几种费用的具体内容及计算方法。

建筑安装工程费,由直接费、间接费、利润和税金组成;设备及工器具购置费用包括设备(达到固定资产标准的各种设备、工具、器具)的购置费用;工具、器具及办公和生活用家具、生产家具(未达到固定资产标准的设备、仪器、工卡模具、器具、生产家具等)的购置费用。工程建设其他费用,按其内容可分为三类,土地使用费、与项目建设有关的费用和未来企业生产、经营活动有关的费用。预备费包括基本预备费和涨价预备费。最后介绍了公路工程建设各项费用的计算程序及计算方法,并通过具体的示例来演示公路工程概预算的编制过程。

思 考 题

(1)简述其他工程费的组成。
(2)简述间接费的构成及计算。
(3)建设期的贷款利息如何计算?
(4)简述土地征用及拆迁补偿费的组成内容。
(5)公路工程建设各项费用的计算程序。

习 题

1. 某桥梁工程需要以汽车运输原木450m^3,运距为43km,平原线路,每公里运价0.30元,(30km以上不计吨次费)装卸费为1.0元/m^3,试求其单位运杂费及总运费。

2. 某路基工程土方约为50000m^3。推土机施工,普通土天然密实方,功率90kW以内,推土运距60m,市场调查柴油价格为4.8元/kg;人工:59元/工日。按预算定额求算其所需机械台班数及机械使用费总金额。

第六章 DILIUZHANG
公路工程工程量清单计价

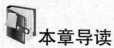**本章导读**

本章依据2009年《公路工程标准施工招标文件》讲述公路工程工程量清单计价的方法,通过对公路工程工程量清单计量规则的学习,应掌握公路工程量清单计价文件的编制方法。

学习要求

1. 掌握公路工程工程量清单的内容和规则;
2. 熟悉公路工程工程量清单计量总则;
3. 熟悉路基、路面工程的主要计量规则;
4. 熟悉桥涵、隧道工程的主要计量规则;
5. 熟悉安全设施及绿化工程的主要计量规则;
6. 掌握公路工程量清单及报价文件的编制。

学习重点

公路工程工程量清单的内容和计量规则,公路工程工程量清单计量总则,路基、路面工程的主要计量规则。

学习难点

公路工程清单报价编制的过程,各专业工程工程量清单计量规则。

 **本章学习计划**

内　　容	建议自学时间（学时）	学习建议	学习记录
第一节　公路工程工程量清单	2	掌握公路工程工程量清单的内容和编写要求	
第二节　公路工程工程量清单计量总则	1.5	熟悉公路工程量清单计量总则的项目设置及计算规则	
第三节　路基、路面工程工程量清单计量规则	1.5	熟悉路基、路面工程的主要计量规则	
第四节　桥梁、隧道工程工程量清单计量规则	1.5	熟悉桥涵、隧道工程的主要计量规则	
第五节　安全及绿化工程工程量清单计量规则	1	熟悉安全及绿化工程的主要计量规则	
第六节　公路工程清单报价编制实例	2	掌握公路工程量清单及报价文件的编制	

第一节 公路工程工程量清单

一、公路工程工程量清单的内容

按照交通运输部2009年8月1日施行的《公路工程标准施工招标文件》(2009年)的规定,招标人编制的工程量清单应由工程量清单说明、投标报价说明、计日工说明、其他说明及工程量清单五部分内容组成。

1. 工程量清单说明

(1)工程量清单是根据招标文件中包括的国家标准、行业标准,有合同约束力的图纸以及合同条款中约定的工程量计算规则等内容编制。约定计量规则中没有的子目,其工程量按照有合同约束力的图纸所标示尺寸的理论净量计算。

(2)应将工程量清单与招标文件中的投标人须知、通用合同条款、专用合同条款、技术规范及图纸等一起阅读和理解。主要目的是要求投标人综合考虑支付条件、技术要点、质量标准、工程施工条件,以及一定范围内的风险费用后再填报单价。

(3)工程量清单中所列工程数量是估算的或设计的预计数量,仅作为投标报价的共同基础,不能作为最终结算与支付的依据。实际支付应按实际完成的工程量,由承包人按技术规范规定的计量方法,以监理人认可的尺寸、断面计量,按工程量清单的单价和总价计算支付金额,或者按监理人确定的单价或总价计算支付金额。

(4)工程量清单中所列工程量的变动,丝毫不会降低或影响合同条款的效力,也不免除承包人按规定的标准进行施工和修复缺陷的责任。这是为了强调清单工程量只是估算工程量,最终应以实际完成工程量作为支付依据。

(5)图纸中所列的工程数量表仅作为提供资料,不是工程量清单的外延。当图纸与工程量清单所列数量不一致时,以工程量清单所列数量作为报价的依据。

(6)工程量清单的各章工程子目是按照《公路工程标准施工招标文件》第七章"技术规范"中相应章节的范围及要求编写的。

2. 投标报价说明

(1)工程量清单中的每一个子目,都必须填入单价或总价。投标人没有填入单价或总价的子目,其费用应视为已分摊在工程量清单中其他相关子目的单价或总价之中,承包人必须按监理人指令完成工程量清单中未填入单价或总价的子目,但不能得到结算与支付。

因此,投标人报价时要仔细、认真,从而减少招投标过程中可能发生的争执。

(2)除非合同另有规定,工程量清单中有标价的单价或总价均已包括了为实施和完成工程所需的劳务、材料、机械、质检、安装、缺陷修复、管理、保险、税费和利润等费用,以及合同明示或暗示的所有责任、义务和一切风险。

因此,投标人应明确自己在合同中的综合报价所包括的内容,强调风险自担的原则。

(3)施工中计量已完工程量用以计算支付金额时,应根据技术规范中规定的计量和支付方法进行,所有工程数量均为设计净尺寸或完工后测量的经监理工程师签认的净值,从而为工程实施中的费用支付提供了计量依据。

(4)明确清单中出现算术性错误的修正办法:当单价×数量≠总价时,通常认为单价是正确的;当单价未填时,认为投标人已将此费用分摊在别的项目中了。

这一规定要求投标人必须仔细核对自己的报价,否则损失自己承担。

(5)合同工程所需各类装备的运输、维护、拆卸、拼装等费用,均应包括在清单单价或总价之中。

3. 计日工说明

计日工是指在工程实施过程中,业主可能有一些临时性的或新增加的项目,但这种项目的工程量在招投标阶段很难估计,希望通过招投标阶段事先定价,避免开工后可能出现的争端,因此需要以计日工明细表的方式在工程量清单中予以明确。

计日工明细表包括总则、计日工劳务、计日工材料、计日工施工机械等内容。

(1)总则

①未接到监理人书面指令,任何工程不得按计日工施工;接到监理人要求按计日工施工的书面指令后,承包人不得拒绝。

②投标人应在计日工单价表中填列计日工子目的基本单价或租价,该基本单价或租价适用于监理人指令的任何数量的计日工结算与支付。计日工的劳务、材料和施工机械工程量由招标人估列,投标人报价,计日工总额应列入工程量清单汇总表,并进入评标价。

③计日工不调价。

(2)计日工劳务

①在计算应付给承包人的计日工工资时,工时应从工人到达施工现场,并开始从事指定工作算起,到返回原出发地点为止,扣去用餐和休息时间。只有直接从事指定工作,且能胜任该工作的工人才能计工,随同工人一起做工的班长应计算在内,但不包括领工(工长)和其他质检管理人员。

②承包人可以得到计日工劳务的全部工时费用,此费用按承包人填报的"计日工劳务单价表"所列单价计算,该单价应包括基本单价及承包人的管理费、税费、利润等所有附加费,说明如下:

a. 劳务基本单价包括:承包人劳务的全部直接费用,如:工资、加班费、津贴、福利费及劳动保护费等。

b. 承包人的利润、管理、质检、保险、税费;易耗品的使用,水电及照明费,工作台、脚手架、临时设施费,手动机具与工具的使用及维修费等及相关费用。

(3)计日工材料

承包人可以得到计日工使用的材料费用,此费用按承包人"计日工材料单价表"中所填单价计算,该单价应包括基本单价及承包人的管理费、税费、利润等所有附加费,说明如下:

①材料基本单价按供货价加运杂费、保险费、仓库管理费以及运输损耗费等计算。

②承包人的利润、管理、质检、保险、税费及其他附加费。

③从现场运至使用地点的人工费和施工机械使用费不包括在上述基本单价内。

(4)计日工施工机械

①承包人可以得到用于计日工作业的施工机械费,该费用按承包人填报的"计日工施工机械单价表"中的租价计算。该租价应包括施工机械的折旧、利息、维修、保养、零配件、油燃料、保险等消耗品的费用以及相关的管理费、税费、利润和司机与助手的劳务费等费用。

②在计日工作业中,承包人计算施工机械费时,应按实际工作小时支付。经监理人同意,才能将施工机械从现场某处运送到监理人指令的计日工作业的另一现场往返时间包括在计算工作小时内。

4. 其他说明

根据具体的工程项目特点进行填写。

5. 工程量清单

(1) 工程量清单表

工程量清单表是按《公路工程标准施工招标文件》(2009年版)第七章"技术规范"的章节顺序编写的,每个工程子目包括子目号、子目名称、单位、工程数量、单价及合价,其中单价及合价由投标人在投标时填写,其余各栏由招标人在编写工程量清单时确定。

工程量清单工程子目按章、节、目的形式设置,共分为7章,各章名称见表6-1。

工程量清单汇总表 表6-1

序号	章次	科 目 名 称	金 额(元)
1	100	总则	
2	200	路基	
3	300	路面	
4	400	桥梁、涵洞	
5	500	隧道	
6	600	安全设施及预埋管线	
7	700	绿化及环境保护设施	
8		第100~700章清单合计	
9		已包含在清单合计中的材料、工程设备、专业工程暂估价合计	
10		清单合计减去材料、工程设备、专业工程暂估价合计(即8-9=10)	
11		计日工合计	
12		暂列金额(不含计日工总额)	
13		投标报价(8+11+12)=13	

第100章总则分为4节,具体内容见表6-2,主要包括开办项目的工程量清单,其有关款项包干支付按总额结算。

第100章 总 则 表6-2

子目号	子 目 名 称	单位	数量	单价	合价
101-1	保险费	总额			
-a	按合同条款规定,提供建筑工程一切险	总额			
-b	按合同条款规定,提供第三方责任险	总额			
102-1	竣工文件	总额			
102-2	施工环保费	总额			
102-3	安全生产费	总额			
102-4	工程管理软件(暂估价)	总额			
103-1	临时道路修建、养护及拆除(包括原道路的养护费)	总额			
103-2	临时工程用地	总额			
103-3	临时供电设施				
-a	设施架设、拆除	总额			
-b	设施维修	月			

子目号	子目名称	单位	数量	单价	合价
103-4	电信设施的提供、维修与拆除	总额			
103-5	供水与排污设施	总额			
104-1	承包人驻地建设	总额			
	清单100章 合计人民币_____				

第100章后的各章为永久性工程项目,如路基、路面、桥梁与涵洞、隧道、安全设施及预埋管线、绿化及环境保护设施。如表6-3为第200章路基工程量清单前5节的部分内容。

第200章 路 基   表6-3

子目号	子目名称	单位	数量	单价	合价
202-1	清除与掘除				
-a	清理现场	m²			
-b	砍伐树木	棵			
-c	挖除树根	棵			
202-2	挖除旧路面				
-a	水泥混凝土路面	m²			
-b	沥青混凝土路面	m²			
-c	碎石路面	m²			
202-3	拆除结构物				
-a	钢筋混凝土结构	m³			
-b	混凝土结构	m³			
-c	砖、石及其他砌体结构	m³			
203-1	路基挖方				
-a	挖土方	m³			
-b	挖石方	m³			
-c	挖除非适用材料(不含淤泥)	m³			
-d	挖淤泥	m³			
203-2	改河、改渠、改路挖方				
-a	挖土方	m³			
-b	挖石方	m³			
-c	……				
204-1	路基填筑(包括填前压实)				
-a	换填土	m³			
-b	利用土方	m³			
-c	……(略去c、d、e、f、g、h及204-2、205-1、205-2、205-3、205-4、205-5)				
205-6	盐渍土处理				
-a	厚…mm	m²			
	清单200章合计 人民币_____				

(2) 计日工表

计日工表包括劳务计日工表、材料计日工表、施工机械计日工表和计日工汇总表,其格式见表6-4。

计 日 工 明 细 表　　　　　　　　　表6-4

子目号	子目名称	单位	暂定数量	单价	合价
101	班长	h			
102	普通工	h			
103	焊工	h			
104	电工	h			
105	混凝土工	h			
106	木工	h			
107	钢筋工	h			
201	水泥	t			
202	钢筋	t			
203	钢绞线	t			
204	沥青	t			
205	木材	m^3			
206	砂	m^3			
301	装载机				
302	推土机				
……	……				
计日工合计　人民币_____					

(3) 暂估价表

暂估价表包括材料暂估价表、工程设备暂估价表和专业工程暂估价表。

(4) 投标报价汇总表

投标报价汇总表是将各章的工程子目表、计日工明细表及暂列金额进行汇总而得到的项目总报价,同表6-1所示。

(5) 工程量清单单价分析表

工程量清单单价分析表见表6-5。

工程量清单单价分析表　　　　　　　　　表6-5

序号	编码	子目名称	人工费			材料费					机械使用费	其他	管理费	税费	利润	综合单价
						主材			辅材费	金额						
			工日	单价	金额	主材耗量	单位	单价	主材费								

二、编写工程量清单的要求

1. 将开办项目作为独立的工程子目单列出来

第100章总则所列项目通常是开工前就要发生的内容,如工程保险、担保、监理设施、临时工程、承包人的驻地建设等。如果将上述各种款项包含在其他项目的单价中,会造成承包人在开工时不能及时得到已支出的款项,从而影响承包人的资金周转。

2. 合理划分工程项目

应根据工程不同等级、性质、部位划分工程项目,使投标报价更加具体。

3. 合理划分工程子目

工程子目的划分既要简单明了、高度概括,又不能漏掉项目和应计价的内容,要结合工程实际,灵活掌握。工程子目划分过大,可减少计算工程量,但难以发挥单价合同的优势,不便于工程变更的管理。同时,也会使支付周期延长,影响承包人的资金周转和合同的正常履行;工程子目划分较小,有利于处理工程变更和合同管理,但会增加计算工程量。

4. 工程量计算要细致准确

应根据设计图纸和技术规范,准确计算工程量,做到不重不漏,更不能发生计算错误。

三、公路工程工程量清单计量规则

为了统一公路工程工程量清单的项目号、项目名称、计算单位、工程量计算规则和界定工程内容,交通运输部特制定《公路工程工程量清单计量规则》。

(1)《公路工程工程量清单计量规则》主要依据建设部《建设工程工程量清单计价规范》和交通运输部《公路工程标准施工招标文件》第七章"技术规范",并结合公路建设项目特点及内容编制。

(2)《公路工程工程量清单计量规则》共分八章,第一章总则,第二章路基工程,第三章路面工程,第四章桥梁涵洞工程,第五章隧道工程,第六章安全设施及预埋管线工程,第七章绿化及环境保护工程,第八章房建工程。

(3)公路工程工程量清单计量规则由项目编号、项目名称、项目特征、计量单位、工程量计算规则和工程内容构成。

①项目编号。项目编号分别按项、目、节、细目表示,根据实际情况可按厚度、标号、规格等增列细目或子细目,与工程量清单子目号对应方式示例如图 6-1 所示。

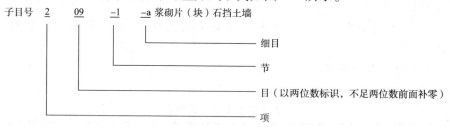

图 6-1 项目编号

第一级表示项顺序码,其中总则为 1,路基为 2,路面为 3,桥梁、涵洞为 4,隧道为 5,安全及预埋管线为 6,绿化及环境保护为 7,房建工程为 8;第二级表示目顺序码;第三级表示节顺序码。第一、二、三级编码统一,第四级编码清单编制人可根据不同情况增列。

②项目名称。是以工程及费用名称命名,如有缺项,招标人可按《公路工程工程量清单计量规则》进行补充,项目名称不允许重复。

③项目特征。是按不同的工程部位、施工工艺或材料品种、规格等对项目所作描述,是设置清单项目的依据。

④计量单位。除各章另有特殊规定外,均按计量规则规定的基本单位计量。

⑤工程量计算规则。清单项目工程量均按设计图示以工程实体的净值计算;材料及半成品采购和损耗、场内二次转运、常规检测、试验等工作内容均包括在相应的工程项目中,不另行计量。

⑥工程内容。是对拟完成项目主要工作的描述,凡工程内容中未列的其他工作,为该项目的附属工作,应参照招标文件范本中的技术规章或设计图纸综合考虑在报价中。

⑦施工现场交通组织、维护费,应综合考虑在各项目内,不另行计量。

四、工程量清单编制实例

【例6-1】 某大桥为 $5 \times 25m$ 预应力混凝土分体小箱梁桥,桥梁全长133m,下部构造采用重力式桥台和柱式桥墩,桥台高8.6m,桥墩高9.1m。桥梁下部结构主要工程量为:U形桥台C30混凝土487.8m^3,台帽C40混凝土190.9m^3;柱式桥墩立柱C40混凝土197.7m^3,盖梁C40混凝土371.7m^3。施工要求采用集中拌和运输,混凝土拌和场设在距离桥位500m的一片荒地,拌和站采用40m^3/h的规格,拌和站安拆及场地费用不计。

问题 (1)编制该桥梁下部结构的工程量清单。

(2)在相应的清单子目下套取定额。

【解】 (1)该桥梁下部结构的工程量清单见表6-6。

工程量清单表 表6-6

子目号	子目名称	计量单位	工程数量(m^3)
410-2	混凝土下部结构		
410-2-a	重力式U形桥台		
410-2-a-1	C30混凝土台身	m^3	487.8
410-2-a-2	C40混凝土台帽	m^3	190.9
410-2-e	柱式桥墩		
410-2-e-1	C40混凝土桥墩	m^3	197.7
410-2-e-2	C40混凝土盖梁	m^3	371.7

(2)清单子目套取定额见表6-7。

清单子目套定额 表6-7

子目号	子目名称	计量单位	工程数量	定额调整或系数
410-2	混凝土下部结构			
410-2-a	重力式U形桥台			
410-2-a-1	C30混凝土台身	m^3	487.8	
4-6-2-4	梁板桥墩台混凝土(高10m内)	10m^3	48.78	C15-32.5-8 换普 C30-32.5-4
4-11-11-11	混凝土搅拌站拌和(40m^3/h以内)	10m^3	49.76	
4-11-11-20	6m^3混凝土搅拌运输车第一个1km	10m^3	49.76	
410-2-a-2	C40混凝土台帽	m^3	190.9	
4-6-3-2	墩、台帽混凝土非泵送钢模	10m^3	19.09	C30-32.5-4 换普 C40-32.5-4
4-11-11-11	混凝土搅拌站拌和(40m^3/h以内)	10m^3	19.47	
4-11-11-20	6m^3混凝土搅拌运输车第一个1km	10m^3	19.47	
410-2-e	柱式桥墩			
410-2-e-1	C40混凝土桥墩	m^3	197.7	

续上表

子目号	子目名称	计量单位	工程数量	定额调整或系数
4-6-2-9	圆柱式墩台混凝土非泵送10m内	10m³	19.77	C25-32.5-4 换普 C40-32.5-4
4-11-11-11	混凝土搅拌站拌和(40m³/h以内)	10m³	20.17	
4-11-11-20	6m³混凝土搅拌运输车第一个1km	10m³	20.17	
410-2-e-2	C40混凝土盖梁	m³	371.7	
4-6-4-2	盖梁混凝土非泵送钢模	10m³	37.17	C30-32.5-4 换普 C40-32.5-4
4-11-11-11	混凝土搅拌站拌和(40m³/h以内)	10m³	37.913	
4-11-11-20	6m³混凝土搅拌运输车第一个1km	10m³	37.913	

【例6-2】 某双向四车道高速公路,路基宽度26m,采用沥青混凝土路面,工程数量表见表6-8、表6-9。

路面工程数量表　　　　　　　表6-8

起止桩号	4cm厚SMA-13上面层	8cm厚粗粒式沥青混凝土下面层	20cm厚5%水泥稳定碎石基层	SBS改性乳化沥青黏层
第1合同段	3956m³	7912m³	106902m²	98900m²

纵向排水管工程数量表　　　　　　　表6-9

起止桩号	长度	现浇C25沟身	预制C30盖板	沥青麻絮伸缩缝(m²)	盖板钢筋(kg)	砂砾垫层(m³)
第1合同段	4612m	553.43m³	221.37m³	84.55m²	51192.2	507.31

施工组织设计拟采用集中拌和,摊铺机铺筑,混合料综合平均运距为5km,混合料均采用15t自卸汽车运输,基层稳定土混合料采用300t/h稳定土拌和站拌和,沥青混凝土采用240t/h沥青混合料拌和站拌和。

问题 (1)编制路面工程工程量清单。
(2)在路面工程量清单子目下套取定额。

【解】 (1)路面工程工程量清单见表6-10。

路面工程工程量清单表　　　　　　　表6-10

子目号	子目名称	单位	数量
304-3	水泥稳定土基层		
-a	20cm水泥稳定碎石基层	m²	106902.00
308-2	黏层		
-a	SBS改性乳化沥青黏层	m²	98900.00
309-1	细粒式沥青混凝土		
-a	40mm厚SMA-13上面层	m²	98900.00
309-3	粗粒式沥青混凝土		
-a	80mm厚沥青混凝土下面层	m²	98900.00
314-2	纵向雨水沟(管)		
-a	纵向排水沟	m	4612.00

(2)清单子目套定额见表6-11所示。

清单子目套定额　　　　　　　　　　表6-11

子目号	子目名称	单位	数量	定额调整或系数
304-3	水泥稳定土基层			
-a	20cm水泥稳定碎石基层	m²	106902.00	
2-1-7-5	厂拌水泥碎石稳定土(5%)压实厚度15cm	1000m²	106.902	厚度调整为20cm
2-1-8-21	15t以内自卸汽车运稳定土第一个1km	1000m³	21.38	运距调整为5km
2-1-9-11	摊铺机铺筑基层(12.5m内)	1000m²	106.902	人工、机械调整
308-2	黏层	m²		
-a	SBS改性乳化沥青黏层	m²	98900.00	
2-2-16-6	乳化沥青层黏层	1000m²	98.9	改为SBS改性乳化沥青
309-1	细粒式沥青混凝土			
-a	厚40mmSMA-13上面层	m²	98900.00	
2-2-12-3	沥青玛蹄脂碎石混合料拌和(240t/h以内)	1000m³	3.956	
2-2-13-21	15t以内自卸汽车运沥青混合料第一个1km	1000m³	3.956	运距调整为5km
2-2-14-56	机械摊铺沥青玛蹄脂碎石混合料(240t/h以内)	1000m³	3.956	
309-3	粗粒式沥青混凝土			
-a	80mm厚沥青混凝土下面层	m²	98900.00	
2-2-11-5	粗粒式沥青混凝土拌和(240t/h以内)	1000m³	7.912	
2-2-13-21	15t以内自卸汽车运沥青混合料第一个1km	1000m³	7.912	运距调整为5km
2-2-14-46	机械摊铺沥青混凝土混合料	1000m³	7.912	
314-2	纵向雨水沟(管)			
-a	纵向排水沟	m	4612.00	
1-2-4-5	现浇C25沟身混凝土	10m³	55.343	C20调整为C25
1-2-4-8	C30预制盖板	10m³	22.137	C20调整为C30,定额×1.01
1-2-4-11	盖板安装	10m³	22.137	
1-2-4-10	盖板钢筋	1t	51.192	
4-11-5-1	砂砾垫层	10m³	50.731	

第二节　公路工程工程量清单计量总则

一、公路工程工程量清单计量总则说明

(1)保险费分为工程一切险和第三方责任险。工程一切险是为永久工程、临时工程和设备及已运至施工工地用于永久工程的材料和设备所投的保险;第三方责任险是对因实施本合同工程而造成的财产(本工程除外)的损失和损害或人员(业主和承包人雇员除外)的死亡或伤残所负责任进行的保险。

保险费率按议定保险合同费率办理。

(2)竣工文件编制费是指竣工后承包人按交通运输部发布的《公路工程竣工验收办法实施细则》(2010年5月1日实施)的要求,编制竣工图表、资料所需的费用。

(3)施工环保费是指承包人在施工过程中采取预防和消除环境污染措施所需的费用。

(4)临时道路(包括便道、便桥、便涵、码头)是指承包人为实施与完成工程建设必须修建的设施,包括工程竣工后的拆除与恢复。

(5)临时占地费是指承包人为完成工程建设,临时占用土地的租用费。

(6)临时供电设施、电信设施费是指承包人为完成工程建设所需要的临时电力、电信设施的架设与拆除的费用,但不包括使用费。

(7)承包人驻地建设费是指承包人为工程建设必须临时修建的承包人住房、办公房、加工车间、仓库、试验室和必要的供水、卫生、消防设施所需的费用,其中包括拆除并恢复到原来自然状况的费用。

二、公路工程工程量清单计量总则

公路工程工程量清单计量总则见表6-12。

工程量清单计量总则　　　　　　　　　　　　表6-12

子目号	子目名称	单位	项目特征	工程量计算规则	工程(工作)内容
101-1	保险费				
-a	按合同条款规定,提供建筑工程一切险	总额	工程一切险	按规定以总额计算	按招标文件规定内容
-b	按合同条款规定,提供第三方责任险	总额	第三方责任险	按规定以总额计算	按招标文件规定内容
102-1	竣工文件	总额	1.规定; 2.文件资料; 3.图表	按规定以总额计算	1.原始记录; 2.施工记录; 3.竣工图表; 4.变更设计文件; 5.施工文件; 6.工程结算资料; 7.进度照片; 8.录像等资料
102-2	施工环保费	总额	1.施工期; 2.环保措施	按规定以总额计算	1.施工场地砂石化; 2.控制扬尘; 3.降低噪声; 4.施工水土保持; 5.施工供水、合理排污等一切与施工环保有关的设施及作业
102-3	安全生产费	总额		按规定以总额计算	1.安全施工措施; 2.安全用具及设施
102-4	工程管理软件(暂估价)	总额		按规定以总额计算	1.安装,计算机配置,维护管理; 2.操作人员培训
103-1	临时道路修建、养护与拆除(包括原道路的养护费)	总额	1.类型; 2.性质; 3.规格; 4.时间	按规定以总额计算	1.工程建设过程中必须修建的临时道路、桥梁、码头及与此相关的安全设施的修建养护; 2.原有道路的养护、交通维护; 3.拆除清理

续上表

子目号	子目名称	单位	项目特征	工程量计算规则	工程(工作)内容
103-2	临时占地	总额	1. 类型; 2. 性质; 3. 时间	按规定以总额计算	承包人征用的红线外非永久性用地,包括但不限于: 1. 承包人办公和生活用地; 2. 仓库与料场用地; 3. 预制场、拌和场用地; 4. 借土场用地; 5. 弃土场用地; 6. 工地实验室用地; 7. 临时道路、桥梁用地; 8. 临时堆料场、机械设备停放场用地
103-3	临时供电设施				
-a	设施架设、拆除	总额	1. 规格; 2. 性质; 3. 时间	按规定以总额计算	设备的安装、维护、维修与拆除
-b	设施维修	月	1. 规格; 2. 性质; 3. 时间	按规定以月为单位计量	设备的安装、维护、维修与拆除
103-4	电信设施的提供、维修与拆除	总额	1. 规格; 2. 性质; 3. 时间	按规定以总额计算	1. 电话、传真、网络等设施的安装; 2. 维修与拆除
103-5	供水与排污设施	总额		按规定以总额计算	
104-1	承包人驻地建设	总额	1. 规格; 2. 性质; 3. 时间	按规定以总额计算	1. 承包人办公室、住房及生活区修建; 2. 车间与工作场地、仓库修建; 3. 工地实验室修建; 4. 供水与排污设施、医疗卫生与消防设施安装; 5. 维护与拆除

第三节 路基、路面工程工程量清单计量规则

一、路基工程工程量清单计量规则说明

(1) 路基石方的界定。用不小于165kW推土机、单齿松土器无法勾动,须用爆破、钢锲或气钻方法开挖,且体积大于或等于$1m^3$的孤石为石方。

(2) 土石方体积用平均断面积法计算。但与用似棱体公式计算结果比较,如果误差超过5%时,采用似棱体公式计算。

(3) 路基挖方以批准的路基设计图纸所示界限为准,均以开挖天然密实体积计算。其中包括边沟、排水沟、截水沟、改河、改渠、改路的开挖。

(4) 挖方作业应保持边坡稳定,应做到开挖与防护同步施工,如因施工方法不当,排水不良

或开挖后未按设计及时进行防护而造成塌方,则塌方的清除和回填由承包人负责。

(5)借土挖方按天然密实体积计量,借土场或取土坑中非适用材料的挖除、弃运及场地清理、地貌恢复、施工便道便桥的修建与养护、临时排水与防护作为借土挖方的附属工程,不另行计量。

(6)路基填料中石料含量等于或大于70%时,按填石路堤计量;小于70%时,按填土路堤计量。

(7)路基填方以批准的路基设计图纸所示界限为准,按压实后路床顶面设计高程计算。应扣除跨径大于5m的通道、涵洞空间体积,跨径大于5m的桥则按桥长的空间体积扣除。为保证压实度两侧加宽超填的增加体积,零填零挖的翻松压实,均不另行计量。

(8)桥涵台背回填只计按设计图纸或工程师指示进行的桥涵台背特殊处理数量。但在路基土石方填筑计量中应扣除涵洞、通道台背及桥梁桥长范围外台背特殊处理的数量。

(9)回填土指零挖以下或填方路基路段挖除非适用材料后好土的回填。

(10)填方按压实的体积以 m^3 计量,包括挖台阶、摊平、压实、整型,其开挖作业在挖方中计量。

(11)项目未明确指出的工程内容,如:养护、场地清理、脚手架的搭拆、模板的安装拆除等均包含在相应的工程项目中,不另行计量。

(12)排水、防护、支挡工程的钢筋、锚杆、锚索除锈、制作、安装、运输及锚具、锚垫板、注浆管、封锚、护套、支架等,包括在相应的工程项目中,不另行计量。

(13)取弃土场的防护、排水及绿化在相应工程项目中计量。

二、路面工程工程量清单计量规则说明

(1)水泥混凝土路面模板制作安装及缩缝、胀缝的填灌缝材料、高密度橡胶板均包含在不同厚度水泥混凝土面层的工程项目中,不另行计量。

(2)水泥混凝土路面养生用的养护剂、覆盖的麻袋、养护器材等,均包含在浇筑不同厚度水泥混凝土面层的工程项目中,不另行计量。

(3)水泥混凝土路面的钢筋包含传力杆、拉杆、补强角隅钢筋及结构受力连续钢筋、支架钢筋。

(4)沥青混凝土路面和水泥混凝土路面所需的外掺剂不另行计量。

(5)沥青混合料、水泥混凝土和(底)基层混合料拌和场站、贮料场的建设、拆除、恢复均包含在相应工程项目中,不另行计量。

(6)钢筋的除锈、制作、安装、成品运输,均包含在相应工程的项目中,不另行计量。

第四节 桥梁、隧道工程工程量清单计量规则

一、桥梁涵洞工程工程量清单计量规则说明

(1)基础、下部结构、上部结构混凝土的钢筋,包括钢筋及钢筋骨架用的铁丝、钢板、套筒、焊接、钢筋垫块或其他固定钢筋的材料以及钢筋除锈、制作、安装、成品运输,作为钢筋工程的附属工作,不另行计量。

(2)附属结构、圆管涵、倒虹吸管、盖板涵、拱涵、通道的钢筋,均包含在各项目内,不另行计量。附属结构包括缘石、人行道、防撞墙、栏杆、护栏、桥头搭板、枕梁、抗震挡块、支座垫块等构造物。

(3)预应力钢材、斜拉索的制作、安装、运输及锚具、锚垫板、定位筋、连接件、封锚、护套、支架、附属装置和所有预埋件,包括在相应的工程项目内,不另行计量。

(4)工程项目涉及的养护、场地清理、吊装设备、拱盔、支架、工作平台、脚手架的搭设及拆除、模板的安装及拆除,均包含在相应工程项目内,不另行计量。

(5)混凝土拌和场站、构件预制场、贮料场的建设、拆除、恢复,安装架设设备的摊销、预应力张拉台座的设置及拆除均包含在相应工程项目内,不另行计量。

(6)桥梁支座,包括固定支座、圆板式支座、球冠圆板式支座,以体积(dm³)计量,盆式支座按套计量。

二、隧道工程工程量清单计量规则说明

(1)场地布置、核对图纸、补充调查、编制施工组织设计、试验检测、施工测量、环境保护、安全措施、施工防排水、隧道监控、通信、照明、通风、消防等设备、设施预埋构件设置与保护,所有准备工作和施工中应采取的措施均为各节、各细目工程的附属工作,不另行计量。

(2)风水电作业及通风、照明、防尘为不可缺少的附属设施和作业,均应包括在有关工程细目中,不另行计量。

(3)隧道名牌、模板装拆、钢筋除锈、拱盔、支架、脚手架搭拆、养护清场等工作均为各细目的附属工作,不另行计量。

(4)连接钢板、螺栓、螺帽、拉杆、垫圈等作为钢支护的附属构件,不另行计量。

(5)混凝土拌和场站,贮料场的建设、拆除、恢复,均包括在相应工程项目中,不另行计量。

(6)洞身开挖包括主洞、竖井、斜井。洞外路面、洞外消防系统土石开挖、洞外弃渣防护等计量规则见有关章节。

(7)材料的计量尺寸为设计净尺寸。

第五节 安全及绿化工程工程量清单计量规则

一、安全设施及预埋管线工程工程量清单计量说明

(1)护栏的地基填筑、垫层材料、砌筑砂浆、嵌缝材料、油漆以及混凝土中的钢筋、钢缆索护栏的封头混凝土等均不另行计量。

(2)隔离设施工程所需的清场、挖根、土地平整和设置地线等工程均为安装工程的附属工作,不另行计量。

(3)交通标志工程所有支承结构、底座、硬件和为完成组装而需要的附件,不另行计量。

(4)道路诱导设施中路面标线玻璃珠包含在涂敷面积内,附着式轮廓标的后底座、支架连接件,均不另行计量。

(5)防眩设施所需的预埋件、连接件、立柱基础混凝土及钢构件的焊接,均作为附属工作,不另行计量。

(6)管线预埋工程的挖基及回填、压实及接地系统、所有封缝料和牵引线及拉棒检验等作为相关工程的附属工作,不另行计量。

(7)收费设施及地下通道工程:

①挖基、挖槽及回填、压实等作为相关工程的附属工作，不另行计量。
②收费设施的预埋件为各相关工程项目的附属工作，不另行计量。
③凡未列入计量项目的零星工程，均含在相关工程项目内，不另行计量。

二、绿化及环境保护工程工程量清单计量说明

(1)绿化工程是指植树及中央分隔带、互通立交范围内和服务区、管养工区、收费站、停车场的绿化种植。

(2)除按图纸施工的永久性环境保护工程外，其他采取的环境保护措施已包含在相应的工程项目中，不另行计量。

(3)由于承包人的过失、疏忽或者未及时按设计图纸做好永久性环境保护工程，导致需要另外采取环境保护措施，而额外增加的费用应由承包人负担。

(4)在公路施工及缺陷责任期间，绿化工程的管理、养护以及任何缺陷的修正与弥补，是承包人完成绿化工程的附属工作，均由承包人负责，不另行计量。

第六节　公路工程清单报价编制实例

一、公路工程清单报价的计算过程

1. 计算工程量，编制"原始数据表"

首先分析每个工程量清单由几个定额细目组成，并计算每个定额细目的工程量，编制"原始数据表"。

2. 以工程量清单所列工程细目为单元，初编"08-2表"

根据已填好的"原始数据表"，以工程量清单所列工程细目作为08-2表的编制单元（分项工程），初编"08-2表"。

3. 工料机基础单价分析

根据初编的08-2表可知本工程用到了哪些工料机，然后进行工料机基础单价分析，将分析结果传递到07表（工料机单价汇总表），再由07表传递到08-2表，用以计算工料机费。

(1)根据08-2表中所出现的材料种类、规格及机械作业所需的燃料和水电编制09表。

(2)根据实际工程发生的自采材料种类、规格，编制"自采材料料场价格计算表"(10表)，并将计算结果汇总到09表的"材料原价"栏中。

(3)根据08-2表、10表中所出现的所有机械种类和09表中自办运输的机械种类，计算所有机械的台班单价，编制11表。

(4)根据地区类别和地方规定等资料计算人工工日单价。

将以上计算所得的各基础单价汇总，编制"工料机单价汇总表"(07表)。

4. 计算其他工程费、间接费综合费率，编制04表

根据工程类别和工程所在地区取定各项费率，计算其他工程费及间接费综合费率，编制04表。

5. 计算各分项工程费用，完成08-2表的编制

计算各工程细目的直接工程费、其他工程费、间接费、利润、税金，并汇总建筑安装工程费，完成08-2表的编制。

6. 计算建筑安装工程费,完成03表的编制

7. 编制工程量清单及汇总表

将03表中各工程细目的"建筑安装工程费单价"与相对应的"清单工程量"相乘得到"建筑安装工程费合价",并计算其他相关费用,最后得到各章投标金额和工程量清单汇总表的"投标价"。

8. 编制实物消耗量指标

通过计算02表和12表,编制工程项目的实物消耗量指标。

公路工程投标报价的计算方法如图6-2所示。

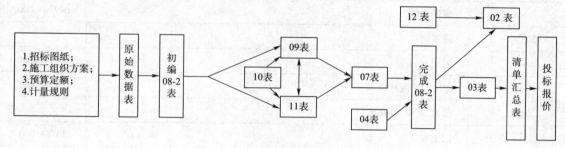

图6-2 公路工程投标报价的计算方法

二、公路工程清单报价实例

1. 编制信息

项目基本信息及属性见表6-13。

项 目 属 性   表6-13

建设项目名称:甘肃××高速公路	工程地点:甘肃兰州
编制范围:A_2合同段	公路等级:高速公路
利润率:7%	税金:3.51%

项目取费信息见表6-14。

取 费 信 息   表6-14

工程所在地:甘肃兰州		工程类别:甘肃高速一级公路特殊桥隧构造物	
项目	取费信息	项目	取费信息
冬季施工	冬二区Ⅱ	雨季施工	不计
夜间施工	不计	高原施工	不计
风沙施工	不计	沿海地区	不计
行车干扰	不计(新建不计)	施工安全	计
临时设施	计	施工辅助	计
工地转移(km)	100	养老保险(%)	20
失业保险(%)	2	医疗保险(%)	8.9
住房公积金(%)	7	工伤保险(%)	1
基本费用	计	综合里程(km)	4
职工探亲	计	职工取暖	冬二区
财务费用	计		

2. 工程量清单编制

工程量清单由招标人或其委托的招标代理人编写(见表6-15)。

工程量清单(部分示例)　　　　　表6-15

合同段：甘肃某高速公路 A2 标段

子目号	子目名称	单位	数量
清单　第200章　路基			
202-1	清理与掘除		
-a	清理现场	m²	649703.000
203-1	路基挖方		
-a	挖土方	m³	400726.000
-c	挖除非适用材料	m³	28896.000
203-2	改河、改渠、改路挖方		
-a	挖土方	m³	13784.000
-c	清理河道土方	m³	13158.000
204-1	路基填筑(包括填前压实)		
-b	利用土方	m³	318891.000
-e	借土填方	m³	404268.000
清单　第300章　路面			
302-1	碎石路面		
-a	碎石砟厚200mm	m²	6630.000
-b	未筛分碎石厚15cm	m²	6353.000
304-1	水泥稳定土底基层		
-a	厚320mm,级配碎石	m²	313290.000
304-3	水泥稳定土基层		
-b	厚200mm,级配碎石	m²	292396.000
308-1	改性乳化沥青透层	m²	292396.000
308-2	改性乳化沥青黏层	m²	544778.000
309-3	粗粒式沥青混凝土		
-a	厚70mm	m²	255130.000
清单　第400章　桥梁、涵洞			
403-1	基础钢筋(包括灌注桩、承台、沉桩、沉井等)		
-a	光圆钢筋(HRB235)	kg	136174.000
-b	带肋钢筋(HRB335)	kg	1049726.000
403-2	下部结构钢筋		

续上表

清单 第400章 桥梁、涵洞			
子目号	子目名称	单位	数量
-a	光圆钢筋(HRB235)	kg	133211.000
-b	带肋钢筋(HRB335)	kg	629149.000
403-3	上部结构钢筋		
-a	光圆钢筋(HRB235)	kg	453766.000
-b	带肋钢筋(HRB335)	kg	2006935.000
404-1	干处挖土方	m³	6092.000
404-2	水下挖土方	m³	6096.000
405-1	钻孔灌注桩		
-a	桩径1.2m	m	2844.000
-b	桩径1.5m	m	5934.000
410-1	混凝土基础(包括支撑梁、桩基承台,但不包括桩基)		
-b	C25 混凝土	m³	1748.000
-c	C30 混凝土	m³	184.000
410-2	混凝土下部结构		
-c	C30 混凝土	m³	5551.000
410-3	现浇混凝土上部结构		
-b	C35 混凝土	m³	737.000
411-2	先张法预应力钢绞线		
-b	φ15.20	kg	2788.000
411-5	后张法预应力钢绞线		
-b	φ15.20	kg	2788.000
411-7	现浇预应力混凝土上部结构		
-b	C50 混凝土	m³	1634.000
411-8	预制预应力混凝土上部结构		
-a	C40 混凝土	m³	123.000
-b	C50 混凝土	m³	8229.000
415-1	沥青混凝土桥面铺装		
-a	厚90mm	m²	89.000
415-2	水泥混凝土桥面铺装		
-a	40级	m³	36.000

3. 投标报价

工程量清单中的单价和合价由投标人填写。一般情况下,先编制清单第200至700章,最后处理清单第100章总则。编制清单第200至700章的关键是确定各清单项目的综合单价,然后用综合单价乘以清单工程量即可得到合计。

(1) 原始数据表(见表6-16)

原 始 数 据 表 表6-16

建设项目名称:甘肃某高速公路 A2 标段

编制范围:××高速公路 2 标段

编号	名 称	单 位	工程量	费率	备 注
	第100章至700章清单				
	清单 第100章 总则				
	清单 第200章 路基				
202－1	清理与掘除				
－a	清理现场	m²	649703.000		
1－1－1－12	清除表土(135kW 内推土机)	100m³	802.550	2	
1－1－1－5	砍挖灌木林(φ10cm 下)密	1000m²	649.703	1	
1－1－1－3	人工伐树推土机挖根(135kW 内)	10 棵	216.800	1	
1－1－5－4	填前夯(压)实 12～15t 光轮压路机	1000m²	407.871	2	
4－11－1－3	推土机平整场地	1000m²	3.663	2	
203－1	路基挖方				
－a	挖土方	m³	400726.000		
1－1－12－18 改	165kW 内推土机 20m 普通土	1000m³	329.045	2	定额×1.16
1－1－9－8 改	2.0m³ 内挖掘机挖装土方普通土	1000m³	1.175	2	定额×1.16
1－1－11－17	12t 内自卸车运土 2km	1000m³	17.671	3	＋18×2
－c	挖除非适用材料	m³	28896.000		
1－1－2－5	挖掘机挖装、淤泥、流沙	1000m³	28.896	2	
1－1－11－17	12t 内自卸车运土 1km	1000m³	28.896	3	
203－2	改河、改渠、改路挖方				
－a	开挖土方	m³	13784.000		
1－1－12－14	135kW 内推土机 100m 普通土	1000m³	13.784	2	＋16×8
4－11－1－3	推土机平整场地	1000m²	3.563	8	
－c	清理河道土方	m³	13158.000		
1－1－12－14	135kW 内推土机 100m 普通土	1000m³	13.158	2	＋16×8
204－1	路基填筑(包括填前压实)				
－b	利用土方	m³	318891.000		
1－1－11－17	12t 内自卸车运土 1km	1000m³	298.648	3	
1－1－22－5	6000L 内洒水车洒水 1km	1000m³	68.880	3	
1－1－18－3	高速一级路 10t 内振动压路机压土	1000m³	159.445	2	
1－1－18－5	高速一级路 20t 内振动压路机压土	1000m³	159.446	2	
1－1－20－3	整修边坡二级及以上等级公路	1km	4.850	1	
1－1－20－1	机械整修路拱	1000m²	135.994	2	
－e	借土填方	m³	404268.000		
1－1－9－8 改	2.0m³ 内挖掘机挖装土方普通土	1000m³	404.268	2	定额×1.16

续上表

编号	名　　称	单　位	工程量	费率	备　注
1-1-11-17改	12t内自卸车运土5.3km	1000m³	404.268	3	+19×9,定额×1.19
1-1-9-8改	2.0m³内挖掘机挖装土方普通土	1000m³	50.006	2	定额×1.16
1-1-11-17改	12t内自卸车运土5.2km	1000m³	50.006	3	+19×8,定额×1.19
1-1-22-5	6000L内洒水车洒水1km	1000m³	87.322	3	
1-1-18-3	高速一级路10t内振动压路机压土	1000m³	202.134	2	
1-1-18-5	高速一级路20t内振动压路机压土	1000m³	202.134	2	
1-1-20-3	整修边坡二级及以上等级公路	1km	6.150	1	
1-1-20-1	机械整修路拱	1000m²	172.446	2	
清单　第300章　路面					
302-1	碎石路面				
-a	碎石砟厚200mm	m²	6630.000		
2-2-4-3改	机械铺厚度20cm	1000m²	6.630	7	+4×10,902换939
-b	未筛分碎石厚15cm	m²	6353.000		
2-2-4-3改	机械铺厚度15cm	1000m²	6.353	7	+4×5,902换958
304-1	水泥稳定土底基层				
-a	厚320mm,级配碎石	m²	313290.000		
2-1-7-5改	厂拌水泥碎石5:95厚度32cm	1000m²	313.290	7	+6×17,96:4
2-1-8-21	稳定土运输15t3km	1000m³	100.253	3	+22×4
2-1-9-10改	摊铺机铺筑底基层(9.5m内)	1000m²	313.290	7	拖平压机×2,人工+3
2-1-10-4	厂拌设备安拆(300t/h内)	座	0.500	4	
304-3	水泥稳定土基层				
-b	厚200mm,级配碎石	m²	292396.000		
2-1-7-5改	厂拌水泥碎石5:95厚度20cm	1000m²	292.396	7	+6×5
2-1-8-21	稳定土运输15t内3km	1000m³	58.479	3	+22×4
2-1-9-9	摊铺机铺筑基层(9.5m内)	1000m²	292.396	7	
2-1-10-4	厂拌设备安拆(300t/h内)	座	0.500	4	
308-1	改性乳化沥青透层	m²	292396.000		
2-2-16-4	乳化沥青半刚性基层透层	1000m²	292.396	7	
308-2	改性乳化沥青黏层	m²	544778.000		
2-2-16-6	乳化沥青沥青层黏层	1000m²	544.778	7	
309-3	粗粒式沥青混凝土				
-a	厚70mm	m²	255130.000		
2-2-11-5	粗粒沥青混凝土拌和(240t/h内)	1000m³	17.859	6	
2-2-13-21	混合料运输15t内1km	1000m³	17.859	3	
2-2-14-46	机铺沥青混凝土粗粒式240t/h内	1000m³	17.859	6	
2-2-15-5	混合料拌和设备安拆(240t/h内)	座	0.300	14	

续上表

编号	名 称	单 位	工程量	费率	备 注
	清单 第400章 桥梁、涵洞				
403-1	基础钢筋				
-a	光圆钢筋(HRB235)	kg	136174.000		
4-6-1-12改	基础、支撑梁钢筋	t	2.365	13	光圆=1.025,带肋=0
4-6-1-13改	承台钢筋	t	2.453	13	光圆=1.025,带肋=0
4-4-7-22改	焊接连接钢筋	t	131.358	13	光圆=1.025,带肋=0
-b	带肋钢筋(HRB335)	kg	1049726.000		
4-6-1-12改	基础、支撑梁钢筋	t	21.810	13	光圆=0,带肋=1.025
4-6-1-13改	承台钢筋	t	132.652	13	光圆=0,带肋=1.025
4-4-7-22改	焊接连接钢筋	t	857.404	13	光圆=0,带肋=1.025
4-6-4-12改	系梁钢筋	t	37.861	13	光圆=0,带肋=1.025
403-2	下部结构钢筋				
-a	光圆钢筋(R235)	kg	133211.000		
4-6-2-8改	实体式墩台钢筋	t	2.879	13	光圆=1.025,带肋=0
4-6-2-19改	柱式墩台焊接钢筋(高10m内)	t	19.839	13	光圆=1.025,带肋=0
4-6-2-28改	肋形埋置式桥台钢筋	t	3.242	13	光圆=1.025,带肋=0
4-6-4-11改	盖梁钢筋	t	100.869	13	光圆=1.025,带肋=0
4-6-4-13改	耳背墙钢筋	t	1.167	13	光圆=1.025,带肋=0
4-6-3-9改	桥(涵)台帽钢筋	t	5.215	13	光圆=1.025,带肋=0
-b	带肋钢筋(HRB335)	kg	629149.000		
4-6-2-8改	实体式墩台钢筋	t	124.571	13	光圆=0,带肋=1.025
4-6-2-19改	柱式墩台焊接钢筋(高10m内)	t	169.119	13	光圆=0,带肋=1.025
4-6-2-28改	肋形埋置式桥台钢筋	t	20.984	13	光圆=0,带肋=1.025
4-6-3-9改	桥(涵)台帽钢筋	t	18.298	13	光圆=0,带肋=1.025
4-6-4-11改	盖梁钢筋	t	282.408	13	光圆=0,带肋=1.025
4-6-4-13改	耳背墙钢筋	t	13.768	13	光圆=0,带肋=1.025
403-3	桥梁上部结构钢筋				
-a	光圆钢筋(R235)	kg	453766.000		
4-7-16-3改	预应力箱梁钢筋	t	339.288	13	光圆=1.025,带肋=0
4-6-10-4改	箱梁钢筋	t	57.774	13	光圆=1.025,带肋=0
4-6-13-10改	水泥及防水混凝土钢筋φ8mm上	t	41.284	13	光圆=1.025,带肋=0
4-7-13-3改	预应力空心板钢筋	t	15.420	13	光圆=1.025,带肋=0
-b	带肋钢筋(HRB335)	kg	2006935.000		
4-7-16-3改	预应力箱梁钢筋	t	1759.608	13	光圆=0,带肋=1.025
4-6-10-4改	箱梁钢筋	t	77.592	13	光圆=0,带肋=1.025
4-6-13-10改	水泥及防水混凝土钢筋φ8mm上	t	7.022	13	光圆=0,带肋=1.025

续上表

编号	名称	单位	工程量	费率	备注
4-7-13-3改	预应力空心板钢筋	t	9.733	13	光圆=0,带肋=1.025
4-6-8-4改	矩形板钢筋	t	152.981	13	光圆=0,带肋=1.025
404-1	干处挖土方	m³	6092.000		
4-1-3-3	基坑≤1500m³,1.0m³内挖掘机挖土	1000m³	6.092	8	
404-2	水下挖土方	m³	6096.000		
4-1-3-3改	基坑≤1500m³,1.0m³内挖掘机挖土	1000m³	6.096	8	添1653,量0.04
405-1	钻孔灌注桩				
-a	桩径1.2m	m	2844.000		
4-4-7-8	冲击成孔起重机配吊斗混凝土	10m³	321.656	9	
4-4-8-7	埋设钢护筒干处	1t	51.451	13	
4-4-5-17	陆地φ120cm内孔深40m内砂土	10m	284.400	9	
4-4-7-24	检测管	1t	7.843	13	
4-11-11-11	混凝土搅拌站拌和(40m³/h内)	100m³	32.166	8	
4-11-11-20	6m³内混凝土搅运车运3km	100m³	32.166	3	+21×4
-b	桩径1.5m	m	5934.000		
4-2-5-1	筑岛填芯土	10m³	104.000	8	
4-4-7-8	冲击成孔起重机配吊斗混凝土	10m³	1048.538	9	
4-4-8-7	埋设钢护筒干处	1t	89.104	13	
4-4-5-41	陆地φ150cm内孔深40m内砂土	10m	1048.538	9	
4-4-7-24	检测管	1t	81.104	13	
4-11-11-11	混凝土搅拌站拌和(40m³/h内)	100m³	104.854	8	
4-11-11-20	6m³内混凝土搅运车运1km	100m³	104.854	3	
4-2-2-10	麻袋围堰围堰高1.0m	10m	78.000	8	
410-1	混凝土基础				
-b	C25混凝土	m³	1748.000		
4-6-1-5改	支撑梁混凝土	10m³	10.990	8	普C20-32.5-4,换普25-32.5-4
4-6-1-7	承台混凝土(起重机配吊斗无底模)	10m³	64.200	8	
4-6-4-5改	系梁混凝土(地面下非泵送)	10m³	99.650	8	普C30-32.5-4,换普C25-32.5-4
4-11-11-11	混凝土搅拌站拌和(40m³/h内)	100m³	17.480	8	
4-11-11-20	6m³内混凝土搅运车运3km	100m³	17.480	3	+21×4
-c	C30混凝土	m³	184.000		
4-6-1-7改	承台混凝土(起重机配吊斗无底模)	10m³	18.400	8	普C25-32.5-4,-10.2,普C30-32.5-4,+10.2
4-11-11-11	混凝土搅拌站拌和(40m³/h内)	100m³	1.840	8	

续上表

编号	名 称	单 位	工程量	费率	备 注
4-11-11-20	6m³内混凝土搅运车运3km	100m³	1.840	3	+21×4
410-2	混凝土下部结构				
-c	C30混凝土	m³	5551.000		
4-6-2-1改	轻型墩台钢筋混凝土	10m³	109.130	8	普C25-32.5-4,换普C30-32.5-4
4-6-2-9改	圆柱式墩台混凝土(非泵送高10m内)	10m³	130.410	8	普C25-32.5-4,换普C30-32.5-4
4-6-2-25改	肋形埋置式桥台混凝土(高8m内)	10m³	16.920	8	普C25-32.5-4,换普C30-32.5-4
4-6-2-60改	盆式支座垫石混凝土	10m³	0.053	8	普C30-32.5-4,-10.2,换普C50-42.5-2,10.2
4-6-2-61改	板式支座垫石混凝土	10m³	2.500	8	普C30-32.5-4,-10.2,换普C40-42.5-2,+10.2
4-6-3-2	墩、台帽混凝土(钢模非泵送)	10m³	17.440	8	
4-6-4-2	盖梁混凝土(钢模非泵送)	10m³	237.200	8	
4-6-4-9改	耳背墙混凝土	10m³	13.670	8	普C25-32.5-4,-10.2,换普C40-32.5-4,+10.2
4-11-4-5	涂沥青防水层	10m²	148.200	8	
4-11-11-11	混凝土搅拌站拌和(40m³/h内)	100m³	55.510	8	
4-11-11-20	6m³内混凝土搅运车运3km	100m³	55.510	3	+21×4
B-1	抗裂纤维	t	1.413	8	单价:40000
410-3	现浇混凝土上部结构				
-b	C35混凝土	m³	737.000		
4-6-8-1改	现浇矩形板混凝土	10m³	73.720	8	普C30-32.5-4,-10.2,换普C35-42.5-4,+10.2
4-9-3-7	满堂式轻型钢支架(墩台高4m内)	10m²	22.400	13	
4-9-6-1	支架预压	10m³	73.720	8	
4-11-11-11	混凝土搅拌站拌和(40m³/h内)	100m³	7.370	8	
4-11-11-20	6m³内混凝土搅运车运3km	100m³	7.370	3	+21×4
B-1	抗裂纤维	t	0.615	8	单价:40000
411-2	先张法预应力钢绞线				
-b	φ15.20	kg	2788.000		
4-7-21-5	先张法钢绞线	t	2.788	13	
4-11-10-1	60m张拉台座3000kN	座	1.000	8	
411-5	后张法预应力钢绞线				
-b	φ15.20	kg	342365.000		
4-7-20-27	钢绞线束长40m内3孔9.48束/t	t	256.454	13	+28×0.573
4-7-20-17	钢绞线束长20m内7孔16.36束/t	t	73.344	13	+18×8.241
4-7-20-39	钢绞线束长80m内12孔0.96束/t	t	12.567	13	+40×-0.425
411-7	现浇预应力混凝土上部结构				

续上表

编号	名 称	单 位	工程量	费率	备 注
-b	C50 混凝土	m³	1634.000		
4-6-10-2	支架现浇箱梁混凝土(泵送)	10m³	34.400	8	
4-7-16-6	现浇连续梁接缝混凝土	10m³	129.000	8	
4-9-3-9	满堂式轻型钢支架(墩台高8m内)	10m²	4.250	13	
4-9-6-1	支架预压	10m³	34.400	8	
4-11-11-11	混凝土搅拌站拌和(40m³/h内)	100m³	16.340	8	
4-11-11-20	6m³ 内混凝土搅运车运 5.5km	100m³	16.340	3	+21×9
411-8	预制预应力混凝土上部结构				
-a	C40 混凝土	m³	123.000		
4-7-13-1	预制预应力空心板混凝土非泵送	10m³	12.280	8	
4-8-4-7	重25t 内起重机装车1km	100m³	1.228	3	
4-8-2-5	重50t 内龙门架装卷扬机牵引100m	100m³	1.228	8	+14×1
4-7-13-7	起重机安装空心板跨径20m内	10m³	12.280	8	
4-11-11-11	混凝土搅拌站拌和(40m³/h内)	100m³	1.228	8	
4-11-11-20	6m³ 内混凝土搅运车运 3km	100m³	1.228	3	+21×4
4-11-11-16	1t 机动翻斗车运 200m	100m³	1.228	3	+17×1
-b	C50 混凝土	m³	8229.000		
4-7-16-2	预制等截面箱梁混凝土泵送	10m³	822.900	8	
4-7-16-4	双导梁安装简支梁	10m³	822.900	8	
4-8-4-4	重40t 内龙门架装车 5.5km	100m³	82.290	3	+16×9
4-11-9-1	平面底座	10m²	21.600	8	
4-11-11-11	混凝土搅拌站拌和(40m³/h内)	100m³	82.290	8	
4-11-11-16	1t 机动翻斗车运 200m	100m³	82.290	3	+17×1
4-7-31-2	双导梁	10t	11.570	13	
415-1	沥青混凝土桥面铺装				
-a	厚90mm	m²	89.000		
4-6-13-7	行车道铺装沥青混凝土	10m³	0.800	8	
415-2	水泥混凝土桥面铺装				
-a	C40 混凝土	m³	36.000		
4-6-13-2改	行车道铺装面层水泥混凝土(非泵送)	10m³	3.600	8	普C30-32.5-4,-10.2,换普C40-42.5-4,+10.2
4-11-11-11	混凝土搅拌站拌和(40m³/h内)	100m³	0.360	8	
4-11-11-20	6m³ 内混凝土搅运车运 3km	100m³	0.360	3	+21×4
	已包含在清单合计中的材料、工程设备、专业工程暂估价合计				
	清单合计减去材料、工程设备、专业工程暂估价合计				
	计日工合计				
	暂列金额(不含计日工总额)				
	投标报价				

(2) 工程量清单第 200 章至第 400 章报价(见表 6-17)

工程量清单报价　　表 6-17

子目号	子目名称	单位	数量	单价	合价
清单 第200章 路基					
202-1	清理与掘除				
-a	清理现场	m²	649703.000	2.13	1383867
203-1	路基挖方				
-a	挖土方	m³	400726.000	2.59	1037880
-c	挖除非适用材料(包括淤泥)	m³	28896.000	12.58	363512
203-2	改河、改渠、改路挖方				
-a	开挖土方	m³	13784.000	7.85	108204
-c	清理河道土方	m³	13158.000	7.62	100264
204-1	路基填筑(包括填前压实)				
-b	利用土方	m³	318891.000	13.73	4378373
-e	借土填方	m³	404268.000	32.40	13098283
清单 第200章合计 人民币					
清单 第300章 路面					
子目号	子目名称	单位	数量	单价	合价
302-1	碎石路面				
-a	碎石砟厚200mm	m²	6630.000	12.67	84002
-b	未筛分碎石厚15cm	m²	6353.000	8.19	52031
304-1	水泥稳定土底基层				
-a	厚320mm,级配碎石	m²	313290.000	106.40	33334056
304-3	水泥稳定土基层				
-b	厚200mm,级配碎石	m²	292396.000	68.13	19920939
308-1	改性乳化沥青透层	m²	292396.000	5.25	1535079
308-2	改性乳化沥青黏层	m²	544778.000	2.42	1318363
309-3	粗粒式沥青混凝土				
-a	厚70mm	m²	255130.000	60.67	15478737
清单 第300章合计 人民币					
清单 第400章 桥梁、涵洞					
子目号	子目名称	单位	数量	单价	合价
403-1	基础钢筋				
-a	光圆钢筋(R235)	kg	136174.000	4.87	663167
-b	带肋钢筋(HRB335)	kg	1049726.000	5.14	5395592
403-2	下部结构钢筋				
-a	光圆钢筋(R235)	kg	133211.000	5.03	670051
-b	带肋钢筋(HRB335)	kg	629149.000	5.28	3321907
403-3	桥梁上部结构钢筋				

续上表

清单 第400章 桥梁、涵洞					
子目号	子目名称	单位	数量	单价	合价
-a	光圆钢筋(R235)	kg	453766.000	5.14	2332357
-b	带肋钢筋(HRB335)	kg	2006935.000	5.40	10837449
404-1	干处挖土方	m³	6092.000	20.63	125678
404-2	水下挖土方	m³	6096.000	20.65	125882
405-1	钻孔灌注桩				
-a	桩径1.2m	m	2844.000	1642.26	4670587
-b	桩径1.5m	m	5934.000	3181.13	18876825
410-1	混凝土基础				
-b	C25混凝土	m³	1748.000	635.15	1110242
-c	C30混凝土	m³	184.000	541.61	99656
410-2	混凝土下部结构				
-c	C30混凝土	m³	5551.000	1411.97	7837845
410-3	现浇混凝土上部结构				
-b	C35混凝土	m³	737.000	1383.66	1019757
411-2	先张法预应力钢绞线				
-b	φS15.20	kg	2788.000	41.79	116511
411-5	后张法预应力钢绞线				
-b	φ15.20	kg	342365.000	17.58	6018777
411-7	现浇预应力混凝土上部结构				
-b	C50混凝土	m³	1634.000	1156.54	1889786
411-8	预制预应力混凝土上部结构				
-a	C40混凝土	m³	123.000	1512.08	185986
-b	C50混凝土	m³	8229.000	1363.61	11221147
415-1	沥青混凝土桥面铺装				
-a	厚90mm	m²	89.000	106.40	9470
415-2	水泥混凝土桥面铺装				
-a	C40混凝土	m³	36.000	668.69	24073
	清单 第400章合计 人民币				

(3)计日工表(见表6-18~表6-21)

计日工劳务单价表(示例)　　　　表6-18

编号	子目名称	单位	暂定数量	单价(元)	合价(元)
101	班长	h	800	10	8000
102	普通工	h	2000	7	14000
103	焊工	h	1200	8	9600
	……				
				劳务小计金额:	元
				(计入"计日工汇总表")	

计日工材料单价表(示例)   表6-19

编号	子目名称	单位	暂定数量	单价(元)	合价(元)
201	水泥	t	100	360	36000
202	钢筋	t	20	4500	90000
	……				

材料小计金额：   元
(计入"计日工汇总表")

计日工施工机械单价表(示例)   表6-20

编号	子目名称	单位	暂定数量	单价(元)	合价(元)
301	装载机				
301-1	1.5m³以下	h	30	150	4500
301-3	2.5m³以上	h	150	220	33000
	……				

施工机械小计金额：   元
(计入"计日工汇总表")

计 日 工 汇 总 表   表6-21

名　称	金　额(元)	备　注
劳务	31600	
材料	620000	
施工机械	360000	

计日工总计：   元
(计入"投标报价汇总表")

(4)暂估价表(见表6-22)

专业工程暂估价表   表6-22

序号	专业工程名称	工程内容	金额/元
1	桥梁荷载试验	梁静载试验	50000

小计：　50000　元

(5)清单第100章

建筑工程一切险:按第100至700章合计金额的3.0‰报价。

第三者责任险:按投保金额的3‰报价,投保金额为100万元。

竣工文件:按第100至700章合计金额的1.5‰报价。

施工环保费:按第100至700章合计金额的2.5‰报价。

(6)投标报价汇总表(见表6-23)

投标报价汇总表　　　　　　　　　　　表6-23

序 号	章 次	科 目 名 称	金 额(元)
1	100	清单 第100章 总则	
2	200	清单 第200章 路基	
3	300	清单 第300章 路面	
4	400	清单 第400章 桥梁、涵洞	
5		第100章至700章清单合计	
6		已包含在清单合计中的材料、工程设备、专业工程暂估价合计	
7		清单合计减去材料、工程设备、专业工程暂估价合计(即5-6)=7	
8		计日工合计	
9		暂列金额(不含计日工总额)	
10		投标报价(5+8+9)=10	

本章回顾与学习指导

本章主要介绍公路工程工程量清单计价相关知识。第一节阐述公路工程工程量清单的内容及编写格式。第二节介绍了公路工程工程量清单计量总则的内容。第三节介绍路基、路面工程计量规则与方法,路基工程包括场地清理、路基挖方、路基填筑、特殊地区路基处理、路基修整、坡面排水、护坡护面墙、挡土墙、锚杆挡土墙及加筋土挡土墙的计量规则。路面工程包括水泥混凝土路面和沥青混凝土路面。第四节介绍桥梁、隧道工程计量规则。第五节介绍安全及绿化工程计量规则,安全设施与预埋管线工程计量规则主要包括护栏、隔离栅、道路交通标志工程、道路交通标线、防眩设施、通信和电力管道与预埋基础、收费设施及地下通道。绿化及环境保护工程计量规则主要包括铺设表土,撒播草籽和铺植草皮,种植乔木、灌木、攀缘植物,设声屏障。第六节介绍公路工程量清单报价实例。

思 考 题

(1)公路工程工程量清单包括哪些内容。
(2)路面工程的工程量计量规则。
(3)简述路基工程量计算规则。
(4)隧道衬砌的工程量计量规则。
(5)简述公路工程量清单报价文件编制的过程。

测 试 题

一、单选题(10×1 分 $=10$ 分)

1.某公路桥C15号片石混凝土基础工程 $750m^3$,查定额人工消耗 21.19 工日$/10m^3$,该工程所需人工是(　　)。

A. 15890 工日 B. 211.9 工日 C. 21.19 工日 D. 1589 工日
2. 其他费中采用累进法计算的是(　　)。
　　A. 工程监理费　　　　　　　　　　B. 建设单位管理费
　　C. 建设期投资贷款利息　　　　　　D. 工程造价增涨预留费
3. 现行铁路工程概预算采用(　　)的基价水平。
　　A. 2005 年度　　B. 1996 年度　　C. 2000 年度　　D. 其他直接费
4. 公路工程预算定额路基工程挖方按(　　)编制。
　　A. 天然密实体积　B. 压实体积　　C. 换算体积　　D. 利用方
5. 不属于施工机械使用费组成的是(　　)。
　　A. 折旧费　　　B. 燃料动力费　　C. 机械人工费　　D. 取送车费
6. 不构成定额基价的是(　　)。
　　A. 人工费　　　B. 材料费　　　　C. 机械使用费　　D. 其他直接费
7. 需按工点编制单项预算的是(　　)。
　　A. 500m 长的桥梁　　　　　　　　B. 涵洞工程
　　C. 小桥工程　　　　　　　　　　　D. 5000m 的隧道
8. 铁路工程总概算费用按章节划分为(　　)。
　　A. 13 章 36 节　B. 11 章 28 节　　C. 16 章 33 节　　D. 16 章 34 节
9. 铁路工程清单报价中由建设单位负责采购的材料是(　　)。
　　A. 甲控材料　　B. 甲供材料　　　C. 外来供应料　　D. 自购材料
10. 不能独立发挥生产能力,但具有独立施工条件的工程是(　　)。
　　A. 单项工程　　B. 分部工程　　　C. 单位工程　　　D. 分项工程

二、多选题(15×2 分 = 30 分,本题多选、错选不得分,少选酌情给分)
1. 以下定额按其编制由细到粗排列(　　)。(此题不按顺序答不得分)
　　A. 概算定额　　B. 施工定额　　　C. 估算指标　　　D. 预算定额
2. 下列属于铁路基本建设的特点的是(　　)。
　　A. 建筑物种类多　B. 投资大　　　C. 施工战线长　　D. 产品单件性
3. 定额的特点(　　)。
　　A. 公开性　　　B. 科学性　　　　C. 相对稳定性　　D. 法令性
4. 对单项预算价差的叙述正确的是(　　)。
　　A. 用价差系数计算　　　　　　　　B. 属于动态投资费用
　　C. 反映编制期至竣工期的材差　　　D. 以基期材料费为基数计算
5. 大型临时设施费(　　)。
　　A. 需编制单项预算　　　　　　　　B. 属于现场经费内容
　　C. 按同类正式工程费用标准计算　　D. 可借用正式工程的材料
6. 下列属于铁路基本建设动态投资费用的是(　　)。
　　A. 基本预备费　　　　　　　　　　B. 工程造价增长预留费
　　C. 建设期投资贷款利息　　　　　　D. 铺底流动资金
7. 下列属于铁路工程预算定额的是(　　)。
　　A. 《基本定额》　　　　　　　　　B. 《路基工程》专业分册
　　C. 《桥涵工程》专业分册　　　　　D. 《轨道工程》专业分册

8. 铁路工程运杂费由( )、其他有关运输费用组成。
   A. 运输费　　　　　B. 装卸费　　　　　C. 材料管理费　　　　D. 运输损耗费
9. 公路工程预算定额附录有( )
   A. 路面材料计算基础数据　　　　　B. 材料周转及摊销
   C. 基本定额　　　　　　　　　　D. 人工材料单位重、损耗及基价表
10. 以下属于公路工程概预算甲组文件的是( )。
    A. 总概(预)算表　　　　　　　　B. 分项工程概(预)算表
    C. 建筑安装工程费计算表　　　　D. 人工、主要材料、机械台班数量汇总表
11. 预备费主要用于( )。
    A. 工程建设中预防自然灾害的措施费用　　B. 开挖和修复隐蔽工程费用
    C. 在批准的设计范围内增加的工程费用　　D. 配合辅助工程费
12. 公路工程间接费由( )组成。
    A. 规费　　　　B. 企业管理费　　　C. 施工机构迁移费　　D. 财务费用
13. 公路材料预算价格由( )组成。
    A. 运杂费　　　B. 场外运输损耗费　　C. 采购及保管费　　D. 材料原价
14. 铁路工程单项预算价差由( )组成。
    A. 施工机械使用费价差　　　　　B. 主材价差
    C. 其他材料价差　　　　　　　　D. 人工费价差
15. 以下费用中,属于间接费的是( )。
    A. 现场管理人员的工资　　　　　B. 劳动保险费
    C. 工程点交费　　　　　　　　　D. 投标费

三、判断题(15×1分=15分,对的打√,错的打×)
1. 公路预算定额第二章路面工程,各种路面均以1000m^2为计算单位。　　　　　(　)
2. 不同设计阶段对使用定额的要求不同,如编制某隧道工程投资检算应采用概算定额。
　　　　　　　　　　　　　　　　　　　　　　　　　　　　　　　　　　　(　)
3. 施工措施费考虑一些因地区、气候、施工条件等因素不同而需增加的工程直接费用。
　　　　　　　　　　　　　　　　　　　　　　　　　　　　　　　　　　　(　)
4. 工程列车起码运距50km,超过部分按10km进级。　　　　　　　　　　　　　(　)
5. 一个建设项目跨越两个温度区时,应分别查得不同温度区的冬季施工增加费率,按线路长度比例加权计算出综合费率,再据以计算该项目冬季施工增加费。　　　　　　　(　)
6. 铁路主材的运杂费在直接工程费中单独计算。　　　　　　　　　　　　　　　(　)
7. 工程造价增长预留费反映设计概算编制期至竣工决算期因人工费、材料价格及其他费用标准上涨而引起的概算费用增加。　　　　　　　　　　　　　　　　　　　　(　)
8. 对砖、瓦、砂、石等当地料,基期至编制年度发生的价差按铁道部统一颁布的材料价差系数表计算,列入单项预算。　　　　　　　　　　　　　　　　　　　　　　　　(　)
9. 工程量清单的核心内容是分项工程项目名称及数量,它是招标文件的重要组成部分。
　　　　　　　　　　　　　　　　　　　　　　　　　　　　　　　　　　　(　)
10. 单项概算的表格编写顺序为:先编制单项概算表,查完工作项目后再统计劳材机数量,填写主要劳材机具数量表,然后填平均运杂费单价分析表,最后回到单项预算表编写运杂费、措施费、间接费等费用。　　　　　　　　　　　　　　　　　　　　　　　　　(　)

11. 公路工程预算对达不到周转次数的拱盔、支架及施工金属设备可计算回收金额,并从概预算总金额中扣减。（ ）

12. 铁路工程行车干扰施工增加费计算与营业线路的行车对数、受干扰的工程量有关。（ ）

13. 工程量比重平均运距法在每正线公里材料用料量相等,沿线材料资源分布均匀情况下适用。（ ）

14. 当定额需抽换时,可利用基本定额进行抽换。（ ）

15. 当以填方压实体积为工程量,采用以天然密实方为计量单位的定额时,所采用的定额应乘以压实方与天然密实方的换算系数。（ ）

四、计算题(45分)

1. 某水泥、石灰稳定土基层工程,定额配合比为 6∶4∶90,设计配合比为 5.5∶3.5∶91,厚度 16cm。确定水泥、石灰、土的实用定额值。(9分)

水泥、石灰稳定土基层人工沿路拌和　　　　　　　　单位:1000m²

项 目	单 位	筛拌法	
		水泥、石灰稳定土基层 水泥:石灰:土 6:4:90	
		压实厚度 15cm	每增减 1cm
人工	工日	136.6	8.4
325 号水泥	t	15.147	1.010
水	m³	38	2
生石灰	t	10.393	0.693
土	m³	195.29	13.02

2. 某新建铁路全长80km,圬工用砂有 A、B、C 三个产地,上路距离分别为 6km,10km,8km,产地分布如图6-3所示。求该线一般工程圬工用砂的平均运距。(12分)

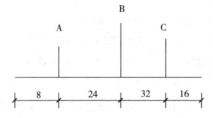

图 6-3　计算题 2 图(尺寸单位:km)

3. 某新建高速公路路面工程,直接工程费 26431200 元。其他工程费综合费率(无特殊地区施工增加费)4.57%,间接费综合费率4.09%(规费暂计为零),利润费率7%,综合税率3.41%,计算该工程建筑安装工程费。(12分)

4. 四川成都某铁路新建大桥挖基础工程单项概算,人工费 6075 元、机械使用费 123707 元,定额工料机合计 1000603 元,运杂费 24785 元,施工措施费率8.61%,间接费费率23.8%,税率3.35%,求该分部工程单项预算价值(价差不计)。(12分)

答　案

一、1. D　　2. B　　3. A　　4. A　　5. D　　6. D　　7. D　　8. D
　　9. A　　10. C

二、1. ABCD　2. ABCD　3. BCD　4. AD　5. ACD　6. BC　7. ABCD　8. AB
　　9. ABCD　10. ACD　11. ABC　12. AB　13. ABCD　14. ABCD　15. BD

三、1. ×　　2. ×　　3. ×　　4. √　　5. √　　6. √　　7. √　　8. ×
　　9. √　　10. √　　11. √　　12. √　　13. ×　　14. √　　15. √

四、

1. 解：$C_{水泥} = 15.147 + 1.01 \times (16 - 15) \times 5.5/6 = 16.073$

　　$C_{石灰} = 10.393 + 0.693 \times (16 - 15) \times 3.5/4 = 10.999$

　　$C_{土} = 195.29 + 13.02 \times (16 - 15) \times 91/90 = 208.45$

2. 采用平均运距相等法解。

(1) 供应范围计算：

　　$AB: X = 24/2 + (10 - 6) = 16$

　　$BC: X = 32/2 + (10 - 8) = 18$

(2) 各段平均运距：

　　$EA: L_{EA} = 6 + 8/2 = 10$

　　$AB: L_{AB} = 6 + 16/2 = 14$

　　$BC: L_{BC} = 8 + 18/2 = 17$

　　$CF: L_{CF} = 8 + 16/2 = 16$

(3) 全段加权平均运距：

　　$L_{平均} = (8 \times 10 + 24 \times 14 + 32 \times 17 + 16 \times 16)/80 = 15.2 km$

3. 解：其他工程费 = 26431200 × 4.57% = 1207905.84

　　直接费 = 26431200 + 1207905.84 = 27639105.84

　　间接费 = 27639105.84 × 4.09% = 1130439.43

　　利润 = 27639105.84 + 1130439.43 = 28769545.27

　　税金 = (27639105.84 + 1130439.43 + 28769545.27) × 3.41% = 1962082.99

　　建筑安装工程费 = 27639105.84 + 1130439.43 + 28769545.27 + 1962082.99
　　　　　　　　 = 59501173.53

4. 解：直接工程费 = 1000603 + 24785 = 1025388

　　施工措施费 = (6075 + 123707) × 8.61% = 1703.23

　　直接费 = 1025388 + 1703.23 = 1027091.23

　　间接费 = (6075 + 123707) × 23.8% = 30888.12

　　税金 = (1027091.23 + 30888.12) × 3.35% = 35442.31

　　单项预算价值 = 1027091.23 + 30888.12 + 35442.31 = 1093421.66

铁路工程概预算课程设计

某工程处在青海海东地区担任某新建铁路大桥工程的施工任务,根据规定,该地区有200元/月的补贴。其工程数量及有关资料如下,试编制该段大桥工程的单项概算。

1. 工程数量

大桥一座,全长350m,墩高小于30m。分项工程量如下:

(1) 人力挖基土方双轮车运,坑深3m以内无挡板无水 3000m³。
(2) 人力挖土方卷扬机提升,坑深8m,无挡板无水 4000m³。
(3) 原土回填 5500m³。
(4) C15片石混凝土基础 750m³。
(5) C15片石混凝土实体墩台身 5500m³。
(6) C30混凝土托盘及台顶 200m³。
(7) C30钢筋混凝土顶冒 50m³,级钢筋 1500kg。
(8) C30钢筋混凝土道砟槽 30m³,Ⅰ级钢筋 1650kg。
(9) M10号浆砌片石锥体护坡 500m³。
(10) 干砌片石河床护底 300m³。

2. 运输有关资料

材料均由汽车运至工地,其运距为:水泥50km,木材35km,钢材45km,砂15km,碎石20km,片石20km,均为公路。汽车运输单价为0.8元/(t·km)。

3. 施工机械台班费用定额(铁建设[2006]129号文)

施工机械台班费用定额

序号	机械名称及规格型号	折旧费(元)	大修理费(元)	经常修理费(元)	安装拆卸费(元)	人工(工日)	柴油(kg)	电(kW·h)	其他费用(元)
1	单筒慢速卷扬机≤30kN	6.92	4.44	11.85	5.77	1.2	—	33.50	—
2	单筒慢速卷扬机≤50kN	8.21	5.27	14.07	7.64	1.2	—	33.60	—
3	双筒慢速卷扬机≤30kN	16.99	6.94	19.36	6.20	1.2	—	35.20	—
4	汽车起重机≤8t	81.97	40.30	83.42	—	2.1	28.43		58.12
5	混凝土搅拌机≤400L	11.22	4.82	12.72	6.17	1.26	—	44.94	—
6	灰浆搅拌机≤400L	4.67	1.33	5.32	—	1.43	—	15.17	—
7	混凝土泵≤30m³/h	231.02	64.31	89.39	12.9	1.26	—	207.30	—
8	钢筋切断机 d≤40	4.10	2.28	10.12	—	1.26	—	32.10	—
9	钢筋弯曲机 d≤40	2.98	1.66	8.48	—	1.26	—	12.80	—
10	木工圆锯机 d≤500	3.04	0.53	1.14	—	—	—	24.00	—
11	木工单面压床机 B≤600	6.88	1.56	4.24	—	—	—	28.60	—
12	交流弧焊机≤42kVA	2.79	0.67	2.23	—	1.48	—	136.30	—
13	多级离心清水泵≤32m³/h-125m	5.82	1.93	4.98	3.16	1.17	—	68.00	—

4. 主要材料基期与编制期价格(2012年2季度价格信息)

主要材料基期与编制期价格表

电算代号	材料名称	单位	基期(元)	编制期(元)	备注
1010002	普通水泥32.5	kg	0.26	0.47	
1010003	普通水泥42.5	kg	0.31	0.39	
1260022	中粗砂	m³	16.51	50.00	比重为1.43t/m³
1240012	碎石25以内	m³	30.00	45.00	比重为1.5t/m³
1240014	碎石40以内	m³	26.00	44.00	比重为1.5t/m³
1230006	片石	m³	15.00	35.00	比重为1.8t/m³
1900012	圆钢（Ⅰ级钢）	kg	3.33	4.45	
2000001	钢板	kg	4.20	4.69	
1962001	型钢	kg	3.27	3.80	
1950101	槽钢	kg	3.43	4.66	
1960025	角钢	kg	3.19	4.53	
2220006	焊接钢管	kg	3.87	4.19	
1110003	锯材	m³	1013.00	1552.00	
2910014	柴油	kg	3.67	8.89	
8999006	水	t	0.38	0.50	
	电	kW·h	0.55		当地电价为0.95元/kW·h

附 录

附录一 铁路综合概算章节表节选

章别	节号	工程及费用名称	单 位	附 注
		第一部分:静态投资	正线公里	
		拆迁及征地费用	正线公里	
		其中:Ⅰ.建筑工程费	正线公里	以下各章、节同
		Ⅱ.安装工程费	正线公里	以下各章、节同
		Ⅲ.设备购置费	正线公里	以下各章、节同
		Ⅳ.其他费	正线公里	以下各章、节同
		Ⅰ.建筑工程费	正线公里	
		一、改移道路	元	指废除既有道路后引起的有关工程费用
		(一)等级公路	km	
		1.路基	m³	
		(1)土方	m³	含路基附属工程的土方
		(2)石方	m³	含路基附属工程的土方
		(3)路基附属工程	元	
		①干砌石	m³	
		②浆砌石	圬工方	
一	1	③混凝土	圬工方	
		④钢筋混凝土	圬工方	
		⑤绿色防护、绿化	m²	
		⑥地基处理	元	按处理方式分列
		2.路面	m²	
		(1)垫层	m²	
		(2)基层	m²	
		(3)面层	m²	
		①沥青混凝土路面	m²	含桥梁和隧道的路面层。包括沥青贯入式路面、沥青表面处治路面和沥青混凝土路面
		②水泥混凝土路面	m²	含桥梁和隧道的路面面层
		3.公路桥(××座)	延长米	
		(1)下部建筑	圬工方	
		①基础	圬工方	
		A.明挖	圬工方	
		B.承台	圬工方	

续上表

章别	节号	工程及费用名称	单位	附注
		第一部分：静态投资	正线公里	
一	1	C.挖孔桩	m	
		D.钻孔桩	m	
		E.管桩	m	
		②墩台	圬工方	
		(2)上部建筑	m²	
		(3)附属工程	元	
		①土方	m³	
		②石方	m³	
		③干彻石	m³	
		④浆砌石	圬工方	
二	2	路基	正线公里/路基公里	
		区间路基土石方	施工立方米/断面立方米	包括开挖路堑、填筑路堤(含桥台后过渡段)，挖除池沼淤泥、多年冻土，路堤夯压、挖台阶、修整边坡、侧沟边及路面，清除植被和表土、原地面压实等。不包括桥头锥体土石方及桥台后缺口土石方
		Ⅰ.建筑工程费	施工立方米/断面立方米	
		一、土方	m³	
		(一)挖土方	m³	路基设计断面内土方的挖、装、运、卸等
		1.挖土方(运距≤1km)	m³	含铲运机铲运超过1km的部分
		(1)人力施工	m³	
		(2)机械施工	m³	
		2.增运土方(运距>1km的部分)	m³·km	
		(二)利用土方填方	m³	利用土方的摊铺、压实、洒水等
		1.人力施工	m³	
		2.机械施工	m³	
		(三)借土填方	m³	借土方的挖、装、运、卸、摊铺、压实、洒水等
		1.挖填土方(运距≤1km)	m³	
		(1)人力施工	m³	
		(2)机械施工	m³	
		2.增运土方(运距>1km的部分)	m³·km	
		二、石方	m³	
		(一)挖石方	m³	路基设计断面内石方的开挖、装、运、卸等
		1.挖石方(运距≤1km)	m³	
		(1)人力施工	m³	
		(2)机械施工	m³	
		2.增运石方(运距>1km的部分)	m³·km	

续上表

章别	节号	工程及费用名称	单位	附注
二	2	(二)利用石填方	m³	包括按以石代土路堤设计时利用石方的摊铺、压实、洒水等和按填石路堤设计时利用石方的填筑、码砌等
		1.人力施工	m³	
		2.机械施工	m³	
		(三)借石填方	m³	包括按以石代土路堤设计时的借石方的开挖、装、运、卸、摊铺、压实、洒水等和按填石路堤设计时借石方的开挖、装、运、卸、填筑、码砌等
		1.挖填石方(运距≤1km)	m³	
		(1)人力施工	m³	
		(2)机械施工	m³	
		2.增运石方(运距>1km的部分)	m³·km	
		三、填渗水土	m³	渗水土的挖、装、运、卸、摊铺、压实、洒水等
		(一)挖填(运距≤1km)	m³	
		1.人力施工	m³	
		2.机械施工	m³	
		(二)增运(运距>1km的部分)	m³	
		四、填改良土	m³	
		(一)利用土改良	m³	配料、拌制、摊铺、洒水、压实
		(二)借土改良	m³	挖、装、运、卸、配料、拌制、摊铺、洒水、压实
		1.挖填土方(运距≤1km)	m³	
		2.增运土方(运距>1km的部分)	m³·km	
		五、级配碎石(砂砾石)	m³	配料、拌制、堆放;分层摊铺、掺拌水泥、洒水或晾晒、压实、排水;路面及边坡修整
		(一)基床表层	m³	
		(二)过滤段	m³	
		1.路堤与桥台过渡段	m³	
		2.路堤与横向结构物过渡段	m³	
		3.路堤与路堑过渡段	m³	
		六、挖淤泥	m³	围堰填筑及拆除、抽水;挖、装、运、卸,排水,弃方堆放、整修
		七、挖多年冻土	m³	开挖、装、运、卸、弃方堆放、整理;路面和边坡修整
	3	站场土石方	施工立方米/断面立方米	含站场范围内的正线土石方。内容同区间路基土石方
		Ⅰ.建筑工程费	施工立方米/断面立方米	
		一、土方	m³	
		(一)挖土方	m³	工作内容同区间路基土石方

续上表

章别	节号	工程及费用名称	单位	附注
十一	29	（二）办公和生活家具购置费	正线公里	
		（三）工器具生产家具购置费	正线公里	
		八、其他	元	
		以上各章合计	正线公里	
		其中：Ⅰ.建筑工程费	正线公里	
		Ⅱ.安装工程费	正线公里	
		Ⅲ.设备购置费	正线公里	
		Ⅳ.其他费	正线公里	
十二	30	基本预备费	正线公里	
以上总计			正线公里	
第二部分：动态投资				
十三	31	工程造价增涨预留费	正线公里	
十四	32	建设期投资贷款利息	正线公里	
第三部分：机车车辆购置费			正线公里	
十五	33	机车车辆购置费	正线公里	
第四部分：铺底流动资金			正线公里	
十六	34	铺底流动资金	正线公里	
概（预）算总额			正线公里	第一、二、三、四部分之和

注：1. 编制概（预）算时，在不变动表中章、节的前提下，应根据实际需要、编制阶段和具体工程内容增减各节细目。
2. 枢纽建设项目应将"正线公里"改按"铺轨公里"编制综合概（预）算；专用线项目，如站线所占比重较大，亦可改按"铺轨公里"编制；表列"单位"，除章与节的"单位"不得变更外，其细目中的"单位"也可采用比表列"单位"更为具体的计量单位。
3. 土方和石方。除区间路基土石方和站场土石方外，仅指单独挖填土石方的项目和无需砌筑的各种沟渠等的土石方。如改河、改沟、改渠、平交道土石方，刷坡、滑坡减载土石方，挡沙堤、截沙沟土方，为防风固沙工程需预先进行处理的场地平整土方。与砌筑等工程有关的土石方开挖，其费用计入主体工程。如挡墙的基坑开挖及回填费用计入挡墙，桥涵明挖基础的基坑开挖及回填费用计入基础圬工。
4. 路基地基处理所列的项目不包括路基本体或基床以外构筑物的地基处理。挡土墙、护坡、护墙等的地基处理及墙背所设垫层等的费用应分别列入挡土墙、护坡、护墙等项目。
5. 锚杆挡土墙、桩板挡土墙、加筋挡土墙、抗滑桩、预应力锚索、预应力锚索桩、桩板挡土墙等特殊形式的支挡结构，其费用列入独立的项目；其余重力式挡土墙、扶壁式挡土墙、悬臂式挡土墙等一般形式的支挡结构及抗滑桩桩间挡土按圬工类别划分，其费用分别列入挡土墙浆砌石、挡土墙片石混凝土、挡土墙混凝土、挡土墙钢筋混凝土四个项目；土钉墙的费用按土钉、基础圬工和喷混凝土等项目分列。
6. 预应力锚索桩桩身的费用列入抗滑桩项目，桩间挡墙圬工的费用列入一般形式支挡结构的项目；预应力锚索桩挡土墙圬工的费用列入桩板挡土墙项目，预应力锚索单独列；格梁等圬工的费用列入一般形式支挡结构的项目。
7. 路桥分界：不设置路桥过渡段时，桥台后缺口填筑属桥梁范围，设置路桥过渡段时，台后过渡段属路基范围。铺轨和铺道床应包含满足设计开通速度的全部内容。
8. 无论设计分工如何，各专业凡与信息系统有关的费用一律列入第六章17节相应的项目中。
9. 房屋附属工程土石方是指为达到设计要求的标高，在原地面修建房屋及附属工程而必须进行的修建场地范围内的土石方填挖工程，不含已由线路、站场进行调配的土石方。修建房屋进行的平整场地（厚度±0.3m以内）和基础及道路、围墙、绿化、圬工防护等土石方，不单独计算，其费用计入房屋基础及附属工程的有关细目。
10. 与第九章有关的围墙、栅栏、道路、硬化面、绿化和取弃土（石）场处理等附属工程列入第25节的站场附属工程，其余均列入房屋附属工程相应细目。

11. 室内外界线划分：
    (1) 给水管道：以入户水表井或交汇井为界，无入户水表井或交汇井而直接入户的，以建筑物外墙皮为界。水表井或交汇井的费用计入第九章第 21 节的给水管道。
    (2) 排水管道：以出户第一个排水检查井或化粪池为界。检查井的费用计入第九章第 21 节的排水管道，化粪池列入第九章第 21 节的排水建筑物下。
    (3) 热网管道：以建筑物外墙皮为界。
    (4) 工艺管道：以建筑物外墙皮为界。
    (5) 电力、照明线路：以入户配电箱为界。配电箱的费用计入房屋。

12. 房屋基础与墙身的分界：
    (1) 砖基础与砖墙(身)划分应以设计室内地坪为界(有地下室的按地下室室内设计地坪为界)，以下为基础，以上为墙(柱)身。基础与墙身使用不同材料，位于设计地坪 ±0.3m 以内时以不同材料为界，超过 ±0.3m，应以设计室内地坪为界。
    (2) 石基础、石勒脚、石墙的划分，基础与勒脚应以设计室外地坪为界，勒脚与墙身应以设计室内地坪为界。

13. 除非另有规定，石砟场和苗圃不单独编制概(预)算。

14. 由于环境保护工程是结合主体工程设计统筹考虑的，其费用应与主体工程配套计列。

15. 第九章范围内的地面水(雨水、融化雪水、客车上水时的漏水、无专用洗车机的洗刷机车及车辆的废水等)的排水沟渠及管道，列入第 25 节的站场附属工程，其余地下水、生产废水和生活污水的排水沟渠及管道，列入第 21 节的排水工程。

附录二 公路工程概预算项目表(部分内容)

公路工程概预算项目表

项	目	节	细目	工程或费用名称	单位	备 注
				第一部分 建筑安装工程费	公路公里	建设项目路线总长度(主线长度)
一				临时工程	公路公里	
		1		临时道路	km	新建便道与利用原有道路的总长
			1	临时便道的修建与维护	km	新建便道长度
			2	原有道路的维护与恢复	km	利用原有道路长度
			……			
		2		临时便桥	m/座	指汽车便桥
		3		临时轨道铺设	km	
		4		临时电力线路	km	
		5		临时电信线路	km	不包括广播线
		6		临时码头	座	按不同的形式划分节或细目
二				路基工程	km	扣除桥梁、隧道和互通立交的主线长度,独立桥梁或隧道为引道或接线长度
		1		场地清理	km	
			1	清理与掘除	m^2	按清除内容的不同划分细目
				1 清除表土	m^3	
				2 伐树、挖根、除草	m^2	
			……			
			2	挖除旧路面	m^2	按不同的路面类型和厚度划分细目
				1 挖除水泥混凝土路面	m^2	
				2 挖除沥青混凝土路面	m^2	
				3 挖除碎(砾)石路面	m^2	
			……			
			3	拆除旧建筑物、构筑物	m^3	按不同的构筑材料划分细目
				1 拆除钢筋混凝土结构	m^3	
				2 拆除混凝土结构	m^3	
				3 拆除砖石及其他砌体	m^3	
			……			
		2		挖方	m^3	
			1	挖土方	m^3	按不同的地点划分细目
				1 挖路基土方	m^3	
				2 挖改路、改河、改渠土方	m^3	
			……			

续上表

项	目	节	细目		工程或费用名称	单位	备注
二	2	2			挖石方	m³	按不同的地点划分细目
			1		挖路基石方	m³	
			2		挖改路、改河、改渠石方	m³	
					……		
			3		挖非适用材料	m³	
			4		弃方运输	m³	
		3			填方	m³	
			1		路基填方	m³	按不同的填筑材料划分细目
				1	换填土	m³	
				2	利用土方填筑	m³	
				3	借土方填筑	m³	
				4	利用石方填筑	m³	
				5	填砂路基	m³	
				6	粉煤灰及填石路基	m³	
					……		
			2		改路、改河、改渠填方	m³	按不同的填筑材料划分细目
				1	利用土方填筑	m³	
				2	借土方填筑	m³	
				3	利用石方填筑	m³	
					……		
			3		结构物台背回填	m³	按不同的填筑材料划分细目
				1	填碎石	m³	
					……		
		4			特殊路基处理	km	指需要处理的软弱路基长度
			1		软土处理	km	按不同的处治方法划分细目
				1	抛石挤淤	m³	
				2	砂、砂砾垫层	m³	
				3	灰土垫层	m³	
				4	预压与超载预压	m²	
				5	袋装砂井	m	
				6	塑料排水板	m	
				7	粉喷桩与旋喷桩	m	
				8	碎石桩	m	
				9	砂桩	m	
				10	土工布	m²	
				11	土工格栅	m²	
				12	土工格室	m²	

续上表

项	目	节	细目	工程或费用名称	单位	备注
二	4			……		
			2	滑坡处理	处	按不同的处理方式划分细目
				1 卸载土石方	m³	
				2 抗滑桩	m³	
				3 预应力锚索	m	
				……		
			3	岩溶洞回填	m³	按不同的回填材料划分细目
				1 混凝土	m³	
				……		
			4	膨胀土处理	km	按不同的处理方法划分细目
				1 改良土	m³	
				……		
			5	黄土处理	m³	按黄土的不同特性划分细目
				1 陷穴	m³	
				2 湿陷性黄土	m²	
				……		
			6	盐渍土处理	m²	按不同的厚度划分细目
				……		
		5		排水工程	km	按不同的结构类型分节
			1	边沟	m³/m	按不同的材料、尺寸划分细目
				1 现浇混凝土边沟	m³/m	
				2 浆砌混凝土预制块边沟	m³/m	
				3 浆砌片石边沟	m³/m	
				4 浆砌块石边沟	m³/m	
				……		
			2	排水沟	处	按不同的材料、尺寸划分细目
				1 现浇混凝土排水沟	m³/m	
				2 浆砌混凝土预制块排水沟	m³/m	
				3 浆砌片石排水沟	m³/m	
				4 浆砌块石排水沟	m³/m	
				……		
			3	截水沟	m³/m	按不同的材料、尺寸划分细目
				1 浆砌混凝土预制块截水沟	m³/m	
				2 浆砌片石截水沟	m³/m	
				……		
			4	急流槽	m³/m	按不同的材料、尺寸划分细目
				1 现浇混凝土急流槽	m³/m	

续上表

项	目	节	细目	工程或费用名称	单位	备注
二		5	2	浆砌片石急流槽	m³/m	
				……		
			5	暗沟	m³	按不同的材料、尺寸划分细目
				……		
			6	渗(盲)沟	m³/m	按不同的材料、尺寸划分细目
				……		
			7	排水管	m	按不同的材料、尺寸划分细目
				……		
			8	集水井	m³/个	按不同的材料、尺寸划分细目
				……		
			9	泄水槽	m³/个	按不同的材料、尺寸划分细目
				……		
		6		防护与加固工程	km	按不同的结构类型分节
			1	坡面植物防护	m²	按不同的材料划分细目
				1 播种草籽	m²	
				2 铺(植)草皮	m²	
				3 土工织物植草	m²	
				4 植生袋植草	m²	
				5 液压喷播植草	m²	
				6 客土喷播植草	m²	
				7 喷混植草	m²	
				……		
			2	坡面圬工防护	m³/m²	按不同的材料和形式划分细目
				1 现浇混凝土护坡	m³/m²	
				2 预制块混凝土护坡	m³/m²	
				3 浆砌片石护坡	m³/m²	
				4 浆砌块石护坡	m³/m²	
				5 浆砌片石骨架护坡	m³/m²	
				6 浆砌片石护面墙	m³/m²	
				7 浆砌块石护面墙	m³/m²	
				……		
			3	坡面喷浆防护	m²	按不同的材料划分细目
				1 抹面、捶面护坡	m²	
				2 喷浆护坡	m²	
				3 喷射混凝土护坡	m³/m²	
				……		
			4	坡面加固	m²	按不同的材料划分细目

续上表

项目	目	节	细目	工程或费用名称	单位	备注
二	6	4	1	预应力锚索	t/m	
			2	锚杆、锚钉	t/m	
			3	锚固板	m³	
			……			
		5		挡土墙	m³/m	按不同的材料和形式划分细目
			1	现浇混凝土挡土墙	m³/m	
			2	锚杆挡土墙	m³/m	
			3	锚碇板挡土墙	m³/m	
			4	加筋土挡土墙	m³/m	
			5	扶壁式、悬臂式挡土墙	m³/m	
			6	桩板墙	m³/m	
			7	浆砌片石挡土墙	m³/m	
			8	浆砌块石挡土墙	m³/m	
			9	浆砌护肩墙	m³/m	
			10	浆砌(干砌)护脚	m³/m	
			……			
		6		抗滑桩	m³	按不同的规格划分细目
			……			
		7		冲刷防护	m³	按不同的材料和形式划分细目
			1	浆砌片石河床铺砌	m³	
			2	导流坝	m³/处	
			3	驳岸	m³/m	
			4	石笼	m³/处	
			……			
		8		其他工程	km	根据具体情况划分细目
			……			
三				路面工程	km	
	1			路面垫层	m²	按不同的材料分节
			1	碎石垫层	m²	按不同的厚度划分细目
			2	砂砾垫层	m²	按不同的厚度划分细目
			……			
	2			路面底基层	m²	按不同的材料分节
			1	石灰稳定类底基层	m²	按不同的厚度划分细目
			2	水泥稳定类底基层	m²	按不同的厚度划分细目
			3	石灰粉煤灰稳定类底基层	m²	按不同的厚度划分细目
			4	级配碎(砾)石底基层	m²	按不同的厚度划分细目
			……			

续上表

项	目	节	细目	工程或费用名称	单位	备注
三	3			路面基层	m²	按不同的材料分节
			1	石灰稳定类基层	m²	按不同的厚度划分细目
			2	水泥稳定类基层	m²	按不同的厚度划分细目
			3	石灰粉煤灰稳定类基层	m²	按不同的厚度划分细目
			4	级配碎(砾)石基层	m²	按不同的厚度划分细目
			5	水泥混凝土基层	m²	按不同的厚度划分细目
			6	沥青碎石混合料基层	m²	按不同的厚度划分细目
				……		
		4		透层、黏层、封层	m²	按不同的形式分节
			1	透层	m²	
			2	黏层	m²	
			3	封层	m²	
				1 沥青表处封层	m²	按不同的材料划分细目
				2 稀浆封层	m²	
				……		
			4	单面烧毛纤维土工布	m²	
			5	玻璃纤维格栅	m²	
				……		
		5		沥青混凝土面层	m²	指上面层面积
			1	粗粒式沥青混凝土面层	m²	按不同的厚度划分细目
			2	中粒式沥青混凝土面层	m²	按不同的厚度划分细目
			3	细粒式沥青混凝土面层	m²	按不同的厚度划分细目
			4	改性沥青混凝土面层	m²	按不同的厚度划分细目
			5	沥青玛蹄脂碎石混合料面层	m²	按不同的厚度划分细目
				……		
		6		水泥混凝土面层	m²	按不同的材料分节
			1	水泥混凝土面层	m²	按不同的厚度划分细目
			2	连续配筋混凝土面层	m²	按不同的厚度划分细目
			3	钢筋	t	
		7		其他面层	m²	按不同的类型分节
			1	沥青表面处治面层	m²	按不同的厚度划分细目
			2	沥青贯入式面层	m²	按不同的厚度划分细目
			3	沥青上拌下贯式面层	m²	按不同的厚度划分细目
			4	泥结碎石面层	m²	按不同的厚度划分细目
			5	级配碎(砾)石面层	m²	按不同的厚度划分细目
			6	天然砂砾面层	m²	按不同的厚度划分细目
				……		

续上表

项目	目	节	细目	工程或费用名称	单位	备注
三	8			路槽、路肩及中央分隔带	km	
		1		挖路槽	m²	按不同的土质划分细目
			1	土质路槽	m²	
			2	石质路槽	m²	
		2		培路肩	m²	按不同的厚度划分细目
		3		土路肩加固	m²	按不同的加固方式划分细目
			1	现浇混凝土	m²	
			2	铺砌混凝土预制块	m²	
			3	浆砌片石	m²	
				……		
		4		中央分隔带回填土	m³	
		5		路缘石	m³	按现浇和预制安装划分细目
				……		
	9			路面排水	km	按不同的类型分节
		1		拦水带	m	按不同的材料划分细目
			1	沥青混凝土	m	
			2	水泥混凝土	m	
		2		排水沟	m	按不同的类型划分细目
			1	路肩排水沟	m	
			2	中央分隔带排水沟	m	
				……		
		3		排水管	m	按不同的类型划分细目
			1	纵向排水管	m	
			2	横向排水管	m/道	
				……		
		4		集水井	m³/个	按不同的规格划分细目
				……		
四				桥梁涵洞工程	km	指桥梁长度
	1			漫水工程	m/处	
		1		过水路面	m/处	
		2		混合式过水路面	m/处	
	2			涵洞工程	m/道	按不同的结构类型分节
		1		钢筋混凝土管涵	m/道	按管径和单、双孔划分细目
			1	1-φ1.0m 圆管涵	m/道	
			2	1-φ1.5m 圆管涵	m/道	
			3	倒虹吸管	m/道	
				……		

续上表

项	目	节	细目	工程或费用名称	单位	备注
四	2	2		盖板涵	m/道	按不同的材料和涵径划分细目
			1	2.0m×2.0m 石盖板涵	m/道	
			2	2.0m×2.0m 钢筋混凝土盖板涵	m/道	
				……		
		3		箱涵	m/道	按不同的涵径划分细目
			1	4.0m×4.0m 钢筋混凝土箱涵	m/道	
				……		
		4		拱涵	m/道	按不同的材料和涵径划分细目
			1	4.0m×4.0m 石拱涵	m/道	
			2	4.0m×4.0m 钢筋混凝土拱涵	m/道	
				……		
	3			小桥工程	m/座	按不同的结构类型分节
		1		石拱桥	m/座	按不同的跨径划分细目
		2		钢筋混凝土矩形板桥	m/座	按不同的跨径划分细目
		3		钢筋混凝土空心板桥	m/座	按不同的跨径划分细目
		4		钢筋混凝土 T 形梁桥	m/座	按不同的跨径划分细目
		5		预应力混凝土空心板桥	m/座	按不同的跨径划分细目
				……		
	4			中桥工程	m/座	按不同的结构类型或桥名分节
		1		钢筋混凝土空心板桥	m/座	按不同的跨径或工程部位划分细目
		2		钢筋混凝土 T 形梁桥	m/座	按不同的跨径或工程部位划分细目
		3		钢筋混凝土拱桥	m/座	按不同的跨径或工程部位划分细目
		4		预应力混凝土空心板桥	m/座	按不同的跨径或工程部位划分细目
				……		
	5			大桥工程	m/座	按桥名或不同的工程部位分节
		1		××大桥	m²/m	按不同的工程部位划分细目
			1	天然基础	m³	
			2	桩基础	m³	
			3	沉井基础	m³	
			4	桥台	m³	
			5	桥墩	m³	
			6	上部构造	m³	注明上部构造跨径组成及结构形式
				……		
		2		……	m²/m	
	6			××特大桥工程	m²/m	按桥名分目,按不同的工程部位分节
		1		基础	m³/座	按不同的形式划分细目

续上表

项目	节	细目		工程或费用名称	单位	备注
四	6		1	天然基础	m³	
			2	桩基础	m³	
			3	沉井基础	m³	
			4	承台	m³	
				……		
		2		下部构造	m³/座	按不同的形式划分细目
			1	桥台	m³	
			2	桥墩	m³	
			3	索塔	m³	
				……		
		3		上部构造	m³	按不同的形式划分细目,并注明其跨径组成
			1	预应力混凝土空心板	m³	
			2	预应力混凝土T形梁	m³	
			3	预应力混凝土连续梁	m³	
			4	预应力混凝土连续刚构	m³	
			5	钢管拱桥	m³	
			6	钢箱梁	t	
			7	斜拉索	t	
			8	主缆	t	
			9	预应力钢材	t	
				……		
		4		桥梁支座	个	按不同规格划分细目
			1	矩形板式橡胶支座	dm³	
			2	圆形板式橡胶支座	dm³	
			3	矩形四氟板式橡胶支座	dm³	
			4	圆形四氟板式橡胶支座	dm³	
			5	盆式橡胶支座	个	
				……		
		5		桥梁伸缩缝	m	指伸缩缝长度,按不同规格划分细目
			1	橡胶伸缩装置	m	
			2	模数式伸缩装置	m	
			3	填充式伸缩装置	m	
				……		
		6		桥面铺装	m³	按不同的材料划分细目
			1	沥青混凝土桥面铺装	m³	
			2	水泥混凝土桥面铺装	m³	
			3	水泥混凝土垫平层	m³	
			4	防水层	m²	
				……		
		7		人行道系	m	指桥梁长度,按不同的类型划分细目

续上表

项	目	节	细目	工程或费用名称	单位	备 注
			1	人行道及栏杆	m³/m	
			2	桥梁钢防撞护栏	m	
			3	桥梁波形梁护栏	m	
			4	桥梁水泥混凝土防撞墙	m	
			5	桥梁防护网	m	
				……		
		8		其他工程	m	指桥梁长度,按不同类型划分细目
			1	看桥房及岗亭	座	
			2	砌筑工程	m³	
			3	混凝土构件装饰	m²	
				……		
五				交叉工程	处	按不同的交叉形式分目
	1			平面交叉道	处	按不同的类型分节
			1	公路与铁路平面交叉	处	
			2	公路与公路平面交叉	处	
			3	公路与大车道平面交叉	处	
				……		
	2			通道	m/处	按结构类型分节
			1	钢筋混凝土箱式通道	m/处	
			2	钢筋混凝土板式通道	m/处	
				……		
	3			人行天桥	m/处	
			1	钢结构人行天桥	m/处	
			2	钢筋混凝土结构人行天桥	m/处	
	4			渡槽	m/处	按结构类型分节
			1	钢筋混凝土渡槽	m/处	
			2	……		
	5			分离式立体交叉	处	按交叉名称分节
		1		××分离式立体交叉	处	按不同的工程内容划分细目
			1	路基土石方	m³	
			2	路基排水防护	m³	
			3	特殊路基处理	km	
			4	路面	m²	
			5	涵洞及通道	m³/m	
			6	桥梁	m²/m	
				……		
		2		……		

续上表

项目	节	细目	工程或费用名称	单位	备注
五	6		××互通式立体交叉	处	按互通名称分目(注明其类型),按不同的分部工程分节
		1	路基土石方	m³/km	
			1 清理与掘除	m²	
			2 挖土方	m³	
			3 挖石方	m³	
			4 挖非适用材料	m³	
			5 弃方运输	m³	
			6 换填土	m³	
			7 利用土方填筑	m³	
			8 借土方填筑	m³	
			9 利用石方填筑	m³	
			10 结构物台背回填	m³	
		2	特殊路基处理	km	
			1 特殊路基垫层	m³	
			2 预压与超载预压	m²	
			3 袋装砂井	m	
			4 塑料排水板	m	
			5 粉喷桩与旋喷桩	m	
			6 碎石桩	m	
			7 砂桩	m	
			8 土工布	m²	
			9 土工格栅	m²	
			10 土工格室	m²	
			……		
		3	排水工程	m³	
			1 混凝土边沟、排水沟	m³/m	
			2 砌石边沟、排水沟	m³/m	
			3 现浇混凝土急流槽	m³/m	
			4 浆砌片石急流槽	m³/m	
			5 暗沟	m³	
			6 渗(盲)沟	m³/m	
			7 拦水带	m	
			8 排水管	m	
			9 集水井	m³/个	
			……		
		4	防护工程	m³	

续上表

项	目	节	细目	工程或费用名称	单位	备注
五		6	1	播种草籽	m²	
			2	铺(植)草皮	m²	
			3	土工织物植草	m²	
			4	植生袋植草	m²	
			5	液压喷播植草	m²	
			6	客土喷播植草	m²	
			7	喷混植草	m²	
			8	现浇混凝土护坡	m³/m²	
			9	预制块混凝土护坡	m³/m²	
			10	浆砌片石护坡	m³/m²	
			11	浆砌块石护坡	m³/m²	
			12	浆砌片石骨架护坡	m³/m²	
			13	浆砌片石护面墙	m³/m²	
			14	浆砌块石护面墙	m³/m²	
			15	喷射混凝土护坡	m³/m²	
			16	现浇混凝土挡土墙	m³/m	
			17	加筋土挡土墙	m³/m	
			18	浆砌片石挡土墙	m³/m	
			19	浆砌块石挡土墙	m³/m	
				……		
		5		路面工程	m²	
			1	碎石垫层	m²	
			2	砂砾垫层	m²	
			3	石灰稳定类底基层	m²	
			4	水泥稳定类底基层	m²	
			5	石灰粉煤灰稳定类底基层	m²	
			6	级配碎(砾)石底基层	m²	
			7	石灰稳定类基层	m²	
			8	水泥稳定类基层	m²	
			9	石灰粉煤灰稳定类基层	m²	
			10	级配碎(砾)石基层	m²	
			11	水泥混凝土基层	m²	
			12	透层、黏层、封层	m²	
			13	沥青混凝土面层	m²	
			14	改性沥青混凝土面层	m²	
			15	沥青玛蹄脂碎石混合料面层	m²	
			16	水泥混凝土面层	m²	

续上表

项目	节	细目		工程或费用名称	单位	备注
五	6		17	中央分隔带回填土	m³	
			18	路缘石	m³	
				……		
		6		涵洞工程	m/道	
			1	钢筋混凝土管涵	m/道	
			2	倒虹吸管	m/道	
			3	盖板涵	m/道	
			4	箱涵	m/道	
			5	拱涵	m/道	
		7		桥梁工程	m²/m	
			1	天然基础	m³	
			2	桩基础	m³	
			3	沉井基础	m³	
			4	桥台	m³	
			5	桥墩	m³	
			6	上部构造	m³	
				……		
		8		通道	m/处	
六				隧道工程	km/座	按隧道名称分目,并注明其形式
	1			××隧道	m	按照洞、洞门、洞身开挖、衬砌等分节
		1		洞门及明洞开挖	m³	
			1	挖土方	m³	
			2	挖石方	m³	
				……		
		2		洞门及明洞修筑	m³	
			1	洞门建筑	m³/座	
			2	明洞衬砌	m³/m	
			3	遮光棚(板)	m³/m	
			4	洞口坡面防护	m³	
			5	明洞回填	m³	
				……		
		3		洞身开挖	m³/m	
			1	挖土石方	m³	
			2	注浆小导管	m	
			3	管棚	m	
			4	锚杆	m	
			5	钢拱架(支撑)	t/榀	

续上表

项	目	节	细目	工程或费用名称	单位	备注
六	1		6	喷射混凝土	m³	
			7	钢筋网	t	
				……		
		4		洞身衬砌	m³	
			1	现浇混凝土	m³	
			2	仰拱混凝土	m³	
			3	管、沟混凝土	m³	
				……		
		5		防水与排水	m³	
			1	防水板	m²	
			2	止水带、条	m	
			3	压浆	m³	
			4	排水管	m	
				……		
		6		洞内路面	m²	按不同的路面结构和厚度划分细目
			1	水泥混凝土路面	m²	
			2	沥青混凝土路面	m³	
				……		
		7		通风设施	m	按不同的设施划分细目
			1	通风机安装	台	
			2	风机启动柜洞门	个	
				……		
		8		消防设施	m	按不同的设施划分细目
			1	消防室洞门	个	
			2	通道防火闸门	个	
			3	蓄(集)水池	座	
			4	喷防火涂料	m²	
				……		
		9		照明设施	m	按不同的设施划分细目
			1	照明灯具	m	
				……		
		10		供电设施	m	按不同的设施划分细目
		11		其他工程	m	按不同的内容划分细目
			1	卷帘门	个	
			2	检修门	个	
			3	洞身及洞门装饰	m²	
				……		

续上表

项目	节	细目		工程或费用名称	单位	备注
六	2			××隧道	m	
七				公路设施及预埋管线工程	公路公里	
	1			安全设施	公路公里	按不同的设施分节
		1		石砌护栏	m³/m	
		2		钢筋混凝土防撞护栏	m³/m	
		3		波形钢板护栏	m	按不同的形式划分细目
		4		隔离栅	km	按不同的材料划分细目
		5		防护网	km	
		6		公路标线	km	按不同的类型划分细目
		7		轮廓标	根	
		8		防眩板	m	
		9		钢筋混凝土护柱	根/m	
		10		里程碑、百米桩、公路界碑	块	
		11		各类标志牌	块	按不同的规格和材料划分细目
		12		……		
	2			服务设施	公路公里	按不同的设施分节
		1		服务区	处	按不同的内容划分细目
		2		停车区	处	按不同的内容划分细目
		3		公共汽车停靠站	处	按不同的内容划分细目
	3			管理、养护设施	公路公里	按不同的设施分节
		1		收费系统设施	处	按不同的内容划分细目
			1	设备安装	公路公里	
			2	收费亭	个	
			3	收费天棚	m²	
			4	收费岛	个	
			5	通道	m/道	
			6	预埋管线	m	
			7	架设管线	m	
				……		
		2		通信系统设施	公路公里	按不同的内容划分细目
			1	设备安装	公路公里	
			2	管道工程	m	
			3	人(手)孔	个	
			4	紧急电话平台	个	
				……		
		3		监控系统设施	公路公里	按不同的内容划分细目
			1	设备安装	公路公里	

续上表

项	目	节	细目	工程或费用名称	单位	备注
七	3		2	光(电)缆敷设	km	
				……		
		4		供电、照明系统设施	公路公里	按不同的内容划分细目
			1	设备安装	公路公里	
				……		
		5		养护工区	处	按不同的内容划分细目
			1	区内道路	km	
				……		
	4			其他工程	公路公里	
			1	悬出路台	m/处	
			2	渡口码头	处	
			3	辅道工程	km	
			4	支线工程	km	
			5	公路交工前养护费	km	按附录一计算
八				绿化及环境保护工程	公路公里	
	1			撒播草种和铺植草皮	m²	按不同的内容分节
			1	撒播草种	m²	按不同的内容划分细目
			2	铺植草皮	m²	按不同的内容划分细目
			3	绿地喷灌管道	m	按不同的内容划分细目
	2			种植乔、灌木	株	按不同的内容分节
		1		种植乔木	株	按不同的树种划分细目
			1	高山榕	株	
			2	美人蕉	株	
				……		
		2		种植灌木	株	按不同的树种划分细目
			1	夹竹桃	株	
			2	月季	株	
				……		
		3		种植攀缘植物	株	按不同的树种划分细目
			1	爬山虎	株	
			2	葛藤	株	
				……		
		4		种植竹类植物	株	按不同的内容划分细目
		5		种植棕榈类植物	株	按不同的内容划分细目
		6		栽植绿篱	m	
		7		栽植绿色带	m²	
	3			声屏障	m	按不同的类型分节

续上表

项目	目	节	细目	工程或费用名称	单位	备注
八	3	1		消声板声屏障	m	
		2		吸音砖声屏障	m³	
		3		砖墙声屏障	m³	
				……		
	4			污水处理	处	按不同的内容分节
	5			取、弃土场防护	m³	按不同的内容分节
				……		
九				管理、养护及服务房屋	m²	
	1			管理房屋	m²	
		1		收费站	m²	
		2		管理站	m²	
		3		……		
	2			养护房屋	m²	按房屋名称分节
		1		……		
	3			服务房屋	m²	按房屋名称分节
		1		……		
				第二部分 设备及工具、器具购置费	公路公里	
一				设备购置费	公路公里	
	1			需安装的设备	公路公里	
		1		监控系统设备	公路公里	按不同设备分别计算
		2		通信系统设备	公路公里	按不同设备分别计算
		3		收费系统设备	公路公里	按不同设备分别计算
		4		供电照明系统设备	公路公里	按不同设备分别计算
	2			不需安装的设备	公路公里	
		1		监控系统设备	公路公里	按不同设备分别计算
		2		通信系统设备	公路公里	按不同设备分别计算
		3		收费系统设备	公路公里	按不同设备分别计算
		4		供电照明系统设备	公路公里	按不同设备分别计算
		5		养护设备	公路公里	按不同设备分别计算
二				工具、器具购置	公路公里	
三				办公及生活用家具购置	公路公里	
				第三部分 工程建设其他费用	公路公里	
一				土地征用及拆迁补偿费	公路公里	
二				建设项目管理费	公路公里	
	1			建设单位(业主)管理费	公路公里	
	2			工程质量监督费	公路公里	

续上表

项目	目	节	细目	工程或费用名称	单位	备 注
二		3		工程监理费	公路公里	
		4		工程定额测定费	公路公里	
		5		设计文件审查费	公路公里	
		6		竣(交)工验收试验检测费	公路公里	
三				研究试验费	公路公里	
四				建设项目前期工作费	公路公里	
五				专项评价(估)费	公路公里	
六				施工机构迁移费	公路公里	
七				供电贴费	公路公里	
八				联合试运转费	公路公里	
九				生产人员培训费	公路公里	
十				固定资产投资方向调节税	公路公里	
十一				建设期贷款利息	公路公里	
				第一、二、三部分费用合计	公路公里	
				预备费	元	
				1.价差预备费	元	
				2.基本预备费	元	预算实行包干时列系数包干费
				概(预)算总金额	元	
				其中:回收金额	元	
				公路基本造价	公路 km	